Carsten Butsch
Indische Migrantinnen und Migranten in Deutschland

ERDKUNDLICHES WISSEN

Schriftenreihe für Forschung und Praxis

Begründet von Emil Meynen

Herausgegeben von Martin Coy, Anton Escher, Thomas Krings
und Eberhard Rothfuß

Band 164

Carsten Butsch

Indische Migrantinnen und Migranten in Deutschland

Transnationale Netzwerke, Praktiken und Identitäten

Franz Steiner Verlag

Umschlagfoto: Eingang des Sri Ganesha Tempels in Berlin
© Carsten Butsch 2015

Bibliografische Information der Deutschen Nationalbibliothek:
Die Deutsche Nationalbibliothek verzeichnet diese Publikation in der Deutschen
Nationalbibliografie; detaillierte bibliografische Daten sind im Internet über
<http://dnb.d-nb.de> abrufbar.

Dieses Werk einschließlich aller seiner Teile ist urheberrechtlich geschützt.
Jede Verwertung außerhalb der engen Grenzen des Urheberrechtsgesetzes
ist unzulässig und strafbar.
© Franz Steiner Verlag, Stuttgart 2019
Druck: Hubert & Co., Göttingen
Gedruckt auf säurefreiem, alterungsbeständigem Papier.
Printed in Germany.
ISBN 978-3-515-12342-6 (Print)
ISBN 978-3-515-12348-8 (E-Book)

WIDMUNG UND DANK

Dieses Buch ist denjenigen gewidmet, die Grenzen überschreiten und Brücken bauen und dadurch unsere Welt verändern.

Mein tief empfundener Dank gilt den zahlreichen Interviewpartner*innen, die mir ihre kostbare Zeit geschenkt haben und ohne die es dieses Buch nicht gäbe.

Besonderen Dank schulde ich Eva, Leo und Anton für den Rückhalt, den sie mir geben, Frauke für dreizehn Jahre Förderung und Rat und Klaus für eine schönere Sprache.

INHALTSVERZEICHNIS

ABBILDUNGSVERZEICHNIS 9

VERZEICHNIS DER KARTEN UND TABELLEN..13

1. EINLEITUNG 15

2. INDIEN UND SEINE „DIASPORA"..18

3. TRANSNATIONALISMUS ALS FORSCHUNGSFELD 31

4. FRAGESTELLUNG UND METHODIK..41

5. INDISCH-DEUTSCHE MIGRATION 49

   5.1 Phasen der indischen Migration nach Deutschland 49

   5.2 Indisch-deutsche Migration in Zahlen 56

   5.3 Indisch-deutsche Migration: Empirische Befunde 64

6. NETZWERKE 99

   6.1 Vernetzung und Organisation der „indischen Diaspora" in Deutschland....99

   6.2 Transnationale Netzwerke...127

   6.3 Perspektivwechsel: Egozentrierte Netzwerke 150

7. TRANSNATIONALE PRAKTIKEN..161

   7.1 Besuche der Herkunftsorte 165

   7.2 Rimessen 172

   7.3 Kommunikation..191

   7.4 Medienkonsum..207

   7.5 Transnationale Geschäftspraktiken 216

7.6 Soziale Rimessen 230
8. IDENTITÄTEN 239
9. REFLEXION UND FAZIT 261
LITERATURVERZEICHNIS 283

ABBILDUNGSVERZEICHNIS

Abbildung 1: Eingang des „Unkel Bhavan" 15

Abbildung 2: Entwicklung der Rimessen nach Indien 25

Abbildung 3: Transnationalismus als neue Perspektive 33

Abbildung 4: Ablauf des Forschungsprozesses 44

Abbildung 5: Wanderungen indischer Staatsbürger über die Grenzen der Bundesrepublik Deutschland 58

Abbildung 6: Einbürgerungen indischer Staatsbüger*innen in Deutschland 59

Abbildung 7: Migrationspfad Pater Joseph 69

Abbildung 8: Migrationsgrund erste Generation 75

Abbildung 9: Migrationsgrund zweite Generation 75

Abbildung 10: Rückkehr-/ Bleibeabsicht 88

Abbildung 11: Immobilienbesitz in Indien und Deutschland 89

Abbildung 12: Migrationsgründe (Remigrant*innen) 95

Abbildung 13: Soziale Netzwerke von Remigrant*innen in Deutschland 95

Abbildung 14: Einfluss des Aufenthaltes auf die sozialen Beziehungen 97

Abbildung 15: Remigrant*innen: positive Folgen des Aufenthaltes in Deutschland 98

Abbildung 16: Überwiegende Herkunft der Freunde 107

Abbildung 17: Mitgliedschaft in einer indischen Migrantenorganisation 111

Abbildung 18: Feiern indischer Feste 112

Abbildung 19: Gründungsdaten der befragten Migrantenorganisationen (kumulative Darstellung nach Gründungsjahr) 119

Abbildung 20: Ziele bei Gründung der Migrantenorganisationen 120

Abbildung 21: Funktionen der Migrantenorganisationen 122

Abbildung 22: Herkunft der Mitglieder der Migrantenorganisationen 124

Abbildung 23: Anteil 1./2. Generation in den Migrantenorganisationen 125

Abbildung 24: Indische Gäste in den Migrantenorganisationen 127

Abbildung 25: Regelmäßige Kontakte in Indien 130

Abbildung 26: Menschen in Indien als Teil des Alltags 130

Abbildung 27: Transnationale Netzwerke im Berufsalltag 143

Abbildung 28: Egozentriertes Netzwerk Shah 152

Abbildung 29: Egozentriertes Netzwerk Nisha 153

Abbildung 30: Egozentriertes Netzwerk Jyoti 155

Abbildung 31: Egozentriertes Netzwerk Herr Kunapalli 156

Abbildung 32: Egozentriertes Netzwerk Herr Mishra 157

Abbildung 33: Egozentriertes Netzwerk Shreya 159

Abbildung 34: Frequenz der Besuche der Familie in Indien 166

Abbildung 35: regelmäßige und unregelmäßige Unterstützung der Familie 182

Abbildung 36: Zahlung von Rimessen in der ersten und der zweiten Generation 182

Abbildung 37: Höhe der jährlichen finanziellen Unterstützung von Familienangehörigen 183

Abbildung 38: Besitz von Immobilien in Indien 183

Abbildung 39: Rimessen im Bereich Wohltätiges Engagement 184

Abbildung 40: Relevanz Kommunikationsmedien 194

Abbildung 41: Medienkonsum 210

Abbildung 42: Bedeutung der Herkunft für den Beruf 220

Abbildung 43: Identitäre Selbstbeschreibung 241

Abbildung 44: Konflikte aufgrund unterschiedlicher Werte 243

Abbildung 45: Vermittlung von Werten 243

Abbildung 46: Feiern indischer Feste 244

VERZEICHNIS DER KARTEN UND TABELLEN

Karte 1: Genese der „indischen Diaspora" 23

Karte 2: Räumliche Verteilung indischer Staatsbürger in Deutschland (2015) 63

Karte 3: Transnationale Netzwerke der Geschäftsleute in Kölns „indischem Viertel" 144

Tabelle 1: Top 10 der Länder, aus denen Indien 2016 Rimessen erhielt 26

Tabelle 2: von Personen mit indischem Migrationshintergrund ausgeübte Berufe 62

Tabelle 3: Gründe für die Remigration nach Indien (n=90, Mehrfachantworten möglich) 94

Tabelle 4: Schwierigkeiten bei der Reintegration in soziale Netzwerke (n=90) ... 96

Tabelle 5: Regelmäßige Aktivitäten der Migrantenorganisationen; 122

Tabelle 6: Dauerhafte Verbindung zu Partnerorganisationen in Indien getrennt nach Hauptanliegen der Partnerorganisation 126

Tabelle 7: Unterstützung von Projekten in Indien 126

Tabelle 8: Rimessen aus Deutschland nach Indien 174

1. EINLEITUNG

„Unkel Bhavan" steht am Eingang des Hauses von Jose Punnamparambil[1] in Thrissur im südindischen Kerala (Abbildung 1). Diese beiden Worte, an diesem Ort, fassen akzentuiert zusammen, womit sich die vorliegende Untersuchung beschäftigt: den Verbindungen, die indische Migrant*innen zwischen Deutschland, Indien und anderen Orten schaffen, an denen indische Migrant*innen leben. Unkel ist eine rheinland-pfälzische Kleinstadt am Rhein, ca. 20 km südlich von Bonn gelegen. Das Wort Bhavan geht auf das Sanskrit-Wort für Haus zurück und wird in allen Teilen Indiens für Gebäude mit besonderen Funktionen oder besonderem Wiedererkennungswert verwendet. Der „Unkel Bhavan", das „Haus Unkel", in Thrissur ist die Winterresidenz von Jose und seiner Frau, die fast ihr gesamtes Arbeitsleben in Deutschland verbracht haben. Sie leben gemeinsam mit ihrer Familie in Unkel am Rhein. Beide stammen aus kleinen Dörfern, nicht weit entfernt von Thrissur. Seit dem Eintritt ins Rentenalter verbringen sie den einen Teil des Jahres in Indien, den anderen in Deutschland. Dieses ortsverteilte Leben ist die deutlichste Ausprägung von Transnationalismus. Gleichzeitig zeigt das Beispiel, dass transnationale Netzwerke über lange Zeit stabil sein können, ohne in dieser deutlichsten Ausprägung gelebt zu werden. Denn über Jahrzehnte haben die beiden ihren Lebensmittelpunkt in Deutschland gehabt und gleichzeitig enge familiäre und Freundschaftsnetzwerke in die „Heimat" unterhalten.

Abbildung 1: Eingang des „Unkel Bhavan"

---

[1] Dies ist die einzige Stelle an der – mit ausdrücklicher Genehmigung des Befragten – ein realer Name verwendet wird. Alle anderen Interviewpartner*innen werden mit einem Pseudonym benannt.

Diese dauerhaften Netzwerke, die Praktiken, die sie hervorbringen, und die Auswirkungen des transnationalen Lebens auf die Identität von Migrant*innen sind das Thema dieser Arbeit. Sie fasst die Ergebnisse des über 36 Monate durch die Deutsche Forschungsgemeinschaft geförderten Projekts „THIMID – Transnationales Handeln indischer Migranten in Deutschland" sowie die Ergebnisse der Vorarbeiten zusammen[2]. Zugleich ist es die Habilitationsschrift des Verfassers, die im Januar 2018 bei der Mathematisch-Naturwissenschaftlichen Fakultät der Universität zu Köln eingereicht wurde.

Der Ausgangspunkt des Forschungsprozesses liegt dabei deutlich vor dem Beginn der finanziellen Förderung im Januar 2015. Bereits während der Feldarbeit für das Dissertationsprojekt im Jahr 2008 wurde der Verfasser erstmals auf transnationale Verbindungen aufmerksam. Dabei befasste sich die Dissertationsschrift mit einem anderen Thema, aus einer anderen Teildisziplin der Geographie, nämlich mit dem Zugang zu Gesundheitsdienstleistungen in der indischen Stadt Pune. Im Rahmen qualitativer Interviews berichteten Befragte damals, dass sie Geld von ihren Verwandten im Ausland erhielten, etwa um eine dringend notwendige Operation bezahlen zu können. Diese Berichte weckten das Interesse für transnationale Verbindungen. Nach Abschluss des Dissertationsprojekts begann daher eine intensive Beschäftigung mit der Transnationalismusliteratur. Die Fortführung des Indienbezugs war dabei aufgrund der Kenntnis des kulturellen Umfelds die erste Wahl, da hierdurch der Feldzugang erleichtert wurde. Die Auswahl des Fallbeispiels erfolgte nach einer intensiven Auseinandersetzung mit der Geschichte der indischen „Diaspora", einer Analyse der Literatur zu den transnationalen Verbindungen indischer Migrant*innen und der deutsch-indischen Migrationsgeschichte. Als Vorarbeiten wurden erste qualitative Interviews geführt, Sekundärdaten analysiert und Literatur ausgewertet. Diese Auswertungen bilden das Fundament der Arbeit und werden in erweiterter und ergänzter Form in den Kapiteln zwei und drei sowie in den ersten beiden Teilen des fünften Kapitels dargestellt.

Der eigentliche Forschungsprozess begann mit der Förderung durch die Deutsche Forschungsgemeinschaft (DFG). Mit einem offenen Forschungsdesign, das auf einem *Mixed Methods Research*-Ansatz beruht, wurden die transnationalen Verbindungen indischer Migrant*innen untersucht. Während des Forschungsprozesses wurde deutlich, dass sich das Fallbeispiel in einigen Bereichen von anderen Fallstudien in der Transnationalismusliteratur unterscheidet. Außerdem zeigte sich, dass einige Vorannahmen nicht zutrafen. So wurde z.B. aufgrund der Literaturlage, von einer intensiven transnationalen Vernetzung innerhalb der indischen „Diaspora" ausgegangen. Hierfür wurden aber in der ersten Interviewphase kaum Belege gefunden. Auch andere Aspekte die in der Literatur thematisiert werden (z.B. politisches Engagement), erwiesen sich zum Teil als nicht relevant. Sie wurden im weiteren Verlauf der Untersuchung daher nicht weiter behandelt. Stattdessen wurden Aspekte, die sich im Forschungsprozess für das Verständnis der transnationalen Einbettung als besonders relevant erwiesen (z.B. das Kommunikationsverhalten), intensiv untersucht. Das methodische Vorgehen wird im vierten Kapitel

---

[2] DFG-Förderkennzeichen BU 2747/1-1

beschrieben. Bei der Auswertung der empirischen Daten erfolgte eine Zusammenführung der Ergebnisse, die in unterschiedlichen Phasen mit unterschiedlichen Methoden erhoben wurden. Diese Zusammenführung ermöglichte es, ein umfassendes Bild des transnationalen Handelns indischer Migrant*innen in Deutschland zu zeichnen. Die Darstellung der Ergebnisse beginnt im dritten Teil des fünften Kapitels, das die deutsch-indische Migrationsgeschichte auf Grundlage von Interviews mit Migrant*innen und Expert*innen nachzeichnet. Das sechste Kapitel ist den Netzwerken indischer Migrant*innen gewidmet. Neben den transnationalen Netzwerken wird auch ihre Vernetzung in Deutschland dargestellt. Dies ist notwendig, um die Bedeutung der transnationalen Netzwerke richtig einschätzen zu können. Denn der eingeschränkte Blick allein auf die transnationalen Netzwerke birgt die Gefahr, ihre Bedeutung zu überhöhen. Das Kapitel sieben analysiert die transnationalen Praktiken indischer Migrant*innen in Deutschland. In Kapitel acht wird beschrieben, wie sich aus der Perspektive der Migrant*innen die Einbindung in transnationale Netzwerke auf die eigene Identität auswirkt. Die drei in der Analyse zunächst getrennt betrachteten Bereiche Netzwerke, Praktiken und Identitäten hängen eng zusammen und beeinflussen sich gegenseitig. Im abschließenden neunten Kapitel werden diese Zusammenhänge verdeutlicht. In der Synthese werden die in Kapitel vier formulierten Forschungsfragen beantwortet. Die Arbeit schließt mit der Formulierung von Vorschlägen zur möglichen Weiterentwicklung des Transnationalismuskonzeptes.

Das Format der Monographie wurde aus zwei Gründen gewählt: Zum einen erlaubt es, Sachverhalte, die für das Gesamtverständnis wichtig sind, detailliert darzustellen. Zum anderen lassen sich so Beziehungen zwischen den in der Analyse getrennten Sachverhalten herstellen, was in der Synthese einen analytischen Mehrwert hervorbringt und eine Reflexion auf höherem Niveau ermöglicht. Einzelne Ergebnisse wurden vorab in Aufsätzen veröffentlicht: Die Grundidee des zweiten Kapitels beruht auf einem Aufsatz, der in der *Geographischen Rundschau* veröffentlicht wurde (Butsch 2015), in dieser Arbeit aber eine gründliche Überarbeitung und Ergänzung erfahren hat. Einzelne Aspekte des fünften Kapitels liegen in gekürzter Form in einem Artikel in den *Mitteilungen der Österreichischen Geographischen Gesellschaft* (Butsch 2016a) und in *Diaspora Studies* (Butsch 2017) vor. Ersterer lieferte auch die Struktur für das achte Kapitel, die Materialien erfuhren allerdings eine umfassende Ergänzung. Einzelne Ergebnisse des siebten Kapitels wurden in einem Beitrag für das *Internationale Asienforum* (Butsch 2016b) verwendet. Mit diesen abschließenden technischen Hinweisen endet die Vorrede.

2. INDIEN UND SEINE „DIASPORA"

Insgesamt 31 Millionen Personen indischer Herkunft zählt das indische Außenministerium offiziell zur sog. „indischen Diaspora" (GoI MEA 2017: o. S.) (zur kritischen Bewertung des Diasporabegriffs vgl. Kapitel 3). Dazu gehören über 13 Mio. indische Staatsbürger, die im Ausland leben, die sog. *Non-Resident Indians* (NRI) und knapp 18 Mio. Personen indischer Herkunft, *Persons of Indian Origin* (PIO). Hierzu zählt die indische Regierung Personen, die früher einen indischen Pass besaßen sowie deren Nachfahren bis in die vierte Generation. Beide Gruppen zusammen bilden die heute in 208 Ländern (GoI MEA 2017: o. S.) lebende Gruppe der *Overseas Indians*. Insgesamt zeichnet sich diese durch eine sehr hohe Heterogenität aus, welche die Vielfalt der Kulturen Indiens widerspiegelt (TINKER 1977, OONK 2007, JAYARAM 2011). „*Unity in Diversity*" lautet der Wahlspruch des indischen Staates, der auf diese Vielfalt der Kulturen, Sprachen und Religionen des Landes verweist. Aufgrund dieser Vielfalt fehlt der „indischen Diaspora" eine starke identitätsstiftende Gemeinsamkeit jenseits der (ehemaligen) Staatszugehörigkeit. Für die Mehrzahl der Migrant*innen selbst sind daher lediglich die Verbindungen zu Personen von Bedeutung, welche gleicher familiärer oder ortsbezogener Herkunft sind, die gleiche Sprache sprechen und die gleichen Feste feiern, während sie oft kaum Gemeinsamkeiten mit anderen Gruppen indischer Herkunft empfinden.

Dieses Kapitel fasst die unterschiedlichen Phasen der Emigration aus Indien in globalem Maßstab zusammen, widmet sich dann den Verbindungen, die *Overseas Indians* zu ihren Herkunftsorten unterhalten und diskutiert im Anschluss die „Diasporastrategie" der indischen Regierung. Die Genese der indischen „Diaspora" in Deutschland erfolgt detailliert unter Rückgriff auf eigene empirische Daten in Kapitel 5.

TINKER (1977) nutzt zur Beschreibung der Genese der „indischen Diaspora" die Metapher des in Indien weit verbreiteten Banyanbaums: Aus seinen Ästen wachsen Luftwurzeln, die beim Erreichen des Bodens in diesem wurzeln und sich zu Stämmen verdicken. Auf mehreren Stämmen ruhend können Banyanbäume eine große Fläche überwachsen. Insbesondere das Wurzelschlagen an neuen Orten hat TINKER (1977: 19) zur Verwendung dieser Metapher bewogen, mit der er die unterschiedlichen Migrationsbewegungen der Emigrant*innen aus Indien zusammenfasst:

> „The banyan tree has thrust down roots in soil which is stony, sandy, marshy – and has somehow drawn sustenance from diverse unpromising conditions. Yet the banyan tree itself has changed; its similarity to the original growth is still there, but it has changed in response to its different environment. For those who leave South Asia, in almost every case, there is no going back. The overseas Indians are no longer Indians of India; they are overseas Indians."

TINKERS Beobachtungen beruhen dabei auf einer Analyse der Migrationsregime während der Kolonialzeit und in den ersten Jahren nach der Unabhängigkeit Indiens. Dabei arbeitet er heraus, dass indische Migrant*innen in den meisten Fällen den Aufenthalt in ihren Ankunftsländern verfestigt haben und sich über mehrere Generationen eine eigene Identität entwickelt hat. Wohl auch deshalb vermeidet TINKER den Begriff der „Diaspora", der unter anderem eine implizite Rückkehrabsicht unterstellt (vgl. Kapitel 3). Als Ausnahme von dieser eigenständigen Entwicklung nennt er die Händler*innen, die in Ostafrika und zum Teil auch Südafrika eigene Netzwerke bildeten, die auf zirkulärer Migration beruhten (vgl. auch OONK 2007). TINKERS Einschätzung ist vierzig Jahre nach dem Erscheinen seines Buchs so nicht mehr haltbar, weil sich, wie später gezeigt wird, das Migrationsregime grundlegend gewandelt hat und aus vielfältigen Gründen die Verbindungen zwischen den *Overseas Indians* und ihren Herkunftsorten tiefer geworden sind.

Historische Entwicklung

Vereinfachend lässt sich die Emigration aus Indien in drei Phasen unterteilen, nämlich eine präkoloniale, eine koloniale und eine postkoloniale. In der präkolonialen Phase war die Emigration durch Wanderungsbewegungen vor allem von Händlern bestimmt, deren Netzwerke bis in die Antike zurückreichen (TINKER 1977). Sie erstreckten sich von Arabien über Ostafrika bis nach Südostasien. Insbesondere in der frühen Neuzeit wurden diese Netzwerke in Richtung Südostasien ausgebaut (JAYARAM 2004). Eine Besonderheit war dabei die zirkuläre Migration, bei der Familienmitglieder temporär zu entfernten Handelsstützpunkten entsendet wurden und regelmäßig zurückkehren. Für diese recht kleine Gruppe war die enge Bindung an die Heimat durch den Handel gegeben, und aufgrund der Rückkehrabsicht etablierten sich auf Selbstständigkeit bedachte Gemeinden an unterschiedlichen Orten (OONK 2007). JAYARAM (2004) hält allerdings auch fest, dass der Kenntnisstand zum präkolonialen Migrationssystem Südasiens insgesamt recht dürftig ist.

Deutlich besser dokumentiert ist die südasiatische Emigration seit der Kolonialzeit, in der die Auswanderung aus Südasien erheblich zunahm, da Südasien in das britische Kolonialreich integriert wurde. Ab den 1830er Jahren bis 1940 emigrierte eine große Zahl „einfacher" Arbeiter aus Südasien in andere kolonisierte Länder. Anlass für die Rekrutierung dieser Arbeitskräfte war die Abschaffung der Sklaverei im britischen Empire (1834) und in Frankreich (1794 bzw. 1848), die einen Arbeitskräftemangel in der Plantagenwirtschaft erzeugte. Zeitgleich führte die koloniale Durchdringung Südasiens und seine Einbindung in die Wirtschaft des britischen Empire zu einem industriellen Niedergang der einstigen Wirtschaftsmacht. Die Zerstörung des traditionellen Kleingewerbes (GOSWAMI 1998, MADDISON 2006) hatte eine Vernichtung unzähliger traditionelle Arbeitsplätze zur Folge. Mitte des 19. Jahrhunderts stand einer Arbeitskräftenachfrage in den Kolonien Südostasiens, der Karibik und in Teilen Afrikas ein Arbeitskräfteüberschuss in Indien gegenüber.

Vor diesem Hintergrund entwickelten sich drei unterschiedliche Migrationssysteme. Am verbreitetsten war die *indentured labour*, eine Art Schuldknechtschaft. Hierbei begaben sich die Arbeitskräfte (Kulis/*coolies*) für eine festgelegte Zeit – üblicherweise fünf Jahre – für einen vorab festgelegten Lohn und bei freier Überfahrt, Kost und Logis in die Hände von Arbeitsvermittlern. Ihre rechtlose Stellung und die in aller Regel unwürdigen Bedingungen, unter denen sie lebten und arbeiteten, – TINKER (1974) spricht von einem „New System of Slavery" –, führten dazu, dass dieses System 1917 verboten wurde. Allerdings kehrten nicht alle *indentured labourers* nach Ablauf ihres Vertrags zurück. Heute gehen z. B. indische Bevölkerungsgruppen in Fidschi, Suriname oder Mauritius auf dieses Migrationssystem zurück (vgl. Karte 1). In einigen dieser Kolonien stellten die *Overseas Indians* schnell die Bevölkerungsmehrheit und wurden auch zur politisch dominierenden Gruppe. Für Mauritius beschreibt HOOKOOMSING (2011: 102f.) diesen Prozess:

> „the contractual workers, who came predominantly from Bihar, progressively settled on the island, acquired land, moved up the social, educational and political ladder and initiated the process leading to independence and access to state control and power. Their success story is explained by their reliance on culture, religion, collective solidarity, and a shared value system. In other words, by the defining components of what would constitute ‚Indian-ness'."

In einigen Staaten gab es zwischen den Nachkommen der *indentured labourers* und anderen Bevölkerungsgruppen Konflikte, z.B. auf Fidschi. Dort stellten *Overseas Indians* lange die größte Bevölkerungsgruppe dar, waren aber politisch marginalisiert (LAL 1990). Mehrere Staatsstreiche führten dazu, dass ein beträchtlicher Teil der indischstämmigen Bevölkerung das Land verließ. SAHOO (2002: 94) schreibt, dass nach dem Putsch 1987 bis zu 80.000 der 345.000 *Overseas Indians* Fidschi verließen; die meisten migrierten nach Australien.

Das zweite System, *Kangani* oder *Maistry*, ist nach dem Telugu- bzw. Tamil-Wort für Vorabeiter benannt (TINKER 1974, JAYARAM 2004). Hierbei rekrutierte jeweils ein Vorarbeiter einer Plantage eine Arbeiterkolonne in seiner Heimatregion. Auch hier wurden vorab bestimmte Vertragsbedingungen ausgehandelt. Der Vertrag bestand aber zwischen Vorarbeiter und Plantagenbesitzer, der nicht als direkter Arbeitgeber in Erscheinung trat. Einen wesentlichen Unterschied stellt die weitgehend selbstständige Gruppenorganisation der Migrant*innen dar. Sie waren auch rechtlich deutlich bessergestellt.

Ein drittes, kleineres System bildeten die *Passenger Indians* (TINKER 1977: 3): „The meaning was that they came to Africa on their own initiatives as passengers paying their own fares; and yet, the nickname seemed to have an implication that they were travellers, sojourners, not settlers or immigrants." Sie migrierten vor allem nach Südafrika und in die britischen Kolonien Ostafrikas. Dort waren sie überwiegend als Händler tätig, zum Teil fanden sie auch Arbeit in Infrastrukturprojekten (insbesondere dem Eisenbahnbau) (TINKER 1977, JAYARAM 2004). Diese Gruppe genoss dementsprechend die meisten Freiheiten und Rechte der drei genannten.

Insgesamt verließen zwischen 1834 und 1937, zumindest temporär, mehrere Millionen Menschen Südasien. Aufgrund fehlender Dokumentation und wechselnden statistischen Definitionen ist das Migrationsvolumen schwer schätzbar. Einen

Anhaltspunkt liefert JAINs (1982: 299) Schätzung, dass 1947 weltweit 3,4 Mio. *Overseas Indians* außerhalb Indiens lebten. Allerdings schwankte das Wanderungsvolumen stark mit der Nachfrage, wie auch aufgrund von Änderungen der gesetzlichen Rahmenbedingungen und wirtschaftsbedingter Änderungen der Arbeitskräftenachfrage (TINKER 1974). So wurde die weitere Emigration der *coolies* nach Mauritius 1839 zunächst untersagt, weil die Arbeitsbedingungen auf den Plantagen für menschenunwürdig befunden wurden. Nachdem ab 1835 die Zahl der Migranten aus Indien zunächst angestiegen war (1835: 1.182 männliche Migranten, 1836: 3.639, 1837: 6.939, 1838: 11.567), führte das Verbot zu einem Einbruch, wenn auch nicht zu einem Abbruch der indischen Emigration nach Mauritius (1839: 938 männliche Migranten, 1840: 107, 1841: 499, 1842: 73; alle Zahlen nach TINKER 1974: 70). Dem Arbeitskräftemangel auf Mauritius begegneten die Kolonialbehörden mit einer genauen Regelung der Transport-, Lebens- und Arbeitsbedingungen. Ab 1843 ließ man dann das nun strenger reglementierte System der *indentured labour* wieder neu aufleben. Im gleichen Jahr kamen 34.525 indische Migrant*innen nach Mauritius, ihre Zahl sank aber in der Folge aufgrund einer Finanzkrise bis auf 5.395 im Jahr 1848 (TINKER 1974: 81). Neben ökonomischen Gründen war es auch der Einsatz der indischen Unabhängigkeitsbewegung für die *indentured labourers*, die dazu führten, dass das System 1917 abschließend verboten wurde.

Neben der Abwanderung ungelernter Arbeitskräfte führte die Integration Indiens in das Kolonialreich zudem zu einer Emigration Hochqualifizierter, wenn auch in geringerem Umfang. Akademiker arbeiteten in freien Berufen und als Staatsbedienstete in anderen britischen Kolonien. In Burma (dem heutigen Myanmar) nahmen Inder innerhalb der Kolonialverwaltung eine tragende Rolle ein: Im Jahr 1941 waren z. B. 58 % der Ärzte und 46 % der Polizeikräfte indischer Herkunft (TINKER 1977: 142). Gefördert wurde auch die Migration Hochqualifizierter in die afrikanischen Kolonien – Ostafrika sollte „das Amerika der Hindus" werden (JAIN 2011: 38). In den Staaten des Empire waren indische Migranten damit entweder am unteren Ende der sozialen Hierarchie angesiedelt, als ungelernte, weitgehend rechtlose Arbeitskräfte, oder in einer Mittlerposition zwischen unterdrückter Bevölkerung und kolonialer Elite.

Die Dichotomie von gleichzeitiger Migration Hoch- und Niedrigqualifizierter, überwiegend in unterschiedliche Zielregionen, setzte sich auch nach der Unabhängigkeit Indiens fort. In den 1950er und 1960er Jahren wanderten zunächst Lehrer und Ärzte nach Großbritannien aus, wobei die geringen Einreisebarrieren und die Durchlässigkeit der Bildungs- und Rechtssysteme die Emigration begünstigten (TINKER 1977, KHADRIA 1999). Bis Ende der 1960er Jahre war die Verteilung der *Overseas Indians* weltweit stark durch die Migrationssysteme der Kolonialzeit geprägt. TINKER (1977: 12) nennt Zahlen der *Overseas Indians* in 53 Ländern, wobei mit 1,2 Mio. die größte Zahl auf Sri Lanka entfällt, die zweitgrößte auf Malaysia (900 Tsd.), die drittgrößte auf das Vereinigte Königreich, die viertgrößte auf Südafrika (620 Tsd.) und die fünftgrößte auf Mauritius (575 Tsd.). Insgesamt gab es in den 1970er Jahren nach TINKER (1977: 11) weltweit zwischen fünf und sechseinhalb Millionen *Overseas Indians*, wobei er auf die unsichere Quellenlage hinweist.

Die eingangs zitierte Zahl von über 31 Mio. *Overseas Indians* sowie Karte 1 lassen an dieser Stelle bereits vermuten, dass das indische Migrationssystem seitdem nochmals eine grundlegende Veränderung erfuhr. Tatsächlich haben sich die hauptsächlichen Destinationen indischer Migrant*innen seit den 1960er Jahren noch einmal verändert. Aufgrund des Abbaus der Anfang des 20. Jahrhunderts geschaffenen Einreiserestriktionen in die USA und Kanada wurden diese beiden Länder ab Mitte der 1960er Jahre zum bevorzugten Ziel indischer Hochqualifizierter (KHADRIA 1999). Die Möglichkeit der weiteren Ausbildung, die Aussicht auf adäquate Beschäftigung sowie die begrenzten Aussichten auf dem heimischen Arbeitsmarkt führten zu einem *brain drain* nach Nordamerika (LESSINGER 1992, KHADRIA 1999, DICKINSON/BAILEY 2007, SINGH/HARI 2011, AFRAM 2012). Mit 4,46 Mio. Personen indischer Herkunft sind die USA heute das Land mit der größten *Overseas Indians*-Bevölkerung; Kanada liegt mit etwas mehr als 1 Mio. Personen an neunter Stelle (vgl. Tab. 1; Gesamtüberblick: GoI MEA 2017).

Ein zweites Migrationssystem, das KHADRIA (1999: 25) als *brawn drain* bezeichnet, verbindet Südasien mit den Golfstaaten. Dort führte der Ausbau der Ölförderung in der zweiten Hälfte des 20. Jahrhunderts zu einer großen Nachfrage nach ungelernten Arbeitskräften. 2017 hielten sich in den Staaten des Golf-Kooperationsrates (*gulf cooperation council*, GCC) 8,7 Mio. indische Staatsbürger*innen auf (eigene Berechnung nach GoI MEA 2017). Über das *Kafala*-System werden die Migrant*innen eng an ihre(n) jeweilige(n) Arbeitgeber*in gebunden. Diese(r) tritt als Bürge (*Kafil*) auf, der/die für die Migrant*innen sämtliche Formalitäten erledigt und dadurch eine dominante Stellung einnimmt. So kann beispielsweise im Falle von Streitigkeiten die sofortige Abschiebung veranlasst und durch das Einziehen der Reisedokumente den Migrant*innen ihre Bewegungsfreiheit genommen werden (VENIER 2011). Durch diese rechtlose Stellung fällt es leicht, die Arbeitskräfte zu isolieren und bei Bedarf rasch wieder abzuschieben. Die Aufenthaltsdauer ist aufgrund der Gestaltung der Arbeitsverträge relativ kurz (in den VAE sind es weniger als fünf Jahre), und die Einbürgerung stellt eine Ausnahme dar (BALDWIN-EDWARDS 2011: 32). KHADRIA (2014: 36) fasst die Situation der ungelernten indischen Arbeitskräfte in den GCC-Staaten wie folgt zusammen:

> „There is a high turnover rate for unskilled and semi-skilled workers as their contracts are for short periods of employment and work, usually no more than 2 years at a time. They are only accepted for temporary stays and circulatory immigration. Those completing their contracts must return home although a large proportion manages to return with new contracts, which are not made available to them until 1 year has passed. This policy has facilitated the proliferation of recruitment and placement agencies, which sometimes collude with prospective employers, or fake employers in many cases, thus duping the illiterate and vulnerable job seekers."

Gleichwohl entstehen zunehmend stabile transnationale Netzwerke und eine Infrastruktur für die südasiatischen Migrant*innen. Hierdurch beginnt ein langsamer Wandel im Verhältnis zu der Ankunftsgesellschaft (VENIER 2011). Zusätzlich ist festzuhalten, dass die Migration aus Indien in die GCC-Staaten nicht alleine auf Geringqualifizierte beschränkt ist. KHADRIA (2014: 35) schätzt, dass 30% der *Overseas Indians* in den GCC-Staaten zur Gruppe der Hochqualifizierten gezählt werden müssen.

Neben diesen Hauptströmen gibt es noch zahlreiche weniger bedeutende Migrationsströme. Hierzu gehören etwa die Auswanderung gut ausgebildeter Krankenschwestern in verschiedene Länder, die zunehmende zirkuläre Migration innerhalb transnationaler Unternehmen, die jüdische[3] Emigration nach Israel (WEIL 2009) und weitere Wanderungen der Nachfahren der *indentured labourers*. Hier ist z.B. die Auswanderung aus Fidschi oder die Migration der sog. *twice migrants*[4] aus dem ehemals niederländischen Surinam in die Niederlande zu erwähnen (LYNNEBAKKE 2007). Diese unterschiedlichen Pfade von Migration haben dazu geführt, dass in zahlreichen Staaten indische Bevölkerungsminoritäten entstanden sind, die sich – und hier ist TINKERS (1977) Befund immer noch zutreffend – durch ihre Stellung innerhalb der jeweiligen Gesellschaft unterscheiden.

Die untenstehende Abbildung stellt eine zusammenfassende Visualisierung der Emigration aus Indien in den beschriebenen Phasen dar (Karte 1). Die Kategorie „kolonial/postkolonial" bezieht sich dabei auf Migrationsströme, deren Ursachen in der Kolonisierung Indiens liegen, die aber nach der Unabhängigkeit fortbestanden, während die als „kolonial" gekennzeichneten Migrationsströme mit der Unabhängigkeit Indiens nicht weiter fortbestanden.

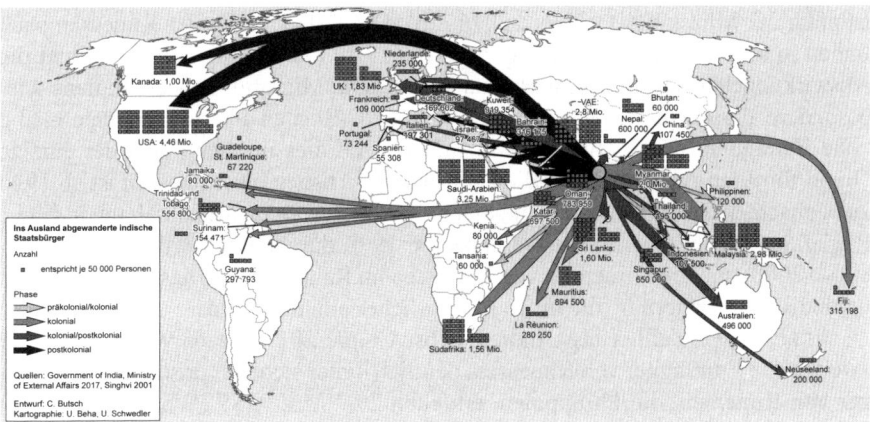

Karte 1: Genese der „indischen Diaspora"

Vernetzung der Diaspora

Die Vernetzung innerhalb der indischen Diaspora wird zum Teil durch importierte Normen, wie z.B. Heiratsregeln, gestärkt, die zu dauerhaften transnationalen

---

3   In Indien leben heute ca. 4.500 Juden (WEIL 2009: 1204), die sich auf unterschiedliche Gruppen verteilen. Die historisch bedeutsamsten sind Bene Israel und die Cochin Juden, die seit der Antike in Indien leben sowie die Baghdadi Juden die vor ca. 250 Jahren als Händler nach Bombay kamen. Nach der Gründung Israels emigrierten über 70.000 indische Juden in den neugegründeten Staat (WEIL 2009: 1206 f.).
4   So werden die indischstämmigen Migrant*innen genannt, die als Nachfahren von *indentured labourers* geboren wurden und selbst migriert sind.

Verbindungen führen und Folgemigration auslösen können (WALTON-ROBERTS 2004, VOIGT-GRAF 2005). Familiennetzwerke, die zum Teil gleichzeitig Geschäftsnetzwerke sind, stellen eine sehr wichtige, enge und durch kulturelle Normen gefestigte Form transnationaler Netzwerke dar (LESSINGER 1992, FONER 1997, VOIGT-GRAF 2005, WALTON-ROBERTS 2007). Hierdurch ist die Diaspora in der indischen Mittelschicht fest verankert:

> „[In India] Virtually every family at a certain social level has at least one member living abroad in Europe, North America or the Middle East; the younger generation, faced with a shortage of good jobs at home, is aching to follow and is willing to pursue any path to get the treasured visa to a Western or Middle Eastern country" (LESSINGER 1992: 60).

Ein wichtiger Ausdruck transnationaler Verknüpfungen sind die Rimessen (Rücküberweisungen), die nach Indien fließen (GUARNIZO 2003, vgl. Kapitel 7.2). Weltweit war Indien 2015 mit insgesamt 72,2 Mrd. US$ weltweit der größte Empfänger von Rimessen (WORLD BANK 2016: 29) (2016: 62,7 Mrd. US$; WORLD BANK 2017). Indien ist mit 13,3 Mio. Personen gleichzeitig das Land mit der höchsten Anzahl von Staatsbürger*innen, die im Ausland leben (WORLD BANK 2016: 19). Es ist auch das Land, das die meisten hochqualifizierten Migrant*innen entsendet, nämlich 2,2 Mio. (WORLD BANK 2016: 26). Die Entwicklung der Rimessen nach Indien in absoluten Zahlen und als Anteil des BIP (Abbildung 2) verdeutlicht die Auswirkungen des oben beschriebenen Wandels im Migrationssystem Indiens: Insbesondere die Gastarbeiter*innen aus den GCC-Staaten überweisen regelmäßig hohe Beträge an ihre Verwandten in Indien, weil dies in aller Regel der einzige Grund für ihren Aufenthalt ist. Ein signifikanter Anstieg der Rimessen ist ab 1990 zu beobachten. Gründe hierfür sind einerseits die Reformen, die durch die indische Regierung infolge der Zahlungsbilanzkrise 1990 durchgesetzt wurden (ROTHERMUND 2008) und die Förderung von Rimessen im Rahmen der „Diaspora-Strategie" der indischen Regierung, die unten ausführlicher erläutert wird.

In absoluten Zahlen lässt Indien selbst China, 2015 mit 63,9 Mrd. US$ der zweitgrößte Empfänger von Rimessen, deutlich hinter sich; der drittgrößte Empfänger von Rimessen, die Philippinen, erhielten 29,7 Mrd. US$ (World Bank 2016: 29). Mit zuletzt knapp 4% stellen Rimessen einen bedeutsamen Wirtschaftsfaktor dar, vor allem im südindischen Kerala und im nordindischen Punjab (Uphadya/Rutten 2012). Hier haben Rimessen insgesamt einen positiven makroökonomischen Effekt, gleichzeitig verstärken sie auf der Mikroebene sozioökonomische Disparitäten zwischen Haushalten, die Rimessen erhalten und solchen, die keine erhalten. Denn Rimessen werden eingesetzt, um Land zu kaufen, was sich in steigenden Landpreisen niederschlägt oder zum Kauf von Landmaschinen und Pumpen für die Bewässerungswirtschaft führt (Uphadya/Rutten 2012). Insbesondere letzteres verursachte einen ungleichen Zugang zu Wasser und damit ungleiche Wettbewerbsbedingungen in der Landwirtschaft. Allerdings ist die Abhängigkeit von Rimessen insgesamt deutlich geringer als in anderen Staaten (sog. Rimessenökonomien), deren Wirtschaft in hohem Maße von den Rücküberweisungen abhängig ist. In Tadschikistan beispielsweise, dem Land mit dem größten relativen Anteil an Rimessen, entsprechen diese 41,7% des BIP.

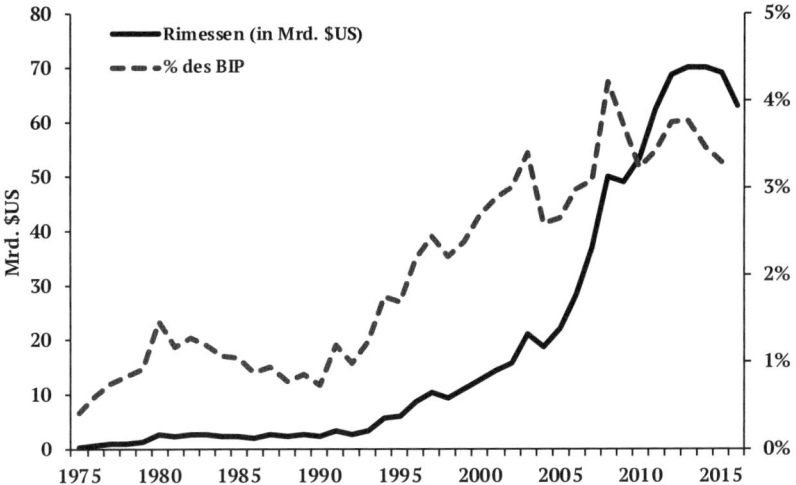

Abbildung 2: Entwicklung der Rimessen nach Indien

Insgesamt wurden aus den zehn Ländern, aus denen Indien 2017 die höchsten Rücküberweisungen erhielt, 55 Mrd. US$ überwiesen, die 87,7% der indischen Rimessen insgesamt ausmachten (Tabelle 1). Aus den GCC-Staaten, in denen überwiegend geringqualifizierte Arbeitskräfte arbeiten, fließen erwartungsgemäß überdurchschnittlich viele Rimessen nach Indien. Dies ist damit zu erklären, dass die Migration vor allem darauf zielt, die ökonomische Stellung (der Familie) in der Heimat zu verbessern. Zudem ist die Migration temporär, so dass keine Investitionen vor Ort getätigt werden. Zwar ist davon auszugehen, dass die im Durchschnitt deutlich höher qualifizierten *Overseas Indians* in den USA und Kanada mehr verdienen, jedoch schlägt sich das nicht in höheren Finanztransfers pro Kopf nieder. Grund hierfür ist, dass viele Hochqualifizierte ihre Familien nachholen und in eine dauerhafte Zukunft in der Ankunftsgesellschaft investieren.

Malaysia, mit 2,9 Mio. *Overseas Indians* das Land mit der drittgrößten indischstämmigen Bevölkerung, fehlt in dieser Übersicht, weil es mit 261 Mio. US$ Rimessen an 17. Stelle liegt. Dies ist ein deutlicher Hinweis auf die abnehmende transnationale Verflechtung der nicht mehr selbst migrierten Generationen, da der Migrationsstrom von Indien nach Malaysia mit der Unabhängigkeit Indiens 1947 endete. Gleiches gilt für Myanmar, das Land mit der fünftgrößten indischstämmigen Bevölkerung, in dem heute ca. 2 Mio. *Overseas Indians* leben, die 125 Mio. US$ Rimessen überweisen (24. Platz), für Sri Lanka, mit der siebtgrößten (1,6 Mio. *Overseas Indians*, 1,2 Mrd. US$, 12. Platz) und für Südafrika mit der achtgrößten *Overseas Indians* Bevölkerung (1,6 Mio. *Overseas Indians,* 171 Mio. Rimessen, 20. Platz).

Außer in finanzieller Hinsicht profitiert Indien auch von Technologie- und Wissenstransfers, die zu den sozialen Rimessen gezählt werden (KHADRIA 1999, vgl.

auch Kapitel 7.6). Diesem wird ein hoher Stellenwert für die Entwicklung Indiens beigemessen, so etwa der Erfolg der indischen Softwareindustrie durch remigrierte IT-Expert*innen in den 1980er und 1990er Jahren (HUNGER 2000, SONDEREGGER/TÄUBE 2010). Als Ergebnis einer Untersuchung zur Entstehung des Softwareclusters in Bangalore halten SONDEREGGER/TÄUBE (2010: 393f.) fest:

> „Initial cluster emergence was a predominantly local phenomenon, albeit one that was activated by the convergence of local capabilities and global demand. In the early stages of cluster growth, however, diaspora networks substituted for local to a surprisingly large extent. They were particularly important for Bangalore, since horizontal and vertical links within the cluster were slow to develop. The many Indians returning, permanently or temporarily, to India after working and studying in the United States help to constantly refresh and strengthen the formal and informal networks between clusters in the two countries."

Land	Rimessen (Mio. US$)	Overseas Indians (Rang)
1. VAE	12.575	2,8 Mio. (4)
2. USA	10.657	4,5 Mio. (1)
3. Saudi-Arabien	10.225	3,3 Mio. (2)
4. Kuwait	4.173	920 Tsd. (10)
5. Katar	3.769	700 Tsd. (13)
6. Vereinigtes Königreich	3.585	1,83 Mio. (6)
7. Oman	2.957	784 Tsd. (12)
8. Nepal	2.744	600 Tsd. (15)
9. Kanada	2.617	1 Mio. (9)
10. Australien	1.768	496 Tsd. (17)
Quellen: WORLD BANK 2017 und GoI MEA 2017		

Tabelle 1: Top 10 der Länder, aus denen Indien 2016 Rimessen erhielt

Indiens Diasporastrategie

Diese Erfahrungen führten zu einem Umdenken gegenüber den hochqualifizierten Migrant*innen in Indien. Wurde ihnen in den 1970er Jahren noch „Fahnenflucht" (KHADRIA 2014: 29 „deserting") vorgeworfen, wurden sie in den 1980ern als „brain bank" (KHADRIA 2014: 40) gesehen und seit dem Jahrtausendwechsel als „Engel" (KHADRIA 2014: 31), die zur Entwicklung Indiens beitragen. Die indische Regierung bemüht sich seit den 1980er Jahren zunehmend um Kontakt zu *Overseas Indians*. Während Indien unmittelbar nach der Unabhängigkeit einen Kurs der wirtschaftlichen Abschottung verfolgte, setzte seit den 1980er Jahren ein Umdenken ein. In diesem Zusammenhang wurde die „Diaspora" zunehmend als wichtiges Potential für die Entwicklung des Landes erkannt. Dabei stellte die Akquise von Investitionen ein wesentliches Motiv dar (LESSINGER 1992, VOIGT-GRAF 2005). Mit punktuellen Veranstaltungen sollten *Overseas Indians* angeregt werden, in Indien zu investieren, Geschäftskontakte zu vermitteln und ihr Wissen für die Entwicklung Indiens einzusetzen (LESSINGER 1992, DICKINSON/BAILEY 2007). Aufgrund des zunächst bescheidenen Erfolgs setzte die Regierung im Jahr 2000 ein *High Level Committee* (HLC) zur Entwicklung einer Diasporastrategie ein. Dieses empfahl eine Steigerung der Investitionen und die (temporäre) Rückkehr hochqualifizierter Migrantinnen anzustreben (SINGHVI 2001). Kern der Strategie ist die Stärkung der „indischen Identität" der *Overseas Indians,* um Anreize für transnationales Handeln und aktive Interaktion mit „der Heimat" zu schaffen.

Das HLC entwickelte detaillierte Empfehlungen in folgenden Bereichen (SINGHVI 2001):

1. Stärkung der **indischen Identität** der „Diaspora": u. a. soll das Indian Council for Cultural Relations (ICCR) eine größere Präsenz im Ausland zeigen und *Overseas Indians* mit gezielten Kulturveranstaltungen ansprechen. Ein „know India"-Programm, mit organisierten Indienaufenthalten, wird zur Heranführung der zweiten Generation ebenso empfohlen, wie die Einrichtung von Lehrstühlen (*India Chairs*) in den Geistes- und Sozialwissenschaften an ausländischen Universitäten.

2. Stärkung der **Bildung**: An Orten mit hoher *Non-Resident Indians*-Bevölkerung sollen mehr indische Schulen entstehen; durch Stipendien soll die zweite Generation zum Studieren in Indien angeregt werden. Die indischen Eliteuniversitäten werden angehalten, Tochteruniversitäten im Ausland zu gründen. Indischstämmige Akademiker*innen sollen in die Entwicklung von Lehrplänen in Indien einbezogen werden. Zudem soll die Internationalisierung der indischen Hochschulen gefördert werden.

3. Einfluss auf die „**ethnischen Medien**" („*ethnic media*"; i.e. Medien, die sich in einzelnen Ankunftsländern an *Overseas Indians* richten): Angesichts der großen Bedeutung der „ethnischen Medien" für die *Overseas Indians* wird vorgeschlagen, die Kontakte zu den Produzent*innen dieser Medien zu intensivieren, um eine „authentische" Berichterstattung für die „Diaspora" sicherzustellen.

4. Stärkung der **ökonomischen Verbindungen**: Das Wissen und die Kontakte der *Overseas Indians* soll für die ökonomische Entwicklung Indiens aktiviert werden. *Overseas Indians* sollen durch ihre Kontakte helfen, indische Exporte zu steigern; zudem sollen für sie Investitionen in Indien erleichtert werden. Es wird empfohlen, spezielle Anleihen für die Diaspora aufzulegen; Finanztransfers nach Indien sind technisch zu vereinfachen, damit sie zuverlässiger funktionieren. Mit Hilfe der *Overseas Indians* soll der Tourismus in Indien weiterentwickelt werden. Ferner wird die Entwicklung einer Kreditkarte für *Overseas Indians* empfohlen, deren Gebühren für Infrastrukturprojekte in Indien genutzt werden.

5. Entwicklung des **Gesundheitssektors**: Angeregt wird die Förderung des Medizintourismus nach Indien sowie der „Export" traditioneller Medizin, u. A. Ayurveda. Die Erleichterung von ausländischen Direktinvestitionen in den Gesundheitssektor sowie die Einbindung von Ärzten aus der „Diaspora" sollen die Entwicklung des indischen Gesundheitswesens fördern.

6. Stärkung der **Wissenschaft**: *Overseas Indians* im Bereich von Wissenschaft und Technologie sollen mehr Anerkennung erfahren: Empfohlen wird die Einrichtung von Programmen, die (zumindest eine temporäre) Rückkehr attraktiv machen. Auch sollen Stipendien vergeben werden, um den Besuch indischstämmiger Wissenschaftler*innen im Ausland zu ermöglichen. Empfohlen wird die Einrichtung einer Institution, die eine Gründung von Start-up-Unternehmen in Indien durch indischstämmige Wissenschaftler*innen unterstützt.
7. Förderung des **wohltätigen Engagements**: Für diesen Bereich wird vorgeschlagen, Finanztransfers zu erleichtern, die Zölle für Spendengüter zu senken und Freiwilligenprogramme für die zweite Generation der *Overseas Indians* zu schaffen.
8. Erleichterung von **Konsulardiensten**: Diese sollen so umstrukturiert werden, dass sie dienstleistungsorientierter werden.
9. Schaffung einer **doppelten Staatsbürgerschaft:** Sie soll die Bindung an Indien erhöhen und die *Overseas Indians* in rechtlichen Belangen weitestgehend mit indischen Staatsbürgern gleichstellen.
10. Schaffung eines „**Diaspora Zentrums**": Dieser, der „Diaspora" gewidmete Ort, soll deren Geschichte darstellen und als Begegnungsort fungieren.
11. Aufbau **administrativer Strukturen**: Auf allen administrativen Ebenen des indischen Staates und in den diplomatischen Vertretungen sollen spezielle Strukturen für die Belange der „Diaspora" entstehen.

Weiterhin empfiehlt das HLC die Etablierung eines „Tags der Auslandsinder" (*Pravasi Bharatiya Divas*), an dem einmal jährlich in parallelen Veranstaltungen, unter Beteiligung hochrangiger Regierungsvertreter*innen, der Kontakt zu indischstämmigen Geschäftsleuten und Wissenschaftler*innen in besonderer Weise gepflegt werden soll. Als symbolisches Datum wird der 9. Januar vorgeschlagen, der Tag, an dem Gandhi 1915 von seinem Aufenthalt aus Südafrika nach Indien zurückkehrte.

Die Empfehlungen des HLC wurden von der indischen Regierung sehr offen aufgenommen: Für die Umsetzung der Diasporastrategie wurde 2004 das Ministry of Overseas Indian Affairs geschaffen, das allerdings 2014 unter der Regierung Modi als eigenständige Abteilung in das Außenministerium integriert wurde. Der *Pravasi Bharatiya Divas* fand zunächst jährlich statt. Inzwischen werden die in ihrem Umfang beeindruckenden Veranstaltungen in zweijährlichem Rhythmus abgehalten. Auch die meisten anderen Empfehlungen wurden von den indischen Regierungen seit 2001 schrittweise umgesetzt. Der ökonomische Erfolg der Strategie schlägt sich beispielsweise im stark gestiegenen Umfang der Rimessen nieder. Hierzu haben auch die Erleichterungen in der Abwicklung von Finanztransfers beigetragen. Zudem können *Non-Resident Indians* spezielle Bankkonten in Indien eröffnen, die ihr Geld vor Wechselkursschwankungen absichern. Ebenso wurde ein „Overseas Citizen of India"-Pass eingeführt, der Personen indischer Herkunft, aber mit ausländischer Staatsangehörigkeit faktisch indischen Staatsbürger*innen gleichstellt. Nicht inbegriffen sind das aktive und passive Wahlrecht sowie das Recht, landwirtschaftliche Nutzfläche zu erwerben.

2. Indien und seine „Diaspora"

Insgesamt hat sich in den Jahren seit der Veröffentlichung des Berichts das Verhältnis Indiens zu den *Overseas Indians* stark gewandelt. Auffällig ist eine vereinnahmende offizielle Rhetorik. Bei der Eröffnung des *Pravasi Bharatiya Divas* 2015 sagte beispielsweise die Außenministerin Sushma Swaraj:

> „The Government of India is determined to work closely with the diaspora to leverage each other's strengths to mutual benefit. […] We welcome entrepreneurs, investors and professionals from the diaspora to partake in our endeavor to develop the motherland and restore it to its past glory. […] I believe you have the unique insights, perspectives and the extensive natural links that can make this partnership work" (GoI PIB 2015).

Dieser Auszug aus der Rede belegt, wie die indische Regierung die *Overseas Indians* vor allem aus ökonomischem Kalkül umwirbt. Gleichzeitig werden die Emigranten tatsächlich als Diasporagemeinde im engeren Sinne aufgefasst (zu einer Diskussion des Diasporabegriffs vgl. Kapitel 3), der eine besondere Beziehung zu ihrer ehemaligen Heimat unterstellt wird. Hierauf lässt die Verwendung des Begriffs „motherland" schließen, der impliziert, dass hier eine nicht einseitig zu beendende Beziehung besteht.

Wegen dieser Rhetorik wurde der Bericht des HLC auch kritisiert. DICKINSON/BAILEY 2007 weisen darauf hin, dass dem Bericht zudem implizit die Idee von Indien als einem hinduistischen Staat zugrunde liegt und dass nicht-hinduistische Kulturen und Bevölkerungsgruppen darin nicht adäquat berücksichtigt werden. Indische Kultur wird weitgehend mit Hinduismus gleichgesetzt, was der kulturellen Vielfalt Indiens – auch in der Diaspora – nicht gerecht wird (MANI/VARADARAJAN 2005, HO 2011). Kritiker*innen MANI/ VARADARAJAN 2005, DICKINSON/BAILEY 2007) weisen auch auf die nationalistischen Tendenzen und die teilweise neokolonial anmutende Vereinnahmung der *Overseas Indians* hin, die z.B. im Vorwort des HLC-Berichtes anklingt: „The Indian Diaspora spans the globe and stretches across all the oceans and continents. It is so widespread that the sun never sets on the Indian Diaspora" (SINGHVI 2001: v). Weitere Kritik bezieht sich darauf, dass sie vor allem an Hochqualifizierte adressiert ist (DICKINSON/BAILEY 2007). Die zahlungskräftige „Diaspora" in Europa und Nordamerika wird in dem Bericht des HLC als eine Art Vorbild dargestellt. Demgegenüber wird der Beitrag der Migrant*innen in die GCC-Staaten kaum gewürdigt, und den Nachfahren der *indentured labourers* wird (wegen des vermeintlich fehlenden Potentials zur „Entwicklung" Indiens beizutragen?) sogar eine Abkehr von indischen Werten („Indianness") unterstellt. Die Zugehörigkeit zur indischen Diaspora, wird nach DICKINSON/BAILEY (2007: 766) nur den „Erfolgreichen" und „Nützlichen" gewährt:

> „In general terms, then, a 'successful' NRI deserving of inclusion in the Indian diaspora family is constructed as an educated, middle-class professional with global networks that enable connections to India. Indeed, the discourses of membership make continued, and sometimes contradictory, reference to the connections that are expected of members. These connections are to two societies: connections back to India legitimised by a shared sense of Indianness and Indian identity, and connections to the host society."

Diese Kritik wurde von den indischen Regierungen der letzten Jahre aufgegriffen und führte zu einer behutsamen Korrektur der Praxis. Insbesondere die Situation der geringqualifizierten Arbeitskräfte in den GCC-Staaten wurde zu einem wichtigen politischen Anliegen, so dass die Aufmerksamkeit nicht mehr allein den Hochqualifizierten gilt. Die Diasporastrategie ist somit zugleich Spiegel und Treiber der intensiver werdenden transnationalen Beziehungen der *Overseas Indians* zu ihren Herkunftsorten. Dem eingangs zitierten Banyambaum sind somit seit den 1970er Jahren deutlich „mehr Äste gewachsen" und seine Größe hat sich verfünffacht. Allerdings stimmt der Befund, dass sich in den einzelnen Staaten unabhängige indische Gemeinschaften gebildet haben, vor allem für die aktuelle Migration nicht mehr, wie es zum Beispiel an den stark gestiegenen Rimessen abzulesen ist. Durch veränderte Migrationsmuster, durch die sich vertiefende globale Integration Indiens sowie durch die in Folge der Umsetzung der Diasporastrategie veränderten Rahmenbedingungen sind vielfältige Verbindungen zwischen Indien und seiner „Diaspora" entstanden.

3. TRANSNATIONALISMUS ALS FORSCHUNGSFELD

Transnationalismus, der das Handeln von Migrant*innen in das Zentrum des Erkenntnisinteresses stellt, hat sich in den letzten 25 Jahren als wichtige Perspektive auf Migration etabliert. Vor dem „transnational turn" (KING 2012: 144) beschäftigte sich Migrationsforschung vor allem mit der Deskription von Migrationsprozessen, der Erklärung von Wanderungsmotiven und Fragen von Integration und Inklusion. Migrationstheorien, vor allem aus der Ökonomie, versuchten Faktoren, die Migration auslösen, auf unterschiedlichen räumlichen Ebenen zu identifizieren (für eine Übersicht vgl. MASSEY et al. 1993, COHEN 1996 oder TREIBEL 2011). Dieser Perspektive liegt die Annahme zugrunde, dass Migration primär eine Folge struktureller Rahmenbedingungen (Makroperspektive) ist, bzw. dass Migrant*innen wesentlich aus ökonomischem Kalkül handeln, um ihre persönliche oder die Situation ihres Haushaltes zu verbessern (Mikroperspektive). In den letzten Jahren entwickelten sich innerhalb der Migrationsforschung weitere Perspektiven, die vor allem die Motivationen von Migrant*innen betrachten und Prozesse analysieren, mit denen Migrant*innen als Akteure soziale und kulturelle Veränderungen auslösen (HILLMANN 2007, 2016). Speziell im Rahmen der Globalisierung wird Migration als wesentlicher Prozess verstanden, der das Potential hat, Gesellschaften zu verändern (CASTLES et al. 2014). Diese Perspektive steht etwa im Bericht des *Special Representative of the Secretary General on Migration* der UN, Peter SUTHERLAND (2017: 4), im Vordergrund:

> „Without migration, societies worldwide would never have achieved their current level of development. […] Not only millions of individuals but whole societies in all parts of the world have thus been transformed. As development advances over the coming decades, more people will want to migrate, and will have more options to do so. […] Migration is here to stay."

Trasnationalismus als neue Perspektive

Für das Verständnis dieser Veränderungen bietet die transnationale Perspektive wichtige Anknüpfungspunkte. Sie entwickelt sich seit den frühen 1990er Jahren, zunächst in der englischsprachigen Literatur, als neue Analyserichtung der interdisziplinären Migrationsforschung. Sie befasst sich mit Phänomenen, die mit bis dahin nicht theoretisierten Migrationsmustern in Zusammenhang stehen. Ausgangspunkt der Entwicklung war die Beobachtung, dass Migrant*innen zunehmend Verbindungen zwischen Ankunfts- und Herkunftsgesellschaft schaffen:

> „Our earlier conceptions of immigrant and migrant no longer suffice. The word immigrant evokes images of permanent rupture, of the uprooted, the abandonment of old patterns and the painful learning of a new language and culture. Now, a new kind of migrating population is

emerging, composed of those whose networks, activities and patterns of life encompass both their host and home societies" (GLICK SCHILLER et al. 1992: 1).

Induktiv entwickelten Forscher*innen einen konzeptionellen Rahmen, der im Kontext der Globalisierung die Entstehung eines neuen Typs von Migrant*innen postuliert, deren Leben gleichzeitig sowohl in ihren Herkunfts- als auch in ihren Ankunftsgesellschaften verankert ist (GLICK SCHILLER et al. 1992: 1):

> „We defined transnationalism as the process by which immigrants build social fields that link together their country of origin and their country of settlement. Immigrants who build such social fields are designated ‚transmigrants'. Transmigrants develop and maintain multiple relations – familial, economic, social, organizational, religious and political that span borders" (vgl. auch PORTES & LANDOLT 1999, FASSMANN 2002).

Diese transnationalen sozialen Felder stellen eine neue Qualität grenzüberschreitender Verknüpfungen dar (GOEKE 2007).

Die Neuheit transnationaler Phänomene als Folge der Globalisierung wurde aus forschungspolitischen Gründen in der frühen Transnationalismusliteratur stark betont (LEVITT/JAWORSKY 2007). Kritiker weisen allerdings darauf hin, dass die Phänomene als solche nicht neu sind (FONER 1997, BÜRKNER 2000, VERTOVEC 2004, LEVITT/JAWORSKY 2007, GOEKE 2007) und ein so übersteigerter Diskurs wird als nicht zielführend abgelehnt (VERTOVEC 2009). Bei dem Vorwurf der Konstruktion des Neuen schwingt auch mit, dass frühere Konzepte und Theorien von den Vertretern der Transnationalismusforschung nicht ausreichend berücksichtigt wurden: „Die Hauptkritik der Transnationalisten lautet, dass die bekannten Wanderungs-, Integrations- oder Assimilationstheorien, mit ihrer konzeptionellen Dreigliederung von Migration in eine Entscheidungs- und Aufbruchsphase im Heimatland, in einen diskreten und unidirektionalen Akt der körperlichen Wanderung und an- und abschließend in einen intergenerationalen Eingliederungsprozess, unter globalen Bedingungen zunehmend obsolet werden. [...] Weil die alten Theorien nicht sahen, was die neuen behaupteten, konnte man sich das gründliche Lesen der alten Theorien sparen – zu den Neologismen war dort nichts zu finden" (GOEKE 2007: 20) (vgl. auch KIVISTO 2001). Allerdings räumen auch die Autor*innen, die sich kritisch mit Transnationalismus auseinandersetzen ein, dass die beschriebenen Migrationsmuster mit etablierten Migrationstheorien nicht erklärt werden können und als Ausnahmeerscheinungen deklariert werden müssen (BÜRKNER 2000, VERTOVEC 2004). Durch das kritische Infragestellen der Grundannahmen bisheriger Migrationstheorien (HILLMANN 2007: 78) eröffnen sich neue Herausforderungen und Perspektiven:

> „Perhaps transnationalism has been such a sexy topic in recent years because it embodies an inherently transgressive quality. Transnationalism necessitates a crossing of borders, both literal and epistemological" (MITCHELL 1997:101).

Wesentlicher Unterschiede zwischen den etablierten Theorien zu internationaler Migration und der transnationalen Perspektive bestehen in den Grundannahmen. Erstere gehen (oft implizit) von einer einmaligen (Re)migration aus, bei der Migrant*innen sich in einen neuen gesellschaftlichen Kontext einfügen. Transnationalismus geht demgegenüber davon aus, dass Migrant*innen ihre Netzwerke zum Teil beibehalten und dadurch dauerhaft transnationale Sozialräume schaffen (Abbildung 3) (PRIES 2010a).

Im Zentrum des Erkenntnisinteresses stehen in der Transnationalismusforschung Phänomene, die durch das Leben in zwei Gesellschaften ausgelöst werden. Diese nehmen auch deshalb zu, weil sich die Kommunikations- und Reisemöglichkeiten verbesserten, während gleichzeitig deren Kosten sanken. Das ortsverteilte Leben wurde logistisch einfacher und die Kontakte zwischen Herkunfts- und Zielland wurden enger und häufiger (PORTES 1996, FONER 1997, PORTES/GUARNIZO/LANDOLT 1999, VERTOVEC 2001, OIARZABAL/REIPS 2012, CARLING et al. 2012, GONZALEZ/KATZ 2016), wobei insbesondere die preiswerte „Echtzeitkommunikation" durch das Internet dazu führt, dass transnationale soziale Netzwerke und Globalisierungsprozesse sich teilweise gegenseitig bedingen und verstärken (VERTOVEC 2009) (vgl. auch Kapitel 7.3 für eine Darstellung der Entwicklung der globalen Kommunikation).

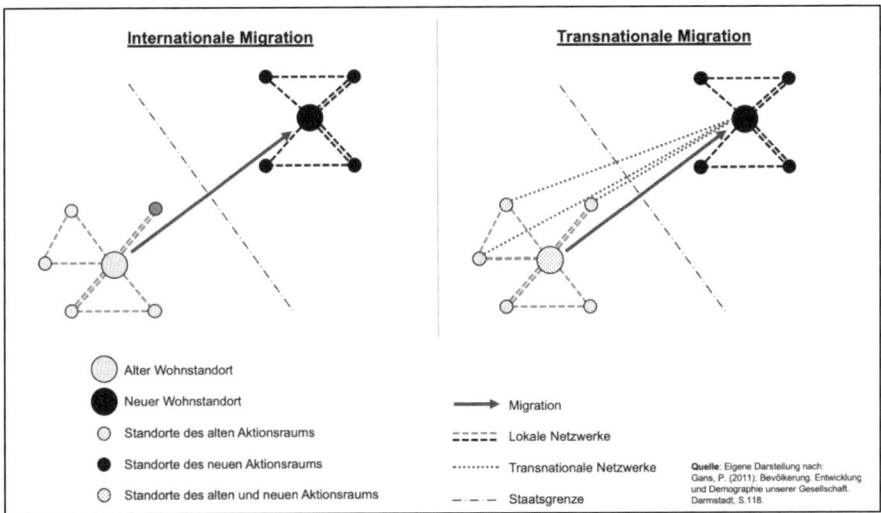

Abbildung 3: Transnationalismus als neue Perspektive

Grenzüberschreitende Sozialbeziehungen erreichen aufgrund ihrer Häufigkeit und Dichte eine neue historische Qualität (PRIES 2010a). Die Entfremdung zwischen Ausgewanderten und Daheimgebliebenen tritt nicht mehr in dem früheren Maße in Erscheinung (GLICK SCHILLER et al. 1992, VERTOVEC 2004, VERTOVEC 2009, SCHMIZ 2011), es wird von den Daheimgebliebenen zum Teil sogar ein engerer Kontakt erwartet (MUTERSBAUGH 2002, VERTOVEC 2009). Wesentliches Merkmal transnationalen Handelns ist das kontinuierliche, nicht mehr permanent reflektierte Überschreiten von Grenzen. Beziehungen finden in ortsverteilten, z.T. virtuellen Aktivitätsräumen statt (VERTOVEC 2009). Raum und Gemeinschaft werden voneinander entkoppelt und in territorial nicht mehr verortbare Zusammenhänge einbezogen (ROUSE 1991, APPADURAI 1996). Dies fordert die Konzeption von nationalstaatlichen Gesellschaften als Container heraus (PRIES 2010a) und es kommt zu einer Aufweichung der eindeutigen skalaren Einbettung sozialer Netzwerke; z.B. leben Kernfamilien oder enge Freunde nicht mehr zwangsläufig am gleichen Ort (MARSTON et al. 2005, CARLING et al. 2012). So nimmt Transnationalismus im Gegensatz zu klassischen Migrationstheorien, die zumeist die individuelle Ebene in den Blick nehmen oder Erklärungsansätze auf der Makroebene bieten, eine vermittelnde Stellung ein (WALTON-ROBERTS 2004, LEVITT/JAWORSKY 2007, SCHMIZ 2011). ITZIGSOHN et al. (1999: 323) schlagen eine differenzierte Perspektive auf transnationales Handeln von Migrant*innen vor, die zwischen Transnationalismus im engeren und im weiteren Sinne unterscheidet:

> „We want to consider narrow and broad transnational practices as two poles of a continuum defined by the degree of institutionalization, degree of movement within the transnational field, or the degree of involvement in transnational activities. Transnationality in a 'narrow' sense refers to those people involved in economic, political, social, or cultural practices that involve a regular movement within the geographic transnational field, a high level of institutionalization, or constant personal involvement. Transnationality in a 'broad' sense refers to a series of material and symbolic practices in which people engage that involve only sporadic physical movement between the two countries, a low level of institutionalization, or just occasional personal involvement, but nevertheless includes both countries as reference points."

Diese Unterscheidung erlaubt es, die von der Sache her irreführende Dichotomie zwischen transnationalen Migrant*innen und anderen Migrant*innen aufzulösen, wie sie in der oben zitierten Definition von GLICK SCHILLER et al. angedeutet wird. Allerdings greifen Ansätze wie der von ITZIGSOHN et al., die die physische Mobilität zu einem wesentlichen Unterscheidungskriterium machen, zu kurz, da sie der zunehmenden kommunikativen Verflechtung nicht (mehr) gerecht werden. Hier wird die These vertreten und im empirischen Teil untersucht, dass die physische Bewegung für das Entstehen transnationaler sozialer Räume zunehmend von untergeordneter Bedeutung ist.

Aus der Transnationalismusforschung entwickelte sich seit Anfang der 2000er Jahre als komplementäre Perspektive die der Translokalität (BRICKEL/DATTA 2011, VERNE 2012, GREINER/SAKDAPOLRAK 2013). Zunächst stellte die translokale Perspektive den Versuch dar, transnationale Phänomene zu verräumlichen, also stärker die Orte in den Blick zu nehmen, die durch die transnationalen Praktiken von Migrant*innen verbunden und verändert werden. KATZ (2001: 724) prägte hierfür den Begriff des „rooted transnationalism". BRICKEL/DATTA (2011: 9) fassen dieses Umdenken folgendermaßen zusammen:

> „Grounded or rooted transnationalism in many ways has shaped the trajectory of translocality. Even as transnationalism was being called to become more situated, it was becoming clear to scholars that these transnational connections were only possible through local-local connections across national spaces."

Inzwischen hat sich Translokalität als eigene Forschungsrichtung etabliert, die nicht nur grenzüberschreitende Verbindungen zwischen Orten untersucht, sondern die zwischen Orten allgemein (somit auch innerhalb von Staaten). Der Transnationalismusforschung hat der Diskurs über die konkreten räumlichen Auswirkungen transnationaler Verbindungen eine bleibende Tiefe gegeben und die Notwendigkeit einer mulitskalaren Betrachtung deutlich gemacht.

Themen der Transnationalismusforschung

VERTOVEC (2009) ordnet in seinem Übersichtswerk das weite Themenfeld von Transnationalismus in fünf Themenkomplexe: (1) transnationale soziale Formationen, (2) sozio-kulturelle Aspekte und Identität, (3) ökonomische Transformationen, (4) politisches Engagement und (5) Religion; deren Inhalte werden im Folgenden knapp skizziert.

Ad (1): Unter dem Begriff „transnationale soziale Formationen" werden ortsverteilte Sozialräume oder Institutionen gefasst, die von Migrant*innen (mit)geschaffen werden. Der Aspekt der grenzüberschreitenden sozialen Vernetzung ist insbesondere im deutschsprachigen Diskurs zu einem der zentralen Untersuchungsgegenstände der Transnationalismusforschung geworden (PRIES 2010a). Dabei werden unterschiedliche Arten von Netzwerken analysiert: geschäftliche (z.B. KLOOSTERMANN et al. 1999, GUARNIZO 2003, BEAVERSTOCK 2005, SCHMIZ 2011, PORTES/YIU 2013, BAGWELL 2015), politische (z.B. ITZIGSOHN et al. 1999, ITZIGSOHN 2000, FAIST 2008), familiäre (z.B. FÜRSTENAU 2004, WALTON-ROBERTS 2004, VOIGT-GRAF 2005, CARLING et al. 2012), epistemische (z.B. FAIST 2008, LEUNG 2011) oder religiöse (VERTOVEC 2000, LEVITT/JAWORSKY 2007, AMRUT 2010).

Transnationale Netzwerke werden nicht nur von Migranten konstituiert. Immer sind auch Nichtmigranten in Ankunfts- und Zielländern Elemente dieser Netzwerke, wobei erstere die notwendigen Verbindungen herstellen (VERTOVEC 2009, GREINER/SAKDAPOLRAK 2013). Diese Netzwerke sind für den Austausch von Informationen von zentraler Bedeutung, bedingen sie doch weitere Migration und senken die Kosten für Folgemigrationen (MASSEY et al. 1993). Für Migrant*innen sind Netzwerke Teil ihres Sozialkapitals im BOURDIEU'schen Sinne (VERTOVEC 2009, SCHMIZ 2011). Dabei haben die sporadischen Kontakte zu Personen, zu denen keine direkte, enge Beziehung besteht, die ihrerseits aber mit engen Kontaktpersonen in Verbindung stehen, die *weak ties* (im Sinne GRANOVETTERS 1973), oft größere Relevanz als die *strong ties* zu engen Kontaktpersonen. Sie reichen Informationen weiter, helfen beim „Ankommen", vermitteln Arbeitsplätze etc. (DAHINDEN 2010).

Ad (2): Sozio-kulturelle Aspekte und Identität werden in Studien untersucht, die sich mit Veränderungsprozessen beschäftigen, die durch transnationale Verbindungen ausgelöst werden. Die grenzüberschreitende Vernetzung von Migranten ist kein neues Phänomen (VERTOVEC 1999, GREINER/SAKDAPOLRAK 2013): „Diaspora" bezeichnete bereits seit der Antike die transnationale Vernetzung von Gemeinschaften gemeinsamer Herkunft. ANTHIAS (1998: 559) definiert Diaspora als: „a connection between groups across different nation states whose commonality derives from an original but maybe removed homeland; a new identity becomes constructed on a world scale which cross national borders and boundaries." Der ursprünglich eng abgegrenzte und nur auf die jüdische, griechische und armenische Diaspora angewendete Begriff wurde im Zuge des Globalisierungsdiskurses in den 1990er Jahren zu einem „Buzzword" der Postmoderne (COHEN 1999). BRUBAKER (2005:13) setzt sich kritisch mit der zunehmend undifferenzierten Nutzung des

Begriffs „Diaspora" auseinander. Einer seiner Hauptkritikpunkte ist, dass die Verwendung eine Gruppenzugehörigkeit und -homogenität impliziert:

> „One of the virtues of ‚diaspora', scholars have suggested, is that it provides an alternative to teleological, nation-statist understandings of immigration and assimilation. But theories of ‚diaspora' have their own teleologies. Diaspora is often seen as destiny – a destiny to which previously dormant members (or previously dormant diasporas in their entirety) are now ‚awakening' […]. Embedded in the teleological language of ‚awakening' – the language, not coincidentally, of many nationalist movements – are essentialist assumptions about ‚true' identities. Little is gained if we escape from one teleology only to fall into another."

Er plädiert dafür den Begriff „Diaspora" nicht zur Kennzeichnung einer festen Gruppe zu verwenden, sondern ihn nüchtern als Praktik, Haltung Anspruch oder Projekt zu begreifen.

BLUNT (2007) kritisiert die häufig synonyme Verwendung der Begriffe „Transnationalismus" und „Diaspora". Diaspora wird durch die gemeinsame transnationale Identität definiert, die durch folgende Aspekte konstituiert wird: räumliche Dispersion, kollektives Trauma, eine eigenständige kulturelle Entwicklung, ein angespanntes Verhältnis zur Bevölkerungsmehrheit, ein nationalstaatliche Grenzen überschreitendes Gemeinschaftsgefühl und das Vertrauen auf die Rückkehr in die Heimat (ANTHIAS 1998). Diaspora ist in diesem Verständnis eine klar definierte, spezielle Ausprägung von Transnationalismus, wobei die triadische Beziehung der Diaspora in unterschiedlichen Ankunftsländern eine Besonderheit darstellt (VERTOVEC 2009).

Identität stellt in der Transnationalismusforschung – wie in der Migrationsforschung allgemein – ein zentrales Interessensgebiet dar (GOEKE 2007). Darin kommt der Frage der sog. Hybridität transnationaler migrantischer Identitäten und dem damit verbundenen Fragenkomplex von Integration/Assimilation ein besonderer Stellenwert zu. GLICK SCHILLER et al. (1992: 11) weisen auf die Bedeutung multipler Identitäten hin, die für transnationale Migrant*innen Teil ihres Sozialkapitals darstellen:

> „Within their complex web of social relations, transmigrants draw upon and create fluid and multiple identities grounded both in their society of origin and in the host societies."

Andere Autor*innen verwenden den Begriff der Hybridität, weil er die synkretische und wechselbare Natur von Identität betont (ANTHIAS 2008). Das Leben in zwei Kulturen erfordert von Migranten die Fähigkeit, ihren Habitus (im BOURDIEU'schen Sinne) in unterschiedlichen Kontexten zu wechseln, woraus auch neue Kompetenzen erwachsen (VERTOVEC 2009). Die Hybridität migrantischer Identitäten kann unterschiedlich stark ausgeprägt sein (KRUMME 2004, LEVITT/JAWORSKY 2007) und wird in der Literatur unter anderem deshalb ambivalent bewertet, weil der Begriff in den Augen der Kritiker die Chancen des Lebens in zwei Gesellschaften überbetont und die Rolle von Transmigranten als selbstbewusste, mit multiplen Identitäten „jonglierende" Akteure zu positiv darstellt (BECKER 2002: 8). Hybride Identitäten berühren auch die Frage nach (doppelter) Staatsbürgerschaft (LEITNER/EHRKAMP 2006), denn Staaten, die sich über Grenzen definieren, können scheinbar unklare Loyalitäten als Problem auffassen (VERTOVEC 2009). Dabei wird ein gleichwertiges Leben in zwei Gesellschaften von einigen Autoren als schwierig angesehen, weil nur ein geringer Teil der Migranten die entsprechenden Fähigkeiten (z.B. Sprachkompetenz) besitze (ROBERTS et al. 1999). Zudem verhindern Bindungen an die Herkunftsgesellschaft die Inklusion in die Aufnahmegesellschaft (EHRKAMP 2005). Andere Autoren stellen transnationale Lebensentwürfe als neue, zeitgemäße Art der Assimilation dar (BRUBAKER 2001, KIVISTO 2001, SCHMIZ 2011). Allerdings erschwert die Auflösung der Kongruenz von Raum und Kultur auch die Beantwortung der Frage nach der gesellschaftlichen Zugehörigkeit (GOEKE 2007). Zugleich verändern transnationale Migranten ihre Herkunftsgesellschaften durch den Transfer von Ideen und Wertvorstellungen und lösen teilweise Identitätsveränderungen bei den Daheimgebliebenen aus (LEVITT 1998, LEVITT/LAMBA-NIEVES 2011, LACROIX et al. 2016).

Ad (3): Migrant*innen lösen vor allem durch ihre Rücküberweisungen, zum Teil auch durch Wissenstransfer ökonomische Transformationen in den Herkunftsländern aus (LEVITT 1998, GUARNIZO 2003). In einigen Ländern sind sie mittlerweile die Hauptdevisenquelle und stellen einen beträchtlichen Anteil des Volkseinkommens dar (vgl. Kapitel 2). Durch Rimessen erfüllen Migranten im jeweiligen kulturellen Kontext spezifische Erwartungen, sichern ihren sozialen Status im Herkunftsland und festigen ihre Netzwerke (BATNITZKY et al. 2012). In der Transnationalismusforschung sind vor allem Änderungen untersucht worden, die sog. *Hometown Associations* durch ihre Transferleistungen auslösen. Diese Migrantenorganisationen, die in engem Kontakt mit ihrer Heimat stehen, unterstützen die dortige Infrastrukturentwicklung, Bildungs- und Gesundheitseinrichtungen und religiöse Institutionen (PORTES 1996, KIVISTO 2001, MUTERSBAUGH 2002, GUARNIZO 2003, BADA 2016, CAGLAR 2016). In einigen Staaten hat diese „private Entwicklungshilfe" beträchtliche Ausmaße angenommen, und die Abhängigkeit von der Diaspora bzw. deren politischer Einfluss hat stark zugenommen (ITZIGSOHN 2000). Auch werden Migranten zunehmend als „Entwicklungsexperten" instrumentalisiert (z.B. im mexikanischen *tres-por-uno*-Programm; für eine Übersicht: FAIST 2008, GEIGER/STEINBRÜCK 2012). Kritisiert wird, dass diese Investitionen zumeist nur punktuelle Wirkung entfalten und es zu einem Rückzug von Staatlichkeit in der Planung kommen kann (VERTOVEC 2009).

Im Bereich des transnationalen Unternehmertums sind Besitzstrukturen („ethnic ownership economy"), die räumliche Konzentration von Immigrantenunternehmen („ethnic enclave economy"), die Zugehörigkeit der Arbeitskräfte („ethnic controlled economies") und die Organisation von Migrantenunternehmen (z.B. Substitution von Finanzkapital durch Sozialkapital, indem Familienmitglieder mitarbeiten) von Interesse (KLOOSTERMANN et al. 1999, LIGHT/GOLD 2000, SCHMIZ 2011). Untersucht wird auch, wie Unternehmer*innen Geschäftsmodelle auf ihrer transnationalen Positionierung aufbauen (PORTES/GUARNIZO/HALLER 2002, DRORI/HONIG/WRIGHT 2009, PORTES/YIU 2013; vgl. Kapitel 7.5) und wie sie durch den Transfer von Wissen zur ökonomischer Entwicklung in ihren Herkunftsländern beitragen (CHACKO 2007, LECLERC/MEYER 2007, FAIST 2008, FRIESEN/COLLINS 2017; vgl. Kapitel 7.6).

Ad (4): Das politische Engagement transnationaler Migrant*innen wurde vor allem für das Migrationssystem USA-Lateinamerika-Karibik untersucht, in dem die Verflechtungen einen z.T. sehr hohen Institutionalisierungsgrad erreicht haben. ITZIGSOHN 2000 beschreibt dies ausführlich anhand der politischen Einbindung lateinamerikanischer Migrant*innen in den USA. Staatliche Institutionen und Parteien aus Haiti, El Salvador und der Dominikanischen Republik haben in den USA Strukturen geschaffen, die eine dauerhafte politische Partizipation in der „Heimat" ermöglichen (vgl. auch DÉLANO 2014). Andere Arbeiten richten sich auf das politische Engagement von Migrant*innen in innerstaatlichen Konflikten, wie z.B. in Sri Lanka (HESS/KORF 2014), der Balkanregion (CARTER 2005) oder der Türkei (BASER 2017).

Staatliche „Diaspora-Strategien" tragen diesen Verflechtungen insofern Rechnung, als sie die Bindungen (ehemaliger) Staatsbürger im Ausland als Ressource für die eigene Entwicklung nutzen (MANI/VARADARAJAN 2005, DICKINSON/BAILEY 2007, HO 2011, RAGAZZI 2014). Diese Strategien sind inzwischen weit verbreitet und spiegeln eine globale Veränderung der Perspektive auf Emigrant*innen wider, die nicht mehr als „Verräter*innen" sondern als „Helden*innen" gesehen werden. DURAND (2004, o. S.) nutzt die plakative Überschrift „traitors to heros", um diesen Wandel zu illustrieren (für Indien vgl. KHADIRA 2014). RAGAZZI (2014: 75) spricht in diesem Zusammenhang von einem „diaspora turn in policy". Staatlichkeit und Staatsbürgerschaft werden in diesem Kontext neu definiert, z.B. wenn Emigranten von Politikern selbstverständlich weiter als Teil ihrer Heimatnation begriffen werden (LEVITT/DE LA DEHESA 2003, RAGAZZI 2014) oder wenn Rechte, wie der Zugang zu Sozialdienstleistungen, nicht mehr an die Staatsbürgerschaft gekoppelt sind (LEITNER/EHRKAMP 2006). Die Frage der doppelten Staatsbürgerschaft ist für Migrant*innen von großer Bedeutung, hängen doch ihre Mobilitätsmöglichkeiten und ihre rechtliche Stellung hiermit unmittelbar zusammen. Weitere Aspekte sind Loyalität bzw. Loyalitätskonflikte und die Möglichkeit gesellschaftlicher Mitgestaltung (VERTOVEC 2009, COLLINS 2012). Wenngleich es historische Vorbilder für das Engagement von Regierungen für Emigrant*innen in den jeweiligen Aufnahmeländern gibt, werden transnationale Gemeinschaften – auch aufgrund der gewachsenen finanziellen Abhängigkeiten – zunehmend rhetorisch vereinnahmt (ITZIGSOHN et al. 1999, ITZIGSOHN 2000, DICKINSON/BAILEY 2007, RAGAZZI 2014).

Ad (5): Religion hängt eng mit den Themenkomplexen von Diaspora und Identität zusammen. In diesem Forschungsfeld werden die transnationalen Netzwerke untersucht, die durch Religionsgemeinschaften institutionalisiert werden (VERTOVEC 2000, RICCIO 2004) ebenso wie Veränderungen, die Religionen in der Diaspora erfahren (VERTOVEC 2009, ROSSBACH DE OLMO 2010). Es wird untersucht, welche „Rückwirkung" Diasporagemeinschaften auf Religionsgruppen in der Herkunftsgesellschaft haben (GOTTSCHLICH 2013a), welche Rolle Religion für die Definition sozialer Normen hat (VERTOVEC 2000, WALTON-ROBERTS 2004) und welche die identitätsstiftende Funktion Religion im Ankunftsland hat bzw. wie religiöse Orte zu Kristallisationspunkten von Diasporagemeinschaften werden (LEVITT 2008, GALLO 2012, MARLA-KÜSTERS 2015).

3. Transnationalismus als Forschungsfeld

Rezeption in der deutschsprachigen Literatur

In die deutschsprachige Migrationsforschung wurde Transnationalismus als Konzepts vor allem durch den Soziologen PRIES eingeführt (2001, 2008, 2010a). Die thematische Breite der deutschsprachigen Literatur ist im internationalen Vergleich geringer, wobei Fragen der sozialen Interaktion und Arbeitsmigration im Zentrum stehen. Ein Schwerpunkt der geographischen Literatur liegt auf transnationalen Phänomenen und dem Handeln transnationaler Migranten im internationalen Kontext (z. B. MÜLLER-MAHN 2005 zu ägyptischen Migranten in Paris, THIEME et al. 2006 zu nepalesischen Migranten in Delhi, REESE 2009 zu transnationalen Arbeitsplätzen auf den Philippinen, FAUSER 2010 zu Migrantenorganisationen in Spanien, HENN 2010 zu transnationalen Diamantenhändlernetzwerken in Antwerpen, ROTHER 2012 zu migrantischen Angestellten in Hongkong, GÖLER/KRISJANE 2013 zu Migrationssystemen in Lettland und Albanien, SANDNER LEGALL 2016 zu Roma in Südeuropa). In Deutschland und Österreich wurden einerseits die transnationalen Netzwerke der ehemaligen sog. „Gastarbeiter" und etablierter Migrantengruppen in den Blick genommen (z.B. EHRKAMP 2005, GOEKE 2007, FUHSE 2010, SCHMIZ 2011), andererseits neue Migrantengruppen untersucht (z.B. FASSMANN 2002, GLORIUS 2006, 2016, DEFFNER 2014, SZYMANSKI/WEHRHAHN 2016). Zentrale Themen sind transnationale migrantische Netzwerke/Migrationsnetzwerke, Migrationsmuster, die Vernetzung innerhalb der „Diaspora", Arbeit bzw. Arbeitsmarkt und Migrantenökonomien. Wesentlich ist die Beschäftigung mit den Veränderungen, die in den Ankunfts- und Zielgesellschaften durch zirkuläre und transnationale Migration ausgelöst werden (HILLMANN 2010, 2016).

Kritische Bewertung und Weiterentwicklung

Die Perspektive der Transnationalismusforschung wurde aufgrund ihrer Grundannahmen und ihres Verhältnisses zu etablierten Migrationstheorien in der Literatur teilweise recht kritisch bewertet: Am häufigsten wurde die vermeintliche Neuheit transnationaler Phänomene infrage gestellt (vgl. obenstehendes Zitat von GOEKE 2007). Kritisiert wird, dass Transnationalismus rhetorisch zum Paradigmenwechsel aufgebauscht wurde, obwohl nur ein Ausschnitt von Migration behandelt wird (FONER 1997, MUTERSBAUGH 2002, KIVISTO 2001, VERTOVEC 2001, GOEKE 2007). Zusätzlich wurde die anfangs schmale empirische Basis kritisiert, die zudem vorrangig aus Fallbeispielen des US-amerikanischen Migrationssystems bestand (KIVISTO 2001, GUARNIZO 2003, VOIGT-GRAF 2005, LEVITT/JAWORSKY 2007, HILLMANN 2007). Veränderungen in den Herkunftsländern fanden nicht genügend Berücksichtigung (MUTERSBAUGH 2002). KING (2012) kritisiert, dass in der Literatur nur Fallstudien beschrieben werden, in der ausschließlich transnationale Praktiken untersucht werden („sampling on the dependent variable"; KING 2012: 144, vgl. auch VERTOVEC 2009). Durch die fortwährende Selbstbestätigung könne der falsche Eindruck entstehen, dass alle Migrant*innen in transnationale Netzwerke eingebunden seien. Verschiedentlich wurde fundamentale Kritik geäußert: So wird das

Fehlen eines kohärenten theoretischen Ansatzes bemängelt (PORTES/GUARNIZO/LANDOLT 1999, VERTOVEC 2001, VERTOVEC 2009), so dass bei Transnationalismus eigentlich nur von einer Perspektive, nicht von einer Theorie gesprochen werden sollte. Dabei werden der fehlende gesellschaftstheoretische Bezug (BÜRKNER 2000, GOEKE 2007) oder die eklektizistische Nutzung einzelner Elemente bzw. Begriffe (BÜRKNER 2005) moniert. Neben dieser generellen Kritik werden einzelne Schwachstellen genannt: Die Geographie kritisiert die alltagssprachliche Verwendung des Raumbegriffs (BÜRKNER 2000, BÜRKNER 2005, GOEKE 2007). Problematisiert wird der widersprüchliche Umgang mit dem Begriff des Nationalstaats bzw. der Nation. Zu den Grundannahmen der Transnationalismusforschung gehört, dass durch die Globalisierung die Relevanz nationalgesellschaftlicher Zusammenhänge schwindet (GLICK SCHILLER et al. 1992, PRIES 2010a). WIMMER und GLICK SCHILLER (2002) fordern daher eine Überwindung des methodologischen Nationalismus, der die in der Moderne postulierte Einheit von Nation, Staat und Gesellschaft zur Grundlage von Migrationstheorien macht. Kritiker merken an, dass der Begriff Transnationalismus selbst diesen methodischen Nationalismus reproduziert. Zudem werden nationalstaatliche Grenzen, die von Migrant*innen fortwährend überschritten werden, zum Abgrenzungskriterium für transnationale Migration herangezogen (BECKER 2002, GOEKE 2007, VERTOVEC 2009). ZOOMERS/VAN WESTEN (2011) kritisieren die Betonung der Grenzen des Nationalstaates als konstitutiv für die beschriebenen neuen Migrationsmuster. Sie argumentieren aus der Perspektive des Entwicklungskontextes, in dem staatliche Grenzen im Zuge der Kolonisierung oft willkürlich gezogen wurden. So bedeutet das Überschreiten von Staatsgrenzen nicht, dass Migrant*innen durch das Überschreiten von Grenzen zwangsläufig in anderen sozialen Kontexten leben.

Auch in der Forschung zu Assimilation, Integration und Inklusion wird das Konzept des Transnationalismus kritisch bewertet. ESSER (2003: 8) beispielsweise vertritt die Ansicht, dass ein Gelingen multipler Inklusion in mehrere soziale Systeme „nur in Ausnahmefällen und bei speziellen Gruppen, wie Akademikern oder Künstlern, festzustellen ist."

In der kritischen Auseinandersetzung hat sich die transnationale Perspektive kontinuierlich weiterentwickelt. Die zwanghafte Betonung des Neuen und das Ablehnen des Alten sind einem selbstkritischeren Ton gewichen. Transnationalismusforschung hat sich als wichtige Perspektive auf Migration etabliert, indem sie Ansätze bietet für das Verständnis, wie Migration Gesellschaften verbindet und dadurch verändert (vgl. das Zitat von SUTHERLAND zu Beginn des Kapitels).

4. FRAGESTELLUNG UND METHODIK

In diesem Kapitel wird zunächst die forschungsleitende Fragestellung vorgestellt, danach das methodische Vorgehen erläutert. Aus den Darstellungen des zweiten Kapitels wird deutlich, dass Genese, Strukturen und Prozesse in der „indischen Diaspora" in der Literatur bereits aus unterschiedlichen Perspektiven analysiert wurde. Zu *Overseas Indians* in Deutschland liegen relativ wenige Publikationen vor, die sich zudem durch eine enge thematische Begrenzung auszeichnen (Kapitel 5): Eine Zusammenfassung der verfügbaren statistischen Informationen zur indisch-deutschen Migration liefert SCHULZE PALSTRING (2015). Einen Zugang zur historischen Entwicklung der indisch-deutschen Migration bieten GOTTSCHLICH (2012) und GOEL (2002, 2006a), während sich andere Autor*innen auf indische IT-Fachleute konzentrieren (HUNGER 2000, AMRUTE 2010, DATTA 2016), die Arbeitsmarktintegration indischer Migrant*innen untersuchen (BRÖRING 2011) oder die Strukturen analysieren, die *Overseas Indians* in Deutschland geschaffen haben (GOEL 2007, 2008). Die transnationalen Verbindungen indischer Migrant*innen in Deutschland, nach Indien wie in die „indische Diaspora" hinein, wurden dagegen bisher noch nicht systematisch erforscht.

Fragestellung

Vor diesem Hintergrund konzentriert sich die vorliegende Arbeit auf die Fragestellung: In welcher Weise und warum sind in Deutschland lebende *Overseas Indians* in transnationale Netzwerke eingebunden? Von dieser Leitfrage lassen sich vier untergeordnete Fragestellungen ableiten: (1) Wie entstand die „indische Diaspora" in Deutschland, welche Struktur hat sie und aus welchen Gründen nimmt sie seit dem Jahr 2000 stark zu (Kapitel 5)? (2) Wie sind *Overseas Indians* in Deutschland untereinander vernetzt, welche transnationalen Netzwerke unterhalten sie nach Indien und welche zu anderen Orten der „Diaspora" (Kapitel 6)? (3) Welche sozialen Praktiken bringt die transnationale Einbindung hervor und durch welche wird sie verstärkt (Kapitel 7)? (4) Aus welchen Elementen setzen sich die spezifischen Identitäten der *Overseas Indians* in Deutschland zusammen und wie beeinflusst das ihr Zugehörigkeitsgefühl zur Ankunfts- und zur Herkunftsgesellschaft?

Aus der empirischen Untersuchung der „indische Diaspora" in Deutschland lassen sich konzeptionelle Erkenntnisse gewinnen, die das Transnationalismuskonzept vertiefen. Im Besonderen wird an die Kritik von KING angeknüpft, der die bisher schmale empirische Basis bemängelt („sampling on the dependent variable", KING 2012: 144): Im Zentrum der vorliegenden Untersuchung stehen nicht die transnationalen Migrant*innen, sondern die Gesamtheit der *Overseas Indians* in Deutschland, deren Migrationsgeschichten, Netzwerke, Praktiken und Identitäten untersucht werden. Dadurch wird es möglich zu beurteilen, ob und inwiefern Transnationalismus ein sporadisches Phänomen ist oder ob er in der untersuchten Gruppe weiter verbreitet ist – und welche Abstufungen dabei ggf. anzutreffen sind – im Sinne der Differenzierung zwischen Transnationalismus im engeren oder weiteren Sinne (vgl. Zitat ITZIGSOHN et al. 1999 in Kapitel 3). Dabei wird auch die zweite Generation in den Blick genommen, deren Einbindung in transnationale Netzwerke bisher in der einschlägigen Literatur von untergeordneter Bedeutung war. Das empirische Fallbeispiel ist ferner in besonderer Weise geeignet, Fragen in Zusammenhang mit unterschiedlichen Raumskalen zu erörtern, die im dritten Kapitel aufgeworfen wurden. Denn die große Vielfalt der Kulturen in Indien, die sich auch in der „Diaspora" widerspiegelt, bietet gute Gelegenheiten, um zu freagen, in welchem Verhältnis transnationale und translokale Perspektiven zueinander stehen und welcher Zusammenhang zwischen Raum und Sozialraum besteht.

Methodologie

Mit der Wahl primär quantitativer oder qualitativer Methoden wäre es schwer, einer so komplexen Fragestellung gerecht zu werden. Beide Methoden weisen Schwächen und Stärken auf, die in der Literatur zu Genüge diskutiert wurden (JOHNSON et al. 2004, FLICK 2017, für die Geographie: REUBER/PFAFFENBACH 2005). Aus diesem Grund wurde ein *Mixed Methods Research*-Ansatz (MMR) gewählt, mit dessen Hilfe das Erkenntnisobjekt aus verschiedenen Perspektiven analysiert werden kann. Erkenntnistheoretisch wird dieser Ansatz im Pragmatismus verortet (JOHNSON et al. 2004).

MMR-Ansätze stellen eine Weiterentwicklung der Triangulation dar. Letztere entstand aus der Überlegung heraus, dass eine Kombination mehrerer Methoden und Quellen hilft, Fehlschlüsse zu vermeiden, da systematische Fehler einer Methode bzw. einer Quelle ausgeglichen werden können. Triangulation muss dabei nicht zwangsläufig eine Kombination von quantitativen und qualitativen Ansätzen darstellen. DENZIN (1978) nennt vier mögliche Arten der Triangulation: (1) die Nutzung unterschiedlicher Datenquellen, die mit der gleichen Methode erhoben wurden, (2) die Beteiligung unterschiedlicher Wissenschaftler*innen, die die gleiche Methode anwenden, (3) die theoretische Triangulation, bei der verschiedene Theorien und Perspektiven angewendet werden, um Ergebnisse zu interpretieren, (4) die Methodentriangulation, bei der verschiedene Methoden angewendet werden um eine Fragestellung zu bearbeiten. Letztere kann nach DENZIN zu drei möglichen Ergebnissen führen: Konvergenz, Inkonsistenz oder Widersprüchlichkeit. Alle drei Ergebnisse führen dazu, dass sich der Erklärungsgehalt der Forschungsergebnisse erhöht (vgl. auch JICK 1979).

Die in der Literatur genannten Gründe für eine Kombination quantitativer und qualitativer Methoden in MMR-Ansätzen, die sich seit den 1970er Jahren entwickelten, fassen JOHNSON et al. (2007) folgendermaßen zusammen: Insbesondere bei einem mehrphasigen Forschungsprozess kann die Kombination von Methoden aus quantitativer und qualitativer Forschungslogik helfen, systematische Fehler zu vermeiden und bessere Erhebungsinstrumente zu gestalten; die ggf. widersprüchlichen

Ergebnisse von Methoden regen zum Infragestellen der eigenen Positionen und der bisherigen Ergebnisse an; Triangulation von Ergebnissen führt zu einem vollständigeren Bild (sozialer) Wirklichkeit. Die Autoren definieren MMR als: „Mixed methods research is the type of research in which a researcher or team of researchers combines elements of qualitative and quantitative research approaches (e.g., use of qualitative and quantitative viewpoints, data collection, analysis, inference techniques) for the broad purposes of breadth and depth of understanding and corroboration" (JOHNSON et al. 2007: 123).

Wie und in welchem Maße eine Integration unterschiedlicher Methoden in einem MMR-Forschungsdesign erfolgt, ist dabei nicht festgelegt. Die Spannbreite der Möglichkeiten bewegt sich zwischen der rein quantitativen und der rein qualitativen Forschung. Die in den Kapiteln fünf bis acht vorgestellten Ergebnisse beruhen auf einem Forschungsdesign, das hauptsächlich unterschiedliche qualitative Methoden verwendet und als quantitative Methode drei standardisierte Befragungen einsetzt. Dabei wurde eine sequentielle Integration vorgenommen, um Forschungsfragen zu präzisieren und die Methodik innerhalb des Forschungsprozesses weiterzuentwickeln (AXINN/PEARCE 2006). In der Auswertung werden die Ergebnisse der unterschiedlichen Methoden thematisch miteinander in Beziehung gesetzt. Dadurch wird es möglich, Konvergenzen, Inkonsistenzen und Widersprüchlichkeiten herauszuarbeiten. Die konkrete Gestaltung des eher qualitativ ausgerichteten Forschungsdesigns hatte auch wegen des literaturbezogen geringen Vorwissens das Ziel der induktiven Theoriebildung auf Grundlage der von den Proband*innen beschriebenen Erfahrungen, Einstellungen und Handlungsmuster (FLICK 2017).

Methodisches Vorgehen

Die empirische Bearbeitung der Fragestellung erfolgte in fünf Phasen, denen eine Vorbereitungsphase voranging (Abbildung 4). In dieser wurde die auf Basis einer umfänglichen, systematischen Literaturanalyse zu Transnationalismus, der indischen „Diaspora" und indisch-deutscher Migration die Fragestellung entwickelt. Zusätzlich wurden zur ersten Orientierung vier Interviews mit indischen Migrant*innen geführt. Vom 1.1.2015 bis 28.2.2018 erfolgte die Bearbeitung der Fragestellung im Rahmen des DFG-geförderten Projekts THIMID (Transnationales Handeln indischer Migranten in Deutschland; Förderkennzeichen: BU2747/1-1). In dem Nebenprojekt „A home away from home" wurde gemeinsam mit Wissenschaftler*innen der Universitäten Bonn und Heidelberg die Vernetzung von *Overseas Indians* in Migrantenorganisationen in Deutschland untersucht. Das Projekt, das ohne finanzielle Förderung, aber mit Unterstützung der indischen Botschaft durchgeführt wurde, lief vom 1.1.2017 bis zum 31.12.2017.

In der ersten Projektphase dienten semistrukturierte Interviews mit Expert*innen und Migrant*innen zunächst dazu, grundlegende Informationen über: (1) das indisch-deutsche Migrationsgeschehen, (2) die institutionellen Netzwerke der

Overseas Indians in Deutschland und (3) ihre relevanten transnationalen Praktiken zu erlangen.

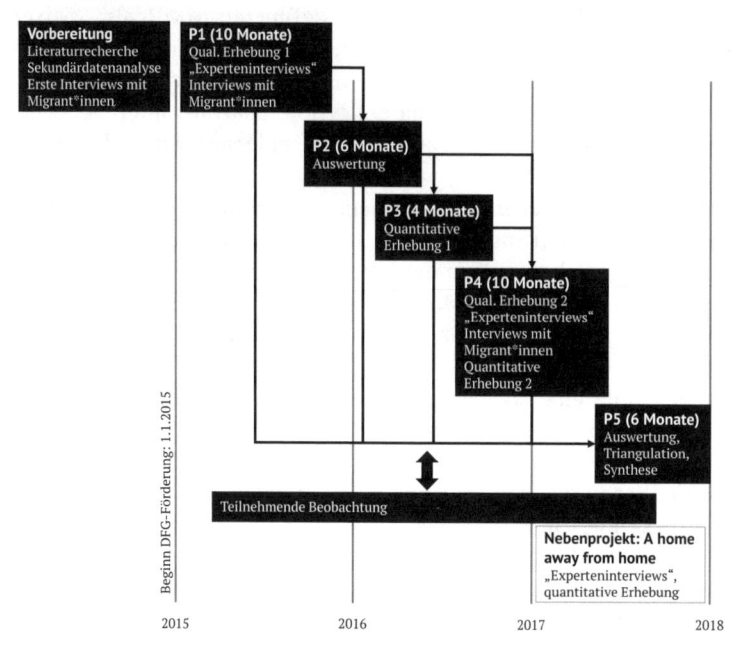

Abbildung 4: Ablauf des Forschungsprozesses

Im Rahmen von Experteninterviews wurden Funktionsträger*innen (in Migrantenorganisationen, diplomatischen Vertretungen der Republik Indien, des DAAD sowie der Herausgeber einer Zeitung für indische Migrant*innen) als Fachleute zu den Fakten und zu ihren Einschätzungen befragt. Diese Interviews wurden offen und leitfadengestützt geführt und hatten zunächst den Charakter systematisierender Interviews, mit dem Ziel, an Handlungs- und Erfahrungswissen von Expert*innen teilzuhaben und Informationen über Anschauungen, Handlungsmotivationen und Routinen der Expert*innen zu gewinnen. Im weiteren Verlauf des Forschungsprozesses bekamen sie den Charakter theoriegenerierender Interviews (BOGNER/MENZ 2001). Für jede/n Expert*in wurde ein individueller Leitfaden erstellt, in dem sich die Fragen auf die spezifische Organisation bzw. Position der/des jeweiligen Expert*in bezogen.

Bei den Interviews mit Migrant*innen standen die Wahrnehmungen, Erfahrungen, Meinungen und das Wissen der Proband*innen im Vordergrund. Sie dienten: (1) der Erhebung der unterschiedlichen Migrationsbiographien (hierfür wurde in den Interviews die Methode der *Migration History Charts* nach CARLING 2012 verwendet, vgl. Abbildung 7), (2) der Erfassung der konkreten transnationalen Praktiken, (3) der Beschreibung der Netzwerke innerhalb Deutschlands, nach Indien und zu anderen Orten der „Diaspora" und (4) der Erörterung der identitätsbezogenen Selbstbeschreibung der Migrant*innen.

Die *Migration History Charts* wurden dabei als Gesprächseinstieg genutzt. Bei diesem Erhebungsinstrument zeichnen die Proband*innen ihre Migrationsbiographie und ggf. die ihrer Familienmitglieder in einer Tabelle auf. Diese Visualisierung dient der Reflexion der eigenen Migrationsgeschichte. Sie wurde im weiteren Gesprächsverlauf zur Strukturierung der jeweiligen Interviews genutzt (Kapitel 5.3.1).

Es wurde mit drei Varianten des Leitfadens gearbeitet, einer englischen und einer deutschen Variante für Migrant*innen der ersten und einer deutschen Variante für Migrant*innen der zweiten Generation. Im Verlauf des Forschungsprozesses fand eine Weiterentwicklung dieser Leitfäden statt, die durch den Verlauf und die Ergebnisse früherer Interviews beeinflusst wurden.

Die Auswahl der Proband*innen (Expert*innen und Migrant*innen) erfolgte nach Kriterien des „theoretischen Sampling" (FLICK 2017: 158 ff.), mit dem Ziel, eine „theoretische Sättigung" (FLICK 2017: 158) zu erreichen. Bei den Expert*innen war das Ziel, mit Personen zu sprechen, die die genannten Themen aufgrund ihrer Kenntnis vieler Migrationsbiographien oder aufgrund ihrer Position in Institutionen, die das Migrationsgeschehen mit beeinflussen, die zugrunde liegenden Strukturen aufdecken können. Unter den Migrant*innen wurden solche ausgewählt, die zu unterschiedlichen Zeiten und aus unterschiedlichen Gründen nach Deutschland gekommen waren. Im Mittelpunkt standen Migrant*innen der ersten Generation, zusätzlich wurden Migrant*innen der zweiten Generation befragt, deren Eltern zu unterschiedlichen Zeiten und aus unterschiedlichen Gründen nach Deutschland gekommen waren.

In der ersten Projektphase wurden 11 Interviews mit Expert*innen (4 auf Englisch, 7 auf Deutsch), 31 mit Migrant*innen der ersten Generation (18 Englisch/13 Deutsch) und fünf mit Migrant*innen der zweiten Generation (alle auf Deutsch) geführt. Die Mitschnitte dieser Interviews wurden, ebenso wie das Experteninterview (deutsch) und die drei Interviews mit Migrant*innen (1 deutsch/ 2 englisch) aus der Vorbereitungsphase, transkribiert und mit MAXQDA ausgewertet.

Die Auswertung erfolgte in drei Phasen, (1) der Einzelanalyse der Interviews, (2), die generalisierende Analyse und (3) die Kontrollphase (nach LAMNEK 2005). In der Einzelanalyse wurden einzelne Interviewpassagen mit einem halboffenen Verfahren thematisch kodiert. Es wurde ein erstes Set von Kodierungen aufgrund des Vorwissens erstellt (deduktives Vorgehen). Dieses wurde im Laufe des voranschreitenden Kodierungsprozesses erweitert und verfeinert (induktives Vorgehen). Nach Abschluss des ersten Durchlaufs wurden alle Interviews nochmals mit dem nun vollständigen Codebaum kodiert. Im Anschluss daran wurden die Textpassagen nach einzelnen Codes sortiert, die unterschiedlichen Aussagen einem Themenbereich zugeordnet und einer vergleichenden Analyse unterzogen. Ziel dieses Vorgehens war es, verschiedene Perspektiven und Praktiken herauszuarbeiten. Hierfür wurden die unterschiedlichen Aussagen stichwortartig zusammengefasst und in einer Mindmap miteinander in Beziehung gesetzt. Dieses Vorgehen erlaubt es, ähnliche Aussagen gemeinsam zu gruppieren, wodurch in jedem Themenkomplex eine innere Struktur entsteht.

Eine weitere Methode, die von der ersten Phase an durchgehend angewendet wurde, ist die teilnehmende Beobachtung (THIERBACH/PETSCHICK 2014). Hierbei wurden Veranstaltungen indischer Migrantenorganisationen, Zeremonien in Tempeln, Gottesdienste in Gurdwaras, Feste (z.B. ein Durga Puja Fest in München und das Pfarrfest der indischen Kirchengemeinde in Köln) und öffentliche Führungen (z.B. im „indischen Viertel" in Köln und einem Tempel in Berlin) besucht. Diese Besuche waren im Vorhinein mit Verantwortlichen abgesprochen. Es war also eine offene teilnehmende Beobachtung. Die Beobachtungen wurden genutzt, um zu verstehen, wie die Vernetzung der *Overseas Indians* in Deutschland funktioniert. Im Rahmen dieser unstrukturierten Interaktionen wurden Informationen zu den oben genannten Fragestellungen gesammelt und weitere Gesprächspartner*innen für Interviews gewonnen.

In der zweiten Projektphase fanden keine Erhebungen statt. Vielmehr wurden die ersten Interviews ausgewertet, um basierend auf diesen Zwischenergebnissen die Erhebungen in den Projektphasen drei und vier vorzubereiten.

In der dritten Projektphase wurde eine standardisierte Erhebung durchgeführt. Die Inhalte der Befragung sind ein erstes Ergebnis der Auswertung in Projektphase zwei, die zur Bildung von Hypothesen genutzt wurden. In sechs Modulen wurden Fragen zu folgenden Themen gestellt: (1) zur Migrationsbiographie (bei der zweiten Generation: Migrationsbiographie der Eltern), (2) zu transnationalen Praktiken der Befragten, (3) zu transnationalen Netzwerken der Befragten, (4) zur Identität und der Vernetzung in Deutschland sowie (5) zum sozioökonomischen Status. Die Befragung wurde als Onlinebefragung (WAGNER/HERING 2014) durchgeführt. Hierfür wurde die Online-Plattform „Lime Survey" (www.limesurvey.org) verwendet. Die Befragten konnten zwischen einer englischen und einer deutschen Version des Fragebogens wählen.

Zu der Onlineumfrage wurde per Email eingeladen. An 146 Adressen wurde eine Email versendet, in der der Hintergrund des Forschungsprojekts erläutert und die Empfänger*innen zur Teilnahme eingeladen wurden. Angeschrieben wurden Multiplikatoren, wie die Vorsitzenden von Migrantenorganisationen, indische Studierendenorganisationen, Botschaft und Konsulate etc. Nach vierzehn Tagen wurde eine Erinnerungsemail versendet.

Insgesamt wurde der Fragebogen von 305 Teilnehmer*innen vollständig ausgefüllt. Die Daten wurden im Anschluss zusammengeführt (Vereinheitlichung des englischen und des deutschen Fragebogens) und abgeleitete Variablen berechnet. Die so erhaltenen Daten wurden einer deskriptiven statistischen Analyse unterzogen. Anschließend erfolgte eine erste Triangulation, bei der die Ergebnisse der standardisierten Erhebung mit den Ergebnissen der qualitativen Interviews aus der ersten Projektphase in Beziehung gesetzt wurden.

In der vierten Projektphase wurden ausgewählte Fragestellungen mit den genannten Methoden vertieft behandelt. In vier Expert*inneninterviews (1 Englisch/3 Deutsch) wurden die Migration innerhalb transnationaler Unternehmen (2 Experten) untersucht sowie die transnationalen Verbindungen, die durch religiöse Orden geschaffen werden (2 Expert*innen). Die Auswahl erfolgte nach Kriterien des theoretischen Sampling. Beide Institutionen konnten in der Auswertung der früheren Interviews als wichtige Akteure zur Schaffung transnationaler Verbindungen identifiziert werden, obgleich noch keine Expert*innen aus diesem Bereich befragt worden waren. Interviews mit Migrant*innen (11 Englisch/8 Deutsch) und zwei Migrantinnen der zweiten Generation (beide Deutsch) thematisierten das Kommunikationsverhalten und die sozialen Netzwerke der Befragten. Hierfür wurden zum Teil Befragte aus der ersten Projektphase ein zweites Mal interviewt (12) und neun neue Interviewpartner*innen befragt. Die Auswahl der Proband*innen erfolgte dabei auf zwei Arten. Die zum zweiten Mal interviewten wurden im Rahmen des theoretischen Sampling als typische Fälle ausgewählt. Ihre Migrationsbiographien und ihre Einbindung in transnationale Netzwerke stehen stellvertretend für andere Befragte. Die neu ausgewählten Proband*innen wurden ebenfalls mit Hilfe eines theoretischen Sampling ausgewählt. Ihre Migrationsbiographien und ihre Einbindung in transnationale Netzwerke unterschieden sich jedoch von den Proband*innen, die in der ersten Projektphase interviewt worden waren. Bei den zum ersten Mal interviewten Gesprächspartner*innen erfolgte der Gesprächseinstieg mittels des *Migration History Chart*. Nach einleitenden Fragen zu transnationalen Praktiken wurden die Befragten gebeten, mithilfe eines Formulars, ihr Kommunikationsverhalten der letzten Woche zu reflektieren. Diese Methode stellte bei denjenigen, die zum zweiten Mal befragte wurden, den Einstieg in das Gespräch dar. In dem Formular sollten die Proband*innen die jeweils fünf wichtigsten Kontaktpersonen nennen, mit denen sie in der Woche vor dem Interview (1) persönlich gesprochen, (2) telefoniert, (3) Emails ausgetauscht oder (4) über soziale Medien Kontakt, (5) per WhatsApp oder SMS kommuniziert oder (6) postalischen Kontakt hatten. Diese Übersicht leitete ein Gespräch über das Kommunikationsverhalten und den Stellenwert unterschiedlicher Kommunikationsformen ein. Zum Abschluss der Interviews wurden die Interviewpartner*innen zu ihren persönlichen Netzwerken befragt. Zur Strukturierung des Gesprächs gemeinsam mit den Befragten eine egozentrierte Netzwerkkarte erstellt. Dies erfolgte am PC mithilfe der Software VennMaker. Die Befragten wurden gebeten, ihre jeweils fünf wichtigsten Kontaktpersonen in den Bereichen Familie/Freunde und berufliches Umfeld, jeweils getrennt für Deutschland und Indien, einzutragen. Zusätzlich sollten die Befragten Kontakte in den Bereichen „religiöses Leben" (in Deutschland und Indien gemeinsam) und „wohltätiges Engagement" (in Deutschland und Indien gemeinsam) eintragen (für die grafische Darstellung vgl. Kapitel 6.3).

In der zweiten quantitativen Erhebung wurden 90 Personen, die längere Zeit in Deutschland gelebt hatten, die inzwischen aber wieder in Indien leben, in einer Onlinebefragung über Lime Survey befragt. Die Befragung erfolgte ausschließlich auf Englisch und beinhaltete Fragen zu folgenden Themen: (1) zur Migrationsbiographie, (2) zum Aufenthalt in Deutschland, (3) zum Verhältnis zu Deutschland heute, (4) zu Erfahrungen nach der Remigration und (5) zum sozioökonomischen Status.

Parallel zur Datenerhebung in der Projektphase vier und zum Teil bis in die Projektphase fünf erfolgte die Datenerhebung und Auswertung zu dem Nebenprojekt. Kern des Projekts „A home away from home" stellt eine standardisierte Befragung von Vertreter*innen indischer Migrantenorganisationen in Deutschland dar. Hierfür wurden zunächst Hypothesen formuliert, die dann in semistrukturierten Interviews mit drei Vorsitzenden von Migrantenorganisationen einer ersten Überprüfung unterzogen wurden. Im Anschluss daran wurde eine Onlinebefragung mit

Lime Survey konzipiert, die folgende Themenbereiche abdeckte: (1) Geschichte der Migrantenorganisation, (2) Ziele der Organisation, (3) regelmäßige Veranstaltungen, (4) transnationales Engagement, (5) Regelung der Mitgliedschaft sowie (6) Rechtsform und Organisation. Insgesamt wurden 176 Vertreter*innen indischer Organisationen per Email angeschrieben. Die Emailadressen wurden von der indischen Botschaft und den indischen Konsulaten zur Verfügung gestellt. Insgesamt 34 Fragebögen wurden vollständig ausgefüllt.

In der Projektphase fünf erfolgte zunächst eine Auswertung der Erhebungen aus Projektphase vier sowie der Erhebungen aus dem Nebenprojekt, wie oben beschrieben. Daran anschließend wurden die Materialien aus den unterschiedlichen Erhebungen im Rahmen einer Ergebnistriangulation miteinander in Beziehung gesetzt. Dazu wurde das Material nach den vier Fragestellungen sortiert, die zentralen Aussagen zusammengestellt und mit Hilfe von Mindmaps miteinander verglichen. Diese Ergebnisse werden in den folgenden Kapiteln vorgestellt.

5. INDISCH-DEUTSCHE MIGRATION

Dieses Kapitel steht an der Schnittstelle zwischen der Analyse der vorhandenen Literatur und der Darstellung der eigenen empirischen Ergebnisse. Zuerst werden die indisch-deutsche Migrationsgeschichte anhand der – überschaubaren – Literatur (Kapitel 5.1) und der verfügbaren statistischen Daten (Kapitel 5.2) dargestellt. Anschließend werden die konkreten Migrationserfahrungen wiedergegeben und die unterschiedlichen Gründe für die Migration nach Deutschland analysiert. Zudem werden die Remigration bzw. Verfestigung des Aufenthaltes thematisiert.

5.1 PHASEN DER INDISCHEN MIGRATION NACH DEUTSCHLAND

Die Anfänge der Migration aus Indien nach Deutschland liegen am Beginn des zwanzigsten Jahrhunderts. In der Zeitspanne zwischen 1900 und heute lässt sich die indisch-deutsche Migration in sechs unterschiedliche Phasen einteilen. Alle Phasen sind durch die Zahl der Migrant*innen sowie deren Motivation nach Deutschland zu kommen deutlich unterscheidbar. Zeitlich und hinsichtlich der dominierenden Gruppe von Migrant*innen lassen sich die Phasen wie folgt einteilen:
- Phase 1 (1900–1933): Studierende und Freiheitskämpfer
- Phase 2 (1933–1945): Radikale Freiheitskämpfer
- Phase 3 (1950–1965): Studierende und Hochqualifizierte
- Phase 4 (1965–1975): Weiblich dominierte Migration (Krankenschwestern)
- Phase 5 (1975–2000): (Wirtschafts)flüchtlinge und Familiennachzug
- Phase 6 (seit 2000): IT-Experten und Studierende

Über den gesamten Zeitraum mit Ausnahme der beiden Weltkriege, haben das Migrationsvolumen und die Zahl der Menschen indischer Herkunft in Deutschland zugenommen. Bisher hat die Forschung Menschen mit indischem Migrationshintergrund in Deutschland nur wenig Aufmerksamkeit gewidmet. So finden sich insbesondere über die frühen Migrant*innen (vor allem aus den Phasen 1 & 3) kaum fundierte Quellen. Über die Migration der Krankenschwestern aus Südindien existiert sehr viel „graue" Literatur. Wissenschaftlich wurde über die zweite Generation dieses Migrationsstroms gearbeitet. Relativ dürftig ist die Quellenlage zu Phase 5, in der vorwiegend Migrant*innen aus dem Punjab nach Deutschland kamen. Über die aktuelle Migration aus Indien wird zunehmend wissenschaftlich gearbeitet.

Studierende und Freiheitskämpfer

In Phase 1, zu Beginn des zwanzigsten Jahrhunderts, kamen nahezu ausschließlich Männer nach Deutschland, um hier zu studieren oder um von Deutschland aus den indischen Freiheitskampf zu unterstützen (GOEL 2002, GOTTSCHLICH 2012). Angezogen vom guten Ruf deutscher Universitäten und Deutschlands Stellung als Forschungsnation kamen einzelne Studierende aus Indien nach Deutschland, wobei ihr Aufenthalt meist ein kurzzeitiger war. Die indischen Freiheitskämpfer schufen vor dem Ersten Weltkrieg in Deutschland eine eigene Organisation zur Unterstützung des Unabhängigkeitskampfes in Indien. Das wurde von der deutschen Regierung sogar finanziell gefördert. Im Gegenzug erhoffte sie sich privilegierte Handelsbeziehungen zu einem in Zukunft unabhängigen Indien. Diese Förderung wurde jedoch zum Ende des Ersten Weltkrieges eingestellt. Denjenigen, die sich aktiv an der Organisation des Widerstandes beteiligt hatten, verweigerten die britischen Kolonialherren die Rückkehr nach Indien und die „ ... in Deutschland verbliebenen Inder kehrten frustriert der Politik den Rücken" (GOEL 2002: 72).

Nach einer Unterbrechung während des Ersten Weltkriegs wurde die Weimarer Republik ab den 1920er Jahren erneut zu einem Ziel indischer Studierender und Freiheitskämpfer. Nehru selbst besuchte Deutschland während seiner Europareise 1926/27 und regte die Einrichtung eines Informationsbüros für indische Studierende an. Dieses wurde 1928 in Trägerschaft des *Indian National Congress* in Berlin eröffnet (GOEL 2002, GOTTSCHLICH 2012).

Radikale Freiheitskämpfer

In Phase 2, nach der Machtergreifung durch die Nationalsozialisten, verließen die meisten indischen Staatsangehörigen Deutschland. Grund hierfür war die nationalsozialistische Ideologie, in der Inder als rassisch minderwertig galten. Eine Unterstützung der indischen Unabhängigkeitsbewegung war durch die Nationalsozialisten zunächst auch nicht zu erwarten, denn Hitler sah die englische Herrschaft über Indien aufgrund der vermeintlichen rassischen Überlegenheit als natürlich an und plante mit dem von ihm bewunderten Großbritannien eine friedliche Koexistenz einzugehen (Voigt 1971). Dies änderte sich jedoch, nachdem Großbritannien zum Kriegsgegner geworden war. Jetzt lag die Schwächung der Briten durch Unterstützung der indischen Unabhängigkeitsbewegung im strategischen Interesse Hitlerdeutschlands. 1941 reiste Subhas Chandra Bose nach Berlin, der innerhalb des *Indian National Congress* einen militanten Kurs gegenüber den Kolonialherren forderte (Werth 1971). Boses ursprünglicher Plan war es, eine Exilregierung in Deutschland zu etablieren und von Deutschland aus den militanten Kampf gegen die Briten zu organisieren. Sein Vorhaben wurde jedoch weder im Auswärtigen Amt unterstützt noch erhielt er Zugang zu dessen Führungsebene (WERTH 1971). Gleichwohl gab es Sympathien für die Unterstützung von Boses Plänen. Der Oxfordabsolvent Adam von Trott zu Solz, der später zu den Verschwörern des 20. Juli 1944 zählen sollte, erwirkte die finanzielle Unterstützung für die Einrichtung der „Zentrale freies Indien" (*Azad Hind* = freies Indien) (WERTH 1971, REINERT 2007), die Propagandaschriften für Indien herausgab. So erschien in den Jahren 1942, 1943 und 1944 die zweisprachige (Englisch und Deutsch) Zeitschrift *Azad Hind* mit jeweils 6 Ausgaben. Zudem wurde in Berlin auch der Radiosender *Azad*

Hind betrieben, der, wie später auch von Singapur bzw. Rangun aus, Propaganda in verschiedenen indischen Sprachen verbreitete. Weiterhin wurde es Bose gestattet, unter indischen Kriegsgefangenen Mitglieder für die von ihm gegründete *Indian National Army* zu rekrutieren. Aus diesen Kriegsgefangenen wurde, unter Beibehaltung des Status als Kriegsgefangene, eine indische Legion innerhalb der Wehrmacht aufgestellt. Ziel war es, sie für einen zukünftigen Freiheitskampf in Britisch-Indien auszubilden (GOEL 2003, REINERT 2007). Diese Initiativen fielen allesamt mit dem Ende der Nazidiktatur in sich zusammen. Die indischen Soldaten wurden aus der Armee entlassen und nach Indien zurückverlegt. Aber es gab nach dem Krieg auch personelle Kontinuitäten. So wurde z.B. A. C. N. Nambiar, der die „Zentrale freies Indien" stellvertretend geleitet hatte, der erste Botschafter des unabhängigen Indiens in Bonn. Darüber hinaus gehörten im Jahr 1953 einige der deutschen Offiziere der indischen Legion zu den Gründern der Deutsch-Indischen Gesellschaft (GOEL 2003, REINERT 2007).

Studierende und Hochqualifizierte

Nach Beendigung des Zweiten Weltkrieges kamen zunächst wieder Studierende nach Deutschland, angezogen durch die Reputation der deutschen Universitäten, insbesondere in den Fachbereichen Medizin und Ingenieurwissenschaften. Ihre Zahl war insgesamt sehr gering und die meisten kehrten nach ihrer Ausbildung nach Indien zurück. Wenige blieben als hochqualifizierte, gut integrierte Arbeitskräfte in Deutschland, auch weil sie oftmals deutsche Partnerinnen oder Partner heirateten (Gottschlich 2012). Sie waren in Westdeutschland wesentlich an der Formierung der Deutsch-Indischen Gesellschaft (DIG) beteiligt, die sich als Gesellschaft zur Förderung der Völkerverständigung und -freundschaft begreift und die im Geist der deutschen Nachkriegsgesellschaft wurzelt. Ein wesentliches Anliegen ist die Vermittlung indischer Kultur in Deutschland. Zusätzlich zu den Studierenden migrierten auch einige Hochqualifizierte nach Deutschland, die in deutschen und indische Unternehmen tätig waren oder auch als Journalisten aus Deutschland berichteten. Kennzeichen dieser Wanderungen war, dass sie über individuelle Migrationspfade erfolgten (GOEL 2002).

Weiblich dominierte Migration (Krankenschwestern)

In Phase 4, deren Beginn in die Mitte der 1960er Jahre fällt, entstand unter Beteiligung der katholischen Kirche ein institutioneller Migrationspfad, der vor allem jungen Frauen den Weg nach Deutschland eröffnete. Aufgrund des Mangels von Fachkräften in der Krankenpflege wurden ab Mitte der 1960er Jahre junge Frauen aus Südindien, teils noch ungelernte, teils schon ausgebildete Krankenschwestern, nach Deutschland geholt. Grundlage für die Entstehung dieses Netzwerks waren die globalen innerkirchlichen Vernetzungen. In Deutschland befanden sich zahlreiche Krankenhäuser in Trägerschaft der katholischen Kirche, und in dem indischen

Bundesstaat Kerala, der einen hohen Anteil an christlicher Bevölkerung hat, wirkten viele Priester, die Teile ihrer Ausbildung in Europa absolviert hatten und über persönliche Kontakte nach Deutschland verfügten. Über diese Netzwerke wurden die Frauen angeworben und nach Deutschland gebracht. SCHUHLADEN-KRÄMER (2007, zitiert nach GOEL 2013: 252) beschreibt, wie diese Anwerbung im städtischen Krankenhaus Karlsruhe ablief:

> „Über [einen, CB] Pfarrer [...], der bereits andere Gruppen an Krankenhäuser in Bonn, Heidelberg und Wiesloch vermittelt hatte, kamen im Dezember 1966 und April 1967 insgesamt 19 junge indische Schulabgängerinnen einer religiösen Gemeinschaft an. [...] Ihr Vertrag über einen sechsjährigen Aufenthalt sah zuerst ein Pflegepraktikum und, je nach Lern- und nach Sprachfortschritt, die Aufnahme in die Kinder- oder Krankenpflegeschule vor."

Nachdem sie ihre Ausbildung absolviert hatten, heirateten viele der Frauen während Heimaturlauben indische Partner und brachten sie als abhängige Familienmitglieder mit nach Deutschland. Nach deutschem Ausländerrecht war diesen Männern allerdings die Aufnahme einer eigenen Beschäftigung für vier Jahre verwehrt. Dies brachte zahlreiche Konflikte mit sich, da hierdurch die traditionelle Rollenverteilung der Herkunftsgesellschaften in Frage gestellt wurde (PUNNAMPARAMBIL 2008). GOEL (2003) sieht in dieser Konstellation einen wichtigen Grund dafür, dass die so zur Untätigkeit gezwungenen Männer relativ schnell Vereine gründeten, die ihnen als Kerala-Kultur- oder Sportvereine Lebensinhalt und Abwechslung boten. Weitere wichtige Treffpunkte dieser Gruppierung waren Kirchen, in denen Messen auf Malayalam und nach dem Syro-malabarischen Ritus gehalten wurden. Aufgrund des einheitlichen kulturellen Hintergrunds (gemeinsame Herkunftsregion, gemeinsame Sprache, gemeinsame Religion) bildete sich ein starker Zusammenhalt unter den Migrantinnen und Migranten aus Kerala heraus, gleichzeitig grenzten sie sich dadurch von anderen indischen Migranten ab (GOEL 2006a, eigene Interviews).

Über dieses Netzwerk kamen zwischen Mitte der 1960er Jahre und Mitte der 1970er Jahre ca. 6.000 Frauen nach Deutschland (GOTTSCHLICH 2012: 2). Aufgrund politischer Rahmenbedingungen (Anwerbestopp) und der gestiegenen Verfügbarkeit deutscher Arbeitskräfte in Pflegeberufen hörte dieses Migrationssystem auf zu existieren. In vielen Fällen wurden die befristeten Aufenthaltsgenehmigungen der Frauen nicht verlängert und es erfolgte die oft nicht freiwillige Rückkehr der indischen Krankenschwestern und ihrer Familien nach Indien. Diese Rückführung wurde insbesondere in Süddeutschland am konsequentesten umgesetzt (GOEL 2013). Trotz dieser teilweise erzwungenen Remigration entstand in Deutschland eine gut vernetzte Gemeinschaft von Menschen aus Kerala. Sie existiert bis heute, denn eine nicht genau zu ermittelnde Zahl dieser Krankenschwestern und ihrer Familien blieb dauerhaft in Deutschland, vor allem in Nordrhein-Westfalen und Rheinland-Pfalz, wo die Ausländerbehörden mehr dauerhafte Aufenthaltstitel vergaben. Die Mehrzahl dieser Migrantinnen befindet sich inzwischen kurz vor oder bereits im Rentenalter. Ihre in Deutschland aufgewachsenen Kinder haben zum großen Teil bereits eigene Familien gegründet. Diese zweite Generation hat zeitweise eine sehr intensive Auseinandersetzung um die eigene Identität geführt (GOEL 2008a, b), die nun aber beendet zu sein scheint.

(Wirtschafts)flüchtlinge und Familiennachzug

Die fünfte Phase des indisch-deutschen Migrationsgeschehens wurde zum Teil durch den Familiennachzug der keralesischen Migrant*innen geprägt. Weiterhin kamen Studierende aus Indien nach Deutschland. Dominiert wurde diese Phase aber durch eine neue Gruppe, die sich stark von den anderen Migrant*innen aus Indien unterschied. Seit Mitte der 1970er Jahre kamen Geringqualifizierte aus dem Punjab, die überwiegend der Religionsgemeinschaft der Sikhs angehörten, als Asylbewerber nach Deutschland. Diese Migrationsbewegung wird vordergründig auf die zu der Zeit angespannte politische Situation im Punjab zurückgeführt. Dort gewann seit Mitte der 1970er Jahre die Khalistanbewegung an Bedeutung. Sie forderte einen unabhängigen Staat für die Sikhs, woraufhin der Konflikt mit der Zentralregierung eskalierte (KHAN BANERJI/SCHMITT 2015). Das wiederum führte zu einer steigenden Zahl von Emigrant*innen, die unter anderem nach Deutschland kamen. Ab Ende der 1970er Jahre stieg daraufhin die Zahl der indischen Migrant*innen in Deutschland stark an (vgl. Kapitel 5.2). Es ist fraglich, ob tatsächlich politische Motive bzw. konkrete Verfolgung Ursache der Migration waren oder nicht vielmehr ökonomische Motive (GOEL 2006a, GOTTSCHLICH 2012, eigene Interviews). Den wenigsten Bewerbern wurde Asyl gewährt, allerdings wurden nicht alle abgelehnten Asylbewerber abgeschoben (GOEL 2006a). Auch heute befinden sich noch zahlreiche indische Staatsangehörige ohne offiziellen Aufenthaltstitel als „Geduldete" in Deutschland (vgl. Kapitel 5.2).

Für diese Zuwanderergruppe stellen die zum Teil schon vorher existierenden Gebetshäuser der Sikhs (Gurdwaras) wichtige Treffpunkte dar. In der Folge kam es, vor allem über das Verhältnis zur Khalistan-Bewegung, zu Konflikten in diesen bereits bestehenden Sikh-Gemeinden. Da die neuen Asylbewerber jedoch relativ schnell eine Majorität stellten und andere Vorstellungen von der Ausrichtung der Gemeinden hatten als die etablierten Gemeindemitglieder führte das zum Teil zu einer Spaltung der Gemeinden (eigene Interviews). Die offene Ablehnung des indischen Staates, die Sprachbarrieren und der relativ geringe soziale Status der Migrant*innen aus dem ländlichen Punjab, die aufgrund ihres relativ geringen Bildungsstatus oftmals unqualifizierten Tätigkeiten nachgehen müssen, führte dazu, dass zwischen dieser und den anderen Gruppen indischer Migrant*innen kaum Beziehungen entstanden (GOEL 2006a, eigene Interviews, vgl. Kapitel 5.2). Ein Gesprächspartner berichtete von einem abschreckenden Besuch in den 1980er Jahren in einem Gurdwarwa, in dem auf einer Wand die Parole „Hindustan Murdabad" stand, was sich mit „Tod dem indischen Staat" übersetzen lässt.

Die zweite Generation dieser Zuwanderergruppe setzt sich derzeit aktiv mit der eigenen Identität auseinander. Das teilweise traditionelle Erscheinungsbild der männlichen Sikhs (Bart, Turban) löst bei vielen Deutschen Unverständnis und xenophobe Reaktionen aus und wird oftmals mit dem radikalen Islam in Verbindung gebracht (NIJHAWAN 2006, eigene Interviews). Eigene Diskriminierungs-erfahrungen und der Wunsch über die Religionsgemeinschaft der Sikh aufzuklären, waren für junge Männer und Frauen im Jahr 2013 Anlässe den „Sikh Verband Deutschland" zu gründen (eigenes Interview). Der Verband hat zum Ziel, die Vernetzung der in Deutschland lebenden Sikhs zu verbessern, indem er sich für die vielfältigen Belange der Sikhs einsetzt (z.B. dafür, dass Schüler im Sportunterricht ihren Turban tragen dürfen).

IT-Experten und Studierende

In der aktuellen sechsten Phase hat die indisch-deutsche Migration nach einer Stagnation in den 1990er Jahren ab dem Jahr 2000 stark zugenommen (vgl. Kapitel 5.2). Gleichzeitig haben sich die Charakteristika der Migrant*innen erneut grundlegend verändert. In den letzten 15 Jahren erhöhte sich die Zahl indischer Studierender an deutschen Hochschulen und Hochqualifizierter, die vor allem in der IT- und Finanzbranche Arbeit fanden. Gründe für diesen abermaligen Wechsel im indisch-deutschen Migrationsgeschehen liegen einerseits in einem allgemeinen politischen und gesellschaftlichen Wandel in beiden Ländern, in der Internationalisierung der deutschen Wirtschaft und der deutschen Universitäten, mit ihren kostenlosen Studiengängen, andererseits in der traditionell sehr guten indischen Ausbildung im Bereich Informationstechnologien und den zunehmenden finanziellen Ressourcen der Familien, die es ihren Kindern ermöglichen, ein Studium im Ausland zu absolvieren.

Der deutsche Arbeitsmarkt öffnete sich schlagartig im Jahr 2000 für indische Arbeitskräfte, als Kanzler Schröder bei einem Besuch der Computermesse CeBIT die Einführung einer so genannten „Green Card" für ausländische IT-Experten ankündigte. Damit reagierte die Regierung auf Forderungen der deutschen Wirtschaft, die einen Arbeitskräftemangel in dieser wichtigen Zukunftstechnologie beklagte (KOLB 2005). Anders als ihr US-amerikanischer Namensvetter war die deutsche „Green Card" als temporäres Instrument gedacht – es sollte kurzfristig eine Nachfragespitze bei den deutschen Unternehmen abfangen, so wie es früher die Gastarbeiter im produzierenden Gewerbe tun sollten. Von Beginn an wurde Indien als potentielles Entsendeland genannt, was den damals prominentesten Kritiker der Maßnahme, den CDU-Politiker und Spitzenkandidaten für die Landtagswahl in NRW, Jürgen Rüttgers veranlasste, die Parole „Kinder statt Inder" zu prägen, die später im Bundestagswahlkampf von den Republikanern dankbar aufgegriffen wurde. Grund für die Erwartungen an die „Computer-Inder" (Goel 2002) waren die guten Erfahrungen mit indischen IT-Spezialisten bei der Behebung des so genannten Y2K-Bug („Jahr 2000 Problem"), das eine tiefgreifende Überarbeitung der gängigen PC-Software erforderte (Khadria 2014). Weil die Programmierer im zwanzigsten Jahrhundert oftmals lediglich die letzten beiden Ziffern einer Jahreszahl für ihre Berechnungen nutzten, wurde befürchtet, dass mit dem Jahreswechsel 1999/2000 sämtliche Computersysteme kollabieren würden, weil die Software ihren Berechnungen die Annahme zugrunde legte, es sei das Jahr 1900. Die hierdurch entstandene weltweite Nachfrage nach IT-Experten stieß auf ein Überangebot Hochqualifizierter auf dem indischen Arbeitsmarkt. Denn seit den 1970er Jahren investierte Indien massiv in die Forschung und Entwicklung im Bereich Informationstechnologie und an den Universitäten wurden gut qualifizierte IT-Ingenieure ausgebildet, für die in Indien allerdings nicht genügend Arbeitsplätze bereitstanden (Rothermund 2008).

Bei der deutschen „Green Card" handelte es sich um eine auf fünf Jahre befristete Arbeitserlaubnis für nicht-EU-Ausländer, deren Erteilung an die Bedingung geknüpft war, dass den Antragsteller*innen eine Stellenzusage mit einem Mindestgehalt von 51.000 €/Jahr vorlag. Insgesamt sollten zwischen August 2000 und Ende 2004 bis zu 20.000 befristete Arbeitserlaubnisse vergeben werden, aufgrund des gebremsten Wachstums in der IT-Branche (Platzen der sog. dot-com-Blase) wurden aber nur 17.931 Titel vergeben (Kolb 2005, BAMF 2005: 78). Hiervon entfielen 5.740 (32%) auf indische Staatsbürger (BAMF 2005: 78). Die positiven Erfahrungen mit dem „Green Card" Programm mündeten in Reformen des Zuwanderungsrechts 2005 und 2008, die zu einer Erleichterung des Zuzugs Hochqualifizierter führte.

Vor allen Dingen wurde aber durch das Programm ein Netzwerk zwischen deutschen und indischen Unternehmen geschaffen, das eine weitreichende Folgemigration angestoßen hat (Kapitel 5.2). Diese Migrationsbewegungen sind allerdings strukturell nicht auf Dauer angelegt. In aller Regel handelt es sich um Experten indischer Unternehmen, die auf Projektbasis bei den deutschen Kunden arbeiten. Auch deutsche Unternehmen in Indien nutzen die Möglichkeit, Mitarbeiter zeitweise nach Deutschland holen, damit sie hier an Projekten mitarbeiten oder um sie zu schulen (eigene Interviews, DATTA 2016, vgl. Kapitel 5.2). Im Gegensatz zu den weitgehend homogenen Gruppen, welche die beiden vorhergehenden Migrationsphasen bestimmten, handelt es sich bei diesen Hochqualifizierten um eine sehr heterogene Gruppe hinsichtlich ihrer Herkunftsregionen in Indien (und damit auch hinsichtlich ihrer Muttersprache und auch des religiösen Hintergrundes). Eigene Interviews zeigen, dass die Mitglieder dieser Gruppe sich kaum in die etablierten Strukturen der Vernetzung indischer Migrant*innen untereinander einfügen. Sie sie sind beispielsweise eher selten Mitglieder der Deutsch-Indischen Gesellschaft (Kapitel 6.1). Gründe für das geringe Engagement in etablierten Vereinen ist einerseits die in vielen Fällen kurze Verweildauer, andererseits die unterschiedliche Lebenssituation der Neuankömmlinge, die entweder als Einzelpersonen, als frisch verheiratete Paare (das Zusammenleben unverheirateter Paare ist in Indien noch sehr ungewöhnlich) oder junge Familie nach Deutschland kommen. Die Mitglieder der DIG stehen oftmals schon am Ende ihres Erwerbslebens oder sind bereits im Rentenalter sind. Dies sowie das als antiquiert empfundene Indienbild der etablierten Vereine, stellen für die Mitglieder dieser Migrantengruppe, deren Aufenthalt sich verfestigt, die Motivation dar, eigene Vereine zu gründen (Kapitel 6.1). Räumlich konzentriert sich die Gruppe der IT-Expert*innen an den Standorten, an denen die Dienstleistungen indischer IT-Unternehmen in besonderem Maße nachgefragt werden (Frankfurt/Banken, Stuttgart/Automobilbauer, Köln-Bonn/Versicherungen und Telekommunikation) bzw. an denen Softwareexperten direkt eingestellt werden (München, Berlin, Hamburg).

Die geänderten Rahmenbedingungen beeinflussen ebenfalls die studentische Migration, die seit 2000 ebenfalls stark zugenommen hat. Gründe für diesen Anstieg sind die Internationalisierung der deutschen Hochschulen, die gezielte

Förderung von Austausch, unter anderem durch den Deutschen Akademischen Austauschdienst, die gezielte Werbung der Hochschulen um indische Studierende (mehrere Universitäten unterhalten eigene Verbindungsbüros in Indien, u.a. die FU Berlin, die Universität Heidelberg, die RWTH Aachen, die TU München, die Universität zu Köln und die Universität Göttingen), weitgehende Gebührenfreiheit und die hohe Reputation der Ausbildung an deutschen Universitäten, insbesondere in den Ingenieurwissenschaften. Vor allem die Überführung zahlreicher Studiengänge in das Bachelor- und Mastersystem erleichtert internationalen Studierenden den Zugang zum deutschen Hochschulsystem. Für Studierende aus Indien ist besonders das stark gewachsene Angebot englischsprachiger Studiengänge attraktiv, zumal die Gesamtkosten für ein Studium in Deutschland deutlich geringer sind als die, die für einen vergleichbaren Abschluss an einer renommierten Universität in den USA oder im Vereinigten Königreich zu entrichten wären. Auch diese Gruppe ist hinsichtlich der Herkunft innerhalb Indiens sehr heterogen. Es handelt sich bei den Studierenden vor allem um Angehörige der (oberen) Mittelschicht. Sie suchen kaum Kontakt zu den etablierten Migrantenorganisationen, schaffen aber eigene Netzwerke an den jeweiligen Ankunftsorten, die *Indian Student Associations*, deren Angebote auf die spezifischen Bedürfnisse dieser Gruppe zugeschnitten sind.

Dieser kurze, literaturbasierte Überblick der indisch-deutschen Migrationsgeschichte zeigt, dass die Gruppe „der Inder*innen" in Deutschland sehr heterogen ist, hinsichtlich der Migrationsmotivation aber auch hinsichtlich der Herkunft innerhalb Indiens (und damit auch in Bezug auf Sprache und Kultur) und hinsichtlich des sozioökonomischen Status. Diese Heterogenität spiegelt sich auch in der Pluralität indischer Vereine in Deutschland wider (vgl. Kapitel 6.1) und hat auch Auswirkungen auf den Gegenstand dieser Untersuchung, nämlich die transnationalen Netzwerke, Praktiken und Identitäten. Nachfolgend wird dieser literaturbasierte Überblick zunächst um einen statistischen Überblick ergänzt (Kapitel 5.2). In einem weiteren Schritt werden die unterschiedlichen Migrationserfahrungen anhand empirischer Befunde dargestellt (Kapitel 5.3).

5.2 INDISCH-DEUTSCHE MIGRATION IN ZAHLEN

In diesem Teilkapitel wird die Entwicklung der indisch-deutschen Migration anhand verfügbarer Statistiken nachgezeichnet und einzelne Charakteristika der indischen Migrant*innen herausgestellt. Allerdings weisen die verfügbaren Daten eine geringe Detailtiefe auf und ihre Aussagekraft ist begrenzt. Die amtliche Statistik der Bundesrepublik Deutschland erlaubt es z.B. nicht, nach Herkunftsregionen innerhalb Indiens zu unterscheiden oder unterschiedliche Merkmale in der Analyse miteinander zu kombinieren. Zusätzlich liegen nur sehr wenige Daten zu Personen mit indischem Migrationshintergrund vor. Die (insgesamt wenigen) verlässlichen Daten beziehen sich größtenteils auf Menschen mit indischer Staatsbürgerschaft. Die für die Migrationsforschung deutlich relevantere Kategorie des Migrationshintergrunds umfasst demgegenüber nicht nur die Ausländer, die noch die Staatsbürgerschaft ihres Herkunftslands besitzen, sondern auch Eingebürgerte sowie deren

Nachkommen. Schließlich ist zu beachten, dass die Angaben verschiedener Quellen zum Teil widersprüchlich sind. So decken sich die Angaben des Ausländerzentralregisters nur bedingt mit denen des Mikrozensus und es bestehen zum Teil erhebliche Diskrepanzen zwischen der deutschen amtlichen Statistik und Angaben anderer Stellen, etwa der UNESCO oder der indischen Regierung. Eingedenk dieser Einschränkungen und Unzulänglichkeiten ermöglichen die Daten dennoch die Dynamik des Migrationsprozesses nachzuzeichnen und Besonderheiten der indischen Migrantengruppen in Deutschland – gerade im Vergleich zu anderen Migrantengruppen – darzustellen.

Die Zu- und Fortzüge indischer Staatsbürger*innen über die deutschen Grenzen hinweg sind seit Beginn der statistischen Erfassung stark gestiegen (Abbildung 5). Diese Grafik spiegelt gut die in Kapitel 5.1 beschriebenen vier Migrationsphasen nach dem Zweiten Weltkrieg wider. Zu beachten ist dabei, dass die Statistik bis 1990 lediglich die Daten der alten Bundesrepublik umfasst, hingegen Daten zur Migration in die DDR kaum verfügbar sind. Zwar gab es Migration von Studierenden und Wissenschaftlern aus Indien in die DDR (zwei Migranten wurde interviewt), jedoch lässt die Übersicht von BADE & OLTMER (2004) zur Migration in die DDR darauf schließen, dass ihre Zahl äußerst gering war[5]. In der ersten Nachkriegsphase, bis Mitte der 1960er Jahre war das Migrationsvolumen konstant niedrig, wobei die Zahl der Inder*innen aufgrund eines leichten Wanderungsüberschusses kontinuierlich stieg (Abbildung 5).

Im Jahr 1962, dem ersten, für das das Statistische Bundesamt Daten auf Anfrage verfügbar machte, kamen 1.766 indische Staatsbürger nach Deutschland und 908 verließen Deutschland. Von 1965 bis 1975, der Phase in der die Migration durch die südindischen Frauen dominiert wurde, zeigt die Grafik einen leichten Anstieg des Migrationsvolumens, bei durchweg positivem Saldo. Im Jahr 1975 kamen 2.013 indische Staatsbürger*innen nach Deutschland und 1.694 verließen das Land.

Die dritte Nachkriegsphase von 1975 bis 2000 ist insgesamt durch einen starken Anstieg des Migrationsvolumens gekennzeichnet. In dieser Phase wechseln sich Teilphasen, in denen das Wanderungssaldo zum Teil große positive Werte aufweist, mit Phasen ab, in denen es negativ ist. Dies spiegelt die Migration der Asylbewerber aus dem Punjab wider, die zum Teil abgeschoben wurden, was die negativen Salden erklärt. Nach 1975 kam es zunächst zu einem starken Anstieg der Zuzüge, von 2.013 (1975) über 6.185 (1978) bis zu einem ersten Höchststand mit 8.479 (1980). Das Saldo Betrug in diesem Jahr 5.013. Es folgte ein Rückgang der Zuwandererzahlen und dann ab 1982 wurde auch das Wanderungssaldo negativ. Die höchste Zuwandererzahl in dieser Phase wurde 1986 erreicht (9.955), jedoch bereits im

---

5 BADE und OLTMER nennen die Anzahl ausländischer Staatsbürger für die zehn häufigsten Nationalitäten in der DDR im Jahr 1989. Indische Staatsangehörige sind nicht darunter, den zehnten Rang belegte Angola mit 1.400 Personen, so dass die Zahl indischer Staatsbürger zu diesem Zeitpunkt kleiner gewesen sein muss (zitiert nach BADE & OLTMER 2005 o. S.).

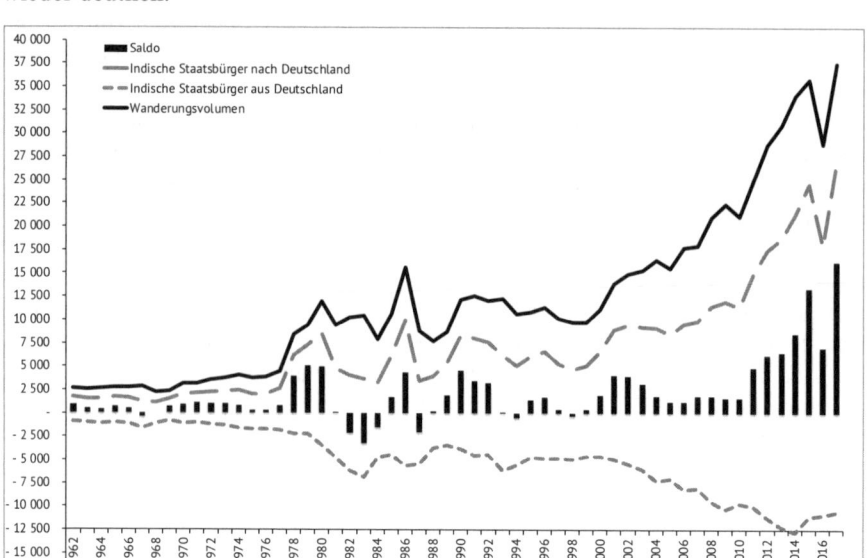

Folgejahr überwog die Zahl der Abwanderer (5.340) die der Zuwanderer (3.421) wieder deutlich.

Abbildung 5: Wanderungen indischer Staatsbürger über die Grenzen der Bundesrepublik Deutschland
(eigene Darstellung auf Grundlage von DeStatis: ältere Daten auf Anfrage, neuere Daten aus den jährlich erscheinenden Berichten „Ausländische Bevölkerung")

In der aktuellen Phase stieg das Wanderungsvolumen ab dem Jahr 2000 (11.174) kontinuierlich an (Ausnahmen: 2005, 2010) und erreichte sein vorläufiges Maximum im Jahr 2017 mit 37.470 Migrationsbewegungen, wobei 26.820 Zuwanderern 10.650 Abwanderer gegenüberstanden. Wie deutlich sich das Migrationsgeschehen in dieser Phase von den vorherigen Phasen unterscheidet zeigt die Berechnung des Mittelwerts des Wanderungsvolumens der letzten drei Phasen. Dieser lag für die Phase 1965–1974 (Krankenschwestern) bei 3.040, stieg dann in der Phase 1975 bis 1999 auf 9.721 und beträgt für die Jahre 2000 bis 2017 22.632.

Dementsprechend stieg die Zahl der indischen Staatsbürger in Deutschland von 29.006 im Jahr 1990 über 35.183 im Jahr 2000 und 48.280 im Jahr 2010 auf 108.965 am 31.12.2017 (DeStatis Reihe „Ausländische Bevölkerung", verschiedene Jahrgänge).

Wenig verlässlich sind die Zahlen zu den Personen mit indischem Migrationshintergrund. In dieser Kategorie werden in der amtlichen Statistik indische Staatsbürger und Deutsche erfasst, die entweder selbst mit der indischen Staatsbürgerschaft geboren wurden oder mindestens ein Elternteil haben, das mit indischer Staatsbürgerschaft geboren wurde. Einen Hinweis zur Entwicklung dieser Gruppe geben die Einbürgerungen (Abbildung 6). Deren Zahl war vor der Wiedervereinigung in Westdeutschland relativ gering. Der höchste Wert wurde für 1988 mit 323[6] angegeben. Diese relativ geringe Zahl lässt sich unter anderem mit den administrativen Hürden erklären, die es Menschen aus Indien bis 2000 schwermachten, die deutsche Staatsbürgerschaft zu erlangen (für eine Fallstudie vgl. GOEL 2006b). Die besonders hohe Zahl der Einbürgerungen im Jahr 2000 lässt sich mit der Reform des Staatsangehörigkeits- und Einbürgerungsrechts erklären, die zum 1.1. dieses Jahres in Kraft trat. In der Dekade 2008–17 wurden pro Jahr durchschnittlich 1.138 indische Staatsbürger eingebürgert, in den letzten drei Jahren dieses Zeitraums stieg die Zahl nochmals deutlich auf 1.549 im Jahr 2017 an. Seit 1972 wurden insgesamt 28.897 Inder*innen eingebürgert. Aufgrund von Sterbefällen und vor allem des Fehlens der sog. zweiten Generation, die bereits mit der Geburt die deutsche Staatsbürgerschaft erhielt, ist dies allenfalls eine grobe Schätzung der Anzahl von Personen mit indischem Migrationshintergrund.

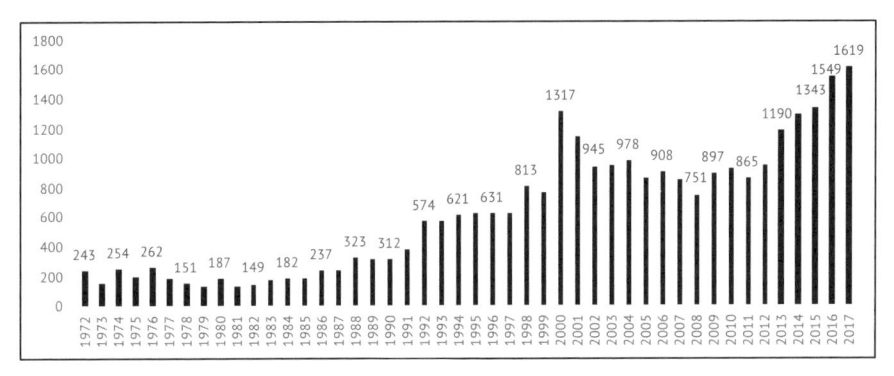

Abbildung 6: Einbürgerungen indischer Staatsbüger*innen in Deutschland
(eigene Darstellung auf Grundlage von DeStatis: ältere Daten auf Anfrage, neuere Daten aus den jährlich erscheinenden Berichten „Ausländische Bevölkerung")

Der Mikrozensus 2016 schätzt die Zahl der Personen mit indischem Migrationshintergrund auf 115.000 Personen (DESTATIS 2017: 67). Diese Schätzung scheint aber angesichts der Zahl der Einbürgerungen recht gering zu sein: bei 97.865 indischen Staatsbürgen im gleichen Jahr, hätten demzufolge lediglich knapp 15.000 Deutsche mit indischem Migrationshintergrund in Deutschland gelebt. Das indische Außenministerium nennt demgegenüber eine deutlich höhere Zahl, ohne dass die Quelle ersichtlich ist: Nach dessen Angaben lebten in Deutschland Ende 2016 76.093 indische Staatsbürger (das entspricht exakt der Zahl die das Statistische Bundesamt für das Jahr 2014 nennt; vgl. DESTATIS 2015: 39) und 67.029 *Persons of Indian Origin* (mit deutscher Staatsbürgerschaft) (GOI 2016, o.S.). Allerdings umfasst diese Gruppe per Definition mehr Personen als die Gruppe der Personen mit

---

6   Daten zur Einbürgerung indischer Staatsbürger stellte das STATISTISCHEN BUNDESAMT auf Anfrage zur Verfügung, neuere Daten sind verschiedenen Jahrgängen der Berichte des STATISTISCHEN BUNDESAMTES in der Reihe „Ausländische Bevölkerung" entnommen.

Migrationshintergrund, nämlich die Nachfahren indischer Staatsbürger bis zur vierten Generation sowie die Partner*innen dieser Personen. Unklar ist die Quelle dieser Angaben, ggf. handelt es sich hierbei um die Summe der PIO- bzw. OCI-*cards*, die von der indischen Botschaft und den Konsulaten ausgestellt wurden (zu den POI-/OCI-*cards* vgl. Kapitel 2). Allerdings könnte dies auch zu einer Überschätzung des tatsächlichen Werts führen, wenn Personen doppelt gezählt wurden. Denn die PIO-*card* musste nach Ablauf verlängert oder neu beantragt werden, und ein Teil der Personen, die früher eine POI-*card* besaßen, hat später die neuere OCI-*card* beantragt. Insgesamt liegt die Zahl der Personen, die ihre Herkunft zumindest teilweise auf Wurzeln in Indien zurückführen können zwischen der konservativen Schätzung des Mikrozensus (115.000 Personen) und der optimistischen des indischen Außenministeriums (143.122 Personen).

Die Auswertung des Ausländerzentralregisters erlaubt weitere Rückschlüsse über den Aufenthalt von indischen Staatsbürger*innen in Deutschland. Die Vielfalt der möglichen Aufenthaltstitel spiegelt dabei auch die teilweise verwirrenden Entwicklungen des deutschen Ausländer- und Aufenthaltsrechts in den letzten Jahren wieder (alle Angaben aus DESTATIS 2018): Von den 108.965 indischen Staatsbürgern hatten am 31.12.2017 81.470 einen Aufenthaltstitel, 2.190 hatten einen Aufenthaltstitel aus einem anderen EU-Land, 6.470 hatten einen Antrag auf einen Aufenthaltstitel gestellt und mit 18.800 hielt sich eine recht hohe Zahl indischer Staatsbürger*innen ohne formellen Aufenthaltstitel in Deutschland auf. Einen unbefristeten Aufenthaltstitel hatten nur 18.155 indische Staatsbürger*innen. Von den 63.315 Personen mit befristetem Aufenthaltstitel hatten 14.260 einen Titel zum Zweck der Ausbildung, 20.415 einen zum Zweck der Erwerbstätigkeit, 780 einen aus humanitären Gründen, 24.420 einen aus familiären Gründen und 3.440 genossen besondere Aufenthaltsrechte.

Von den 18.80 Personen ohne Aufenthaltstitel handelte es sich um 6.765 mit einer Duldung, 1.900 mit einer Aufenthaltsgestattung und 10.135 ohne Duldung oder Aufenthaltsgestattung. Bei denjenigen mit Aufenthaltsgestattung handelt es sich um Personen, die in Deutschland einen Asylantrag gestellt haben. Diese recht hohe Zahl verwundert und ist nicht erklärbar. Bei Personen mit einer Duldung kann es sein, dass ihr Titel abgelaufen ist, ohne dass eine Abschiebung veranlasst wurde. Auch hierfür können die Gründe vielfältig sein und müssten im Einzelfall überprüft werden, wie das Bundesamt für Migration und Flüchtlinge auf Anfrage mitteilte. Gleichwohl habe eine Anfrage an die örtlichen Ausländerbehörden aus Datenschutzgründen wohl keinerlei Aussicht auf Erfolg, hieß es im gleichen Schreiben.

Die durchschnittliche Aufenthaltsdauer der indischen Staatsbürger ist dabei relativ gering. 18% lebten am Stichtag 31.12.2017 weniger als ein Jahr in Deutschland und 55 % weniger als vier Jahre (DESTATIS 2018: 91ff.). Für die ausländische Bevölkerung insgesamt lagen die Vergleichswerte bei 8% (< 1 Jahr) bzw. 36% (< 4 Jahre).

Hinsichtlich der Zahl indischer Studierender ist, wie in Kapitel 5.1 beschrieben, in den letzten Jahren ein stetiger Anstieg zu verzeichnen. Im Wintersemester 2000/01 begannen lediglich 539 indische Studierende ein Studium an einer deutschen Hochschule (BAMF 2015: 202). Diese Zahl stieg kontinuierlich an und zum

Wintersemester 2016/17 nahmen 4.011 indische Staatsbürger*innen ein Studium an einer deutschen Hochschule auf; insgesamt lag die Zahl indischer Studierender damit im Wintersemester 2016/17 bei 15.529 (DeStatis 2017b: 57). Nach der Türkei und China ist Indien damit die drittgrößte Entsendenation für ausländische Studierende in Deutschland. Laut Statistik der UNESCO (2016) ist Deutschland inzwischen die siebtwichtigste Destination für indische Studierende (die UNESCO nennt 9.896 indische Studierende im Jahr 2015 in Deutschland). Noch ist ihre Zahl deutlich geringer als die der indischen Studierenden in den USA (Platz 1: 112.714). Allerdings ist der Unterschied zur zweithäufigsten Destination Australien (36.892) geringer als erwartet, und der Unterschied zum Vereinigten Königreich (Platz 3: 19.604) ist weniger deutlich, als es die gewachsenen historischen Verflechtungen vermuten lassen.

Weitere Charakteristika der Bevölkerung mit indischem Migrationshintergrund finden sich in einer Sonderauswertung des BAMF, die sich mit den Potentialen der Migration aus Indien befasst (Schulze Palstring 2015). Tabelle 2 zeigt die Verteilung nach Berufsgruppen. Dabei wird zweierlei deutlich: Erstens, die Personen mit eigener Migrationserfahrung arbeiten entweder in Berufen, die eine besonders hohe oder gar keine Qualifikation erfordern; zweitens, die zweite Generation (Personen ohne eigene Migrationserfahrung) geht Beschäftigungen nach, die auf einen hohen sozioökonomischen Status schließen lassen. Diese Daten spiegeln gut die indisch-deutsche Migrationsgeschichte wider: Die Hochqualifizierten mit eigener Migrationserfahrung repräsentieren die wichtige Gruppe der Fachkräfte aus dem IT- und Finanzsektor sowie Manager*innen deutscher Unternehmen in Indien, die sich zum Zweck der Weiterbildung und Unternehmensbindung in Deutschland aufhalten. Zur Gruppe der „Techniker und gleichrangiger nichttechnischer Berufe" gehören unter anderem auch Krankpflegeberufe und damit auch die noch berufstätigen Krankenschwestern südindischer Herkunft. Der im Vergleich zur restlichen Bevölkerung sehr hohe Anteil ungelernter Hilfsarbeiter lässt sich wohl mit der Migration Geringqualifizierter aus dem Punjab erklären. Der weit überdurchschnittliche Anteil an Führungskräften in der zweiten Generation kann als Hinweis darauf gewertet werden, dass die Integration der indischen Migrant*innen in Deutschland, die sich zum Bleiben entschließen, erfolgreich verläuft. Hierfür sind der Bildungserfolg und die soziale Stellung der zweiten Generation wichtige Indikatoren.

Die räumliche Verteilung der indischen Staatsbürger*innen in Deutschland ist in Karte 2 dargestellt. Ihre Verteilung folgt im Großen und Ganzen der allgemeinen Bevölkerungsverteilung. In Nordrhein-Westfalen leben die meisten indischen Staatsbürger*innen. Der Anteil Nordrhein-Westfalens an der Gesamtbevölkerung liegt bei 21,7%, der Anteil der indischen Bevölkerung bei 21,1%. Die zweitgrößte indische Bevölkerung lebt in Baden-Württemberg (17,9% indische Bevölkerung/13,2% Bevölkerung insgesamt), die drittgrößte in Bayern (17,1% indische Bevölkerung/15,6% Bevölkerung insgesamt). Besonders gering ist der Anteil der indischen Staatsbürger in Mecklenburg-Vorpommern. Die dort registrierten 715 indischen Staatsbürger entsprechen 0,83% der indischen Staatsbürger in Deutschland, während in dem Land aber 7,5% der Gesamtbevölkerung Deutschlands leben. Dies ist allerdings nicht nur mit der historischen Ost-West-Trennung zu erklären, da in einigen ostdeutschen Staaten der prozentuale Anteil der indischen Migrant*innen an der Landesbevölkerung höher ausfällt als der der Landesbevölkerung an der gesamtdeutschen Bevölkerung. Das ist z.B. in Sachsen der Fall, 5,2% der indischen Staatsbürger leben, während sich der Anteil der Sachsen an der deutschen Gesamtbevölkerung nur auf 5,0% beläuft.

Auf Ebene der kreisfreien Städte und der Kreise gibt es 13 Städte, in denen mehr als 1.000 indische Staatsbürger*innen leben. Die höchste Zahl weist München auf (5.299) gefolgt von Frankfurt (4.720), Berlin (4.448), Stuttgart (3.325) und Hamburg (3.280). Es folgen in Nordrhein-Westfalen Düsseldorf (2.437), Köln (2.206), Aachen (1.421) und Bonn (1.182). Bei allen Städten handelt es sich um Universitätsstandorte, und vor allem bei München, Frankfurt und Stuttgart sind die hohen Zahlen mit den Standorten der IT- bzw. Finanzdienstleistungen zu erklären, die indische Arbeitskräfte direkt nachfragen oder mit indischen Firmen kooperieren.

Beruf (Hauptgruppen ISCO-08)	Bevölkerung in Deutschland	Personen mit indischem Migrationshintergrund		
		Personen ohne eigene Migrationserfahrung	Deutsche mit eigener Migrationserfahrung	Inder mit eigener Migrationserfahrung
Angehörige der regulären Streitkräfte	4,9%	*	*	0,0%
Führungskräfte	17,4%	40,2%	10,3%	5,1%
Akademische Berufe	19,1%	11,8%	20,6%	41,7%
Techniker und gleichrangige nichttechnische Berufe	13,5%	*	11,6%	12,6%
Bürokräfte und verwandte Berufe	15,5%	9,6%	8,7%	4,4%
Dienstleistungsberufe und Verkäufer	1,5%	*	24,1%	18,1%
Fachkräfte in Land-/ Forstwirtschaft und Fischerei	12,7%	*	*	*
Handwerks- und verwandte Berufe	6,6%	*	6,9%	2,9%
Bediener von Anlagen/ Maschinen und Montageberufe	8,4%	*	6,0%	1,8%
Hilfsarbeitskräfte	0,5%	*	10,5%	12,9%
Gesamt	**100,1%**	**61,6%**	**98,7%**	**99,5%**

Tabelle 2: von Personen mit indischem Migrationshintergrund ausgeübte Berufe (eigene Darstellung nach Schulze Palstring 2015: 134; zu den mit einem Stern gekennzeichneten Feldern liegen laut Quelle keine Daten vor, weil diese aufgrund geringer Fallzahlen seitens des Statistischen Bundesamtes nicht ausgewiesen wurden.)

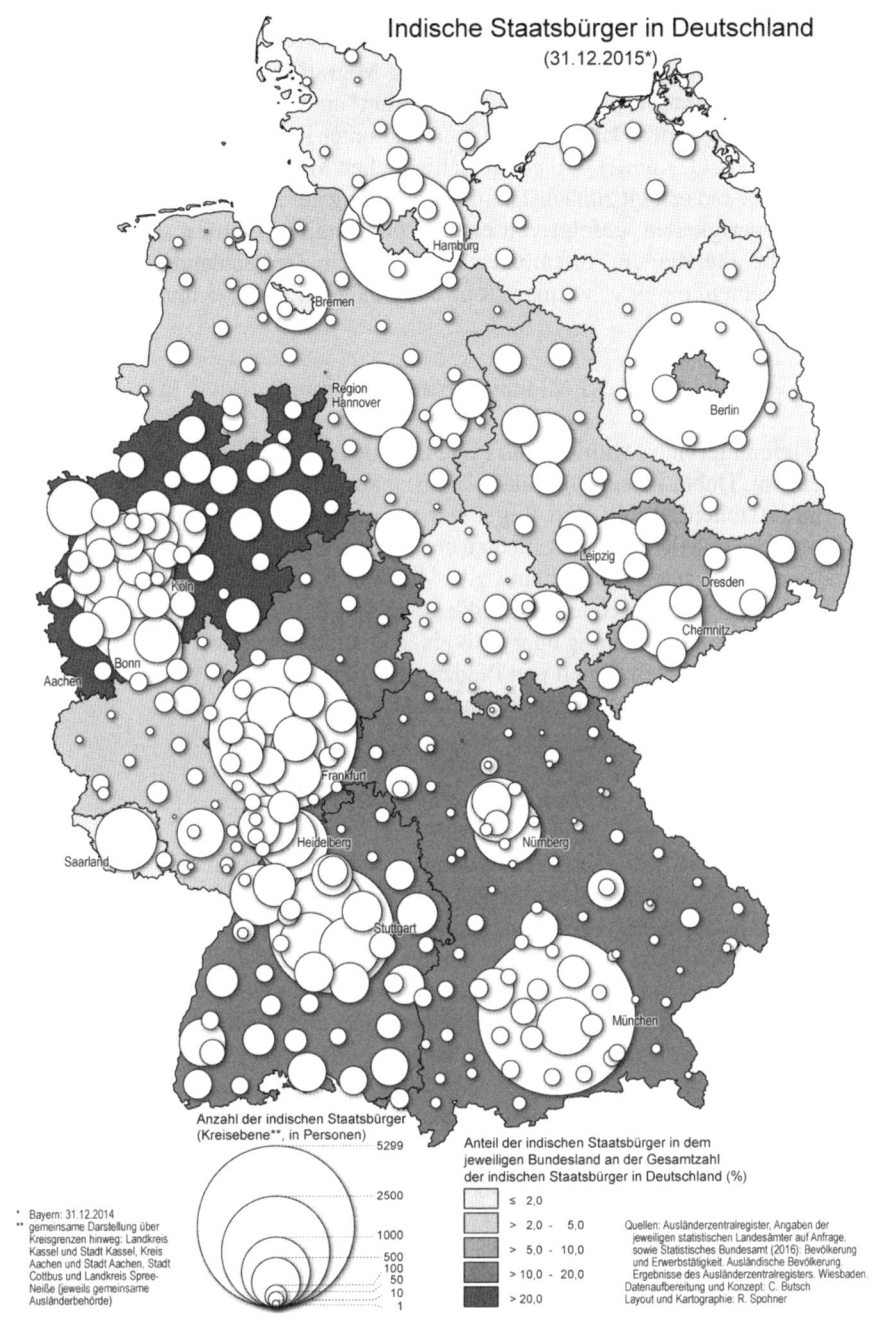

Karte 2: Räumliche Verteilung indischer Staatsbürger in Deutschland (2015)

5.3 INDISCH-DEUTSCHE MIGRATION: EMPIRISCHE BEFUNDE

In diesem Teilkapitel wird die deutsch-indische Migrationsgeschichte aus Sicht der individuellen Migrationsgeschichten der Migrant*innen und durch die Befragung von Experten ergänzt. Dabei werden zunächst unter Rückgriff auf die *migration-history-charts* (vgl. Kapitel 4) die unterschiedlichen Migrationspfade nachgezeichnet. Anschließend erfolgt zunächst deine Darstellung der mit der Migration verbundenen Schwierigkeiten, gefolgt von einer Erörterung der Gründe der oftmals zunächst nicht intendierten Aufenthaltsverfestigung in Deutschland. Abschließend wird der Themenkomplex „Remigration" einer näheren Analyse unterzogen.

5.3.1 Migrationspfade und -gründe

In den Tiefeninterviews wurden vielfältige Gründe für die Migration nach Deutschland genannt. Dabei ist auffällig, dass Deutschland oftmals nicht das primäre Ziel der Migrant*innen war. In aller Regel war nur ein begrenzter Aufenthalt geplant. Eine Analyse der Migrationsgeschichten ergibt, dass es drei verschiedene Arten von Migrationspfaden nach Deutschland gibt, die sich in der Art der Einbindung der Migrant*innen in existierende Netzwerke unterscheiden. Die Migrationspfade können als institutionell, abhängig oder individuell charakterisiert werden. Die Analyse dieser unterschiedlichen Typen von Pfaden zeigt, dass sich auch Migrationsgründe der sie benutzenden Migranten unterscheiden.

Deutschland als Zielland

Bevor diese unterschiedlichen Pfade nachgezeichnet werden, ist auf die Frage einzugehen, warum Deutschland in aller Regel keine bevorzugte Destination von Migrant*innen aus Indien ist, sondern manchmal nur das Ziel am Ende einer ganzen Reihe von Migrationsbewegungen, besonders für Personen, die in transnationalen Unternehmen tätig sind. Ist dies der Fall, wird die Entscheidung über den Arbeitsort in vielen Fällen nicht von den Betroffenen selbst gefällt. Insbesondere diejenigen, die bereits länger in Deutschland leben, weisen in den Interviews darauf hin, dass es nicht ihre ursprüngliche Intention war nach Deutschland zu kommen. Der Ausschnitt aus einem Experteninterview verdeutlicht diesen Aspekt:

> „Interviewer: Und von den Leuten, die sie aus der Indian Association kennen, sagen da viele, ‚Deutschland ist interessant als gutes Arbeitsumfeld' oder haben Sie schon mal gehört ‚Ich bin bewusst nach Deutschland gekommen.'?
> Befragter: Nee, direkt kenn' ich das so nicht. Ich kenn' einige, wo die Eltern hier hingekommen sind, die sind dann später hiergeblieben. Oder die gezielt eine Doktorarbeit gemacht haben, die sind nach Deutschland gekommen und dann später haben die hier einen Job bekommen. Oder viele die versetzt worden sind, nach Deutschland. Das Ziel nach Deutschland zu kommen, das hatten wenige."
> Herr Walia, Experte, Vorsitzender eines Indienvereins; Februar 2015.

Eine der wenigen Ausnahmen wird hier in dem Interviewausschnitt direkt angesprochen. Einige Interviewpartner kamen gezielt nach Deutschland, um hier an ihrer Dissertationsschrift zu arbeiten, weil sie entweder mit bestimmten Wissenschaftler*innen in Deutschland zusammenarbeiten wollten, oder weil ihr Forschungsgegenstand in direktem Bezug zu Deutschland stand (z.B. bei Germanisten). Andere kamen wegen eines deutschen Partners oder einer deutschen Partnerin nach Deutschland oder auch, weil sie bereits auf frühere, positive Deutschlanderfahrungen zurückblicken konnten (z.B. im Rahmen eines Schulaustauschs). Ein weiterer Grund für die Migration nach Deutschland ist die Zugehörigkeit zu einem deutschen Unternehmen, einer deutschen Institution oder einem kirchlichen Orden. Einer der Gesprächspartner war noch in Indien der Schönstattbewegung beigetreten, einem katholischen Männerorden mit Sitz in der Nähe von Koblenz. Sein Theologiestudium wollte er unbedingt am Sitz des Mutterhauses absolvieren.

Für die Mehrheit der Befragten stellte Deutschland aber zunächst kein relevantes Migrationsziel dar. Das hängt auch damit zusammen, dass es zwischen Deutschland und Indien nur wenige etablierte Migrationsnetzwerke gibt und damit das Wissen über Deutschland als Destination für Migrant*innen immer noch gering ist, vor allem im Vergleich zu Destinationen wie USA, Vereinigtes Königreich, Australien oder Kanada. Dies zeigt der folgende, typische Interviewausschnitt, in dem der Gesprächspartner beschreibt, wie er aus den USA nach Deutschland versetzt wurde:

> „One fine day, I was chilling in the US and my boss called me and said: ‚So what's up?'
> So I said, why is this guy calling me now? There must be something. Why is he calling me? I mean I am a nobody, just chilling and... but since I joined the company at the early stage, I was very close to the owners. They knew me, because they hired me.
> So he said: ‚What do you think about Germany?'
> I said: ‚What? What? Germany? I just know there is an airport in Frankfurt where I change flights. And I know they had this wall and I know they had some shit war. Apart from that, I don't know anything. I know Pink Floyd, because there's a concert on the wall. That was really my knowledge of Germany. And there was this war with this bad guy and that's pretty much it.'
> [So he said:] ‚Yeah, why don't you go there and, you know, getting some good queries about our software from Daimler and all that?'
> [So I replied:] ‚So, yeah I just go there for a few months and check it out.'
> So, I was kind of forced into it."
> Deepak, kam 1999 nach Deutschland, um die Dependance eines indischen Softwareunternehmens in Deutschland aufzubauen; Januar 2017.

Beide Zitate deuten an, dass die indisch-deutsche Migration zu einem großen Teil durch strukturelle Netzwerke beeinflusst wird, die von transnationaleb Unternehmen, der Kirche oder transnationale Wissenschaftskooperationen geschaffen werden. Sie geben die Pfade vor, entlang derer sich Migrant*innen relativ einfach innerhalb der globalisierten Welt bewegen können. Ihr gemeinsames Ziel ist, wenn auch aus ganz unterschiedlichen Gründen, die Verbesserung ihrer Lebenssituation. Im Allgemeinen ist die Migration dabei als zeitlich begrenztes Projekt angelegt. Die Migrant*innen sind in diesem Sinne selbstbestimmte Akteure, die die Chancen in der globalisierten Welt für sich nutzen. Gleichzeitig werden ihre Handlungen und Praktiken durch institutionelle Kontexte beeinflusst. Durch diese Einbettung ergeben sich Chancen oder Zwänge, die ihren Handlungsspielraum erweitern oder einschränken. Die im zweiten Interviewausschnitt beschriebene Versetzung beispielsweise erfolgte nicht aus eigenem Antrieb, sondern auf Vorschlag des Vorgesetzten des Gesprächspartners. Diesem Wunsch hätte er nicht nachkommen müssen, aber er ergriff er die Chance und wurde so zum Verantwortlichen für den Aufbau einer der größten Niederlassungen einer indischen Softwarefirma in Deutschland.

Migration im institutionellen Rahmen

Im Folgenden werden die institutionellen Kontexte, die für die indisch-deutsche Migration besonders relevant sind, eingehender dargestellt. Dazu gehören transnationale Unternehmen, die katholische Kirche und Wissenschaftsnetzwerke.

Bei den institutionellen Netzwerken, in die Migrant*innen eingebunden sind, lassen sich zwei Arten zu unterscheiden. (1) Netzwerke indischer oder internationaler Unternehmen und Organisationen und (2) Netzwerke deutscher Unternehmen und Organisationen. Die Migrant*innen finden in ihnen bereits ein berufsbezogenes Netzwerk vor, in das sie sich integrieren können und das sie oftmals zu sozialen Netzwerken erweitern. Darüber hinaus erfahren sie Unterstützung bei Wohnungssuche, Umzug, Behördengängen und ähnlichem. Die Migration erfolgt in erster Linie aus beruflichen Gründen.

In die Netzwerke deutscher Unternehmen sind vor allem Mitarbeiter*innen eingebunden, die in leitenden Funktionen für das jeweilige Unternehmen in Indien tätig sind bzw. waren. Sie kommen zum Zweck der Weiterbildung und/oder der Bindung an das Unternehmen zeitweise nach Deutschland oder werden im Zuge ihres Aufstieges dauerhaft in die deutsche Unternehmenszentrale versetzt. Die Motivation für diese (temporäre) Migration ist in diesen Fällen die Möglichkeit innerhalb des Unternehmens aufzusteigen oder andere Bereiche des Unternehmens besser kennenzulernen. Eine zweite Gruppe wird gezielt aufgrund ihrer spezifischen Qualifikation für einen bestimmten Arbeitsplatz von deutschen Unternehmen in Deutschland eingestellt. Hierzu gehören beispielsweise die IT-Experten, die im Rahmen der „Green Card-Initiative" angeworben wurden. Die Befragten aus dieser Gruppe nannten den Wunsch sich persönlich weiterzuentwickeln und Auslandserfahrung zu sammeln als Migrationsgründe. Das folgende Zitat verdeutlicht, dass auch hier Deutschland nicht unbedingt erstes Migrationsziel war:

> „ ... a friend of mine said that okay, ‚Do you want to work somewhere in Europe?' I said, ‚Yeah, why not? Means like it is a different kind of experience.' Then he suggested someone in [name of company] to think about me and they contacted me. I was... then I also responded; I said, ‚Wow. Good. Let's try it.' And then, once they were in India, they were looking for people and they interviewed me. And the very next day, they asked me to join. It was so fast that I did not have enough time to think much about it. And to be very honest, back in my mind I was thinking to work somewhere other than India, just to understand how things function there. Initially like any other Indian, I came to Germany for one year and then I said okay let's stay for another year, then two more years and then you are married."
> Shah, kam 2005 als Journalist nach Deutschland; Juni 2015.

Ähnliche Beweggründe werden von denjenigen angeführt, die innerhalb eines indischen Unternehmens nach Deutschland versetzt werden. Sie nennen als Hauptgründe für ihre Migration die Möglichkeit Auslandserfahrungen zu sammeln oder innerhalb des Unternehmens aufsteigen zu können:

> „I was in Bangalore, well settled, had an apartment, two cars... my wife had a good work, her own liking. I was liking my work I was doing [...] I was new in IT industry and at that level the promotion would have been easy, if I had spent with an IT project abroad. I had multiple offers, but every time the discussion was, if I have not lived abroad, it was a draw back. So when the opportunity came, I thought it is a good opportunity to spend one, one and half a year abroad and then come back. So, there was never a plan to 'work abroad or go abroad.' It was not a migration, which was planned. It was more…it happened."
> Abishek, kam 2006 für ein indisches Unternehmen nach Deutschland; Oktober 2015.

Die Notwendigkeit Auslandserfahrung sammeln zu müssen, um die eigene Karriere voranzutreiben, erklärt sich aus dem Geschäftsmodell der indischen IT-Branche. Die meisten Unternehmen bieten maßgeschneiderte Softwarelösungen für Unternehmen weltweit an. In Deutschland gehören Infosys, Tata Consultancy Service und Wipro zu den größten indischen Unternehmen, die oftmals hier auch ihren europäischen Sitz genommen haben. Ein Interviewpartner erklärte, wie diese Projekte strukturell organisiert sind. Etwa 10% des Teams sind vor Ort beim Kunden, um dort in allen Phasen des Projekts präsent zu sein, im Dialog Kundenwünsche mit der technischen Machbarkeit abzugleichen und die Implementierung vor Ort zu begleiten. Die Auswahl dieser Mitarbeiter erfolgt dabei anhand der innerhalb des Projekts benötigten Expertise und der Fähigkeit eine Schnittstellenfunktion innerhalb des Projekts einnehmen zu können. Zudem müssen sie befähigt sein, Probleme, die sich aus Gründen der anderen Arbeits- und Unternehmenskulturen ergeben, im Rahmen des Projektmanagements moderieren zu können. Diese Erfahrung prädestiniert die Migrant*innen später dafür, selbst transnationale Projekte erfolgreich leiten zu können. Allerdings entscheiden sich einige auch dazu, ihren Aufenthalt in Deutschland zu verlängern. Darauf wird im weiteren Verlauf dieses Teilkapitels eingegangen.

Ein weiteres institutionelles Migrationsnetzwerk wird durch die katholische Kirche geschaffen. Dieses Netzwerk war bereits in den 1960er und 1970er Jahren für die Migration der Frauen aus Kerala von Bedeutung (Kapitel 5.1) und wird heute vor allem für die Migration von Ordensleuten genutzt. Diese migrieren in zunehmender Zahl nach Deutschland, weil hier der Priestermangel und die Nachwuchssorgen der religiösen Orden Chancen für Migrationswillige bieten. In Interviews mit einer Nonne und einem Pater wurden unterschiedliche institutionelle Gründe für die Migration deutlich. Die Nonne trat in Indien in einen Orden ein, der dort missionarisch tätig ist. Sie migrierte dann nach Deutschland und später nach England, um sich als Lehrerin ausbilden zu lassen. Sie kehrte nach Indien zurück, wurde jedoch, nachdem sie in verschiedenen Funktionen über 30 Jahre für den Orden in Indien tätig gewesen war, zum Mutterhaus nach Deutschland zurückbeordert, um hier in der Verwaltung des Ordens mitzuarbeiten. Heute ist sie zusätzlich bei einem Verband tätig, der die Interessen von insgesamt 70 katholischen Orden im Bereich der Migration von Ordensmitgliedern vertritt. Sie berichtete von einer Vereinbarung zwischen der Bunderegierung und diesem Verband, die es insgesamt 1.700 Schwestern aus Orden, die Mitglied in ihrem Verband sind, erlaubt, in Deutschland einer Beschäftigung in sozialen oder pflegerischen Berufen nachzugehen.

Der Pater hingegen wurde von seinem indischen Orden nach Deutschland entsendet, um hier als Priester zu arbeiten und dadurch zum Einkommen des Ordens in Indien beizutragen. Einer der Ordensoberen, der früher selbst in Deutschland gelebt hatte und der in Thrissur als Experte interviewt werden konnte, nannte als Grund für die Entsendung von Priestern nach Deutschland (aber auch in andere Länder in Europa und Amerika), dass es insbesondere in Südindien einen Überschuss an Priestern gebe. Daher sei es sinnvoll, Priester anderenorts einzusetzen und das nicht nur in Indien, sondern auch in anderen Ländern und Kontinenten (seine Ordensbrüder sind auch in Kenia und Madagaskar tätig), um dadurch einerseits die dort herrschenden seelsorgerischen Engpässe zu überbrücken und andererseits Rimessen für den Orden in ihrem Herkunftsland zu generieren.

Derzeit halten sich 130 Brüder der Carmelites of Mary Immaculate in Deutschland auf, von denen 23 in der Erzdiözese Köln als Priester wirken. Daten zur Zahl der in Deutschland befindlichen indischen Priester sind nicht verfügbar. Einen Anhaltspunkt hierfür liefert nur eine Studie aus dem Jahr 2011 der Universität Münster, die für den Erhebungszeitraum von 2007 bis 2010 eine Zahl von 380 indischen Priestern in Deutschland nennt (eigene Berechnung nach Angaben von GABRIEL et al. 2011). Zwei Experten und der befragte Pater sagten, dass aktuell ca. 600 indische Priester in Deutschland tätig seien.

Eine interessante Parallele zwischen den Priestern und den indischen Krankenschwestern, die in den 1960er und 70er Jahren kamen ist, dass für beide Gruppen die Möglichkeiten Rimessen zu generieren der Grund für die Migration war. Zwar unterscheiden sich die Empfänger der Rimessen – hier eine Institution, dort die Familien – jedoch sind Migrationsgrund und -pfad identisch. Das innerkirchliche Netzwerk stellt(e) auch die Einbindung am Ankunftsort sicher. Die Motivation der keralesischen Krankenschwestern verdeutlicht folgendes Zitat aus einem Gespräch mit einem Experten, der selbst aus Kerala stammt und der für die Caritas über mehrere Jahrzehnte indische Krankenschwestern betreute:

> „... und so war der Gedanke immer: Wie können wir der Familie, den Verwandten ein bisschen helfen, damit sie in bisschen gesellschaftlich nach oben kommen können? So unser erster Gedanke, als wir hierhin gekommen sind. Wie können wir ihnen helfen zu studieren, ein Stück Land zu kaufen. So war unser Gedanke. Das haben wir erreicht. Viele Krankenschwestern haben das gemacht, ihre Familie erstmal gerettet, bevor sie über sich selbst Gedanken gemacht haben."
> Herr Kunnapalli, Experte, kam in den 1970er Jahren nach Deutschland; März 2015.

Auch reine Neugier auf etwas Neues wurde von den Befragten als Grund genannt, um die gewohnte Umgebung in Indien hinter sich zu lassen. Das Migrationsangebot der Kirche war besonders für die jungen Frauen im Kerala der 1970er Jahre die Gelegenheit ihr überwiegend dörfliches Umfeld zu verlassen. Anschaulich wird dies auch in dem Dokumentarfilm „Translated Lives" (Originalversion)/"Brown Angels" (deutsche Version) dargestellt, in dem Frauen, die damals nach Deutschland kamen ihre Erfahrungen wiedergeben. Darin beschreibt beispielsweise eine

Frau das für sie damals unglaubliche Gefühl in einem Flugzeug, das sie bis dahin nur aus der Ferne kannte, aus Neugier und mit einer gewissen Furcht eine Reise in ein gänzlich anderes Land anzutreten. Neugier nennt auch der interviewte Priester in dem folgenden Interviewausschnitt als Grund für seine Migration:

> „Ich bin immer für was Neues, auf allen Ebenen sozusagen. Warum ich mich jetzt auch für Deutschland entschieden habe: die Sprache ist keine große Barriere... aus dem Vertrauen, dass ich von Thrissur, von Kerala nach Bhopal gezogen bin; da ist die Sprache auch ganz anders; andere Sprache, das Essen, die Menschen, die Kultur, alles ist anders. Und habe ich gesagt: ‚Ja wenn ich das geschafft habe, werde ich auch hier die Sprache meistern oder lernen.' Das habe ich mir zugetraut und deshalb bin ich gekommen. Ich habe auch sozusagen kaum Berührungsängste."
> Pater Joseph, kam 1998 im Auftrag seines Ordens nach Deutschland; Juli 2015.

Neben seiner generellen Offenheit für Neues ist entscheidend, dass er bereits früher Migrationserfahrungen gemacht hat (Abbildung 7). Im Alter von 13 Jahren tritt er in das Knabenseminar ein, eine höhere Schule zur Vorbereitung des Eintritts in den Orden. Mit 18 Jahren wird er in den Karmeliterorden aufgenommen und von diesem Zeitpunkt an verfügt der Orden über seine Einsatzorte, das heißt auch über seine Migrationsbewegungen.

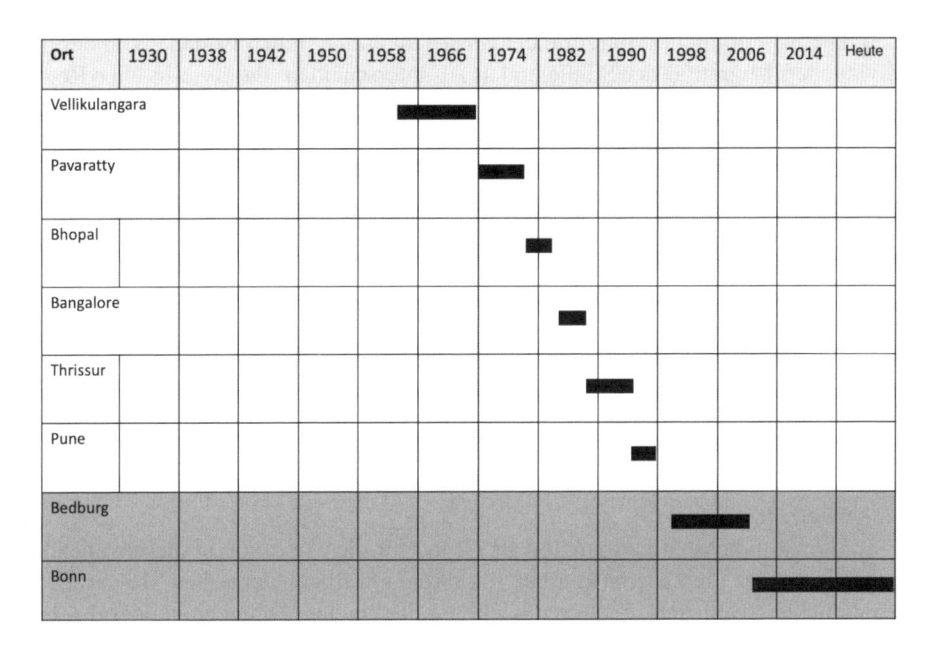

Ort	1930	1938	1942	1950	1958	1966	1974	1982	1990	1998	2006	2014	Heute
Vellikulangara					■■								
Pavaratty						■							
Bhopal							■						
Bangalore								■					
Thrissur								■■					
Pune									■				
Bedburg										■■			
Bonn											■■	■■	

Abbildung 7: Migrationspfad Pater Joseph

Die Abbildung verdeutlicht, wie kurz die oftmals projektbedingten Aufenthalte von Ordensmitgliedern sind. Auch der Migrationspfad der interviewten Nonne weist ähnliche viele Stationen auf. Seine früheren Migrationserfahrungen bezogen sich zwar nur auf Migrationen innerhalb Indiens, aber insbesondere seine Versetzung aus Südindien nach Nordindien bedeutete für ihn, dass er sich mit einer neuen Sprache und zum Teil auch einer anderen Kultur auseinandersetzen musste. Dies hängt zum einen damit zusammen, dass es sich bei den südindischen Sprachen, wie z.B. dem in Kerala gesprochenen Malayalam, um dravidische Sprachen handelt, während nordindische Sprachen, wie z.B. Hindi (Delhi, Punjab, Haryana, Uttar Pradesh) oder Marathi (Maharashtra) zu den indoarischen Sprachen zählen. Diese beiden Sprachfamilien weisen kaum Verwandtschaft auf. Ähnlich verhält es sich mit zum Teil äußerst unterschiedlichen lokalen Sitten und Gebräuchen. Diese kulturelle Vielfalt ist auch einer der Gründe, weshalb sich die in Deutschland lebenden Inder oftmals in regionalen Vereinen zusammenschließen und nicht (mehr) in Indienvereinen. Das Argument, dass eine vorherige Migration innerhalb Indiens die Entscheidung erleichtert hat nach Deutschland zu migrieren, wurde auch in anderen Gesprächen genannt.

Eine weitere Institution, die Migrationspfade schafft, ist das internationale Netzwerk von Wissenschaftler*innen. Die Migration von Doktorand*innen und Postdoktorand*innen ist insofern der institutionellen Migration zuzuordnen, als dass die Migrant*innen gezielt an einen bestimmten Ort wechseln, dort einen Arbeitsplatz vorfinden, in aller Regel bei der Wohnungssuche und der Erledigung von Formalitäten unterstützt und oftmals auch in soziale Netzwerke aufgenommen werden. Die institutionelle Migration der (Post)Doktorand*innen ist dabei von der individuellen Migration der Studierenden zu unterscheiden, da diese in aller Regel nicht über Netzwerke am Zielort verfügen. (Post)Doktorand*innen werden aber, teils durch Vermittlung indischer Mentor*innen, teils durch eigene Kontaktaufnahme von Wissenschaftler*innen in Deutschland eingeladen, um in ihrer Arbeitsgruppe mitzuarbeiten. Diese institutionelle Migration existiert bereits seit langem. Es wurden sieben Migranten interviewt, die zwischen 1960 und 2012 über dieses Netzwerk nach Deutschland kamen. Es ist davon auszugehen, dass dieser Migrationspfad durch die zunehmende Internationalisierung der deutschen Hochschulen weiter an Bedeutung gewinnen wird. Vier der sechs Gesprächspartner leben inzwischen dauerhaft in Deutschland und gehen bzw. gingen einer außeruniversitären Beschäftigung nach. Ein Interviewpartner stand kurz vor seiner Rückkehr nach Indien, um dort eine Professur anzutreten. Ein Gesprächspartner hat inzwischen seinen Lebensmittelpunkt wieder in Indien, besucht aber regelmäßig für mehrmonatige Gastprofessuren die zwei deutschen Hochschulen, mit denen er eine Kooperation unterhält.

Alle Gesprächspartner nannten als Grund für die Migration in diesem spezifischen Netzwerk die Zusammenarbeit mit ihrem jeweiligen deutschen Mentor. Dies ermögliche jeweils eine Weiterentwicklung der eigenen Fähigkeiten oder das Erlernen neuer Techniken. Allerdings sagten die vier Gesprächspartner, die dauerhaft in Deutschland leben, dass wegen der strengen hierarchischen Strukturen und der zum Teil bestehenden Klientelbeziehungen an indischen Universitäten nach dem Aufenthalt in Deutschland eine Rückkehr in das indische Wissenschaftssystem für sie nicht mehr vorstellbar war. Auch ein inzwischen wieder dauerhaft in Indien lebender Professor beschrieb seine Rückkehr in das indische Universitätssystem als schwierig, weil er direkt als *professor* eingestellt wurde, ohne vorher als *associate professor* und *assistant professor* gearbeitet zu haben. Dies brachte das Hierarchiegefüge innerhalb des Instituts ins Wanken und die daraus resultierenden Konflikte bewogen ihn schließlich zu einem Wechsel der Universität.

Abhängige Migration

Neben den institutionellen Pfaden spielt die abhängige Migration eine große Rolle. Dies spiegelt sich auch in der Zahl der erteilten Aufenthaltstitel wieder: Die größte Anzahl innerhalb der befristeten Aufenthaltstitel entfallen auf jene, die aus familiären Gründen erteilt werden. Sie werden für die Kinder der zu Erwerbszwecken emigrierten Personen und ihre abhängigen Partner*innen erteilt (vgl. Seite 60). Der Grund für die Migration ist in diesem Fall die Familienzusammenführung, die vor allem für Partner*innen vor schwierige Entscheidungen stellt, wenn sie ihren eignen beruflichen Werdegang nicht weiterverfolgen können. Die Gründe hierfür waren in der Vergangenheit im Ausländerrecht zu suchen, inzwischen bestehen vor allem strukturelle Hindernisse.

Ein Beispiel für die Beschränkungen, die sich aus dem Ausländerrecht ergaben stellen die Partner der indischen Krankenschwestern dar, die in den 1960er und 1970er Jahren nach Deutschland kamen. Viele der jungen Frauen, die unverheiratet nach Deutschland kamen, heirateten während Aufenthalten in ihrer Heimat indische Partner. Als diese dann nach Deutschland mitreisten, waren sie, aufgrund der im Ausländerrecht verankerten Klausel, für die ersten vier Jahre von jeglicher beruflichen Tätigkeit ausgeschlossen. Das führte insbesondere vor dem Hintergrund des gängigen Rollenmodells zu innerfamiliären Konflikten, die sogar in häuslicher Gewalt münden konnten (GOEL 2013).

Ein Migrant, der als abhängiger Partner Ende der 1970er Jahre nach Deutschland gekommen war, berichtete über seine Erfahrung:

„Befragter: Ich habe normal gearbeitet und nach der Hochzeit bin ich... dann habe ich meine Stelle gekündigt und bin ich nach Deutschland gekommen.
Interviewer: Und was haben Sie dann gemacht als Sie nach Deutschland gekommen sind?
Befragter: Vorher? Eigentlich bin ich Bankkaufmann und Reisebüro habe ich auch gelernt. Ich habe auch in einem Reisebüro gearbeitet in Indien früher. Dann diese Erfahrung habe ich in Deutschland gebraucht.
Interviewer: OK. Und haben Sie sich direkt selbstständig gemacht?
Befragter: Nein, das konnte man nicht, weil ich über die Familienzusammenführung nach Deutschland gekommen bin. Da konnte man vier Jahre zu Hause sitzen. Das ist sehr schwer für Ausländer, wirklich, wenn jemand etwas gelernt hat. Diese Visa und dann vier Jahre zu Hause sitzen, das war hart gewesen und in diesem Zeitraum haben wir was... Ja ich habe die Sprache gelernt und dann habe ich überlegt, was soll ich machen. Ja OK, ich habe schon drei, vier Jahre Kleinigkeiten, Arbeiten gemacht, aber keine richtige Stelle bekommen. Und dann habe ich entschieden, nach acht Jahren kann ich mich selbstständig machen, habe ich mein Visum permanent bekommen und dann habe ich angefangen mein eigenes [Reise]Büro aufzumachen."
Herr Sebastian, kam 1980 als Ehemann einer keralesischen Krankenschwester nach Deutschland; Mai 2014.

Die hier beschriebenen Beschränkungen gelten zwar so nicht mehr, in aller Regel wird Familienangehörigen mit dem Aufenthaltstitel inzwischen auch eine Arbeitserlaubnis erteilt, jedoch schilderten mehrere Proband*innen Schwierigkeiten eine Beschäftigung zu finden, die ihrer Qualifikation in Indien entspricht. Dies betrifft derzeit in besonderem Maß die Partnerinnen der überwiegend männlichen Hochqualifizierten. Sie haben strukturelle Schwierigkeiten bei der Integration in den deutschen Arbeitsmarkt, weil ihre Qualifikationen und Berufserfahrungen nicht anerkannt werden. Eine Probandin beschrieb ihre Situation folgendermaßen:

> „We have been predominantly moving because of my husband's job, because he is the main bread earner, so to speak. So our movements are decided on that – at least till now. […] In my last job, which I left in 2006, I was a manager at that organization and I was leading an e-learning team in that organization. […] So we have been here since 2006 and then because I couldn't find a job…I didn't know any German, when I came. And my German is very bad even now… I decided to go back to university and they took me and I stretched it as far as could so that I would have something to do. And I finished my master's and I work as a freelancer as an English trainer."
> Gayatri, kam 2006 als abhängige Ehepartnerin nach Deutschland; April 2015.

Dieses Beispiel macht deutlich, dass die gut qualifizierten Partnerinnen oftmals gezwungen sind, sich auf die Rolle als Hausfrau und Mutter zu beschränken, sich beruflich umzuorientieren oder, sofern möglich, via Telearbeit weiterhin für indische Unternehmen, also transnational zu arbeiten. Die Schwierigkeiten bei der Integration in den deutschen Arbeitsmarkt wurden von einigen Paaren als Grund für eine geplante Remigration genannt, um den Partnerinnen die Möglichkeit zu geben, ihre Berufstätigkeit wiederaufzunehmen.

Allerdings gibt es auch gegenteilige, positive Erfahrungen, die zu einer Verfestigung des Aufenthalts in Deutschland führten. So hatte die Frau eines Probanden, Gobind, die Möglichkeit, ihre in Indien begonnene Forschungsarbeit an einer deutschen Universität fortzusetzen. Gobind kündigte bei seiner indischen Firma, die Familie blieb in Deutschland bleiben und beide Partner konnten ihre berufliche Karriere fortsetzen.

Individuelle Migration

Neben den institutionellen und den abhängigen Migrationspfaden gibt es als drittes noch die individuellen Migrationspfade. Hierbei migrieren die Migrant*innen aus eigenem Antrieb und ohne in transnationale soziale und berufliche Netzwerke eingebunden zu sein. Die Gründe für diese Migrationsbewegungen sind vielfältig. Die größte Gruppe sind die Bildungsmigrant*innen, die ein Studium an einer außerindischen Universität aufnehmen wollen. Die Entscheidung, dafür nach Deutschland zu gehen, treffen viele Studierende wegen der hohen Reputation der Ausbildung an deutschen Universitäten und der geringen Kosten. Eine weitere Gruppe, die individuell nach Deutschland migrierte, besteht aus Personen, die eine Beziehung mit einem deutschen Partner oder einer deutschen Partnerin eingegangen sind. Sie haben über den/die Partner*in sofortigen Zugang zu sozialen Netzwerken am Ankunftsort, was die Migrationsentscheidung erleichtert und dazu führt, dass der Aufenthalt direkt auf Dauer angelegt ist.

Ein Beispiel ist der Lebensweg eines Interviewpartners, der als Journalist in die ehemalige DDR migrierte, weil er sich als Jugendlicher in seine Brieffreundin in Ostberlin verliebt hatte. Da sie nicht ausreisen durfte, bewarb er sich auf eine Stelle beim internationalen Programm des DDR-Rundfunks. Nach einigen kritischen Berichten, die er als Nebenbeschäftigung für indische Zeitungen verfasst hatte, musste er die DDR verlassen. Er migrierte mit seiner Familie zunächst nach Indien, aber nach einem halben Jahr kehrten sie nach (West)Deutschland zurück, weil die Eheleute keine Beschäftigung in Indien finden konnten.

Eine weitere Gruppe innerhalb derjenigen, die individuellen Migrationspfade folgen, sind die Migrant*innen, die sich weiter qualifizieren oder neue Herausforderungen suchen wollen. Hierzu gehören die Migrant*innen, die sich direkt bei deutschen Unternehmen bzw. Organisationen bewerben und die nicht innerhalb eines Unternehmens versetzt werden. Ein Proband kam beispielsweise nach Deutschland, um ein einjähriges Praktikum bei einem Großunternehmen zu absolvieren. Seine Wahl fiel, wie er in dem Interview erklärte, auf Deutschland, weil er bereits früher an einem Schüleraustausch teilgenommen hatte und nun nach Deutschland zurückkehren wollte:

„So I started looking for internships in Germany. 'What were the main reasons?' This is the favourite questions I have been asked in the interviews as well. 'Why Germany?' I like the German professionalism, I will be very honest with you, not on the personal side, but on the professional side, I really love it. Professional side, the things are very organized. I like this organized step by step approach, people are punctual, they respect a human value. I think it is in all Europe as well. I am not sure, but this was for me a…I mean there is no class, you know? Even if you are an ambassador or any title, but if you are meeting a person who is cleaning, you will be very respectful and greet."

Anil, kam 2016 für ein sechsmonatiges Praktikum bei einem transnationalen Unternehmen nach Deutschland; September 2015.

Als Hauptgrund wird hier, wie auch von anderen Migrant*innen, die individuellen Pfaden für ihre Migration nach Deutschland gefolgt waren, das gesellschaftliche Wertesystem genannt. Ein Wissenschaftler, der seine Doktorandenzeit in Australien absolviert hatte und nun an einem drittmittelfinanzierten Forschungsinstitut arbeitet, sagte, dass er sich auf eine Stelle in Deutschland beworben habe, weil er den starren Hierarchien des indischen Universitätssystems entgehen wollte. Seine Bewerbung erfolgte jedoch auf eine offene Stellenausschreibung, so dass er nicht zu den institutionellen Migrant*innen im Wissenschaftssystem gezählt werden kann. Zu den Migrant*innen, die auf individuellen Migrationspfaden nach Deutschland gekommen sind, zählen auch die Geflüchteten (allerdings nicht deren nachziehende Familienangehörigen). Gespräche mit Experten, und einem, der als Geflüchteter Anfang der 1980er Jahre nach Deutschland gekommen war, lassen den Schluss zu, dass viele der (Wirtschafts)Flüchtlinge eher zufällig nach Deutschland kamen. Auch ihre Migrationspfade waren zu einem Großteil vom Zufall geprägt.

Auf einer Metaebene deuten die beschriebenen Ergebnisse der qualitativen Erhebung darauf hin, dass für die indisch-deutsche Migration bei den institutionellen

Pfaden die schwachen Verbindungen, die *weak ties* im Sinne GRANOVETTERs (1973), innerhalb des sozialen Netzwerks die Migration begünstigen bzw. anstoßen. *Weak ties* sind Verbindungen zu Personen, zu denen nur unregelmäßige, meist indirekte Verbindungen innerhalb des eigenen sozialen Netzwerks bestehen. Dazu gehören z.B. die innerkirchlichen Verbindungen oder die transnationalen Verbindungen innerhalb von Unternehmen. Die starken Verbindungen, *strong ties* im Sinne GRANOVETTERs (1973), sind für die familiäre Migration relevant und für die Migrant*innen, die aufgrund der Beziehung zu einem/einer Deutschen migrierten. Zusätzlich gibt es eine recht große Zahl von Migrationsereignissen, die ohne eine Einbettung in soziale Netzwerke stattfindet, wie es auch die Ergebnisse der Onlinebefragung bzw. die Sekundärstatistik verdeutlichen (v. A. Studium).

Ergebnisse der Onlinebefragung

In der Onlinebefragung dominieren bei der Antwort auf die Frage nach dem ursprünglichen Migrationsgrund die Antwortmöglichkeiten „Beruf" und „Studium" (Abbildung 8, Abbildung 9) mit jeweils 84%. Allerdings unterscheiden sich die jeweiligen Anteile zwischen den Befragten der ersten und der zweiten Generation. Bei den Teilnehmer*innen der ersten Generation überwiegt der Grund „Studium". Die Teilnehmer*innen der zweiten Generation nennen als wichtigsten Migrationsgrund der Elterngeneration den Beruf. Familiäre Gründe sind bei denjenigen, die selbst migriert sind, stärker vertreten (13% vs. 10%), was zum Teil an der Formulierung der Frage liegt: Während die erste Generation zu den eigenen persönlichen Motiven befragt wurde, wurde in der zweiten Generation nach dem hauptsächlichen Migrationsgrund der Eltern gefragt. Dies ist auch dann der Fall, wenn ein Elternteil wegen des Berufs und ein Elternteil als abhängige/r Partner*in migriert ist. „Politische Verfolgung" wurde von 5% der zweiten Generation als Grund für die Migration ihrer Eltern genannt, bei denjenigen die selbst migriert sind, nennt nur 1% der Befragten diesen Grund.

Warum sind Sie ursprünglich nach Deutschland migriert?

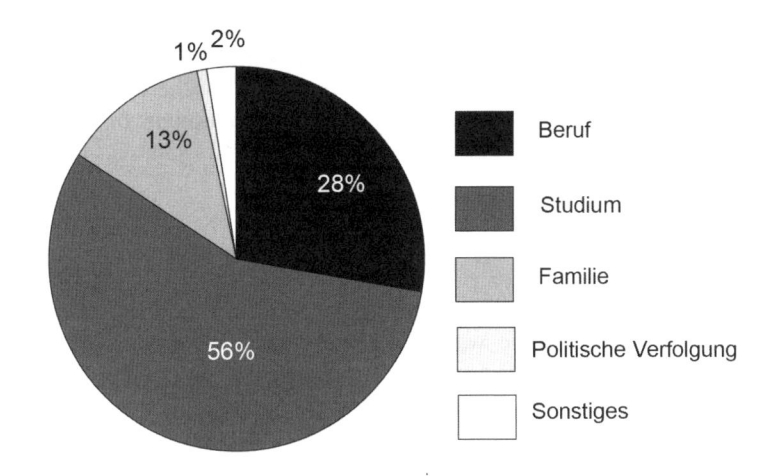

- 28% Beruf
- 56% Studium
- 13% Familie
- 1% Politische Verfolgung
- 2% Sonstiges

Quelle: Eigene Erhebung 2016, n=305, 216 Fälle

Abbildung 8: Migrationsgrund erste Generation

Warum sind Ihre Eltern ursprünglich nach Deutschland migriert?

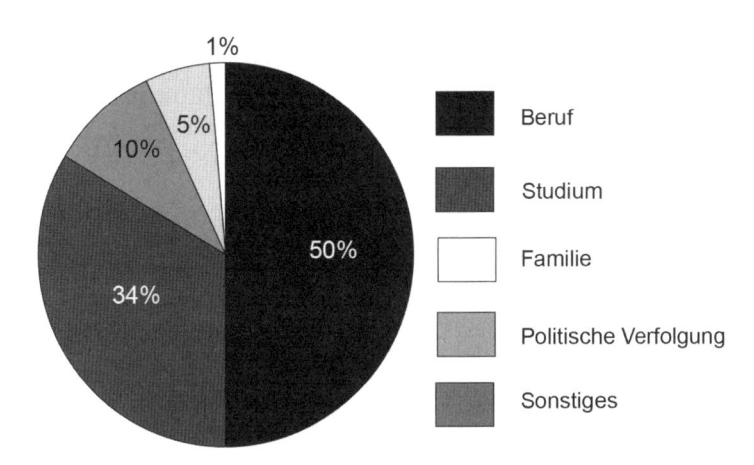

- 50% Beruf
- 34% Studium
- 10% Familie
- 5% Politische Verfolgung
- 1% Sonstiges

Quelle: Eigene Erhebung 2016, n=305, 74 Fälle

Abbildung 9: Migrationsgrund zweite Generation

5.3.2 Ankommen

Der Prozess des Ankommens in Deutschland wird von den Interviewpartner*innen sehr unterschiedlich beschrieben. Wesentliche Faktoren sind in diesem Prozess der

Migrationszeitpunkt und der Migrationspfad. Die in den 1960er und 1970er Jahren migrierten Gesprächspartner*innen beschreiben größere Probleme bei der Ankunft als die später angekommenen. Dies liegt einerseits daran, dass das Wissen der Erstankömmlinge über Deutschland oftmals gering war. Andererseits waren auch in Deutschland die Informationen über Indien und die indische Kultur sehr dürftig. Späterhin fand durch die Globalisierung und die fortgesetzte Immigration nach Deutschland eine kulturelle Pluralisierung statt.

Lebensumstände und Sprache

Für die Migrant*innen der 1960er und 1970er Jahre war anfänglich vieles belastend. Unmittelbare Probleme warfen die traditionelle deutsche Küche und ihre fremdartigen Speisen auf, mit denen die Krankenschwestern in den Kantinen konfrontiert wurden. Selbst die Studierenden bzw. Hochqualifizierten, die in dieser Zeit nach Deutschland kamen, beschrieben ähnliche Probleme. So schilderte ein Proband, der als junger Mann zum Medizinstudium nach Deutschland gekommen war, und der, weil er aus einer brahmanischen Familie stammte, eigentlich Vegetarier war, wie er zunächst vergeblich versuchte sich vegetarisch zu ernähren und dann doch dazu überging Fleisch zu essen. Inzwischen haben sich sowohl das Essen in Restaurants, Kantinen und Mensen wie auch das Angebot an asiatischen Lebensmitteln und Gewürzen in den Geschäften so verändert, dass die Schwierigkeiten mit der ungewohnten Ernährungssituation insgesamt geringer geworden sein dürften.

Auch die veränderten klimatischen Bedingungen spielen nach wie vor eine Rolle. In dem Dokumentarfilm „Translated Lives"/„Brown Angels" erinnert sich eine Krankenschwester, die im Winter in Deutschland ankam, dass sie zunächst dachte, in Deutschland hätten die Bäume überhaupt keine Blätter und den Schnee, der vom Himmel fiel, hielt sie für Baumwolle.

Die Fremdheit der Natur spielt nach wie vor eine Rolle, aber die Migrant*innen, die in den letzten Jahren kamen, sind hierauf besser vorbereitet:

> „I am lucky. I am probably one of the luckiest, I think there were no barriers except the weather obviously – which I would not call barrier but it is a shock. So I came in January so it was quite cold and I was not used to it but after some time I got used to it.
> There were already two Indian shops in Hannover where I could buy all the things and also in terms of culture my department, so my working group was very international and English was never a problem. So learning language was not a problem for me and they helped a lot, so I would say directly to your question: no I didn't have any problems."
> Rama, kam 2000 als Doktorand nach Deutschland; November 2015.

Rama spricht hier von geringen Schwierigkeiten mit der deutschen Sprache, weil er in seinem Berufsumfeld (Universität) in Englisch kommunizieren konnte. Ähnliches beschreiben viele der Hochqualifizierten und der Studierenden, die in den letzten Jahren nach Deutschland kamen. Viele Migrant*innen aus dieser Gruppe lernen kein Deutsch oder erst, wenn sich ihr Aufenthalt hier verfestigt und sie die Sprachprüfung bei der Beantragung der deutschen Staatsbürgerschaft ablegen müssen. Ein weiterer Grund für das geringe Interesse die deutsche Sprache zu erlernen, hängt mit Veränderungen in den deutschen, zunehmend global operierenden Unternehmen zusammen, in denen häufig Englisch die Geschäfts- und Verkehrssprache ist. Ebenso bieten zahlreiche Universitäten inzwischen vollständig englischsprachige Studiengänge an. Ein Gesprächspartner bereute es später, dass er während seiner Beschäftigung in einem international ausgerichteten Unternehmen kein Deutsch gelernt habe:

> „I was working in Hindi and our normal language of administration was English. Although as a German organization we were getting the official letters of course in German but we never read that, we just put it in our cupboard. While working in [name of company] it was not problem linguistic, it was not problem, but that is... I think that was the worst, mistake the biggest mistake I have done, that I have not learned German. I learned German, means like I can speak German, I can speak alright. but... they also gave me a course to do in the beginning, that „Grundkurs" but that was so basic [...] The course was for two months and then we have never been given another course and we were so busy with our work that we never switched to German. And that was a problem that, you know, that just mounted up from time to time. So not knowing German was not a problem in [name of company] but now after leaving [name of company] I think that that's a mistake. I should have learned better German."
> Shah, kam 2005 als Journalist nach Deutschland; Juni 2015.

Deutlich größere Sprachprobleme beschreiben die Migrant*innen, die zu einem früheren Zeitpunkt nach Deutschland gekommen waren. Viele von ihnen kamen ganz ohne oder mit nur rudimentären Deutschkenntnissen hier an. Die Studierenden mussten sich zunächst mühsam Sprache und Fachliteratur aneignen, die Krankenschwestern mussten die alltägliche Kommunikation mit den Patient*innen bewältigen und zudem noch die Berufsschule absolvieren.

Mangelnde Sprachkenntnisse werden von Hochqualifizierten auch als Barriere bei der Integration ihrer Kinder in Schule und Kindergarten beschrieben, selbst wenn den Kindern das Erlernen der deutschen Sprache oft leichtfällt. Dennoch bleibt Englisch für viele die Sprache, in der sie (auch im häuslichen Umfeld) bevorzugt kommunizieren. Ein Proband, der als Student in die ehemalige DDR migrierte, war von dem durchdachten System der Vorbereitung für ausländische Studierende dort sehr angetan. Vor der Aufnahme des eigentlichen Studiums war (bereits in den 1970er Jahren) eine Art Integrationskurs vorgesehen, in dem die Studierenden nicht nur Sprachunterricht erhielten, sondern auch in den Genuss eines Kulturprogramms kamen. Ein weiterer Proband, der als Journalist in der DDR arbeitete, bewertete die Lebensbedingungen der Ausländer, im Vergleich zu denen der einheimischen Bevölkerung, als besser, weil die wenigen offiziell zugelassenen Ausländer viele Privilegien genossen.

Administrative Hürden

Insbesondere diejenigen, die auf individuellen Migrationspfaden oder als abhängige Familienangehörige nach Deutschland gekommen waren, hatten Schwierigkeiten bei der Erlangung eines Aufenthaltstitels, entweder gleich bei der Ankunft oder dann, wenn sie eine Aufenthaltsverlängerung beantragen wollten. Für die mitreisenden Familienangehörigen, so ein Mitarbeiter der indischen Botschaft, bestehe das Problem darin, dass im deutschen Aufenthaltsrecht den teilweise komplexen Beziehungen indischer Familien, in denen die Zugehörigkeit der Eltern zum Haushalt selbstverständlich ist, nicht Rechnung getragen werde. Ein entsprechendes Visum für die eigenen Eltern zu erhalten sei in aller Regel schwierig, da die Aufenthaltserlaubnis aus familiären Gründen nur Ehepartnern und Kindern erteilt werde. Über die Schwierigkeit Visa für Familienmitglieder zu erlangen, wurde auch in anderen Interviews berichtet.

Weitere Schwierigkeiten mit Visa treten auch beim Wechsel des Aufenthaltsstatus auf. Gesprächspartner*innen, die zunächst als Studierende nach Deutschland kamen, berichteten über Hürden bei der Verlängerung ihrer Visa während des Studiums, vor allem aber nach Beendigung desselben:

> „Als ich meine erste Arbeitsstelle gesucht hatte, da war die Ausländerpolizei nicht bereit mir eine Aufenthaltsgenehmigung zu geben, weil ich keine Arbeit hatte, nicht fertig war. Aber ich konnte keine Arbeit bekommen, weil ich keine Aufenthaltsgenehmigung hatte. Das ist wirklich wahr. Das ist wie der Hauptmann von Köpenick, aber so genau. Und dann bin ich Gott sei Dank in der Ausländerpolizei an einen Mann geraten, der hat beide Augen zugemacht und hat gesagt: ‚Hier haben sie erstmal drei Jahre oder vier Jahre eine Aufenthaltsgenehmigung.' Und so habe ich meine erste Stelle bekommen."
>
> Herr Das, kam 1957 als Student nach Deutschland; Juli 2015.

Auch bei anderen Gesprächspartner*innen ergaben sich Probleme durch die Befristung der Aufenthaltserlaubnis. Ein Proband, der zunächst mit einer sog. „Green Card" eingereist war, und der sich in der IT Branche selbständig machen wollte, bekam zunächst keine Aufträge. Weil seine Aufenthaltsgenehmigung befristet war und vor Beendigung des Projekts ablief, sahen die potentiellen Geschäftspartner den Erfolg des Projekts gefährdet. Über ähnliche Probleme bei der Gründung eines eigenen Unternehmens berichteten auch andere Interviewpartner, z.B. in Bezug auf notwendige Kredite für die Gründungsphase.

Probleme mit deutschen Behörden ganz anderer Art erfuhr ein Universitätsmitarbeiter. Da er nicht gewusst habe, dass in Deutschland eine Schulpflicht besteht, sei er mit seinen Kindern während der Schulzeit nach Indien gereist. Noch zum Zeitpunkt des Gesprächs (mehrere Jahre später) war er verwundert und erbost darüber, dass er eine Geldstrafe hatte zahlen müdden.

Administrative Probleme bestehen für abhängige und individuelle Migranten auch in Bezug auf die Anerkennung von Abschlüssen. Mehrere Gesprächspartner*innen oder deren Partner*innen konnten in Deutschland keine Beschäftigung finden, weil ihre formellen Abschlüsse nicht anerkannt oder ihre Arbeitserfahrung in Indien nicht als adäquat angesehen wurden. Dies betraf zum Beispiel eine Architektin die in Deutschland ihren Beruf nicht ausüben kann, weil die Architektenkammer ihren Abschluss in Indien nicht anerkennt.

Eine ähnliche Erfahrung machte Gayatri, die in Indien als Teamleiterin gearbeitet hatte, hier in Deutschland aber keine adäquate Beschäftigung finden konnte (Seite 72). Von ähnlichen Problemen berichteten auch andere Akademiker*innen. In der Vergangenheit betrafen rechtliche Hürden vor allem die mitgereisten

5.3 Indisch-deutsche Migration: Empirische Befunde

Partner*innen, da ihnen zunächst nur eine Aufenthaltsgenehmigung ohne Beschäftigungserlaubnis erteilt wurde (vgl. Interviewausschnitt Herr Sebastian auf Seite 71).

Weitere Hürden beim Ankommen

Ein weiteres Problem beim Ankommen in Deutschland ist für andere Interviewpartner*innen das Fehlen sozialer Netzwerke, vor allem für die auf individuellen Migrationspfaden nach Deutschland gelangten Personen. Proband*innen beschreiben den Beginn ihres Aufenthaltes als eine Zeit der Einsamkeit:

> „I am a very social person, right? I have lived always my life with many people. What I mean to say is like for example, the neighbourhood I live in, I have my uncles and aunties, cousins of my ages, lot of friends. So whenever I had time apart from sleeping or eating, I was out with them and talking, doing some stuff. When I moved to Germany, imagine a person like me coming to Germany in winter. It is freezing outside. You don't see any person on the street. Your flat mates are not there, you end up staying alone. Dark. Depressing weather. That was really a bad time and you really need to be very strong and that was a very, very difficult situation for me."
> Anil, kam 2016 für ein sechsmonatiges Praktikum bei einem transnationalen Unternehmen nach Deutschland; September 2015.

Neben dem Fehlen privater sozialer Netzwerke heben die Gesprächspartner*innen Schwierigkeiten in der privaten Kontaktaufnahme mit Kolleg*innen hervor. Der in Deutschland weniger übliche private Kontakt zu Arbeitskollegen macht es vor allem für Migrant*innen, die wegen des Berufs nach Deutschland kamen und die viel arbeiten, schwer Kontakte zu knüpfen.

Auch andere Regeln im Berufsalltag erfordern von den Migrant*innen, vor allem zu Beginn ihres Aufenthalts, ein hohes Maß an Anpassungsfähigkeit. Reibungspunkte entstehen dann, wenn sensible Situationen durch persönliche Kommunikation gelöst werden müssen. Ein besonderes Beispiel hierfür findet sich im Interview mit Pater Joseph. Für ihn ist es schwer, Familienbesuche zu absolvieren, weil die Regeln für den Ablauf eines solchen Besuchs in Indien sich deutlich von denen in Deutschland unterscheiden. Während er in Indien von der gesamten Familie empfangen wird, erlebt er bei solchen Besuchen in Deutschland nicht selten, dass er mit älteren Damen allein Gespräche über den Glauben führt, während der Rest der Familie den Raum verlässt. In einem zweiten Interview, ein dreiviertel Jahr später, berichtete er, dass er die Leitung der Gemeinde aufgegeben habe, weil er sich, auch wegen der ihn überfordernden zusätzlichen Managementfunktionen, außerstande sah, in der Seelsorge alle Erwartungen zu erfüllen.

Das Ankommen in Deutschland war auch für Migrant*innen aus dem IT Sektor nicht in allen Fällen einfach. Für Deepak, der von seinem Vorgesetzten nach Deutschland geschickt wurde (vgl. Zitat auf Seite 65), war es anfangs sehr schwer Kunden zu gewinnen. Für den Verkauf seiner Unternehmenssoftware bedarf es eines hohen Vertrauensvorschusses. In dem Gespräch sagte er, dass es schwierig sei, ein nicht-greifbares Produkt zu verkaufen – viel schwieriger als der Verkauf der

LED-Lampen, die ein befreundeter chinesischer Geschäftsmann nach Deutschland importiere. Aufgrund seiner anfänglichen Schwierigkeiten bei der Kundenakquise habe er mehrfach kurz davor gestanden, aufzugeben und nach Indien zurückzukehren.

Ein letzter Aspekt des Ankommens in Deutschland, steht in indirektem Zusammenhang mit dem Erfahren von strukturellem Rassismus. Negative Erfahrungen werden bei der Suche nach einer Wohnung oder Arbeitsstelle gemacht. Ein Gesprächspartner, der als Sikh Turban und Bart trägt, wurde bei Bewerbungen, trotz positiver erster telefonischer Rückmeldungen, nach der späteren persönlichen Vorstellung abgelehnt. Er vermutet, dies sei vor allem auf seine äußere Erscheinung zurückzuführen.

Andere beschreiben unterschiedliche Erfahrungen von Fremdheitsgefühl, das sie mit ihrer Hautfarbe oder ihrer Sprache in Verbindung bringen. Eine Gesprächspartnerin, die zu Hause ausschließlich Saris trägt, möchte so gekleidet nicht auf die Straße gehen, weil sie befürchtete, als zu fremdartig wahrgenommen zu werden. Die meisten fügen aber an, dass es sich um Einzelfälle handele.

Die Analyse der Interviews vermittelt aber den Eindruck, dass indische Migrant*innen es zunehmend einfacher finden, in Deutschland anzukommen. Das Internet, die Anwesenheit einer wachsenden Zahl von Personen mit indischem Migrationshintergrund, indische Vereine und Netzwerke (Kapitel 6.1) bieten vielfältige Möglichkeiten, sich Informationen über die Ankunftsregion zu verschaffen. Nicht zuletzt, wird das Ankommen durch die Aufhebung des Beschäftigungsverbots für mitreisende Ehepartner*innen wesentlich erleichtert.

5.3.3 Bleiben

Die Migration nach Deutschland wird von indischen Migrant*innen in aller Regel als temporäres Projekt begonnen und nicht als ein Auswandern im klassischen Sinne gesehen. Deutlich wird dies unter anderem in den Zitaten von Deepak (Seite 65), Shah (Seite 66) und Abishek (Seite 67). Eine Ausnahme hiervon bilden diejenigen, die auf individuellen Migrationspfaden nach Deutschland migrierten, um mit einem deutschen Partner oder einer deutschen Partnerin zusammenzuleben und diejenigen, die als Geflüchtete nach Deutschland kamen. Der temporäre Charakter des Aufenthaltes spiegelt sich auch in den Statistiken über die kurze Aufenthaltsdauer der indischen Migrant*innen wider.

In den Tiefeninterviews, die überwiegend mit Migrant*innen geführt wurden, die ihren Aufenthalt in Deutschland verfestigt haben, wurden unterschiedliche Gründe für das Bleiben in Deutschland genannt: Solche, die mit Deutschland und solche, die mit Indien in Zusammenhang stehen. Übergreifend werden die Gründe, dauerhaft in Deutschland zu leben, durch die individuelle Situation der Befragten beeinflusst (Migrationspfad, Beschäftigungsstatus in Deutschland, Lebensphase).

Familiäre Gründe

Für das Bleiben in Deutschland sind zuallererst familiäre Gründe ausschlaggebend. Bei Personen mit deutschen Partner*innen wurde deutlich, dass die Möglichkeit, den Lebensmittelpunkt nach Indien zu verlegen, von diesen Paaren nicht erwogen wurde. Ältere Interviewpartner*innen berichteten, dass sie seit dem Eintritt in den Ruhestand mehr Zeit gemeinsam in Indien verbringen und diejenigen, die noch erwerbstätig sind äußerten die Absicht dies in Zukunft zu tun. Gemeinsam haben diese deutsch-indischen Paare soziale Netzwerke in Deutschland aufgebaut, die indischen Partner*innen haben in Deutschland eine Beschäftigung gefunden und gemeinsam fällten sie die Entscheidung, ihren Lebensmittelpunkt in Deutschland zu belassen. Ein mit einer Deutschen verheirateter Gesprächspartner bemühte – halb im Ernst, halb im Scherz – eine indische Familientradition um den dauerhaften gemeinsamen Aufenthalt in Deutschland zu begründen: Nach dieser soll die Frau zur Geburt des ersten Kindes in ihr Elternhaus zurückkehren.

Weitere wichtige Motive der Verfestigung des Aufenthalts sind Ausbildung und Ortsbindung der zweiten Generation. Insbesondere der Eintritt der Kinder in das deutsche Bildungssystem beeinflusst die Entscheidung, da die Eltern ihren Kindern den Wechsel zwischen zwei sehr unterschiedlichen Schulsystemen ersparen wollen. Im traditionellen indischen Schulsystem steht vor allem der Frontalunterricht im Zentrum und von den Schülern wird viel mehr Gehorsam erwartet. Die Erziehung zur Selbständigkeit spielt nur eine untergeordnete Rolle. Als Beispiel hierfür kann die Migrationsgeschichte einer Familie dienen, in der getrennte Gespräche mit Vater und Tochter geführt wurden. Die Eltern, beide indische Staatsbürger, wollten ihren Aufenthalt in Deutschland nicht fortsetzen, so dass der Vater eine Stelle in Indien annahm und mit seiner Tochter nach Indien zurückkehrte, während die Mutter noch in Deutschland blieb. Doch die neue Stelle in Indien bot weder für den Vater Aufstiegschancen noch gelang der Tochter die Integration in das in das indische Schulsystem und sie war unglücklich. Beides zusammen führte zur Rückkehr nach Deutschland.

Ein Ehepaar antwortete in einem gemeinsamen Gespräch auf die Frage, ob sie mit ihren beiden Söhnen zurück nach Indien gehen würden, wie folgt:

> „Ehemann: I think it is difficult for them [...] I think they have crossed that stage. So if we would have moved three, four years after living abroad and then would have moved back – then yes. But not after almost 15 years now.
> Ehefrau: No. It is a point of no return. They couldn't do it."
> Ehepaar Thakery, kam 2005 wegen der Arbeitsstelle des Ehemanns in einem transnationalen Unternehmen deutscher Herkunft nach Deutschland, vorher arbeitete er für dieses Unternehmen in Belgien; Mai 2015.

Da beide Söhne eine internationale Schule besuchen, könnten sie ihre Ausbildung an einem anderen Ort fortsetzen, denn die Curricula vieler internationaler Schulen sind aufeinander abgestimmt. Dies ist neben dem englischsprachigen Unterricht der Hauptgrund dafür, dass viele Kinder indischer Migrant*innen internationale Schulen besuchen. Sie erlauben einen schnelleren Einstieg und eine nahezu nahtlose Fortsetzung der Ausbildung an anderen Orten.

Später trägt die eigenständige Bleibeentscheidung der Kinder zu einer Verfestigung des Aufenthaltes bei. Ältere Migrant*innen berichten, dass die Bindung zu ihren Kindern und Enkeln der Grund dafür ist, dass sie nicht, wie ursprünglich geplant, nach Indien zurückkehren:

> „Wir haben damals gesagt, als wir für zwei Jahre Vertrag gehabt haben, wir wollen zurückkehren. Wir haben gesagt: ‚Gut erstmal zwei Jahre Geld verdienen, dann könne wir zurückgehen.' Dann nach zwei Jahren haben sie gedacht: ‚Wir können ein bisschen länger bleiben.' OK, gut, länger bleiben. ‚Dann können wir heiraten, Urlaub genießen, Geld verdient haben wir genug, und mit der Frau, wenn ein Kind geboren ist zurückgehen.' Frau ist schwanger geworden, Kind geboren und ‚Ja gut, warten wir bis Schulalter und dann können wir nach Indien gehen, für die Schule anmelden und dann da leben.' Dann hat die schule angefangen. ‚Ja, wenigsten zehnte Klasse, dass wir auch mit den Kindern dann nach Indien gehen.' Wenn sie bis zur zehnten Klasse gegangen sind: ‚Dann auch Abitur!' Wo das Abitur fertig war, haben die Kinder gesagt: ‚April, April, wir bleiben hier! Ihr könnt ja gehen.' Und wir sind in der Zwickmühle; also wir sind ein Fuß hier und ein Fuß dort. Und da tut es uns auch weh, wir können nicht zurückgehen ohne Kinder. Die Kinder wollen nicht kommen, aber ohne Kinder kann man nicht gehen."
> Herr Prabhupada, Experte, Leiter einer Hindugemeinde; Juli 2015.

Dieser Konflikt zwischen dem Wunsch der Eltern, nach Indien zurückzugehen und dem Entschluss der Kinder in Deutschland zu bleiben, ist typisch für die Befindlichkeit der älteren Gesprächspartner*innen. In den Gesprächen beschrieben mehrere Proband*innen, dass auch jüngere Kinder ihre Präferenz für das Bleiben klar äußern. Ein Gesprächspartner, der für ein Aufbaustudium in Deutschland lebt möchte danach nach Indien zurückkehren, um dort weiter als Pastor in einer Pfingstkirche zu arbeiten. Sein Sohn will aber unbedingt in Deutschland bleiben, was bei dem Vater zumindest Zweifel an der Richtigkeit seiner eigenen Rückkehrentscheidung weckt.

Berufsbezogene Gründe

Zudem nannten Gesprächspartner berufsbezogene Gründe für ihren fortgesetzten Aufenthalt in Deutschland. Ein Proband, der ursprünglich nach Deutschland gekommen war, um Theologie zu studieren und Priester zu werden, arbeitet in inzwischen als Gemeindereferent. Während des Studiums hatte er den Orden verlassen, sein Theologiestudium aber beendet. Die Familie konnte seine Entscheidung, den Orden zu verlassen, nicht billigen, da er dadurch den guten Ruf der Familie beschädigt habe. Eine adäquate Beschäftigung in Indien zu finden ist für ihn aussichtslos, da es einerseits den Beruf des Gemeindereferenten dort nicht gibt, er aber auch nicht als katholischer Priester arbeiten kann, da er inzwischen verheiratet ist.

Bereits erwähnt wurde das Beispiel von Gobind und seiner Partnerin (Seite 72), die aus Karrieregründen in Deutschland geblieben sind. Nicht nur die Arbeit selbst sondern auch die Organisation des Arbeitslebens in Deutschland, das als besser strukturiert, transparenter und weniger belastend beschrieben wird, bewog Gesprächspartner*innen dauerhaft in Deutschland zu bleiben. Ein in Deutschland ausgebildeter Arzt, der nach dem Studium, den Versuch unternahm, sich dauerhaft in Indien niederzulassen. Er kehrte nach einiger Zeit nach Deutschland zurück, da es ihm nicht mehr gelang, sich in die Arbeitsabläufe in den indischen Krankenhäusern einzufügen.

Zwei Gesprächspartner blieben in Deutschland, um hier mittelständische Unternehmen zu gründen. Sie beschrieben die bestehenden Strukturen für Unternehmensgründungen in Deutschland als besonders gut. Zwar war die Unternehmensgründung selbst schwierig, unter anderem wegen fehlenden institutionellen Wissens und gelegentlich auftretender interkultureller Missverständnisse, jedoch bewerteten beide die Transparenz der Strukturen in Deutschland als großen Vorteil. Die Möglichkeiten ihre Ideen umzusetzen, veranlasste die beiden Gesprächspartner in Deutschland zu bleiben.

Lebensumstände in Deutschland

Für andere Gesprächspartner waren die allgemeinen Lebensumstände ein Grund in Deutschland zu bleiben. Das Leben in Deutschland wurde als einfach, gut organisiert oder diszipliniert charakterisiert. Dazu gehört auch das Vertrauen in Verwaltungen (geringe Korruption) und die im Alltag empfundene Sicherheit. Für einen jüngeren Migranten war die Lebensqualität in seiner neuen Wahlheimat München so überzeugend, dass er beschloss, dauerhaft dort zu bleiben. Insbesondere Migrant*innen, die bereits lange in Deutschland leben, nannten ähnliche Gründe um zu erklären, warum sie nicht, wie ursprünglich intendiert, nach Indien zurückkehrten. Ein wichtiger Faktor ist das deutsche Gesundheitssystem, das insbesondere im Alter hohe Sicherheit und günstige Behandlungsmöglichkeiten bietet. Unter den Freunden einer Gesprächspartnerin befand sich ein Ehepaar, das nach der Pensionierung nach Indien remigrierte, nach zehn Jahren aber aus den genannten Motiven nach Deutschland zurückkehrte.

> „Der hat vor Jahren das Land verlassen, er hat gesagt ‚Also ich werde alt mit meiner Frau in Indien!' Hat sich da eine Riesenvilla hingebaut und wir waren alle zur Einweihung da und so. Ich bin nämlich auch Patentante seines Enkelkindes und so. Und auf einmal kommt so die Nachricht: ‚Wir kommen wieder zurück.' Nach zehn Jahren. Also ich meine, die sind jetzt auch alt, die sind 78 und 79. Und warum kommen sie zurück? Weil die Frau von ihm halt zuckerkrank ist und sie jetzt letztendlich gesagt hat, es gibt zwar auch eine super medizinische Versorgung in Indien, aber sie findet es halt…hier fühlt sie sich sicherer was das angeht."
> Namrata, in Deutschland geborene Tochter eines indischen Ehepaares, ging ein Jahr in Indien zu Schule und studierte dort auch, lebt inzwischen wieder in Deutschland; März 2015.

Andere beschreiben eine schrittweise Verschiebung des Lebensmittelpunktes als Grund für das Bleiben in Deutschland. Außer in Beruf und Familie sind es soziale Netzwerke in denen sie sich so wohl fühlen, dass sie in Deutschland bleiben. In den Interviews berichteten die Proband*innen von gelebten intakten Nachbarschaften, von (indischen) Vereinen, denen sie angehören und in denen sie Verantwortung übernommen haben oder von den Freundschaften, die für sie wichtig geworden sind. Dieser Prozess wird teilweise bewusst reflektiert, teilweise nehmen die Gesprächspartner*innen auch eine fatalistische Haltung ein. Ein Proband beantwortete die Frage, warum er in Deutschland geblieben sei, damit, dass sich immer neue Gelegenheiten ergeben hätten, weiter in Deutschland zu arbeiten.

Auch ein Immobilienerwerb verstärkt die Verankerung in Deutschland. Ein Gesprächspartner, der seinen Aufenthalt immer noch als temporär ansieht, nahm die Kreditaufnahme für einen Immobilienkauf zum Anlass, ein lukratives Angebot in Indien auszuschlagen:

> „I had just decided to buy an apartment. I had decided to change over to [company name] and two premium companies in Germany asked me to go and start their IT-part in India. And I had to say no, because then I had already put my mortgage and in Germany you can't really brake a mortgage that easily. So I told them to give me a contract with a German „Vertrag" and will travel to India, but that was not possible for them, because of the economy.
> Interviewer: So now you own a flat here?
> Befragter: Yes.
> Interviewer: And is that something which keeps you here for some time?
> Befragter: Personally? No.
> Interviewer: So where do you actually see yourself in let us say 10 years? Do you see yourself with a future here in Germany or in India?
> Befragter: I think in ten years' time I will be ideally in Germany and in India. In ten years' time industry will be more open to go to India. There will be more requirement of experienced people. Or I might have started something of my own in a small way. And still the cost base of India will remain competitive with Germany. And in ten years' time both my daughters will have completed their education. So I will be on my own."

Abishek, kam 2006 für ein indisches Unternehmen nach Deutschland; Oktober 2015.

Lebensumstände in Indien

Im Mittelpunkt der weiteren Betrachtungen stehen die Verhältnisse und Strukturen in Indien, die die Entscheidung für eine dauerhafte Niederlassung in Deutschland mitbeeinflussen. Davon sind einige diese die Kehrseite der bereits dargestellten Gründe für das Bleiben in Deutschland, allerdings mit anderer Konnotation. Dabei überraschen einige Befunde auf den ersten Blick. Zum Beispiel wird der Aufenthalt in Deutschland, wenn er der Ausbildung oder der Sammlung von Auslandserfahrung dient, in Indien nicht uneingeschränkt positiv bewertet. Ein Experte der Deutsch-Indischen Handelskammer verwies darauf, dass es für Personen, die in Deutschland studiert oder in einem deutschen Unternehmen gearbeitet haben, schwierig sei, nach ihrer Rückkehr eine adäquate Beschäftigung zu finden, weil sie nicht ohne weiteres in die Gehaltsstruktur und die Hierarchie indischer Unternehmen eingegliedert werden könnten. Ein Gesprächspartner der als Post-Doc an einer deutschen Universität geforscht hat, berichtete folgendes darüber:

> „Interviewer: And then from Mainz, where you stayed there for two years you continued to Geel in Belgium?
> Befragter: What happened? This is also an interesting story. When you get a overspecialized – and that is what you should also keep in mind – sometimes you are not welcome when you go back to your country. That happened to many of those young people, they get frustrated. And I too, when I went back I didn't get a job. Because they said ‚OK you are specialized' but they didn't want this type of specialization."

Ashok, kam 1985 als Postdoktorand nach Deutschland, kehrte wieder nach Indien zurück, besucht aber regelmäßig deutsche Universitäten für längere Gastdozenturen, Dezember 2016.

Dies beschrieben so auch andere Proband*innen, die, nachdem sie sich ohne Erfolg um eine Arbeitsstelle in Indien bemüht hatten, sich entschieden, in Deutschland zu bleiben. Andere Befragte mussten erfahren, dass längere Auslandsaufenthalte die Chancen schmälern, eine Stelle in Indien zu finden. Noch schwieriger ist die Situation für mitreisende Ehepartner*innen, die in Deutschland keiner bezahlten Tätigkeit nachgehen konnten. Gayatri, die als abhängige Migrantin keine Beschäftigung in Deutschland gefunden hatte (S. 72) sieht sich bei ihrer Rückkehr nach Indien weiteren Schwierigkeiten ausgesetzt, weil sie keinen lückenlosen Lebenslauf vorweisen kann. Die ehemals im mittleren Management Beschäftigte beschreibt ihre ersten Versuche, auf den indischen Arbeitsmarkt zurückzukehren folgendermaßen:

> „I am in a liminal space. When I go back home and I try to look for jobs, they are like 'How can we give you work?' Because the Indian job market has become more vicious than the European job market […] and when they see that you have moved, and there is a gap in your career, they are not trying to understand what have you done with yourself in this many years. They only look at it like a robot 'Oh, there is a gap here. That's it. No going back.' I have been to a different country, I have looked at a different culture, I have looked at different people, I have interacted with different people and have survived all that. So probably will be an asset for your company, because I am going to bring in a new perspective. But I don't think the Indian industry is old enough to think…"

Gayatri, kam 2006 als abhängige Ehepartnerin nach Deutschland; April 2015.

Der Arbeitsmarkt in Indien wird von den Gesprächspartner*innen als sehr umkämpft beschrieben, weil sich inzwischen sehr viele Hochqualifizierte auf zu wenige offene Stellen bewerben. Darunter, so eine Interviewpartnerin, seien zahlreiche Absolvent*innen international renommierter Universitäten wie Harvard oder Cambridge, zum Teil mit einem PhD-Abschluss. Sie äußerte die Ansicht, dass die Vergabe von Stellen dort nicht allein auf Grundlage von Leistung (wie das in Deutschland der Fall sei), sondern hauptsächlich aufgrund persönlicher Netzwerke erfolge. Diese Intransparenz und die Tatsache, dass sie „nur" einen deutschen Abschluss habe, verringere ihre Chancen auf dem indischen Arbeitsmarkt entscheidend.

Ein weiteres Problem, so andere Gesprächspartner*innen, sei eine zu hohe Spezialisierung, die im Rahmen des Aufenthaltes in Deutschland erworben wurde. Dies sei ein Hindernis für die eine Reintegration in den indischen Arbeitsmarkt.

Auch die großen Unterschiede in der werden als Begründung für die Verfestigung des Aufenthaltes in Deutschland angegeben. Ein Interviewpartner sagte:

> „I love life in India, it's different but I think to live in India is perfect. But to work in India for a person with my kind of temperament and all … for me it was a bit difficult. So I would love to be in India from today also, I can be in India, but I cannot work in that same mind-set of the culture."

Bijoy, kam 2003 für sein indisches IT-Unternehmen nach Deutschland; Oktober 2015.

Entfremdung

Unerwartet war das hohe Maß an Entfremdung von der Herkunftsgesellschaft, das in den qualitativen Interviews zu Tage trat. Sie beruht auf dem rapiden Wandel der Lebensumstände in Indien und verändert gleichzeitig auch die transnationalen Netzwerke. Beides erschwert eine Rückkehr bzw. stellt einen Grund dar, zu Bleiben. In den Gesprächen werden Veränderungen genannt, die mit den Einflüssen der Globalisierung und der Modernisierung des Landes in Folge der Öffnung seit 1991 in Zusammenhang stehen:

> „Es ist so, dass Indien hat in letzter Zeit sehr schnell entwickelt und die Entwicklung ist sehr schnell passiert. Und da kommen die Menschen manchmal gar nicht zurecht. Und deswegen merkt man manchmal, das ist zurzeit mehr Materialismus. Indien ist bekannt für Spiritualität. Und das ist so ein bisschen störend da, dass da jetzt mehr Materialismus ist. Das ist alles impact von außen. Diese ganzen multinational firms da, die gegangen sind und die jungen Leute, die studiert haben und jetzt in solchen Firmen arbeiten, haben viel Geld. Und diese Gier und so."
> Frau Singh, kam 1977 wegen eines Forschungsaufenthaltes ihres Ehemanns nach Deutschland; Juli 2015.

Die Entfremdung von den Strukturen und Lebensabläufen in Indien wurde von mehreren Befragten als Grund für die Verfestigung des Aufenthaltes in Deutschland genannt. Ein Gesprächspartner nannte das Leben in Indien unbequem. Trotz der Möglichkeit Hausangestellte zu beschäftigen, beanspruchen viele Kleinigkeiten, um die man sich in Deutschland nicht zu kümmern braucht (z.B. das Beschaffen von Gas zum Kochen), die Aufmerksamkeit im Alltag. Eine Gesprächspartnerin, die seit 50 Jahren in Deutschland lebt, aber regelmäßig mehrere Wochen in Indien, bei ihrer Familie verbringt, sagte, dass sie gar nicht mehr alleine dort leben könne, weil sie außerstande sei, die Organisation des Alltags zu bewältigen. Die alles durchdringende Korruption, die starre hierarchische Ordnung in vielen Lebensbereichen (unter anderem das Kastenwesen) steigern die Unzufriedenheit und Entfremdung der Migrant*innen, so dass die Vorstellung einer dauerhaften Rückkehr unmöglich wird. Einige Gesprächspartner, die bereits lange in Deutschland leben, fühlen sich in Indien nicht mehr zu Hause. Dies hänge nicht nur mit den gesellschaftlichen Veränderungen in Indien zusammen, sondern auch damit, dass der lange Aufenthalt in der Fremde sie selbst verändert habe:

> „Mir gefällt es hier sehr. Das ganze System und so und auch die Mentalität von den Leuten. Das ist in Indien schwerer. In Indien ist ein anderes System. Diese Politik, dieses Beamtentum ist alles korrupt, also richtig korrupt. Und dann diese Umweltverschmutzung und wie diese Menschen behandelt werden, die arm sind. Die werden nicht wie gleichwertige Menschen behandelt. Also das stört mich alles. Wenn ich dort hingehe, ich gehe dort gerne, aber praktisch nur um Familie zu treffen und Urlaub zu machen. Aber wenn ich dort leben würde, dann bin ich mit diesen Sachen ständig konfrontiert."
> Herr Singh, kam 1977 wegen eines Forschungsaufenthaltes nach Deutschland; Juli 2015.

Ein weiterer wichtiger Aspekt bezieht sich auf die Schwierigkeiten soziale Netzwerke aufrecht zu erhalten (vgl. Kapitel 6). Insbesondere Veränderungen in der Familienkonstellation führen dazu, dass soziale Netzwerke in Indien schwächer werden, was wiederum eine Rückkehr erschwert. Ein Gesprächspartner, der bereits im

Rentenalter ist, fühlte sich bei seinen Verwandten in Indien inzwischen nicht mehr willkommen. Dies ist einerseits durch das Sterben der Älteren, insbesondere der Elterngeneration, und dem damit einhergehenden verschwinden der *strong ties* erklärbar. Anderseits ist dies in Zusammenhang mit der Auflösung der *joint families* zu erklären, die dazu führen, dass weniger enge Bindungen zu der jüngeren Verwandtschaft bestehen (vgl. Kapitel 6.2). Ein Gesprächspartner, der beruflich noch häufig nach Indien reist, sagte, dass er sich dort weit weniger zu Hause fühle, seit seine verwitwete Mutter bei seinem Bruder in den USA lebe:

> „Right now, the problem is that my mum has shifted to my brother's place in America. So that was a big hole, a gap, because earlier Mother India was there. My mother was there, India was there. So going to India was going back to my mother and to India. And now mother is somewhere else, India is somewhere else."
> Amithab, kam 2000 nach Deutschland, um an seiner Doktorarbeit zu arbeiten; August 2015.

Es ist festzuhalten, dass mit zunehmender Dauer des Aufenthaltes in Deutschland die Gründe für das Bleiben zunehmen. Migrant*innen sind also nicht von Beginn an entschieden im klassischen Sinne auszuwandern, sondern beweisen eine große Flexibilität in ihren Migrationsentscheidungen. Ortsentscheidungen werden immer wieder neu getroffen. Insgesamt bleibt festzuhalten, dass mit zunehmender Dauer des Aufenthaltes in Deutschland sich die Tendenz zum Bleiben verstärkt.

5.3.4 Zurückkehren

Die Migration nach Deutschland wird von den meisten indischen Migrant*innen zu Beginn als temporär betrachtet, weil sie in aller Regel mit einem bestimmten Zweck, nämlich der Verbesserung der Lebenssituation oder der Verbesserung der Karrierechancen, verbunden und nicht als klassische „Auswanderung" geplant wird. Die Rückkehr nach Indien ist also zunächst Teil des Migrationsvorhabens. Dies spiegelt sich auch in der durchschnittlich kurzen Aufenthaltsdauer und dem hohen Migrationsvolumen wieder, auch wenn der stetig positive Saldo dafürspricht, dass eine zunehmende Zahl indischer Migrant*innen entgegen ihrer ursprünglichen Absicht den Aufenthalt verstetigen (vgl. Kapitel 5.2).

Ergebnisse der Onlinebefragung

In der Online-Befragung bezieht sich eine Frage direkt und eine zweite indirekt auf die Rückkehrabsicht. Abbildung 10 zeigt, dass knapp ein Drittel der Befragten (31%) hinsichtlich des wahrscheinlichen zukünftigen Lebensmittelpunktes noch unentschlossen ist. Das ist ein insgesamt sehr hoher Wert. Die Meisten (44%) wollen dauerhaft in Deutschland leben. Lediglich 13% gaben an, nach Indien zurückkehren zu wollen, 8% würden gern in ein anderes Land weiterziehen. Bei der Interpretation dieser Werte ist zu bedenken, dass die Teilnehmer*innen der Befragung vor allem über indische Vereine, die Konsulate und die Botschaft geworben wurden. Das heißt, es handelt sich vielfach um Personen, die in Deutschland bereits in irgendeiner Form engagiert sind. Diejenigen, die nur einen kurzen Aufenthalt in Deutschland planen, sind in dieser Befragung mit hoher Wahrscheinlichkeit unterrepräsentiert.

Wo möchten Sie in 10 Jahren leben?

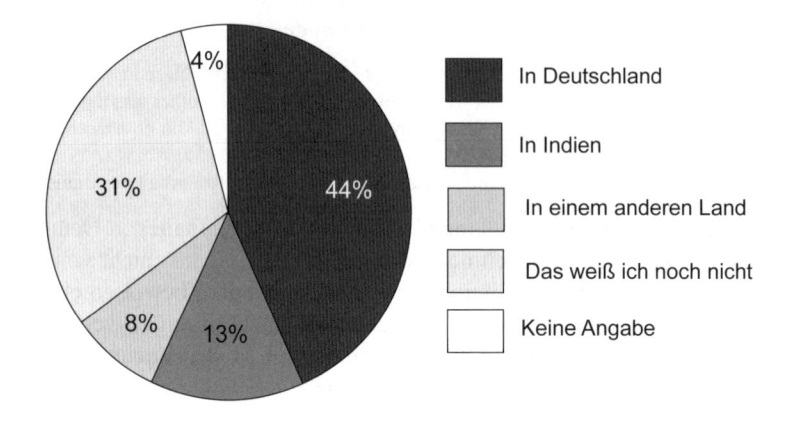

- In Deutschland: 44%
- In Indien: 13%
- In einem anderen Land: 8%
- Das weiß ich noch nicht: 31%
- Keine Angabe: 4%

Quelle: Eigene Erhebung 2016, n=305

Abbildung 10: Rückkehr-/ Bleibeabsicht

Eine weitere Frage aus der Onlinebefragung, die einen Hinweis auf die Rückkehrabsicht gibt, ist die nach dem Wohneigentum bzw. Besitz von landwirtschaftlicher Nutzfläche (Abbildung 11). Vor allem im ländlichen ist Landbesitz Raum eine wichtige Kenngröße für sozialen Status. Landwirtschaftlich nutzbare Grundstücke werden daher als Statusobjekt, Einkommensquelle durch Verpachtung und Rückversicherung für ökonomische Krisen gesehen. Von den Befragten gaben insgesamt 61% an, Wohneigentum zu besitzen, 38% besitzen Wohneigentum in Indien. Dieses wird zwar nur von der Hälfte der Besitzer*innen selbst genutzt, stellt aber, wie aus den Gesprächen mit Expert*innen hervorgeht eine Art Rückversicherung dar:

> „Und es sind auch viele Leute die ich kenne, fast jeder, hat ein zweites Standbein da [in Indien]. Jeder hat eine zweite Wohnung oder Haus da gekauft. Falls es hier schlecht geht, wollen die dahin zurück gehen. Oder sie haben diese Absicht gehabt: irgendwann gehen wir zurück. Ob die wirklich gehen oder nicht, aber jeder hat da ein zweites Haus."
> Herr Walia, Experte, Vorsitzender eines Indienvereins; Februar 2015.

Ist allerdings die Entscheidung in Deutschland zu bleiben gefallen, wird in Indien ererbtes Wohneigentum auch verkauft.

Erwerben indische Migrant*innen Wohneigentum in Deutschland, so führt dies dass dies – anders als in der Mehrheitsgesellschaft üblich – nicht zwangsläufig mit einer dauerhaften Ortsbindung. Ein Ehepaar, das gemeinsam interviewt wurde, fühlte sich durch die Entscheidung, ein Haus in Deutschland zu bauen nicht dauerhaft auf Deutschland als Aufenthaltsort festgelegt:

> „When we were buying the house, of course, discussion came in our mind. And we said that, OK, consider five years, we are living in Germany somewhere. And this was one of the criteria to consider whether it was worth to invest this money or not, but as I never thought, I would spend ten years in Germany, but I spend already, so is it worth again thinking that I will not buy a house and again spend five years? So, it would be the other way around also. We buy the house, but maybe we leave after two years […] And OK, what was the thing that, what would we lose? We lose some thousand Euro. We can afford to lose this that we have chance to have this risk. Take it!"
> Ganesh, kam 2002 nach Deutschland um seine Doktorarbeit zu schreiben und arbeitet inzwischen für ein deutsches Unternehmen; Dezember 2016.

Die Ehefrau, machte den weiteren Verbleib in Deutschland auch davon abhängig, ob sie eine adäquate Beschäftigung findet. Derzeit ist sie noch zu Hause, um ihre Tochter zu versorgen, sie kann sich aber nicht vorstellen, diese Rolle dauerhaft auszuüben. Sollte sie in Deutschland keine ihrer Qualifikation entsprechende Beschäftigung finden, was ihr schon vor der Geburt ihrer Tochter nicht gelungen war, möchte sie gern nach Indien zurückkehren. Ein anderer Gesprächspartner, dem eine Stelle in Indien in Aussicht gestellt worden war, gab an, die Versetzung nach Indien abgelehnt zu haben, da er gerade einen Kredit zum Kauf einer Wohnung aufgenommen habe. Mittelfristig möchte er dennoch mit seiner Familie nach Indien zurückkehren oder, so seine Idealvorstellung, zwischen Indien und Deutschland pendeln.

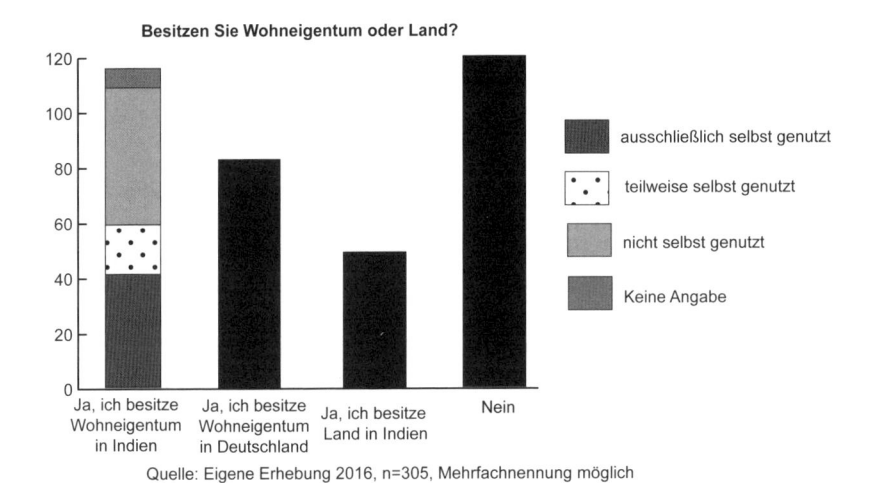

Abbildung 11: Immobilienbesitz in Indien und Deutschland

Stetige Neuverhandlung der Bleibeabsicht

In den Interviews mit Migrant*innen und Expert*innen wurden drei verschiedene Positionen deutlich: Für eine Gruppe ist eine Rückkehr nach Indien undenkbar, für eine zweite ist eine Rückkehr denkbar bzw. bereits geplant, für eine dritte ist die Entscheidung über den zukünftigen Aufenthaltsort noch weitgehend offen. Die, die ihre Zukunft in Deutschland sehen, betrachten Deutschland zum Teil als ihre Heimat. Für andere stellten das deutsche Gesundheits-und Sozialsystem oder generell die Lebensbedingungen in Deutschland und Indien hinreichende Gründe dar, in Deutschland zu bleiben. Ein Migrant aus dem Punjab sagte, dass er während der gewaltsamen Konflikte 1984 für sich die Entscheidung getroffen habe, dorthin nicht mehr dauerhaft zurückzukehren.

Eine Familie erlebte einen gescheiterten Rückkehrversuch in den 1980er Jahren (vgl. S. 81). Die Tochter beschreibt das „Experiment" der (temporären) Rückkehr nach Indien – nicht an den ursprünglichen Herkunftsort der Familie– aus ihrer Perspektive wie folgt:

„Ich war acht und... ja bin ich dort hingekommen es war für mich ein totaler Kulturschock, weil wie Sie sagen Ahmedabad ist nicht Kerala. Es war trocken, es war wüstig, es waren total viele Straßenköter. Ich hab' das gehasst irgendwie so. Ja es war aufregend bis zu dem Tag als ich in die Schule kam. Das war eine Privatschule, irgendwie mit so Karmeliterinnen-Ordensschwestern – super streng. Klassen mit 65 Mädchen, also überfüllt so zu sagen. […] Ja dann war da natürlich auch diese ganze uniformierte, also wir mussten Uniformen tragen und die Mädels mussten sich immer die Haare zusammen, immer in Zöpfen, Hände auf den Tisch – ich kam mir vor wie in den Mädchenpensionat-Filmen, also wirklich zurückversetzt in eine andere Zeit […] und dann hab' ich das alles so aufgesogen, hab alles mitgemacht, wie in so 'nem Theaterstück, aber ich hab' mich überhaupt nicht wohlgefühlt. […] Dann fragte mich mein Vater irgendwann, ja wie ist das denn; fühlst du dich hier wohl? Oder wenn du die Wahl hättest, würdest du nach Deutschland zurückgehen? Da habe ich gemerkt, dass die wohl auch darüber nachdenken das Experiment abzubrechen oder so. Und dann habe ich gesagt ‚Ja, also ich habe zwar hier Freunde, aber ich möchte wieder zurück, aber nur wenn ich wieder an meine alte Schule darf und in den alten Ort.'"

Namrata, in Deutschland geborene Tochter eines indischen Ehepaares, ging ein Jahr in Indien zu Schule, studierte dort auch, lebt inzwischen wieder in Deutschland; März 2015.

Namratas Eltern wohnen seitdem dauerhaft in Deutschland, besitzen aber auch ein Haus in Kerala, wo sie im Winter regelmäßig mehrere Monate verbringen. Namrata selbst studierte in Indien, kehrte dann aber nach Deutschland zurück und ist inzwischen mit einem Deutschen verheiratet. Dieses Beispiel deutet darauf hin, mit welchen Problemen die Rückkehr nach Indien verbunden sein kann und Entscheidungen situationsbedingt immer wieder neu verhandelt werden.

Eine endgültige Entscheidung hinsichtlich des Aufenthaltes wird von mehreren Gesprächspartnern offengelassen, aufgeschoben oder auch nicht getroffen. Ein Interviewpartner sagte beispielsweise, dass er würde liebsten sechs Monate im Jahr in Indien und sechs Monate in Deutschland leben, eine endgültige Entscheidung darüber, wo sie sich dauerhaft niederlassen, seine Frau und er erst fällen, wenn der Sohn in die Schule kommt. Bis dahin bleiben sie in Deutschland. Ein Ehepaar, das in getrennten Einzelgesprächen interviewt wurde, machte die Lebensplanung davon abhängig, welche Möglichkeiten der Karriereentwicklung die Zukunft beiden bietet. Der aus Indien stammende Ehemann sagte, dass sie zunächst gemeinsam wollten, in Deutschland ihre jeweiligen beruflichen Ziele zu erreichen. Die Ehefrau, in Deutschland als Tochter eines indisch-deutschen Paares aufgewachsen, würde ihrem Mann nach Indien folgen, wenn er dort größere Karrieremöglichkeiten sieht. Als kinderloses Paar sind sie flexibel, beide kennen Indien und Deutschland, so dass für sie ein Leben in beiden Ländern möglich wäre. Der Ehemann besitzt auch noch eine Wohnung in Delhi, die derzeit untervermietet ist, und die im Falle eines längeren Aufenthaltes genutzt werden könnte. In einem zweiten Interview sagte er aber auch, dass er seine Zukunft inzwischen wohl eher in Deutschland sehe. Die Entscheidung zu bleiben beschreibt er dabei als einen Prozess, der unter anderem mit einer zunehmenden Entfremdung, hervorgerufen von den Zuständen in Indien, und einem immer besseren „Ankommen" in Deutschland einhergehe. Den letzten Anstoß zu bleiben gab seine Heirat mit Punita (Veränderung im Lebenszyklus):

> „It was a gradual process in the beginning, because after a couple of years, when I wanted to go back, then there started this financial crisis worldwide. And the positions, which I was expecting that time, they were ready to give it to me. And I was not the person to click that deal, so I said, OK. Why should I take a bad deal? Let's stay for another year and then I'll go back. [...] And then, in 2010, by 2010 I had adapted a lot of Western values in my life, that when I used to go India for a small holiday or for small trips, sometimes I started feeling uncomfortable, that 'Oh my God! How can they cut power at the time when Germany is playing against England?' for example. How can they do that? Means, you know, things like that. So then, it started, means like, it was the transition started by, after living here for five years, started transition and then my effort to go back slowed down. And I rejected a couple of good offers [...] But six to twelve, it's six years of indecision, indecisive phase. And that's quite a long time, isn't it? Yeah, and the turning point was, when I met Punita, that when we decided, when we came together. [...] Then I made the decision that I will stay here."
> Shah, kam 2005 als Journalist nach Deutschland; Juni 2016 (zweites Interview).

Bei anderen Gesprächspartner*innen sind es andere Faktoren, die dazu führen, dass die Rückkehr als Option für den Fall beibehalten wird, dass es in Deutschland einmal „schlecht geht" (vgl. Zitat Herr Walia S. 88) oder, wenn der (Wieder-)Einstieg in den Beruf misslingt, wie bei Gautams Frau (vgl. Zitat S. 89). Immobilien und landwirtschaftliche Nutzflächen in Indien dienen dabei, falls vorhanden, als eine Art Sicherheit.

Ein Gesprächspartner, der derzeit in Deutschland evangelische Theologie studiert, zeigte sich in dem Interview sehr indifferent. Einerseits fühle er eine Verpflichtung nach Indien zurückzukehren, um dort als Pastor zu wirken, andererseits lebe seine Familie gern in Deutschland und insbesondere sein Sohn würde es vorziehen, in Deutschland zu bleiben. Für den Vater steht dabei fest, dass er es seinem Sohn ersparen möchte, zwischen indischem und deutschem Schulsystem zu hin und her zu wechseln. Dass sein Sohn bis zum Abitur eine deutsche Schule besucht, wäre für ihn eine Garantie dafür, dass dieser eine gute Ausbildung erhielte. Er selbst will sich nach Beendigung des Studiums zunächst auf dem deutschen Arbeitsmarkt umschauen und, wenn möglich, erst in einigen Jahren nach Indien zurückkehren. Wie sich leicht denken lässt, sind diese Pläne nicht miteinander vereinbar, sie zeigen aber exemplarisch die unterschiedlichen Motive, aus denen heraus Entscheidungen offengehalten werden.

Feste Rückkehrabsicht

Für andere steht die Rückkehr nach Indien zweifelsfrei fest. Pater Joseph, der derzeit als Priester in Deutschland arbeitet, wird auf jeden Fall, spätestens, wenn er in Rente geht, in das Mutterhaus seines Ordens zurückkehren. Er sehnt sich danach, wieder mit seinen Brüdern in einer klösterlichen Gemeinschaft zu leben und freut sich darauf, seinen Lebensabend in der Heimat zu verbringen. Andere Befragte haben kurzfristigere Rückkehrabsichten. Ein Gesprächspartner, der seine Post-Doc-Zeit in Deutschland verbracht hat, wurde kurz vor seiner bevorstehenden Rückkehr nach Indien interviewt. Er sollte in Kürze eine Professur an einem der renommierten Indian Institutes for Technology (IIT) anzutreten. Ein anderer Proband, der noch in Deutschland studiert, erläuterte seine Rückkehrabsicht:

> „I have promised my parents that I am just going to other countries to learn and get some good experience and good cultural exchange and overall experience. And that I would come back to serve my country and my parents who are most important for me in the world. […] I think at a certain point I see my future in India but for the grand scenario I want to work and study here at the moment as long as possible. The maximum would be two to five years."
> Nirmal, kam 2012 als Student nach Deutschland; August 2015.

Für Nirmal ist die Zugehörigkeit zum Haushalt seiner Familie und seine Verpflichtung gegenüber seinen Eltern der Grund, warum er seinen Aufenthalt in Deutschland als temporär betrachtet und eine Rückkehr für ihn feststeht. Die oben bereits zitierte Gayatri sagte, dass sie nach Indien zurückkehren möchte, weil Deutschland sich für sie nicht wie ihre Heimat anfühle. Ein Proband arbeitete zeitweise in Deutschland und den USA, lebt inzwischen wieder dauerhaft in Indien und ist als Wissenschaftler regelmäßig für mehrere Monate an zwei deutschen Hochschulen zu Gast. Er sagte, dass für ihn immer klar gewesen sei, dass er nach Indien zurückkehrt und das habe er auch immer so bei seinen Mentor*innen in Deutschland bzw. den USA kommuniziert. Er meine, seinem Land, das die hohen Kosten für seine Ausbildung getragen habe, etwas zurückgeben zu müssen.

Ein anderer Gesprächspartner kann sich auch ein Leben „dazwischen" vorstellen:

> „Interviewer: And you want to go back to India?
> Befragter: Yes. When I don't know, but I am right now …I am ready to take a job which is between Germany and India and go back and forth. I do it for my current work, but for work is here and I go with customers for meetings to India and am ready to change this to the opposite direction, that I do work for German companies for example. And the big topic for me is German companies do not understand India correctly and vice versa. So I would like to move in that direction."
> Abishek, kam 2006 für ein indisches Unternehmen nach Deutschland; Oktober 2015.

Abishek möchte seine Erfahrungen aus seiner Tätigkeit in der indischen und in der deutschen Wirtschaft nutzen, um transkulturell zu vermitteln. Seine Entscheidung den Lebensmittelpunkt nach Indien zu verlagern und mit seiner Familie ein transnationales Leben zu führen, hat seinen Grund darin, dass seine Frau, eine in Indien ausgebildete Architektin, keine Beschäftigung in Deutschland findet, weil Qualifikation hier nicht anerkannt wird.

Remigrant*innen

Die Rückkehrabsicht derjenigen, die noch in Deutschland leben, bleibt oftmals vage. Dagegen können diejenigen, die nach einem Aufenthalt in Deutschland nach Indien zurückgekehrt sind, ihre Motive eindeutig benennen. In einer Online-Befragung machten insgesamt 90 Befragte Angaben über ihren Aufenthalt in Deutschland und ihre Remigration. Auch wenn die Befragung aufgrund der Stichprobenzusammensetzung nicht repräsentativ ist (vgl. Kapitel 4), erlauben die Ergebnisse der Befragung Rückschlüsse auf die Motive für die Rückkehr nach Indien und die nachträgliche Bewertung des Aufenthaltes in Deutschland.

Migrationsentscheidungen werden stark durch strukturelle Rahmenbedingungen beeinflusst. Dabei treten externe, mit dem Beruf in Verbindung stehende, Gründe in den Vordergrund (Tabelle 3), wie das Ende der Beschäftigung oder der Ausbildung in Deutschland, das Auslaufen des Aufenthaltstitels oder die Versetzung auf einen Arbeitsplatz in Indien. Aus der Erhebung geht ebenfalls hervor, welchen Stellenwert die familiären Netzwerke in der Entscheidung für eine Remigration haben. Für immerhin 13 von 90 Befragten war die Pflegebedürftigkeit der Eltern der Grund dafür, nach Indien zurückzukehren. Auch dies ist nicht Ausdruck einer intrinsischen Rückkehrmotivation. Ebenso ist zu sehen, dass dem Bildungserfolg der Kinder die Migrationsentscheidung untergeordnet wird.

Für die ursprüngliche Migration nach Deutschland wurden von den inzwischen nach Indien Remigrierten verschiedene Gründe genannt (Abbildung 12). Beruf und Bildung stellen, wie auch bei der Befragung der in Deutschland lebenden indischen Migrant*innen bzw. der zweiten Generation (vgl. Abbildung 8, Abbildung 9) die wesentlichen Wanderungsgründe dar. Acht Prozent der Befragten nennen als Wanderungsgründe mittelfristige Qualifizierungsmaßnahmen (Praktikum, berufliche Weiterbildung), die darauf hindeuten, dass die Migration auch strukturell temporär angelegt war. Die Mehrheit der Befragten kam 2010 oder später nach Deutschland (56%), 23% kamen zwischen 2000 und 2009 nach Deutschland und 21% vor dem Jahr 2000. Es überwiegen kurze Aufenthaltsdauern von drei bis sechs (29%) oder sieben bis zwölf Monaten (19%); 28% der Befragten blieben bis zu zwei Jahren in Deutschland und immerhin 12 % blieben mehr als fünf Jahre.

Warum sind Sie nach Indien zurückgekehrt?	
Arbeit	**54**
Bessere Stelle	14
Beschäftigungsende	13
Versetzung	9
Andere Gründe	18
Familie	**19**
Kinder/Schule in Indien	3
Pflegebedürftige Eltern	13
Partner fühlte sich unwohl	1
Andere Gründe	2
Bildung	**18**
Fortsetzung der Ausbildung in Indien	3
Fortsetzung der Ausbildung anderenorts	1
Abschluss der Ausbildung	11
Andere Gründe	3
Sonstiges	**18**
Aufenthaltsgenehmigung abgelaufen	4
Fühlte mich nicht zu Hause	1
Andere Gründe	13

Tabelle 3: Gründe für die Remigration nach Indien
(n=90, Mehrfachantworten möglich)

Bei den Remigrant*innen in Deutschland ist auffällig, dass sie ein ausgeprägtes soziales Netzwerk entwickelt haben, wobei insbesondere zu Kolleg*innen und Kommiliton*innen dauerhafte Bindungen aufgebaut wurden (vgl. Abbildung 13). Der Kontakt zu Deutschen außerhalb des beruflichen Umfelds/der Universität ist weniger wichtig. So geben nur 23% der Befragten an, echte Freundschaften mit ihren Nachbar*innen geschlossen zu haben. Das ist in etwa vergleichbar mit dem Stellenwert, den die Beziehungen zur indischen Community einnehmen.

Diesen Zahlen ist zu entnehmen, dass sich ei Großteil des sozialen Lebens der Befragten in diesen Netzwerken abspielte (80%). Für 3% der Befragten fand das soziale Leben ausschließlich in Deutschland statt, für 12% vor allem weiterhin in Indien, 5% hatten zu gleichen Teilen an Orten in Indien und Deutschland gelebt. Fünfzig der 90 Befragten waren alleine nach Deutschland gekommen und hatten ihre wichtigsten Bezugspersonen in Indien zurückgelassen. Keine/r der Remigrant*innen hatte in Deutschland Wohneigentum erworben.

Was war der Grund für Ihren Aufenthalt in Deutschland?

- Bildung: 45%
- Beruf: 41%
- Familie: 2%
- Forschung: 5%
- Praktikum: 3%
- berufliche Weiterbildung: 5%

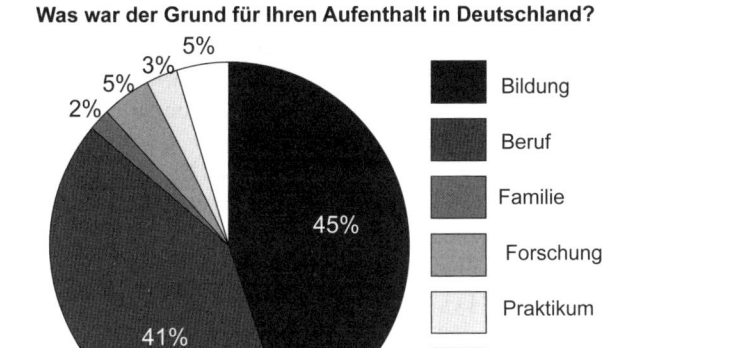

Quelle: Eigene Erhebung 2017, n=90, Mehrfachnennungen möglich

Abbildung 12: Migrationsgründe (Remigrant*innen)

Welche sozialen Bindungen hatten Sie zu Menschen in Deutschland?

Kategorien (v.l.n.r. pro Gruppe):
- Ich fand es schwer, eine Bindung aufzubauen
- Ich hatte oberflächlichen Kontakt, blieb aber meist allein
- Der Austausch war gut, aber nicht von Dauer
- Ich habe einige Freunde gefunden
- Ich habe echte Freundschaften entwickelt

Quelle: Eigene Erhebung 2016, n=90 (v.L.n.R: 84, 77, 70 und 66 Antworten)

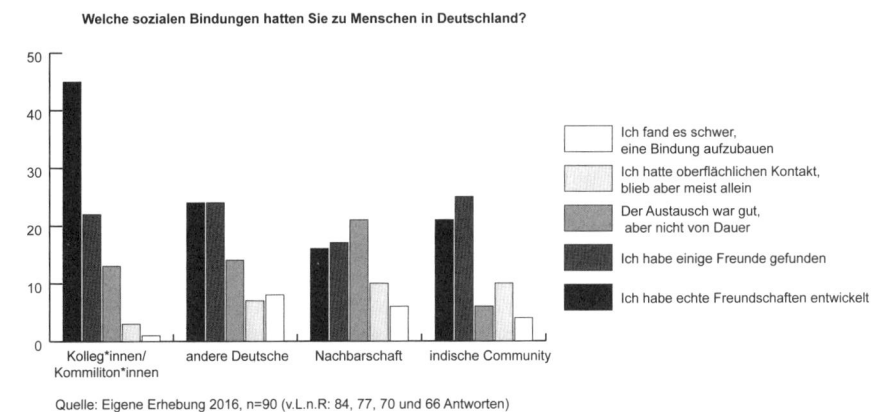

Abbildung 13: Soziale Netzwerke von Remigrant*innen in Deutschland

In Bezug auf das Arbeitsleben fällt die Bewertung des Aufenthaltes positiv aus: 36 von 44 Befragten, die aus beruflichen Gründen in Deutschland waren, stimmen der Aussage zu „die Arbeit hat Spaß gemacht, ich hatte eine gute ‚work-life-Balance'". Vier fühlten sich zeitweise unter-, und vier zeitweise überfordert. Bei den Studierenden sind die meisten mit dem Anforderungsniveau zufrieden (26 von 49 Nennungen), 18 glaubten sich zeitweise oder permanent überfordert und fünf dauerhaft oder permanent unterfordert. Ein Grund für die zeitweise oder permanente

Überforderung ist auch darin zu suchen, dass die Studienveranstaltungen in Deutsch stattfinden und, dass selbst in englischsprachigen Studiengängen außerhalb der Lehrveranstaltungen Deutsch die Verkehrssprache ist. Dies erschwert den Kontakt und den Austausch mit deutschen Kommiliton*innen.

Nach der Rückkehr aus Deutschland bestehen in den meisten Fällen die Kontakte weiter. Lediglich acht von 90 Befragten unterhalten keinerlei Kontakt mehr zu Personen in Deutschland. Seltenen Kontakt haben 31, regelmäßigen Kontakt 38 Befragte und Dreizehn Befragte sagten, dass ihre wichtigsten Kontaktpersonen in Deutschland leben. Dies manifestiert sich auch in Besuchen in Deutschland: 60% der Befragten haben Deutschland nach der Remigration noch einmal besucht. Gründe für die Reisen waren Geschäftsreisen (23 Nennungen), Bildungsaufenthalte (20), Besuch von Freunden (11), Urlaub (8) bzw. andere Gründe (7).

Nach der Rückkehr nach Indien hatten die meisten Befragten keine Schwierigkeiten, sich wieder in ihre alten sozialen Netzwerke einzufügen (vgl. Tabelle 4). Allerdings sagen die meisten, dass sie sich durch den Aufenthalt in Deutschland verändert hätten. Diese Veränderung führte bei einigen zu Schwierigkeiten mit der Familie oder Freunden. Insgesamt sind die Schwierigkeiten mit Freunden geringer als die mit der Familie.

Hatten Sie nach ihrer Rückkehr Schwierigkeiten mit der Beziehung zu...		
	Ihrer Familie	Ihren Freunden
Ja, wegen traditioneller Wertvorstellungen	5	2
Ja, weil ich meinen Lebensstil verändert habe	1	2
In einigen Bereichen war es schwierig, aber nicht problematisch	12	13
Nein, es war, als wäre ich nie weg gewesen	30	37
Nein, ich habe mich verändert, aber das war kein Problem	42	36

Tabelle 4: Schwierigkeiten bei der Reintegration in soziale Netzwerke (n=90)

Die Rückkehr in den Beruf wird ebenfalls als überwiegend unproblematisch beschrieben. In 46% der Fälle war der Auslandsaufenthalt in Deutschland Teil der Beschäftigung in Indien, so dass ein reibungsloser Übergang stattfinden konnte. Für 39% beförderte der Auslandsaufenthalt die Karriere, 6% sagten, er habe keinen Einfluss auf ihre jetzige Beschäftigung gehabt. Zehn Prozent der Rückkehrer gaben an, Probleme bei der Wiedereingliederung in den indischen Arbeitsmarkt gehabt zu haben: 6% wegen des Aufenthaltes in Deutschland, 4% wegen anderer Gründe. Ein Experte der Deutsch-Indischen Handelskammer machte zu diesem Thema zwei bemerkenswerte Anmerkungen. Die erste ist, dass der „Marktwert" derjenigen, die zeitweise in Deutschland gearbeitet hatten, um ca. 30% steigt, und, dass ihnen nach ihrer Rückkehr oftmals auch Stellen in konkurrierenden Unternehmen angeboten werden. Die zweite bezieht sich darauf, dass der Berufseinstieg in Indien nach einem Studium in Deutschland teilweise schwierig ist. Bewerber mit Studienab-

5.3 Indisch-deutsche Migration: Empirische Befunde

schluss in Deutschland halten sich für besser qualifiziert und stellen deswegen höhere Gehaltsforderungen als Absolvent*innen mit indischem Studienabschluss. Dies könne aber, selbst wenn sie berechtigt seien, das Gehalts- und Hierarchiegefüge der Unternehmen gefährden.

Den Einfluss des Aufenthalts in Deutschland auf ihre sozialen Netzwerke bewerten die meisten Befragten positiv oder neutral (Abbildung 14). Über die Hälfte gab an, dass er sich vorteilhaft auf die Beziehung zu Freunden bzw. ihre Familie in Indien ausgewirkt habe, 41% bzw. 37% waren der Meinung, dass dieser die Beziehung gar nicht beeinflusst habe. Negative Einflüsse auf die Beziehung zur Familie wurden von 5% der Befragten festgestellt, 8% beobachteten einen negativen Einfluss des Aufenthalts auf die Beziehung zu Freunden.

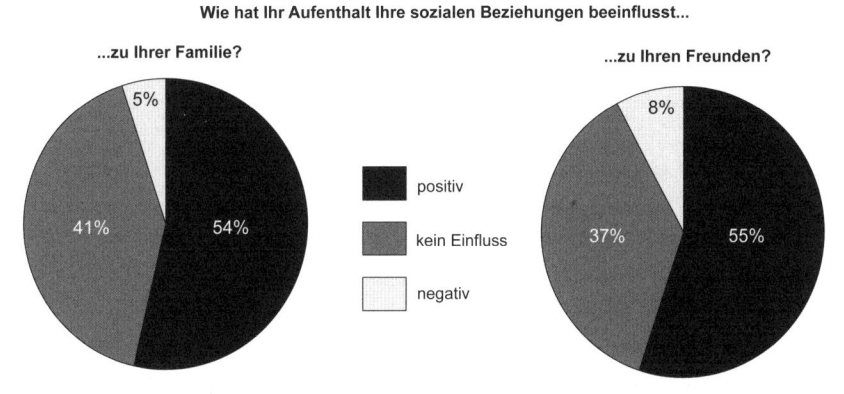

Wie hat Ihr Aufenthalt Ihre sozialen Beziehungen beeinflusst...

...zu Ihrer Familie?
- positiv: 54%
- kein Einfluss: 41%
- negativ: 5%

...zu Ihren Freunden?
- positiv: 55%
- kein Einfluss: 37%
- negativ: 8%

Quelle: Eigene Erhebung 2017, n=90

Abbildung 14: Einfluss des Aufenthaltes auf die sozialen Beziehungen

Schwierigkeiten ergaben sich durch den Wechsel in ein anderes Schulsystem für einen Teil der Kinder der Remigrant*innen. Von denjenigen, die ihre Kinder mit nach Deutschland gebracht hatten, gaben elf an, dass ihre Kinder keine oder nur geringe Probleme bei der Integration in das indische Schulsystem hatten, vier gaben an, dass ihre Kinder anfangs erhebliche Schwierigkeiten zu bewältigen hatten.

Auf die Frage, was sie von ihrem Aufenthalt in Deutschland mitnähmen, antworteten 70 von 90 Remigrant*innen, dass sie neue dauerhafte Freundschaften geschlossen hätten (Abbildung 15), für 67 von ihnen führte der Auslandsaufenthalt zu einem „Karriereschub" und ebenfalls 67 gaben an, neue Werte kennengelernt zu haben, die Auswirkungen auf ihr berufliches Leben hatten. Neue Werte für ihr Privatleben nahmen 53 Befragte mit und mehr als die Hälfte der Befragten (49) hat den Aufenthalt in Deutschland genutzt, um Deutsch zu lernen (Abbildung 15).

Was nehmen Sie von Ihrem Aufenthalt in Deutschland mit?

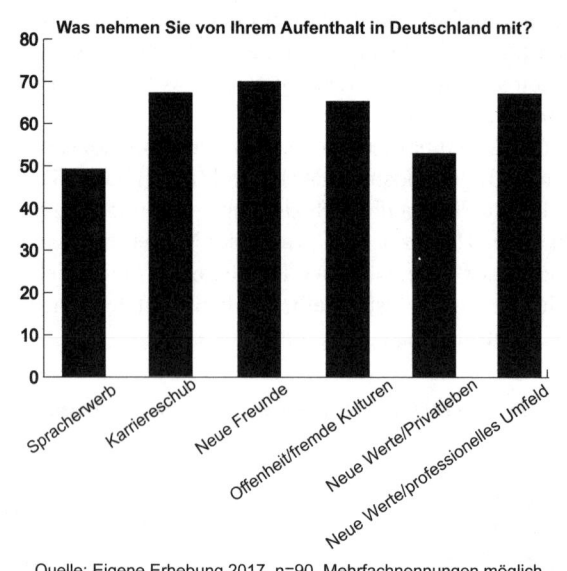

(Balkendiagramm mit Werten: Spracherwerb ~49, Karriereschub ~67, Neue Freunde ~70, Offenheit/fremde Kulturen ~65, Neue Werte/Privatleben ~53, Neue Werte/professionelles Umfeld ~67)

Quelle: Eigene Erhebung 2017, n=90, Mehrfachnennungen möglich

Abbildung 15: Remigrant*innen: positive Folgen des Aufenthaltes in Deutschland

Insgesamt bestätigt die Befragung der Remigrant*innen die Ergebnisse der quantitativen und der qualitativen Befragungen der in Deutschland lebenden Migrant*innen: Die Migration wird stark durch externe Strukturen beeinflusst und ist oftmals als temporäres Projekt angelegt. Die Integration in Deutschland wird nicht als großes Problem wahrgenommen, jedoch ist der mangelnde Spracherwerb ein potentielles Hindernis für die dauerhafte Integration. Ein temporärer Aufenthalt in Deutschland stellt eine Bereicherung des Curriculum Vitae dar, wenngleich die Gespräche mit Experten und den in Deutschland lebenden Migrant*innen darauf hinweisen, dass ein zu langer Aufenthalt auch negative Folgen haben kann. Migration und Remigration sind aber nur zwei Ereignisse, die einen komplexen Prozess statistisch erfassbar machen. Im folgenden Kapitel werden die unterschiedlichen Verbindungen dargestellt, die von (Re-)Migrant*innen zwischen ihrem Aufenthalts- und ihrem Herkunftsort geschaffen werden und die sie untereinander in Deutschland schaffen.

6. NETZWERKE

Migrantische Netzwerke sind ein zentrales Thema der Transnationalismusforschung (vgl. Kapitel 2). Durch grenzüberschreitende Netzwerke wird transnationales Handeln möglich und gleichzeitig festigen die Praktiken der Migrant*innen diese Netzwerke und tragen zu ihrem Ausbau bei. Netzwerke spielen in der Migrationsforschung eine zentrale Rolle bei der Erklärung von Migrationsbewegungen. Sie können direkter Anlass für die Migration sein (Familiennachzug) oder etwa durch Informationen über den Zielort Folgemigration anstoßen (FAWCETT 1989, POROS 2001). Sie sind auch für das Verständnis von Integrations- und Segregationsprozessen in der Ankunftsgesellschaft wichtig (PRIES 2010). Anknüpfend an das vorherige Kapitel erfolgt zunächst eine Beschreibung der Netzwerke der indischen „Diaspora" in Deutschland (Kapitel 6.1), danach werden die unterschiedlichen Arten transnationaler Netzwerke analysiert (Kapitel 6.2). Das Fazit dieses Teilkapitels bereitet Kapitel 7 vor, das sich mit den in diesen Netzwerken entstehenden transnationalen Praktiken indischer Migrant*innen befasst. In Kapitel 6.3 wird aus einer egozentrierten Perspektive an ausgewählten Fallbeispielen dargestellt, welche Relevanz die sozialen Netzwerke in Deutschland und Indien haben. Diese Perspektive ermöglicht die Gewichtung der verschiedenen Netzwerke und dadurch die Vermeidung des „blinden Flecks", der in der Transnationalismusforschung oftmals durch die eine alleinige Fokussierung auf die transnationalen Netzwerke und Praktiken entsteht (KING 2012, vgl. Kapitel 2).

6.1 VERNETZUNG UND ORGANISATION DER „INDISCHEN DIASPORA" IN DEUTSCHLAND

Die Vernetzung von Migrant*innen erfolgt auf sehr unterschiedliche Art und Weise (GAITANIDES 2003). Wichtig sind für indische Migrant*innen zum einen die persönlichen Netzwerke zu Deutschen und Personen indischer Herkunft (Freundschafts-, Familien- und Nachbarschaftsnetzwerke). Zum anderen existieren unterschiedliche institutionelle Netzwerke zwischen indischen Migrant*innen, die durch Herkunft, Geschäftsverbindungen und Religionszugehörigkeit definiert sind. Die Einbindung in soziale Netzwerke hat erheblichen Einfluss auf das soziale Kapital (BOURDIEU 1983), das Migrant*innen nutzen können. Die Netzwerke sind auch mitentscheidend für die Ortsbindung und die zukünftigen Migrationsentscheidungen (vgl. Kapitel 5.3).

Definition und Funktionen von Migrantenorganisationen

Migrantenorganisationen sind definiert als „relativ dauerhafte Kooperationszusammenhänge mit bestimmbaren Zielen, einer mehr oder weniger formalisierten Struktur (z.B. Leitungsgremium mit Arbeitsteilung, Satzung) und identifizierbaren Mitgliedschaftsregeln […]. Als Migrantenorganisationen werden dabei nur solche Organisationen bezeichnet, die in einem ganz erheblichen Ausmaß (mindestens etwa zur Hälfte) aus Migranten zusammengesetzt sind und die sich mit migrationsrelevanten Themen und Aufgaben beschäftigen" (PRIES 2010:16). Dabei kann es sich um ganz unterschiedliche Organisationstypen, wie Glaubensgemeinschaften, Verbände, Vereine oder Hilfsorganisationen handeln (GOEKE 2010).

Ihre Funktionen sind entweder nach innen gerichtet, etwa die gemeinsame Pflege der Kultur der Herkunftsgesellschaft, oder nach außen, z.B. die Vertretung gemeinsamer Interessen. GAITANIDES (2003: 26 f.) nennt 13 Funktionen, die Migrantenorganisationen erfüllen können: 1. „Anpassungsschleuse" für Neuankömmlinge, 2. Pflege des kulturellen Kapitals, 3. Stützung der individuellen und kollektiven Identität, 4. Chancen zur Selbstverwirklichung und Selbstbestätigung bieten, 5. Schaffung von sozialem Kapital, 6. Aktivierung privater Selbsthilfe, 7. Füllen von Versorgungslücken durch ehrenamtliche Tätigkeit, 8. präventive Daseinsvorsorge, 9. Konfliktlösung, 10. soziale Kontrolle auf Nachbarschaftsebene, 11. Interessensvertretung, 12. humanitäre Hilfe, v. A. in den Heimatländern und 13. Vermittlung von Wissen über das Herkunftsland.

Was das Verhältnis von Migrant*innen zur Ankunftsgesellschaft betrifft, wird die Rolle von Migrantenorganisationen in der Wissenschaft ambivalent bewertet: Während einige Autoren betonen, dass sie durch Binnenintegration die Integration in die Gesellschaft insgesamt verbessern (ELWERT 1982, THRÄNHARDT 2013), sehen andere in der migrantischen Selbstorganisation eher die Gefahr einer Abschottung (ESSER 1986, HECKMANN 1992, 1998).

In der Transnationalismusforschung spielen weiterhin die Verbindungen eine zentrale Rolle, die Migrantenorganisationen in die Heimat unterhalten und die dort Veränderungen, etwa durch Rimessen oder den Transfer von Werten und Ideen, nach sich ziehen. Migrantenorganisationen unterstützen in ihren Heimatländern philanthropische Projekte, Infrastrukturentwicklung (KIVISTO 2001, MUTERSBAUGH 2002, GUARNIZO 2003, PORTES et al. 2007) und in einigen Fällen nehmen sie Einfluss auf politische Entscheidungen (ITZIGSOHN 2000, ØSTERGAARD-NIELSEN 2001, CAGLAR 2006, PRIES 2010).

Indische Migrantenorganisationen in Deutschland

In dieser Weise wirken auch die indischen Migrantenorganisationen in Deutschland. Um Interviewpartner*innen zu finden und Informationen über indische Gemeinschaften in Deutschland zu gewinnen wurden Internetrecherchen zu indischen Migrantenorganisationen durchgeführt. Ihre jeweiligen Funktionen wurden in Interviews mit Expert*innen und Migrant*innen erörtert (Kapitel 6.1.1). Zusätzlich wurde gemeinsam mit anderen Wissenschaftler*innen eine Studie zu indischen Migrantenorganisationen in Deutschland durchgeführt (Kapitel 6.1.2).

Die Synthese der deutsch-indischen Migrationsgeschichte (vgl. Kapitel 5) verdeutlicht, dass sich die kulturelle Vielfalt Indiens, wenn auch in abgeschwächter Form, auch in der „Diaspora" widerspiegelt. Die gemeinsame „ethnische Identität", auf die sich Migrantenorganisationen berufen, entsteht daher letztlich in einem Aushandlungsprozess. Bei indischen Vereinen ist zu unterscheiden zwischen solchen, die ein pan-indisches Verständnis zugrunde legen und solchen, die sich auf ein spezifisches Herkunftsgebiet innerhalb Indiens (und damit in aller Regel auf eine bestimmte Sprache und eine dominante Religion bzw. Richtung innerhalb des Hinduismus) berufen (FRIESEN 2008, GOWRICHARN 2009). Zwar gibt es gemeinsame identitätsstiftende Momente innerhalb der „indischen Diaspora", wie den Bezug zum indischen Unabhängigkeitskampf, den Stolz auf die wirtschaftliche Entwicklung der letzten Jahre oder auf sportliche Erfolge, vor allem beim Cricket, jedoch ist für viele die regionale Identität wichtiger als die nationale (FRIESEN 2008).

Eine Übersicht über alle indischen Migrantenorganisationen existiert nicht. Die indische Botschaft in Berlin und die Konsulate in Frankfurt, München und Hamburg unterhalten aktive Beziehungen zu 93 „associations" (per Email wurde eine Excel-Datei mit den Kontaktdaten übermittelt). Wie eine eigene Recherche zeigt, ist diese Liste ist unvollständig.

Die Deutsch-Indische Gesellschaft

Die Deutsch-Indische Gesellschaft (DIG) ist die älteste und größte indische Migrantenorganisation Deutschlands. Sie wurde 1942 während des Aufenthaltes von Bose in Deutschland gegründet (vgl. Kapitel 5.1). Ihre jetzige Form erhielt sie in der Neugründung von 1953. Sie ist deutschlandweit aktiv und unterhält 30 Zweigstellen, die in ihren lokalen Aktivitäten äußerst selbständig agieren. Der Dachverband vertritt die Anliegen des Vereins vor allem nach außen. Die DIG wurzelt im Geiste der deutschen Nachkriegsgesellschaft und versteht sich als Gesellschaft zur Förderung der Völkerverständigung und -freundschaft. Der Vorsitzende einer Zweiggesellschaft nannte als Ziele das Zusammenführen von Menschen, „die Indien lieben" oder „die eine Beziehung zur Heimat haben wollen". Diese Charakterisierung deutet daraufhin, dass die DIG einen sehr hohen Anteil an nicht indischstämmigen Indieninteressierten aufweist, das heißt, die Zahl der indischen Mitglieder in einigen Zweigstellen geringer als die der deutschen. Ein Problem der DIG ist die Altersstruktur: Die oft in den 1950er und 1960er Jahren gegründeten Zweigstellen haben überwiegend Mitglieder die bereits im Rentenalter sind oder es bald erreichen werden. Oft handelt sich bei den indischen Mitgliedern um Hochqualifizierte, die zwischen 1950 und 1980 nach Deutschland kamen. In den letzten Jahren ist es kaum gelungen, neu ankommende indische Migrant*innen für die Gesellschaft zu gewinnen, und auch die Kinder der derzeit Aktiven engagieren sich nur in geringem Umfang (vgl. Kapitel 6.1.1). Ein weiteres Charakteristikum der DIG ist, dass sie ein panindisches Kulturverständnis pflegt. In einigen Zweiggesellschaften erfahren aufgrund der Mitgliederstruktur einzelne Sprach- oder Regionalgruppen mehr Aufmerksamkeit als andere, was sich vornehmlich darin zeigt, welche Feste gefeiert oder welche Künstler eingeladen werden.

Neue panindische Migrantenorganisationen

Migrant*innen, die seit 2000 nach Deutschland gekommen sind, haben in größerer Zahl eigene Migrantenorganisationen gegründet. Diese sind zum Teil auch panindisch ausgerichtet, unterscheiden sich aber von der DIG vor allem dadurch, dass sie überwiegend indische Mitglieder haben. Sie sind stärker auf die Vernetzung indischer Migrant*innen untereinander ausgelegt. Die Kommunikation erfolgt oft auf Englisch und nicht wie bei der DIG auf Deutsch.

Ein panindisches Kulturverständnis liegt auch den meisten indischen Studierendenvereinigungen zugrunde, die in den letzten Jahren an unterschiedlichen Standorten entstanden sind. Die größte und aktivste scheint die *Heidelberger Indian Students Association* zu sein, die sich nach Auskunft einer Gesprächspartnerin auch für Nicht-Studierende geöffnet hat. Sie fungiert z.B. auch als Informationsplattform für Neuankömmlinge aus dem IT-Sektor (z.B. im nahegelegenen Walldorf/SAP).

Vereinzelt gibt es weitere Vereine, die als panindisch bezeichnet werden können, aber ein besonderes Interesse in den Vordergrund stellen. Dazu zählen z.B. Sport-, insbesondere Cricketvereine, von denen einige sich sogar als südasiatische Vereine verstehen, die Personen aus Indien, Pakistan und Afghanistan ansprechen. Andere Vereinigungen beschäftigen sich mit dem modernen indischen Film oder dienen der Vernetzung von Geschäftsleuten.

Weitere Institutionen und Akteure

Eine zweite Gruppe von Migrantenorganisationen stellt eine bestimmte Herkunftsregion in das Zentrum ihrer Aktivitäten, z.B. Kerala-, Bengali- oder Kannada-Vereine. Ihr Hauptanliegen ist die gemeinsame Pflege von Sprache und Kultur der jeweiligen Herkunftsregion. Zum Teil sind sie transnational mit anderen Migrantenorganisationen bzw. in die Heimatregion verknüpft.

Netzwerke indischer Migrant*innen entstehen auch in religiösen Zentren. Besonderen Stellenwert nehmen die Gurdwaras ein, die vor allem für die Sikh-Gemeinschaft von zentraler Bedeutung sind. Sie werden auch von Hindus besucht, dienen aber vor allem als Treffpunkte für die Sikhs. Da diese überwiegend aus dem Punjab stammen, wird dort fast ausschließlich Panjabi gesprochen. Im Jahr 2013 wurde von jungen Sikhs, in der Altersgruppe zwischen 20 und 30 Jahren der Sikh Verband Deutschland gegründet, dessen Hauptanliegen es ist, die Öffentlichkeit über den Sikhismus zu informieren und eine Vernetzung der Sikh-Gemeinden in Deutschland zu erreichen.

Für die keralesischen Migrant*innen, oftmals Christ*innen, sind Kirchengemeinden, in denen Gottesdienste in ihrer Heimatsprache gefeiert werden, wichtige

Orte der Vernetzung. Im Erzbistum Köln existiert eine sehr aktive Gemeinde, die einmal jährlich ihr Gemeindefest mit einer Prozession nach indischem Brauch begeht. Hier existierte zeitweise auch eine Abteilung des Caritasverbandes, die sich um die keralesischen Krankenschwestern kümmerte. Noch heute gibt die Caritas die Zeitschrift „Meine Welt" heraus, die sich als Zeitschrift des deutsch-indischen Dialogs beschreibt, aber stark in der keralesischen Gemeinde verankert ist.

Weitere Institutionen sind die hinduistischen Tempel. Diese sind oft Gründungen afghanischer oder sri-lankischer Hindus, weshalb die indischen Migrant*innen sich hier nur selten aktiv in das Gemeindeleben einbringen. Die Integration unterschiedlicher hinduistischer Strömungen ist auch ein Thema beim im Bau befindlichen Sri Ganesha-Tempel in Berlin, dem einzigen Tempel in Deutschland, der von indischen Migrant*innen gegründet wurde. Die dortige Gemeinde besteht vor allem aus Südindern, was sich in der Architektur des geplanten Tempelbaus niederschlagen wird. Die Gemeinde will ausdrücklich alle Hindus ansprechen, mit dem Erfolg, dass der Sri Ganesha-Tempel nicht nur für indische, sondern auch für afghanischen Hindus eine wichtige Begegnungsstätte geworden ist.

Schließlich ist die Rolle der Botschaften und Konsulate wichtig: Zu den Kultur- und sonstigen Veranstaltungen werden Mitglieder der indischen Regierung, indische Künstler und in Deutschland lebende indische Staatsbürger eingeladen. Die Botschaft und die Konsulate halten auch regelmäßigen Kontakt zu Personen, die eine herausragende Stellung in Migrantenorganisationen oder Wirtschaftsunternehmen innehaben.

Indische Migrantenorganisationen als transnationale Akteure

Aus transnationaler Perspektive sind die bestehenden indischen Migrantenorganisationen transnationale Organisationen, denn „es sollte […] berücksichtigt werden, dass eigentlich alle Migrantenorganisationen grenzüberschreitende Einflüsse aufweisen. Auch wenn sich z.B. ein Migranten-Elternverein um sehr spezifische lokale Interessen in einer ganz bestimmten Gemeinde der Ankunftsgesellschaft zusammengeschlossen hat, so bleiben – solange er als Migranten-Elternverein agiert – Grundaspekte der Herkunftsgesellschaft durch die Themenstellung, die Art und Weise der Organisierung etc. präsent (z.B. hinsichtlich religiöser Interessen, der dominanten Geschlechterrollen, des Verständnisses von Einflussmobilisierung)" (PRIES 2010: 42). Während der eigenen empirischen Arbeiten konnten für die indischen Migrant*innen allerdings nur wenige Belege dafür gefunden werden, dass indische Migrantenorganisationen in Deutschland ähnlich aktive Netzwerke schaffen, wie die in der Transnationalismusliteratur beschriebenen *Hometown Associations* (MUTERSBAUGH 2002, CAGLAR 2006, PORTES et al. 2007). Transnationales wohltätiges Engagement findet stärker auf persönlicher Ebene statt (Kapitel 7.1.2), und transnationales politisches Engagement wurde nur vereinzelt behandelt. Transnationale Verbindungen werden vor allem durch die Kulturprogramme von Vereinen geschaffen, wenn sie gezielt Künstler*innen aus Indien einladen. Religiöse Netzwerke nach Indien finden sich sowohl in den Sikh-Gemeinden, wie auch in der

Glaubensgemeinschaft der keralesischen Christ*innen, die in Indien Priester für den Dienst in Deutschland verpflichten. Für den Vollzug der Zeremonien des besonders für Bengalen wichtigen Durga Puja Festes, lädt ein Münchener Verein regelmäßig Priester aus Indien ein.

Der Verein, der in Berlin den Sri Ganesha-Tempel baut, hat einen indischen Architekten engagiert und beschäftigt indische Arbeitskräfte, die zeitweise nach Deutschland kommen, weil nur sie die notwendigen handwerklichen Fähigkeiten besitzen. Für diesen Tempel werden schon jetzt regelmäßig Idole und Devotionalien in Indien gefertigt und eingekauft. Ein Mitglied einer Sikh-Gemeinde sagte, dass auch sie Devotionalien in Indien fertigen lasse.

Die Aktivitäten der indischen Migrantenorganisationen in Deutschland sind stark deutschlandzentriert zu charakterisieren, weil auch ihre Aktivitäten in Indien hauptsächlich ihrem Wirken in Deutschland dienen. Transnationale Netzwerke bestehen vor allem auf individueller Basis (Kapitel 6.2 und 6.3) und nicht als kollektive Netzwerke.

6.1.1 Die Perspektive der Befragten

Aus den Gesprächen mit Expert*innen und Migrant*innen ergibt sich ein äußerst vielschichtiges Bild ihrer Vernetzung in Deutschland. Insgesamt ist „die indische Diaspora" sehr heterogen, homogene Gruppen konstituieren sich nach Sprache, Religionszugehörigkeit, Migrationszeitpunkt und sozialem Status. Zwischen den unterschiedlichen Gruppen gibt es verschiedene Berührungspunkte, z.B. die gemeinsame Mitgliedschaft in panindischen Migrantenorganisationen, deutlich isoliert sind innerhalb „der Diaspora" in Deutschland die Sikhs und keralesischen Christ*innen.

Netzwerke regionaler Gruppen

Für die Befragten sind Treffen mit Personen wichtig, die die gleiche Sprache sprechen und aufgrund der gemeinsamen regionalen Herkunft die gleichen Feste feiern. Zwar nehmen die Mitglieder regional ausgerichteter Migrantenorganisationen auch an Veranstaltungen panindischer Migrantenorganisationen teil oder sind dort sogar aktiv, intensiver sind jedoch die Kontakte zu Personen aus der gleichen Region:

> „This is how it is: They have Malayalam association, they have Hindu-association, well… Tamil-association, they have Punjab-association, all these things. And then there is one small Indian community, so called. They want to bring everyone together, but they can't bring it together. So in that sense, there is diversity also, but at the same time I think it is very difficult to say, whether they have unity in it, because if there is a Diwali, then everyone can celebrate it. But still they go out and celebrate on the same day. And of course, the food, everything is different… cultural programs, you know, everything is very different. So in that sense there is

a diversity and then unity is also there, but holistically I don't see that unity taking place here."
Sundar, kam 2007 nach Deutschland, um als PostDoc an einem Forschungsinstitut zu arbeiten; Januar 2014.

Die Aussage nimmt Bezug auf den Wahlspruch des indischen Staates „Unity in Diversity", der die kulturelle Vielfalt bei gleichzeitigem Zusammenhalt betont. Diesen Zusammenhalt sieht Sundar als nicht gegeben. Auch andere Gesprächspartner unterstreichen die Schwierigkeiten bei der Vernetzung unterschiedlicher Gruppen. Für die keralesische Gruppe etwa formuliert ein Experte:

> „Sie sind Christen, syromalabarisch in der Mehrheit, aber auch andere Gruppierungen, und sie sprechen eine gemeinsame Sprache, Malayalam. Mit anderen Indern hatten sie diese sprachlichen Schwierigkeiten, [sich, CB] in Englisch oder in Hindi [oder, CB] in Bengali auszutauschen, so sie blieben unter sich. Wir haben versucht, sie in eine gemeinsame Gruppe zu bringen, gemeinsam Feste teilnehmen zu lassen. […] Sie haben auch ein bisschen Minderwertigkeitskomplex, sie sind kein Akademiker und die anderen sind das, die meisten sind Akademiker, und ihr gesellschaftlicher Status ist etwas anders als ihr eigener. Krankenschwester ist immer noch ein bisschen gesellschaftlich gesehen nicht so groß angesehen als Beruf, in Indien – und diese Sache haben sie mitgebracht. […] Sie litten unter Minderwertigkeitskomplex einerseits und dann sprachliche und kulturelle Probleme. Sie genießen nicht z.B. die bengalischen Kulturveranstaltungen, sie wollen ihre eigene keralesischen Kulturveranstaltungen haben. Nordinder, die feiern Durga Puja, das ist für die Bengalis sehr wichtig. Im Rahmen von Diwali, da können ungefähr alle aus Nordindien mitfeiern, die Keralesen haben keinen großen Bezug zu Diwali; obwohl einige, wie ich, wir werden wahrscheinlich gehen. Und wenn Kulturprogramme kommen, solche nordindisch geprägten Kulturprogramme, werden die Keralesen wahrscheinlich nicht so gern sehen."
Herr Kunnapalli, Experte, kam in den 1970er Jahren nach Deutschland; März 2015.

Neben der Gruppenbildung aufgrund des gemeinsamen sprachlich-kulturellen Hintergrunds erwähnt der Interviewte die Unterschiede im sozio-ökonomischen Status. Diese Statusunterschiede seien zum Teil „importiert", wie im PRIES'schen Argument gefasst, dass die sozialen Normen der Herkunftsgesellschaft in Migrantenorganisationen eine wichtige Rolle spielen und ein transnationales Feld konstruieren. Zudem betont der Gesprächspartner, dass nicht zur Gruppe Gehörige aktiv ausgegrenzt werden. Der Vorsitzende einer Migrantenorganisation sagte, dass sich in seinem Verein vor allem „Eliten" träfen. Andere Gruppen, wie die keralesischen Krankenschwestern, seien nicht vertreten, da sie einen eigenen Verein hätten. Auch eine Kombination aus sozialem Status und sprachlich-kulturellem Hintergrund wurde als Distinktionsmerkmal genannt. In Bezug auf die Migrant*innen aus Kerala, die vor allem in Nordrhein-Westfalen und Rheinland-Pfalz leben, gab es Versuche, sie als Mitglieder für die DIG zu gewinnen. So wurde das keralesische Erntedankfest Onam in der DIG gefeiert und die Keralesen wurden zu dieser Veranstaltung eingeladen. Diese Annäherungsversuche, so ein Interviewpartner, seien aber gescheitert.

Auch die Gemeinschaft der Sikhs ist innerhalb der „indischen Diaspora" isoliert, was sowohl Sikhs als auch Gesprächspartner*innen außerhalb dieser Gemeinschaft unterstreichen. Als Gründe für den geringen Kontakt zu anderen indischen Gruppen werden unterschiedliche Interessen, kulturelle und sprachliche Unterschiede angeführt (die meisten Sikhs stammen aus dem nordindischen Punjab und sprechen Panjabi). In der Außenwahrnehmung werden die Sikhs zum Teil als antiindisch wahrgenommen, was damit zusammenhängt, dass viele von ihnen als Flüchtlinge nach Deutschland kamen. Sie gaben an, der Khalistan-Bewegung anzugehören und politischer Verfolgung ausgesetzt gewesen zu sein (Kapitel 5.1). Innerhalb der Gemeinden gibt es immer wieder Konflikte zwischen Gläubigen, die der Khalistan-Bewegung nahestehen und solchen, die eine politische Betätigung innerhalb des Gurdwaras ablehnen. Die zum Teil anti-indische Propaganda in den Gurdwaras wurde von mehreren Gesprächspartnern als abschreckend beschrieben. Ein Gesprächspartner, selbst ein Hindu, der einen Gurdwara zum Gebet aufsuchte, wurde von weiteren Besuchen abgehalten, als er an einer Wand des Gebetsraumes die Parole „Hindustan Murdabad" (in etwa: „Tod Indien") las.

Die diplomatischen Vertretungen Indiens in Deutschland können die Sikh-Gemeinschaft, für die sie sich trotz allem verantwortlich fühlen, zum einen aufgrund der von einigen Gemeindemitgliedern geäußerten anti-indischen Tendenzen, wie sie aus obigem Beispiel deutlich werden, schwer erreichen. Zum anderen sagte ein Mitglied des indischen diplomatischen Corps, dass wer offiziell Asyl in Deutschland beantragt, damit zugleich seine Verbindung zum indischen Staat gekappt habe.

Ein zusätzliches Hindernis für die Vernetzung ist der geringe Bildungsgrad der geflüchteten Punjabis. Entlang dieser beiden „Bruchlinien" (Zugehörigkeit zur Khalistan-Bewegung, sozioökonomischer Status) finden auch innerhalb der Sikh-Gemeinschaft Gruppenbildungsprozesse statt. Die sich beispielsweise in der Abspaltungen neuer Gemeinden manifestieren. Ein Befragter sagte, diese Differenzen seien der Grund, weshalb es in vielen deutschen Städten trotz der überschaubaren Zahl der Sikhs mehrere Gurdwaras gebe.

Solche „Trennungen" innerhalb der „indischen Diaspora" die erst die Möglichkeit schaffen, Sprache und Kultur der der gemeinsamen Herkunftsregion zu pflegen und zu leben, scheinen besonders in der ersten Generation aufzutreten. Befragte, die Mitglieder in panindischen Migrantenorganisationen sind, unterhalten daher zusätzlich individuelle Kontakte zu Personen mit dem gleichen kulturellen Hintergrund bzw. sind zusätzlich Mitglied in regional- oder religionsspezifischen Organisationen. Die zweite Generation, die oft nicht die Muttersprache der Eltern erlernt hat, ist diese Unterscheidung weniger wichtig. Für sie stehen der Indienbezug und ein panindisches Kulturverständnis im Vordergrund.

Freundschaftsnetzwerke

Der Kontakt zu anderen indischen Migrant*innen ist für viele Gesprächspartner*innen wichtig. In der standardisierten Befragung wurde die Frage nach der überwiegenden Herkunft der Freund*innen von 100 mit „überwiegend deutsche Freunde" und von 99 Befragten mit „überwiegend indische Freunde" beantwortet (Abbildung 16). Dass die hohe Zahl von 40 Befragten angibt, ihre Freunde seien „überwiegend anderer Herkunft", also nicht indischer oder deutscher, deutet darauf hin, dass sich viele der Befragten in transnationalen Zusammenhängen bewegen, entweder weil sie in Deutschland in einem transnationalen Unternehmen oder bei einer transnationalen Organisation arbeiten oder weil sie als Studierende in einem internationalen Studiengang eingeschrieben sind.

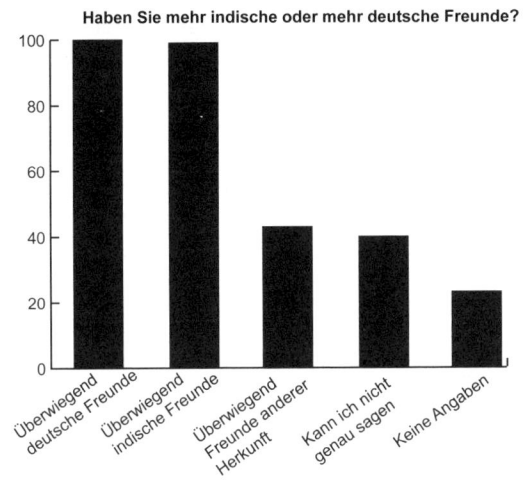

Abbildung 16: Überwiegende Herkunft der Freunde

Von denjenigen, die vor 2000 nach Deutschland migriert sind, sagten 48%, dass ihr Freundeskreis vorrangig aus Deutschen bestehe und nur 19% haben überwiegend indische Freunde, 23% gaben an, dass sie nicht genau sagen können, welche Nationalität in ihrem Freundeskreis überwiegt. Für diejenigen, die nach 2000 nach Deutschland kamen, ergibt sich ein entgegengesetztes Bild: 47% haben überwiegend indische Freunde und 17% überwiegend deutsche. Dies kann als Hinweis darauf gelten, dass indische Bezugspersonen vor allem zu Beginn des Aufenthalts gesucht werden, mit zunehmender Aufenthaltsdauer aber an Bedeutung verlieren.

Großen Einfluss hat vor allem die Herkunft der Partnerin bzw. des Partners: Unabhängig vom Migrationszeitpunkt gaben 49% der Befragten mit indischer Partnerin bzw. indischem Partner an, mehr indische Freunde zu haben, während nur 6% überwiegend deutsche Freunde haben. Diejenigen mit deutschem Partner bzw. deutscher Partnerin gaben in 63% der Fälle an, einen überwiegend deutschen und in 6% der Fälle einen überwiegend indischen Freundeskreis zu haben.

Betrachtet man die Antworten auf die Frage nach der Herkunft der Freunde in der standardisierten Befragung getrennt für die sog. zweite Generation, fällt das Ergebnis erwartungsgemäß anders aus: 63% sagten, dass sie überwiegend deutsche Freunde haben und jeweils 11% dass sie überwiegend indische oder Freunde anderer Herkunft haben.

In der qualitativen Erhebung wurde die Herkunft der Freunde ebenfalls thematisiert. Für einige war es für leichter, Freundschaften mit Inder*innen einzugehen, weil man ein gemeinsames Grundverständnis und gemeinsame Werte voraussetzen könne. Es sei z.B. nicht notwendig, die Bedeutung von Familie zu erklären und auch die Umgangsformen seien bekannter. Ein Gesprächspartner erklärte, dass er es sehr schwierig findet in Deutschland Kontakte zu knüpfen, weil unter der Woche „alle nur arbeiten und danach schlafen" würden, Freizeit finde nur am Wochenende statt. Er fühle sich deshalb in Deutschland insgesamt sozial isoliert. Als weitere wichtige Barriere wurde die Sprache genannt. Eine Probandin sagte, sie habe kaum deutsche Freunde, weil es ihr aufgrund sprachlicher Hürden schwerfalle Kontakte zu knüpfen. Situationen, in denen sie auf Deutsch kommunizieren müsse, vermeide sie bewusst, aus Angst zu versagen. Andere stellten heraus, dass Freundschaften mit indischen Migrant*innen länger Bestand hätten.

Proband*innen mit deutschen Partner*innen, beschreiben ihre Freundschaften in Deutschland als wichtiger. Sie teilen das gemeinsame soziale Netzwerk mit den Partner*innen und sind dauerhaft in Deutschland verankert. Aber auch für andere sind diese Freundschaften wichtig, weil sie mit ihren deutschen Freund*innen andere Inhalte besprechen können und diese Freundschaften als tiefer empfinden. Ein Gesprächspartner aus der IT-Branche sagte, dass er viele deutsche Freunde habe, mit denen er auch über berufliche Probleme sprechen könne. Dies sei mit indischen Freunden schwierig, weil sie alle selbst in der IT-Branche tätig seien, jedoch in anderen Unternehmen. Die Loyalität zu seinem Arbeitgeber verbiete es daher, Probleme im beruflichen Umfeld mit seinen indischen Freunden zu erörtern.

Wichtige soziale Netzwerke mit Deutschen stellen die Nachbarschaften dar. Dauerhaft in Deutschland Lebende fühlen sich gut integriert und pflegen enge Beziehungen zu ihren Nachbar*innen. Ein Gesprächspartner bezeichnete sie sogar als Ersatz für seine Großfamilie in Indien.

In den Interviews wurde auch offensichtlich, dass die Sprachbarrieren es erschweren, deutsche und indische Freundeskreise zusammenzubringen. Es sei sehr schwierig, deutsche und indische Freunde zusammenzubringen. Gemischte Gruppen teilten sich bei gemeinsamen Treffen sehr schnell in solche gleicher Sprache auf, was die Interviewten veranlasste, keine weiteren gemeinsamen Unternehmungen für deutsche und indische Freunde anzubieten.

Migrantische Netzwerke

Andere indische Migrant*innen sind für Neuankömmlinge vor allem für die Zeit kurz nach der Ankunft in Deutschland wichtig. Eine Gesprächspartnerin, die einen in Deutschland lebenden Inder geheiratet hat, beschreibt die Erleichterungen, die sich durch die Einbindung in ein Netzwerk indischer Migrant*innen hätten:

> „That felt really, really good actually. [...] Once I'm here, as my husband stays here since long time, he's already into this community and we have a really good big Indian community here. It made me easy maybe, you know, to get to know things. I can ask them regarding anything. It's really helping me."
> Nisha, kam als abhängige Partnerin (arrangierte Ehe) 2013 nach Deutschland; Dezember 2016.

Auch andere Gesprächspartner berichteten, dass neu Ankommenden viel praktische Hilfe aus der Gemeinschaft der indischen Migrant*innen geleistet wurde, z.B. bei der Suche nach einer Wohnung. Ein indischer Student konnte unmittelbar nach seiner Ankunft zur Untermiete bei einem indischen Migranten wohnen konnte. Er kannte ihn flüchtig aus seiner Heimat, inzwischen ist er mit ihm befreundet. Dieses Beispiel unterstreicht die Bedeutung der *weak ties*.

Das Zusammensein mit anderen Migrant*innen gibt die Gelegenheit gemeinsam Feste zu feiern, indische Filme anzuschauen oder sich über das Leben in Deutschland und Entwicklungen in Indien auszutauschen. Eine Gesprächspartnerin sagte, die Zahl indischer Migrant*innen sei an ihrem Wohnort so groß, dass sie Indien nicht vermisse.

Die Bedeutung der Netzwerke zu anderen indischen Migrant*innen verschiebt sich mit der Dauer des Aufenthaltes, aber auch mit der Veränderung der Stellung im Lebenszyklus:

„In the beginning when we came afterwards there are lot of other guys came and joined together. We had a good team from the same company, so we had lot of active participation, going together to you know European trips everywhere backpackers, that kind of stuff. And we used to travel. after you settled a little bit then the challenge is like you have a change in the mentality. The same questions which people ask when they come as an immigrant the first place is not motivated for you. And it is not interesting for you anyhow, because you already passed through that stage […] You are also integrating with the German community. So we are living in the same place where there are no Indian guys living there. But we felt when the children were born, we felt the need, that they should also be interacted with the community. So we started making the Pujas and inviting all the people to come to our house […] The Indian community is very strongly knit basically. It's quite strongly knit even though they are regionally different."
Gobind, kam 2000 mit einer „Green card" Deutschland; Oktober 2015.

Nachdem sich sein Aufenthalt verfestigt hatte, strebte Gobind die weitere Integration in die deutsche Gesellschaft an. Nach der Geburtt seiner Kinder fühlte er die Notwendigkeit wieder mehr Kontakt zur indischen Gemeinschaft aufzunehmen. Dies wird in ähnlicher Weise auch von anderen Gesprächspartner*innen, die dies zum Anlass nahmen, eigene Migrantenorganisationen zu gründen. Hier soll ihren Kindern die Kultur ihrer Heimatregion zu vermittelt werden. Im Gegensatz dazu ist für andere die Phase der Familiengründung die Zeit, in der sie ihr Engagement in Migrantenorganisationen bewusst reduzieren. Gleiche Veränderungen im Lebenslauf lösen also sehr unterschiedliche Reaktionen aus.

Der intensiven Kontakt zu anderen indischen Migrant*innen wird auch durch „importierte" Wertvorstellungen beeinträchtigt, die von einem Teil der Befragten abgelehnt werden. Eine Interviewpartnerin sagte, dass sie sich manchmal als ledige junge Frau über dreißig in der Gegenwart anderer indischer Migrant*innen unwohl fühle, weil sie spüre, dass man auf sie herabschaue. Grund hierfür sei, dass gemäß dem traditionellen indischen Rollenbild Frauen früh heiraten und Kinder bekommen sollten. Divergierende Wertvorstellungen führen auch bei anderen Proband*innen dazu, dass sie bestimmte Gruppen meiden. Ein Gesprächspartner nennt die relativ kurze Verweildauer der Hochqualifizierten als Grund dafür, dass er in Beziehungen mit dieser Gruppe wenig „investiere". Die hohe Fluktuation mache es schwierig, dauerhafte Freundschaften zu schließen.

Funktionen indischer Migrantenorganisationen

Die Gemeinschaft der indischen Migrant*innen ist ein wichtiges Unterstützungsnetzwerk – und das nicht nur in der Anfangsphase. Eine besondere Rolle nehmen die institutionalisierten Netzwerke der Migrantenorganisationen ein, die in einigen Fällen auch als eine Art Familienersatz fungieren:

> „Und eins muss man auch sagen: Dieser Verein ist wie eine zweite Familie. Eine zweite große Familie wahrscheinlich. Ich kann ein paar Beispiele geben z.B. wenn irgendwer Problem hat, einer ins Krankenhaus kommt oder sonst was. Der Schatzmeister, was ich jetzt heute bin, ist 2013 im November gestorben. Und der hat eine Tochter, einen Sohn, eine Frau. Und als wir erfahren haben, dann waren wir…also der hat nur eine Person angerufen, dass der Vater gestorben ist, morgens um neun Uhr. Dann waren wir, je nachdem wie weit man weg wohnt, nach einer halben Stunde, viertel Stunde… die anderen Familien alle vor Ort gewesen. Und dann haben wir uns um alles gekümmert. Dann ist das so. Das ist nicht ein Verein, sondern auch eine große Familie. Da fragt man nicht, was das kosten würde oder was es ist. Das wird automatisch so gemacht. Auch wenn einer ins Krankenhaus kommt oder sonst was. Dann ruft eine Frau an, dann wissen alle das und innerhalb vielleicht nächster Tag, einfach besuchen. Solche Sachen also."
> Ramesh, kam als Jugendlicher 1978 nach Deutschland, weil sein Vater im diplomatischen Dienst tätig war; März 2015.

In der standardisierten Befragung gab mehr als die Hälfte der Befragten (158) an, Mitglied in einer indischen Migrantenorganisation zu sein. Vierunddreißig gaben an, Mitglied in mehreren Vereinen zu sein (Abbildung 17). Allerdings kann das Ergebnis hier nicht als repräsentativ für die gesamte indischstämmige Bevölkerung in Deutschland angesehen werden, weil die Migrantenorganisationen angeschrieben und gebeten wurden, den Link zu der Onlinebefragung zu verteilen. Jedoch lassen die Ergebnisse den vorsichtigen Schluss zu, dass in der institutionellen Vernetzung die panindisch ausgerichteten Vereine, die hier am häufigsten genannt wurden, eine höhere Relevanz besitzen. Ein möglicher Erklärungsansatz hierfür ist, dass die Zahl der indischen Migrant*innen in Deutschland zu gering ist, um eine solche Differenzierung zu erlauben. In den Gesprächen mit Expert*innen wurde aber auch immer erwähnt, dass es trotzdem innerhalb der Organisationen zur Bildung homogener Gruppe komme, da die Interessen, Wünsche und Anforderungen von Personen mit unterschiedlicher Herkunft, Aufenthaltsdauer, Stellung im Familienzyklus oder unterschiedlichem sozialem Status unterschiedlich seien.

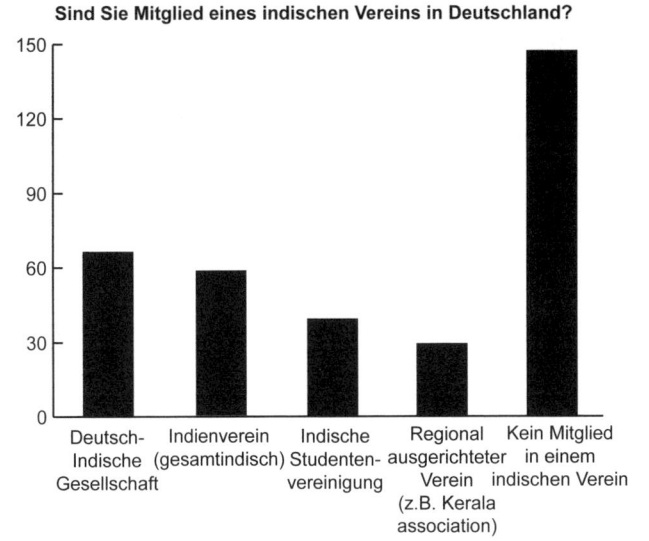

Sind Sie Mitglied eines indischen Vereins in Deutschland?

[Bar chart showing approximate values:
- Deutsch-Indische Gesellschaft: ~65
- Indienverein (gesamtindisch): ~60
- Indische Studentenvereinigung: ~40
- Regional ausgerichteter Verein (z.B. Kerala association): ~30
- Kein Mitglied in einem indischen Verein: ~148]

Quelle: Eigene Erhebung 2016, n=305, Mehrfachnennung möglich

Abbildung 17: Mitgliedschaft in einer indischen Migrantenorganisation

Eine wichtige Funktion von Migrantenorganisationen ist die der „Anpassungsschleuse" (GAITANIDES 2003: 26) als bezeichnete. Sie bieten Neuankömmlingen einen ersten Kontakt und ermöglichen es ihnen, soziale Netzwerke am Ankunftsort aufzubauen. Sie führen Sprachkurse durch, informieren über Aspekte des alltäglichen Lebens und vermitteln ein Gefühl von „Heimat in der Fremde" (so der Titel eines Buchs über indische Migrationsgeschichten, MEINE WELT 2008). Die INDIAN ASSOCIATION BONN bietet im Internet eine eigene Seite an, in der unter der Überschrift „new in Bonn" Informationen über internationale Schulen, zum Procedere der Anmeldung bei der Stadt, über indische Geschäfte und Studentenunterkünfte aufgelistet werden. Für einen Befragten war dies einer der Hauptgründe für seine Beteiligung an der Gründung einer Migrantenorganisation. Die Wichtigkeit dieser Funktion wird im folgenden Interviewausschnitt deutlich:

> „Interviewer: So is it somehow important for you to have some Indian connection?
> Befragter: It is important yes. I am an Indian.
> Interviewer: And did you specifically search for that or is it something which happened by chance?
> Befragter: Just normal. This Indian association I did search. I heard about it from this lady […] So I thought okay, like for example Diwali is a big festival and they have a big, so I am pretty sure I will be going there. I mean it gives a good feeling to…maybe I am not talking to people always there, but to be… at least you are part of this festival, because else I think I would really miss it… and feel more home sick. So this is a kind of solution for me for this home sickness."
> Anil, kam 2015 für ein sechsmonatiges Praktikum bei einem transnationalen Unternehmen nach Deutschland; September 2015.

Anil nennt hier Heimweh als Motivation für den Besuch des Diwali-Festes einer indischen Migrantenorganisation. Ein zweites Interview erfolgte 18 Monate später, denn entgegen seines ursprünglichen Plans hatte sich sein Aufenthalt in Deutschland verfestigt. Inzwischen war er aktives Mitglied der Gesellschaft und bereitete selbst Aktivitäten mit vor. Für ihn stellte der Besuch des Fests eine erste, zunächst noch unverbindlichen Kontaktaufnahme dar. Mit ihren Festen sprechen Migrantenorganisationen, über die eigenen Mitglieder hinaus, eine große Zahl indischstämmiger Migrant*innen an. Ein Gesprächspartner bezeichnete diese Feste als „Ankerpunkt" der Gemeinschaft.

Drei Viertel der Befragten der standardisierten Befragung feiern indische Feste (Abbildung 18), für jede*n Fünften von ihnen ist dies sehr wichtig. Wichtige indische Feste, wie z.B. Diwali, Onam, Holi oder Durga Puja werden im Familienkreis, mit Freunden, aber auch in den Migrantenorganisationen gefeiert.

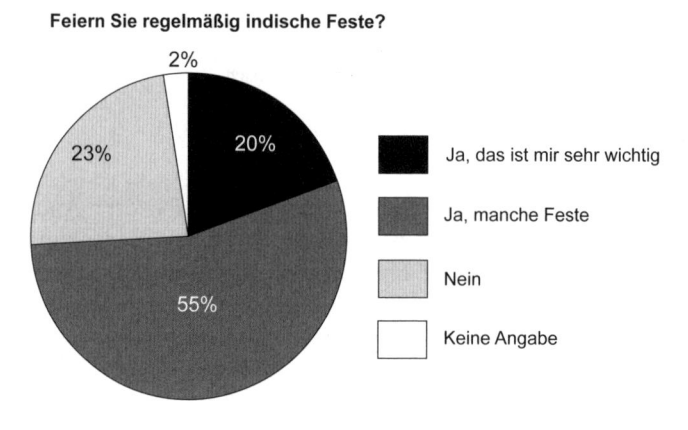

Feiern Sie regelmäßig indische Feste?

- 2% Keine Angabe
- 20% Ja, das ist mir sehr wichtig
- 55% Ja, manche Feste
- 23% Nein

Quelle: Eigene Erhebung 2016, n=305

Abbildung 18: Feiern indischer Feste

Die Elterngeneration betrachtet diese Feste und die regelmäßigen Aktivitäten der Migrantenorganisationen als wichtig für die zweite Generation, da sie ein Verständnis für das Heimatland der Eltern bzw. die Kultur der Herkunftsregion vermittelten (vgl. auch das Zitat von Gobind auf Seite 109). Migrantenorganisationen halten zum Teil ein besonders auf die zweite Generation abgestelltes Programm bereit, wo in Sprachkursen und Lesezirkeln sowohl Sprachkenntnisse erweitert als auch die Lektüre klassischer indischer Texte angeboten werden. In diesem Zusammenhang sind auch die mehrtägigen Veranstaltungen für die zweite Generation in den 1990er Jahren und 2000er Jahren zu sehen, die zu einer Auseinandersetzung mit der eigenen Identität ins Zentrum anregten aber auch die Konfliktbewältigung mit der

Elterngeneration und die Verhältnisse in Indien zum Gegensatnd der Diskussionen machten.

Weiterhin sind Migrantenorganisationen in den Bereichen Religion und Philosophie aktiv. Der Vorsitzender eines Vereins berichtete von vierzehntägig stattfindenden Treffen einer Gruppe in seinem Verein, bei denen sich Erwachsene und Kinder getrennt voneinander mit indischer Philosophie und Mythologie beschäftigen. Zur Erhaltung der kollektiven Identität tragen die Feiern an den indischen Nationalfeiertagen in den Migrantenorganisationen bei. Das sind der Unabhängigkeitstag, am 15. August und der *Republic Day*, am 26. Januar. Insbesondere der Unabhängigkeitstag hat eine hohe emotionale und identitätsstiftende Bedeutung.

Die Funktion der Vermittlung von Wissen über das Herkunftsland zielt in einigen Fällen besonders auf die zweite Generation. In anderen Fällen, z.B. bei der Deutsch-Indischen Gesellschaft, ist das Ziel mit Vorträgen und Veranstaltungsprogrammen eine möglichst breite Öffentlichkeit zu erreichen, um Wissen über Indien zu vermitteln. Einzelne Vereine, z.B. der Sikh Verband Deutschland, wurden gegründet, um über die Religion aufzuklären und gemeinsame Interessen zu vertreten (z.B. Anerkennung als Religionsgemeinschaft). Dies kann aber auch ein zeitlich begrenztes Projekt für ein konkretes Anliegen sein: Z.B. hat sich die Indian Association Hannover dafür eingesetzt, im Gedenken an Mahatma Gandhi und den indischen Unabhängigkeitskampf, in Hannover ein Denkmal zu errichten. Ansonsten beteiligt sich der Verein zwar an der Gestaltung des Programms der Indien-Woche in Hannover, die von verschiedenen Institutionen gemeinsam durchgeführt wird, primär zielen die Vereinsaktivitäten aber auf die eigenen Mitglieder.

Nicht zuletzt haben die indischen Migrantenorganisationen eine Position als Ansprechpartner und Vermittler inne. So nutzen viele Institutionen, von den diplomatischen Vertretungen Indiens über deutsche Behörden und politische Stiftungen bis zu Nichtregierungsorganisationen die Kontakte der Migrantenorganisationen zu indischen Migrant*innen, um zu Vorträgen, Informations- und Kulturveranstaltungen einzuladen.

Keine oder geringe Vernetzung mit indischen Migrant*innen

Von den Teilnehmer*innen der standardisierten Befragung sind nur etwas mehr als die Hälfte Mitglied in einer Migrantenorganisation (Abbildung 17). Gründe hierfür wurden in der qualitativen Befragung erhoben. Ein Interviewpartner sagte, seine Nichtmitgliedschaft sei eine bewusste Entscheidung, da er nicht ständig über Themen mit Indienbezug sprechen wolle. Extremer drückte sich ein Gesprächspartner aus, der sagte, er brauche kein „indisches Ghetto". Eine Gesprächspartnerin aus der zweiten Generation, die sich in ihrer Jugend und als junge Erwachsene stark in Migrantenorganisationen engagiert hatte, sagte, ihr sei inzwischen das Leben hier in Deutschland wichtiger. Gemeinsam ist diesen Aussagen, dass sich die Gesprächspartner*innen von der Gemeinschaft der indischen Migrant*innen distanzieren, um einer Vereinnahmung zu entgehen, weil sie eine stärkere Integration in die deutsche Gesellschaft bevorzugten.

Ein Gesprächspartner, der transnational zwischen Deutschland und Indien pendelt, hatte kein Interesse an zu intensiven Kontakten, weil er sein Indischsein im Rahmen seiner Aufenthalte in Indien auslebe und er hier lieber seine Zeit mit seiner deutschen Familie und seinen deutschen Freunden verbringe. Andere haben ihren Kontakt zu indischstämmigen Personen reduziert, weil sich ihre Lebenssituation verändert hat, etwa aus Altersgründen oder weil sie Eltern wurden

Anderen gelingt es nicht, trotz wiederholter Versuche, Kontakte zu anderen indischen Migrant*innen aufzubauen. Eine Probandin aus der zweiten Generation sagte, dass mehrere Kontaktversuche aufgrund von Sprachbarrieren gescheitert seien, ein südindischer Gesprächspartner, dass in seinem Heimatort fast nur nordindische Migrant*innen leben und es aufgrund der kulturellen und sprachlichen Unterschiede für ihn schwierig sei, Gemeinsamkeiten zu entdecken. Kulturelle Unterschiede nennt auch die Gesprächspartnerin in dem folgenden Interviewausschnitt als Grund für fehlende Freundschaften:

> „Leider Gottes ich habe keine indischen Freunde in [Wohnort]. Es tut mir leid, aber ich schaff das irgendwie nicht, weil die kommen und gehen. Und die hier sind, die bleiben für sich, weil es ist immer ein Tabu. Wissen Sie wenn Sie als Inder zusammen nach Deutschland kommen und auch hier 60 Jahre leben, das ist immer noch indische Familie. Und bei mir ist das so, ich bin halb und halb. Und das klappt mit den indischen Familien nicht, weil ich denke doch bisschen anders. Und dann kommen...Konflikte würde ich nicht sagen, aber dann bleibt jeder für sich, sagen wir so."
> Frau Heinze, kam 1963 nach Deutschland, weil sie in Indien einen Deutschen kennengelernt und geheiratet hat; April 2015.

Frau Heinze weist auch noch auf einen anderen Umstand hin, der auch von weiteren Proband*innen genannt wurde: Die kurze Verweildauer vieler Hochqualifizierter (Kapitel 5.2) erschwere die Schaffung dauerhafter Beziehungen zu bzw. innerhalb dieser Gruppe.

Einen interessanten Einblick eröffnete das Gespräch mit Gayatri, die keine Beziehung zu ihren indischen Landsleuten aufbauen kann, weil diese ihr „Indischsein" überbetonten:

> „What I found with the Indians already in [Wohnort] is that, and this is my perception again, is that they have a strong sense of this hole „India, India, India" thing. And I couldn't relate to it, this...very exaggerate sense of patriotism. So they would cook Indian food, they would try to follow Indian rituals, they try to follow Indian festivals. And I never did that back home and I thought that would be a little bollywoodish."
> Gayatri, kam 2006 als abhängige Ehepartnerin nach Deutschland; April 2015.

Ausgestaltung von Kulturprogrammen

Die Art und Weise, wie indische Kultur in Deutschland gelebt wird, führt auch innerhalb von Vereinen zu Konflikten. Sie entzünden sich beispielsweise an Meinungsverschiedenheiten über das „richtige" Begehen bestimmter Rituale. Das kann sogar zu einer Spaltung von Migrantenorganisationen führen. Aber auch auf einer weniger konfliktträchtigen Ebene wurde Kritik an der Art und Weise geäußert, wie in Migrantenorganisationen kulturelle Identität gelebt wird. Einige bemängelten, dass viele Vereine das immer gleiche, biedere Programm anböten, das nur noch wenig damit zu tun habe, wie Feste in Indien gefeiert würden. In mehreren Gesprächen wurden die sehr förmlichen Programme als einer der Gründe für die Nachwuchssorgen der DIG genannt:

> „Viele Mitglieder sind also ziemlich alt geworden und es fehlt etwas der Nachwuchs. Wir haben also keinen. Es gibt jetzt zwar sehr viel mehr indische Studenten an der Uni, aber wir haben da keinen richtigen Draht zu denen."
> Herr Weiß, deutscher Herkunft; DIG-Vorsitzender; Juni 2014.

Neu gegründete Migrantenorganisationen versuchen sich hiervon abzugrenzen und bieten modernere Formen des Feste zu feiern an. Neben traditionellen Tanzdarbietungen und Literaturlesungen gibt es auch Filmvorführungen und organisierte Feiern in ungezwungenem Rahmen. Dies wiederum wurde von anderen als eine Verwestlichung kultureller Traditionen abgelehnt.

Führen die Migrantenorganisationen homogene Gruppen zusammen, die sich nach Migrationszeitpunkt, Herkunftsort, Stellung im Lebenszyklus differenzieren, so kann sich das auch als Nachteil herausstellen, wie es z.B. bei der DIG zu sehen ist, deren Überalterung zum Mitgliederschwund wesentlich beiträgt. Dies bestätigt auch eine Gesprächspartnerin, deren Vater sich in einer Migrantenorganisation engagiert hatte, die sich aber schließlich wegen Überalterung der Mitglieder auflöste. Gleichzeitig entstehen aber auch neue Migrantenorganisationen, die die Interessen und Bedürfnisse derjenigen bedienen, die neu nach Deutschland kommen, bzw. deren Aufenthalt sich zu verfestigen beginnt (Kapitel 6.1.2).

Religiöse Netzwerke

Religiöse Netzwerke sind für die verschiedenen Gruppen innerhalb der „indischen Diaspora" in Deutschland von unterschiedlicher Bedeutung. Repräsentative Zahlen zur Verteilung der Religionszugehörigkeit indischer Migrant*innen liegen nicht vor. In der eigenen standardisierten Befragung (n= 305) bezeichneten sich die meisten als Hindus (56,1%), 14,8% bezeichneten sich als Christen, 9,8% als Sikhs, 1,6% als Muslime, 1,3% als Jains, 1,6% nannten sonstige Religionen und 4,6% machten keine Angabe zu ihrer Religionszugehörigkeit. Diese Zahlen unterscheiden sich deutlich von der Religionsverteilung in Indien (80,5% Hindus, 13,4% Muslime, 2,3% Christen, 1,9% Sikhs, 0,4% Jains, Angaben für 2011 nach CENSUS OF INDIA o.D.). Dieser Unterschied ist mit der deutsch-indischen Migrationsgeschichte und den unterschiedlichen indisch-deutschen Migrationspfaden zu erklären (Kapitel 5).

Für die Sikhs sind die Gurdwaras religiöser und sozialer Treffpunkt. Sie erfüllen viele Funktionen, die von Migrantenorganisationen wahrgenommen werden (vgl. auch GALLO 2012 zu den Funktionen von Gurdwaras in Italien):

> „Wir sind ja zusammen aufgewachsen. Also wir sind ja eine Gemeinde hier. Wir kennen uns seit wir jung sind, also seit wir klein waren und Familien kennen sich, man besucht sich gegenseitig und freundet sich natürlich mit den Leuten an. Aber es gibt natürlich auch die Tempel

> hier, die Gebetsstätten, und das ist eigentlich der Treffpunkt, wo wir uns immer getroffen haben, um indisch zu lesen, sprechen und schreiben, Gebete zu rezitieren. Da haben wir das Alles gelernt, beim Sonntagsgottesdienst. Und da hat man sich natürlich, nachdem der Gottesdienst vorbei war, mal unterhalten, wie es in der Schule läuft z.B. oder wie es im Leben generell läuft."
> Deepak, in Deutschland geboren und aufgewachsen.

Gurdwaras waren vor allem in den 1980er Jahren für diejenigen, die als Asylbewerber*innen nach Deutschland migriert sind wichtige Institutionen. Viele, die keine Unterkunft hatten, fanden damals zeitweise in Gurdwaras Obdach, so ein Experte. Innerhalb der Gemeinden bestehen starke soziale Netzwerke, die zum Teil durch Heirat gestärkt werden.

Wichtig sind religiöse Netzwerke auch für diejenigen, die in den 1960er und 1970er Jahren als Krankenschwestern bzw. deren Ehemänner aus Kerala nach Deutschland kamen. Ihre Migration erfolgte über ein kirchliches Netzwerk und die Kirche blieb für viele auch weiterhin die Institution, um sich nach ihrer Ankunft mit anderen zu vernetzen. Die Gemeinden wurden als Orte bezeichnet in denen sich Befragte ihrer Identität versichern und Gemeinschaft erleben können.

Für die Sikhs und die keralesischen Christ*innen sind die religiösen Netzwerke aus zwei Gründen wichtig: (1) Ihre Mitglieder kamen in kurzer Zeit und in relativ großer Zahl. Es handelt sich also um weitgehend homogene Gruppen in Bezug auf ihre Migrationserfahrungen, ihren sozioökonomischen Status und ihre Stellung im Lebenszyklus. (2) Auch innerhalb Indiens sind sie in einer Minderheitensituation, weshalb der Kontakt zu indischen Migrant*innen schwierig ist.

Im Gegensatz dazu haben Hindu-Tempel keinen derartigen Stellenwert. Dies stellt einen Unterschied zu der Situation dar, die VERTOVEC (2000) für Hindutempel in London beschreibt, die für unterschiedliche Gruppen wichtige Zentren des sozialen Lebens darstellen. Zwar wählten Proband*innen nach ihrer Ankunft als ersten Anlaufpunkt einen Hindutempel, zur Schaffung und Pflege sozialer Verbindungen bleiben diese aber nicht von zentraler Bedeutung. Ein wichtiger Grund ist, dass die meisten Hindutempel in Deutschland von afghanischen oder sri-lankischen Migrant*innen gegründet wurden, die in diesen Gemeinden weiterhin die Mehrheit bilden. Aufgrund sprachlich-kultureller Unterschiede werden diese Tempel nur selten von indischen Hindus aufgesucht:

> „I know, couple of them [andere indische Migrant*innen] do go there to the [afghan] temple. but we not... because we don't know these people at all. When we go there, we don't know anybody there. They are very nice and they tell us to come and we can eat with them because they always have lunch or dinner or something and we go eat with them or just...but they are different, they are not like us at all. They speak a different language, because they are from Afghanistan, but they are Hindus."
> Frau Das, kam 2008 als abhängige Ehepartnerin nach Deutschland, Mai 2015.

Einige Gesprächspartner*innen gaben an, die Hindutempel afghanischer und sri-lankischer Hindus für bestimmte religiöse Rituale aufzusuchen, der Gemeinde fühlen sie sich dadurch aber nicht zugehörig. Für sie die ist der Tempel Ort der Ausübung religiöser Praktiken, kein Gemeinschaftsort. Auch haben Tempel für die Religionsausübung der Hindus nicht die zentrale Rolle, wie sie Kirchen, Moscheen oder Synagogen für Personen christlichen, muslimischen oder jüdischen Glaubens besitzen. In Indien haben Tempel für viele Migrant*innen nur eine marginale Bedeutung, zu sozialen Orten werden sie erst in der „Diaspora" (VERTOVEC 2000). Dementsprechend sagten Gesprächspartner*innen, dass sie ihren Glauben an anderen Orten leben. Einige haben einen Schrein im eigenen Haus, andere leben ihre Spiritualität an anderen Orten aus, z.B. in der Natur oder bei Kirchenbesuchen aus. Wieder andere leben ihre Religion transnational, in dem sie die für sie wichtigen Rituale in einem Tempel an ihrem Heimatort vollziehen lassen.

Eine besondere Stellung nimmt der Sri Ganesha-Tempel in Berlin ein, der erste indische Hindutempel Deutschlands. Derzeit befindet sich der Tempel noch in einer ehemaligen Turnhalle, in der Nachbarschaft wird aber ein neues Gebäude errichtet, das architektonisch an Vorbilder aus Südindien angelehnt ist. Der Architekt und die Handwerker, die am Bau beteiligt sind stammen aus Südindien. Den Initiatoren ist es wichtig, dass der Tempel für Anhänger*innen aller Ausprägungen des Hinduismus attraktiv ist. Daher wurde Ganesha als Hauptgott ausgewählt, der in den unterschiedlichen Strömungen des Hinduismus gleichermaßen verehrt wird. Die Initiatoren wünschen sich weitergehend, dass der Tempel für die in Berlin lebenden Hindus auch zu einem Ort des sozialen Austauschs wird.

Geschäftliche Netzwerke

Ethnisch basierte geschäftliche Netzwerke werden in der Migrationsforschung als wichtiges Kapital von Migrant*innen eingestuft (KLOOSTERMANN et al. 1999, GUARNIZO 2003, SCHMIZ 2011). Diese Netzwerke finden sich insbesondere in ethnischen Ökonomien, vor allem in den Bereichen Gastronomie und indische Textilien. Innerhalb Deutschlands sind sie für von relativ geringer Bedeutung, was unter anderem daran liegt, dass die meisten Hochqualifizierte sind. Sie sind nicht in ethnischen Ökonomien tätig, in denen die Netzwerke zu anderen Migrant*innen entscheidende Bedeutung haben.

Für Hochqualifizierte sind Internet-Foren und Netzwerke wichtig, die einen lockeren Austausch ermöglichen, etwa über Probleme bei der Beantragung von Visa für Mitarbeiter aus Indien. Dies sind zum Teil informelle, zum Teil institutionalisierte Netzwerke, wie das „Indian Business Forum Munich". Institutionalisierte Netzwerke werden zum Teil durch die Konsulate und die Botschaft unterstützt bzw. initiiert. Ihr Ziel ist es, Wissen an Geschäftsleute weiterzugeben, die neu in Deutschland sind. Die geschäftlichen Netzwerke zwischen indischen Migrant*innen in Deutschland scheinen insgesamt schwach ausgeprägt und kaum im Umfeld von Migrantenorganisationen angesiedelt zu sein.

Synopse

Die Ergebnisse zeigen, dass die Vernetzung mit indischen Migrant*innen innerhalb Deutschlands für die Befragten einen sehr unterschiedlichen Stellenwert hat. Die Meisten suchen Kontakt zu anderen Personen indischer Herkunft, gleichzeitig sind sie aber auch bestrebt, sich nicht ausschließlich innerhalb ihrer ethnischen Gemeinschaft zu bewegen. Eine besondere Stellung nehmen die keralesischen Migrant*innen und die Sikhs ein, die in den 1960er und 1970er bzw. den 1980er Jahren nach Deutschland kamen. Zudem ist festzuhalten, dass sich die Kontakte zu anderen indischen Migrant*innen im Lebenszyklus verändern: Sie nehmen mit der Aufenthaltsdauer ab, stattdessen werden Kontakte zu Deutschen wichtiger. Sie nehmen aber an Bedeutung wieder zu, wenn indische Paare in Deutschland Kinder bekommen.

Von besonderer Bedeutung sind indische Migrantenorganisationen, die sich durch eine zunehmende Differenzierung auszeichnen. Dies hängt mit der steigenden Zahl indischer Migrant*innen in Deutschland zusammen, die die Bildung unterschiedlicher Gruppen mit gemeinsamen Interessen begünstigt. Für Neuankommende sind diese Migrantenorganisationen wichtige Kontaktpunkte und Orte, an denen Kultur und Identität gelebt werden kann. Sie leisten eher eine Binnenintegration (ELWERT 1982) als dass sie eine Abschottung begünstigen (ESSER 1986). Letzteres kann in Ansätzen allenfalls für die erste Generation der Sikhs und mit Einschränkungen für die keralesischen Migrant*innen festgestellt werden. Viele Funktionen, die in der Transnationalismus-Literatur beschrieben werden, erfüllen indische Migrantenorganisationen in Deutschland nicht. Sie schaffen kaum transnationale Netzwerke, reproduzieren aber indische Kultur, Werte und Normen und sind daher als transnationale Organisationen im Sinne PRIES' (2010) anzusehen.

6.1.2 Expertenbefragung: indische Migrantenorganisationen

In diesem Teilkapitel werden Teile der Ergebnisse eines Projekts vorgestellt, das gemeinsam mit Wissenschaftlern der Universitäten Bonn und Heidelberg in Kooperation mit der indischen Botschaft durchgeführt wurde. Im Rahmen des Projekts „a home away from home" wurden von V. S. Saravanan (Bonn), S. Saravanan (Heidelberg) und dem Verfasser indische Migrantenorganisationen in Deutschland untersucht. Dabei wurden Informationen zu folgenden Themenbereiche erhoben: 1. Organisationsformen, 2. Regelmäßige Veranstaltungen, 3. Transnationale Verbindungen, 4. Ziele, 5. Entstehungsgeschichte und 6. Mitgliederzahlen.

Die Datenerhebung erfolgte hauptsächlich in Form einer Online-Befragung mit der Plattform „lime survey". Vorbereitend wurden sechs qualitative Interviews geführt, deren Ergebnisse zum Teil in das Kapitel 6.1 eingeflossen sind, vor allem aber wurden sie für die konkrete Gestaltung der standardisierten Erhebung genutzt. Insgesamt wurden 150 indische Migrantenorganisationen angeschrieben, wobei 93 Kontaktadressen von der indischen Botschaft zur Verfügung gestellt und 57 selbst recherchiert wurden. Der Fragebogen richtete sich an die Vorsitzenden der Migrantenorganisationen und umfasste die oben erwähnten Themengebiete. Vertreter*innen von 34 Migrantenorganisationen beantworteten den Fragebogen vollständig. Die für diese Arbeit relevanten Ergebnisse werden im Folgenden dargestellt.

Zeitliche Entwicklung

Die Zahl der indischen Migrantenorganisationen ist in den letzten 75 Jahren kontinuierlich gestiegen (Abbildung 19). Bei den ersten fünf Gründungen handelt es sich um Zweigstellen der Deutsch-Indischen Gesellschaft (DIG). Diese wurde 1953 gegründet, allerdings gab es während des Zweiten Weltkriegs eine Vorläuferorganisation, die im Umfeld des Netzwerks von Bose entstand (Kapitel 5.1). Die nächsten drei Gründungen waren panindische Migrantenorganisationen. Die erste regionalspezifische Gründung ist ein tamilisches Kulturzentrum, das 1975 entstand. Insgesamt nahmen an der Befragung sieben Zweigstellen der DIG teil, 18 panindische Migrantenorganisationen und neun regionalspezifische Migrantenorganisationen, von denen fünf nach 2011 gegründet wurden. Dies ist ein Hinweis darauf, dass durch die gestiegene Zahl der indischen Migrant*innen eine ausreichend große Zahl von Personen zusammenkommt, die es erlaubt, solche spezifischen Organisationen ins Leben zu rufen.

Dementsprechend hat sich die Zahl der Migrantenorganisationen seit dem Jahr 2000 von 15 auf 33 verdoppelt. Allerdings ist davon auszugehen, dass der Anstieg der im Laufe der Zeit nicht so groß ist, wie die Darstellung vermuten lässt, da es sich hier erstens nur um eine recht kleine Stichprobe handelt und zudem nur Migrantenorganisationen erfasst wurden, die noch aktiv sind.

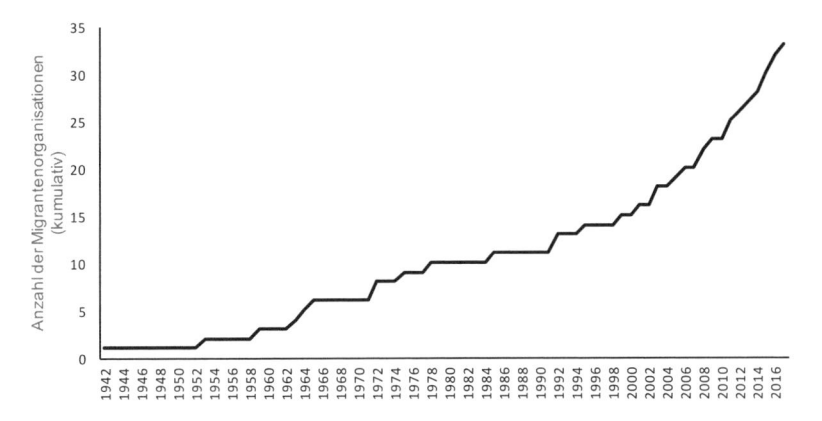

Abbildung 19: Gründungsdaten der befragten Migrantenorganisationen (kumulative Darstellung nach Gründungsjahr)
Quelle: gemeinsame Erhebung mit V. S. Saravanan und S. Saravanan 2017, n=34, 33 Nennungen

Ziele und Funktionen

Hinsichtlich der Ziele, die bei der Gründung der Migrantenorganisationen eine Rolle spielten, war die häufigste Nennung „Kulturelle Aktivitäten" (30), gefolgt von „indisch-deutsche Freundschaft pflegen (28) (Abbildung 20). Nahezu gleich relevante Gründe waren das Bieten eines „Treffpunkts für indische Migrant*innen" (22) und die Schaffung einer Anlaufstelle für neu ankommende indische Migrant*innen (21). Diese vier Aspekte sind allesamt auf das Leben am Ankunftsort ausgerichtet und darauf, hier eine Gemeinschaft zu bilden. Transnationales Engagement, z.B. die Unterstützung mildtätiger Zwecke in Indien spielte dagegen lediglich bei knapp einem Drittel der Organisationen eine Rolle (12).

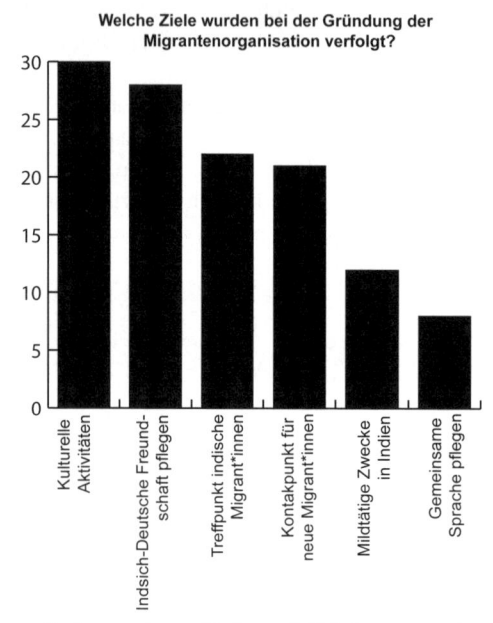

Welche Ziele wurden bei der Gründung der Migrantenorganisation verfolgt?

Ziel	Nennungen
Kulturelle Aktivitäten	30
Indsich-Deutsche Freundschaft pflegen	28
Treffpunkt indische Migrant*innen	22
Kontakpunkt für neue Migrant*innen	21
Mildtätige Zwecke in Indien	12
Gemeinsame Sprache pflegen	8

Quelle: gemeinsame Erhebung mit V. S. Saravanan und S. Saravanan 2017, n=34, 121 Nennungen

Abbildung 20: Ziele bei Gründung der Migrantenorganisationen

Ziele der befragten Migrantenorganisationen entsprechen heute den von GAITANIDES (2003: 26 f.) formulierten Funktionen „Pflege des kulturellen Kapitals", „Schaffung von sozialem Kapital", „Anpassungsschleuse für Neuankömmlinge" und „Vermittlung von Wissen über das Herkunftsland" (vgl. auch Abbildung 21). Diese Funktionen sind auf das Leben in der Ankunftsgesellschaft ausgereichtet.

Entwicklungszusammenarbeit, die vor allem auf die Herkunftsgesellschaft gerichtet ist, wird von nur 16 Befragten als Funktion ihrer Organisation genannt, die Unterstützung mildtätiger Zwecke, die mit hoher Wahrscheinlichkeit auf die

Herkunftsgesellschaft gerichtet ist, von 12 Befragten. Die Ergebnisse deuten darauf hin, dass indische Migrantenorganisationen zum jetzigen Zeitpunkt insgesamt wenig mit den in der Literatur beschriebenen *Hometown Associations* gemein haben (Kapitel 6.1), sondern vielmehr das dauerhafte Leben in Deutschland gestalten.

Bis auf eine bieten alle Organisationen regelmäßige Veranstaltungen an (Tabelle 5). Ihr Programm besteht hauptsächlich aus kulturellen Veranstaltungen, unter anderem Festen, die in (Teilregionen) Indien(s) gefeiert werden und Auftritten von Künstler*innen indischer Herkunft. Die meisten Migrantenorganisationen bieten Veranstaltungen nicht wöchentlich sondern eher einmal pro Quartal an. Dies kann als Hinweis darauf gewertete werden, dass die Vernetzung innerhalb dieser Migrantenorganisationen eher lose ist und hier nicht die primären sozialen Kontakte gepflegt werden.

Sprachen

Die Sprachen, die während der Veranstaltungen der verschiedenen Organisationen gesprochen werden, betonen deutlich die Wichtigkeit des Regionalbezugs. Bei den DIG-Zweigstellen ist Deutsch in allen Fällen Veranstaltungssprache, hinzu kommen Hindi (2 Nennungen), Englisch (4) und Bengali (1). Bei den 18 panindischen Migrantenorganisationen ist Englisch die wichtigste Sprache (16), gefolgt von Deutsch (13). Genannt wurden zudem noch Hindi (8), Malayalam (2) und Bengali (1). Bei den neun regionalspezifischen Organisationen sind ebenfalls Deutsch und Englisch die häufigsten Nennungen (7), dazu Hindi (3) und Malayalam (2). Erstaunlich an diesem Befund ist die häufige Nennung von Deutsch in allen Kategorien. War dies bei der DIG zu erwarten, ist dies insbesondere bei den regionalspezifischen Organisationen so überraschend. Aus dem Ergebnis können zwei Schlüsse gezogen werden: Erstens ist darin möglicherweise der Wunsch zu erkennen, die Organisation auch für Deutsche zu öffnen, zweitens kann es ein Hinweis darauf sein, dass Migrantenorganisationen vor allem von denjenigen gegründet wurden, die beabsichtigen in Deutschland zu bleiben und deren Familien (insbesondere die Kinder) bereits gut in die deutsche Gesellschaft integriert sind.

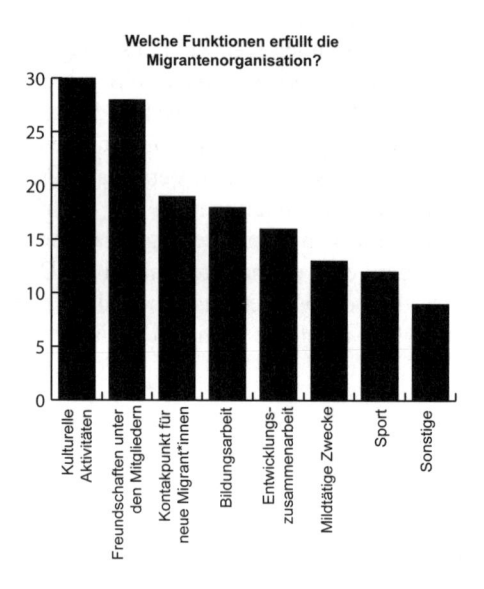

Quelle: gemeinsame Erhebung mit V. S. Saravanan und S. Saravanan 2017, n=34, 145 Nennungen

Abbildung 21: Funktionen der Migrantenorganisationen

	wöchentlich	monatlich	vierteljährlich
Sprachkurse	7	4	4
Sport (inkl. Yoga)	5	4	5
religiöse/spirituelle Veranstaltungen	4	2	2
Kunst/Musik/Tanz	10	9	11
Bildungsveranstaltungen	5	7	11
kulturelle Veranstaltungen	9	13	19
gemeinsames Essen	3	4	8
Veranstaltungen für Kinder	6	3	5
Veranstaltungen für Frauen	3	2	3
Spendensammeln	1	2	2
eingeladene Künstler*innen	4	10	6
Sonstiges	–	3	2
Kein Angebot in diesem Zeitraum	19	16	10

Tabelle 5: Regelmäßige Aktivitäten der Migrantenorganisationen;
Quelle: gemeinsame Erhebung mit V. S. Saravanan und S. Saravanan 2017

Mitgliederstruktur

Die Organisationen sind eher klein: Drei Befragte gaben die Mitgliederzahl mit unter 25 an, zehn nannten eine familiäre Größe von 25 bis 50 Mitgliedern und fünf eine Mitgliederzahl zwischen 50 und 75. Insgesamt haben zwölf Organisationen mehr Mitglieder, wobei 2 zwischen 75 und 100 Mitgliedern haben, 5 zwischen 100 und 200 und 3 über 200 Mitglieder. Sechs Befragte gaben keine Mitgliederzahl an. Die insgesamt eher geringe Größe der Organisationen liegt wahrscheinlich in der insgesamt recht kleinen Zahl indischer Migrant*innen in Deutschland begründet. Jedoch hat dies den Vorteil, dass sich die Mitglieder untereinander kennen und die Organisationen zu wirklichen Orten der Begegnung werden.

Die Angaben zur Altersstruktur zeigen, dass vor allem die mittleren Jahrgänge in den Organisationen vertreten sind. Auf die Frage nach der dominanten Altersgruppe ihrer Organisation gab eine Organisation, die vor allem Sprach- und Religionsunterricht für Jugendliche anbietet, an dass die Mehrheit ihrer Mitglieder jünger als 20 Jahre ist. Die häufigsten Nennungen entfallen auf die Altersgruppe zwischen 20 und einschließlich 35 Jahren (10) und die anschließende Altersgruppe von 36 bis 50 Jahren (8). Sechs Befragte gaben an, dass die Mehrheit der Befragten über 50 Jahre alt ist, neun Befragte machten keine Angabe zur Altersstruktur. Vor dem Hintergrund der Frage nach der Entwicklung der Migrantenorganisationen ist interessant, dass hier ein Zusammenhang zwischen Gründungsjahr und Alter zu bestehen scheint. Bei den Organisationen die 1992 oder früher gegründet wurden, gaben sechs Befragte an, dass die Mehrheit der Mitglieder 50 Jahre oder älter ist. Vier nannten als dominante Mitgliedergruppe die 36 bis 65jährigen. Dies deutet darauf hin, dass die Migrantenorganisationen oftmals von einer Gruppe gegründet werden, die zu einem bestimmten Zeitpunkt nach Deutschland gekommen ist, und die sich relativ homogen weiterentwickeln. Das bedeutet, dass die Organisationen trotz der konstatierten Offenheit oftmals geschlossene Gruppen darstellen. Bricht der Prozess der Akquise neuer Mitglieder ab, setzt ein Alterungsprozess ein. Dies kann, wie von einer DIG-Vorsitzenden in einem beschrieben, letztendlich zur Auflösung der Organisation führen.

Das Verhältnis der Mitglieder indischer Herkunft zu denen deutscher Herkunft (Abbildung 22) verdeutlicht, dass nicht alle DIG-Zweigstellen tatsächlich Migrantenorganisationen im engeren Sinne darstellen (vgl. PRIES 2010), weil in einigen von ihnen die Zahl der deutschen Mitglieder überwiegt. Nur eine DIG-Zweigstelle gibt einen Anteil von mehr als 50% Personen indischer Herkunft an; sämtliche Nennungen unter 50% in Abbildung 22 stammen von DIG-Vertretern. Allerdings verwundert, der oft hohe Anteil deutscher Mitglieder, selbst wenn die DIG-Zweigstellen, die eine Sonderstellung einnehmen, von der Betrachtung ausgeschlossen werden. Interessanterweise geben auch 3 Vertreter*innen panindischer Organisationen die Herkunft ihrer Mitglieder mit 50% deutsch, 50% indisch an. Das legt die Vermutung nahe, dass hier die deutschen Partner*innen indischer Migrant*innen zu dem hohen Anteil von Personen deutscher Herkunft beitragen. Knapp die Hälfte der Befragten gibt aber einen sehr hohen Anteil indischstämmiger Personen von

100% oder 90% an. Diese Organisationen können als Migrantenorganisationen im engeren Sinne begriffen werden.

In Bezug auf die Altersstruktur der Migrantenorganisationen ist auch der Anteil der sog. zweiten Generation an den Mitgliedern relevant (Abbildung 23). Die Hälfte derjenigen, die diese Frage beantworteten, sagten, dass in ihrer Organisation ausschließlich (100%) oder fast ausschließlich (90%) der Mitglieder Angehörige der ersten Generation sind. Eine Ausnahme bildet eine Organisation, deren Mitglieder ausschließlich der zweiten Generation angehören, die sich zusammengefunden haben. Ihr Ziel ist es, sich aktiv mit Migrantenkultur und Künstler*innen nicht-deutscher Herkunft auseinanderzusetzen. Auf die Frage, ob es schwierig sei, die zweite Generation für Migrantenorganisationen zu gewinnen, gaben sieben Befragte an, dies sei sehr schwierig und fünf, die zweite Generation fühle sich nur teilweise angesprochen. Demgegenüber sagten sechs Befragte, sie würden einen großen Teil der zweiten Generation erreichen und zehn, es gebe gar keine Probleme dabei die zweite Generation anzusprechen. Sechs Befragte beantworteten die Frage nicht.

Insgesamt scheint dies vor dem Hintergrund der geringen Mitgliederzahlen der zweiten Generation eine zu positive Sichtweise darzustellen. Nicht auszuschließen ist, dass eine aktivere Beteiligung der zweiten Generation gar nicht gewünscht ist. Die Zahlen korrespondieren mit dem Ergebnis der qualitativen Befragung.

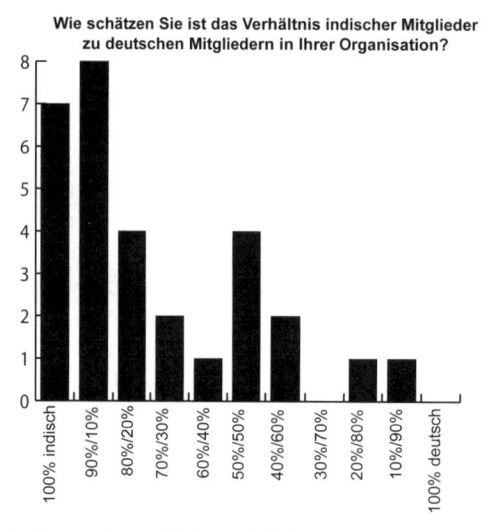

Quelle: gemeinsame Erhebung mit V. S. Saravanan und S. Saravanan 2017, n=34, 30 Nennungen, 4 ohne Angabe

Abbildung 22: Herkunft der Mitglieder der Migrantenorganisationen

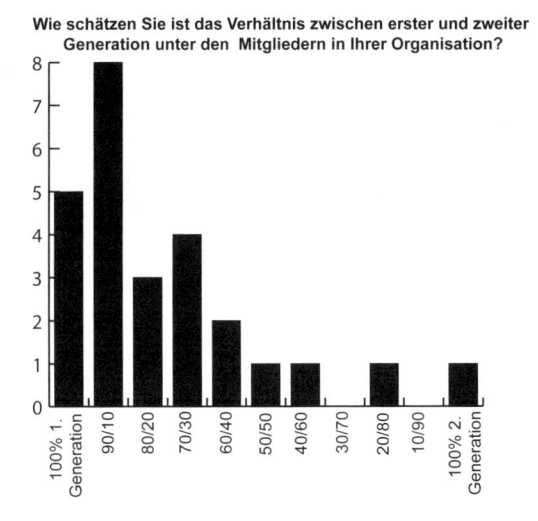

Wie schätzen Sie ist das Verhältnis zwischen erster und zweiter Generation unter den Mitgliedern in Ihrer Organisation?

Quelle: gemeinsame Erhebung mit V. S. Saravanan und S. Saravanan 2017, n=34, 30 Nennungen, 4 ohne Angabe

Abbildung 23: Anteil 1./2. Generation in den Migrantenorganisationen

Transnationale Verbindungen und wohltätiges Engagement

Wie bereits die Auswertung zu den Zielen und Funktionen nahelegt, stellen die transnationalen Verbindungen für die meisten Organisationen kein primäres Anliegen dar. Entsprechend gering ist die Zahl von Migrantenorganisationen, die dauerhafte Beziehungen zu Partnerorganisationen in Indien unterhalten. Vier Befragte gaben an, dass sie dauerhafte Beziehungen zu Organisationen zu unterhalten, die sich für Kinder und Jugendliche einsetzen. Eine Organisation unterhält eine dauerhafte Beziehung zu einer indischen Organisation, die sich für die Gleichstellung der Geschlechter einsetzt (Tabelle 6).

Ein ähnliches Bild ergibt sich bei der Frage nach der Unterstützung wohltätiger Projekte in Indien (Tabelle 7). Von den 34 befragten Amtsräger*innen der Organisationen sagten 28, dass ihre Organisation gar keine Projekte in Indien unterstütze. Die übrigen sechs unterstützen zehn Projekte in den Bereichen Bildung, Gesundheit und Umwelt. Verhältnismäßig viele Projekte werden dabei von der DIG und den panindischen Organisationen gefördert. In der Literatur zu den Hometown Associations wird die regionalspezifische Förderung durch diese Organisationen besonders hervorgehoben. Dies wird von den Ergebnissen dieser Untersuchung nicht bestätigt. Von den neun befragten regionalspezifischen Organisationen fördert nur eine aktiv wohltätige Projekte in Indien. Diese Ergebnisse sind allerdings mit denen des Kapitels 7 in Verbindung zu setzen, in dem das transnationale wohltätige

Engagement einzelner in den Blick genommen wird, das durchaus einen hohen Stellenwert hat.

	Anzahl	Keine Verbindung	Kinder-/ Jugend-/ Waisenhilfe	Geschlechtergleichstellung	Keine Angabe
DIG	7	6	1	0	-
Panindische Migrantenorganisation	18	12	2	1	3
Regionalspezifische Migrantenorganisation	9	6	1	0	2
Gesamtergebnis	**34**	**24**	**4**	**1**	**5**

Tabelle 6: Dauerhafte Verbindung zu Partnerorganisationen in Indien getrennt nach Hauptanliegen der Partnerorganisation
Quelle: gemeinsame Erhebung mit V. S. Saravanan und S. Saravanan 2017

	Anzahl	Kein Projekt	Bildung	Gesundheit	Umwelt
DIG	7	5	2	1	–
Panindische Migrantenorganisation	18	15	2	2	2
Regionalspezifische Migrantenorganisation	9	8	1	–	–
Gesamtergebnis	**34**	**28**	**5**	**3**	**2**

Tabelle 7: Unterstützung von Projekten in Indien
Quelle: gemeinsame Erhebung mit V. S. Saravanan und S. Saravanan 2017

In Bezug auf Deutschland schaffen Migrantenorganisationen dadurch transnationale Verbindungen, dass sie regelmäßig Personen aus Indien nach Deutschland einladen (Abbildung 24). Zwanzig Befragte gaben an, dass sie dies vor allem deshalb tun, um ihr Kulturprogramm zu bereichern. So werden vor allem darstellende Künstler*innen (14 Nennungen) und Künstler*innen aus den Bereichen von Literatur und bildender Kunst (10) eingeladen. Die DIG-Zweigstellen laden relativ viele Gäste aus Indien ein (zehn Nennungen bei sieben Organisationen), während die regionalspezifischen Organisationen relativ wenige Gäste einladen (7/9). Erklärung hierfür ist, dass der kulturelle Austausch für die DIG Hauptzweck ist, während die anderen Migrantenorganisationen vor allem der Vernetzung von Migrant*innen in Deutschland dienen.

Laden Sie Gäste aus Indien ein?

[Bar chart with categories: Literatur/bildende Künstler*innen, darstellende Künstler*innen, Regierungsvertreter*innen, Prominente, Wissenschaftler*innen, NGO Vertreter*innen, Keine Gäste aus Indien. Legend: Regionalspezifische Migrantenorganisation, Panindische Migrantenorganisation, DIG]

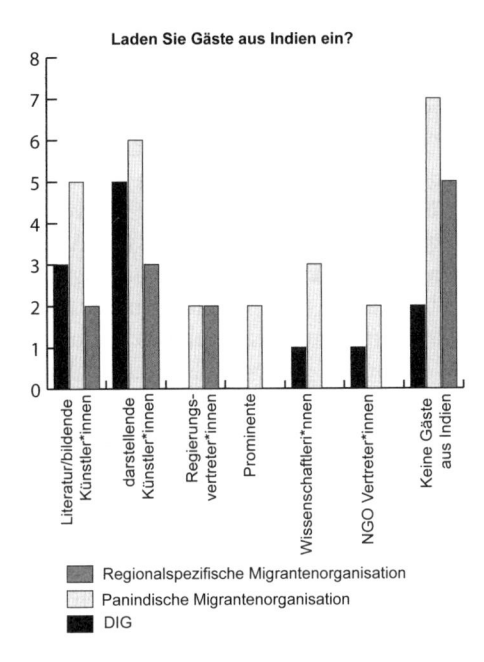

Quelle: gemeinsame Erhebung mit V. S. Saravanan und S. Saravanan 2017, n=34, 37 Nennungen

Abbildung 24: Indische Gäste in den Migrantenorganisationen

Als Fazit der standardisierten Erhebung über die Strukturen und Praktiken der indischen Migrantenorganisationen kann festgehalten werden, dass sie in ihrem Wirken insgesamt auf Deutschland ausgerichtet und vor allem für die erste Generation relevant sind. Die Befragung zeigt, dass die Zahl der indischen Migrantenorganisationen steigt und dass sich ihr Charakter verändert. Sie werden regionalspezifischer und dienen stärker der Vernetzung von Migrant*innen, weniger dem kulturellen Austausch.

6.2 TRANSNATIONALE NETZWERKE

In der Transnationalismusforschung sind die Netzwerke, die Migrant*innen schaffen, ein zentraler Forschungsgegenstand (PRIES 2010). In ihrem Aufsatz weisen GLICK SCHILLER et al. (1992: 1) diesen Netzwerken – sie sprechen von „sozialen Feldern" – eine zentrale Rolle zu:

> „We have defined transnationalism as the processes by which immigrants build social fields that link together their country of origin and their country of settlement. Immigrants who build such social fields are designated 'transmigrants.' Transmigrants develop and maintain multiple relations – familial, economic, social, organizational, religious, and political that span borders."

Diese sozialen Feldern sind Netzwerke sozialer Beziehungen, durch die Ideen, Praktiken und Ressourcen ausgetauscht, organisiert und transformiert werden (LEVITT/GLICK SCHILLER 2004). PRIES (2001: 51) prägt in diesem Zusammenhang den Begriff der „plurilokalen sozialen Räume", die auf den Gegebenheiten in den Ankunfts- und den Herkunftsgesellschaften aufbauen und diese miteinander verbinden: „Transnationale soziale Räume sind danach relativ dauerhafte, auf mehrere Orte verteilte bzw. zwischen mehreren Flächenräumen sich aufspannende verdichtete Konfigurationen von sozialen Alltagspraktiken, Symbolsystemen und Artefakten" (PRIES 2001: 53). Für ihn sind die transnationalen Sozialräume die engste Art der grenzüberschreitenden sozialen Verflechtungen, z.B. in Familien, die so eng sind, „dass sie zur hauptsächlichen sozial-räumlichen Bezugseinheit der alltäglichen Lebenswelt geworden sind" (PRIES 2010: 30). SCHMIZ (2011) stellt heraus, dass transnationale soziale Räume, die von Flächenräumen entkoppelt sind, nicht als homogener Raum existieren, sondern erst von Migrant*innen selbst geschaffen werden. Dabei unterscheidet sich ihre Ausgestaltung durch Rahmenbedingungen wie das Aufenthaltsrecht und durch individuelle Merkmale wie Alter, Geschlecht, Religion etc.

In der Transnationalismusliteratur werden transnationale Netzwerke in unterschiedlichen Lebensbereichen beschrieben. VERTOVEC (2009: 38) weist darauf hin, dass in der Forschung zu transnationaler Migration aus der Soziologie die Konzepte der „sozialen Netzwerke" (im Sinne HANNERZ' 1980), des „sozialen Kapitals" (im Sinne BOURDIEUS 1983) und der „Einbettung" (im Sinne GRANOVETTERS 1985) übernommen, diese aber in einem weniger strengen Sinn verwendet werden. Dabei ist Migration ein Prozess, der sowohl Netzwerke schafft als auch nur durch sie möglich ist (VERTOVEC 2009).

Daran anknüpfend wird im Folgenden wird der Begriff der transnationalen Netzwerke in einem weiter gefassten Begriffsverständnis verwendet. Für PRIES (2010) stellen sie eine Form von Austauschbeziehung dar, die enger ist als transnationale Beziehungen (wozu er beispielsweise die losen Kontakte zwischen Absolventen einer internationalen Hochschule zählt), aber weniger eng als die oben beschriebenen transnationalen Sozialräume. In Abgrenzung dazu werden im Folgenden alle dauerhaften Beziehungen der Proband*innen mit Personen an Orten außerhalb Deutschlands als transnationale soziale Netzwerke bezeichnet.

In der Literatur werden unterschiedliche Arten von transnationalen sozialen Netzwerken beschrieben, *Hometown Associations* wurden bereits in Kapitel 6.1 erwähnt. Weiterhin befasst sich die Forschung mit transnationalen geschäftlichen (z.B. KLOOSTERMANN et al. 1999, GUARNIZO 2003, BEAVERSTOCK 2005, SCHMIZ 2011), politischen (z.B. ITZIGSOHN et al. 1999, ITZIGSOHN 2000, FAIST 2008), familiären (z.B. FÜRSTENAU 2004, WALTON-ROBERTS 2004, VOIGT-GRAF 2005), epistemischen (z.B. FAIST 2008, LEUNG 2011) oder religiösen Netzwerken (VERTOVEC 2000, LEVITT/JAWORSKY 2007, AMRUT 2010). Transnationale Netzwerke werden nicht nur von Migrant*innen konstituiert, sondern auch von Nichtmigrant*innen in Ankunfts- und Zielländern sind Elemente dieser Netzwerke, wobei erstere die notwendigen Verbindungen herstellen (VERTOVEC 2009, GREINER/SAKDAPOLRAK 2013). Diese Netzwerke sind für den Austausch von Informationen von zentraler Bedeutung, ziehen teilweise weitere Migrationen nach sich und senken die Kosten für Folgemigration (MASSEY et al. 1993).

Für Migrant*innen sind Netzwerke Teil ihres Sozialkapitals im BOURDIEUschen Sinne (VERTOVEC 2009, SCHMIZ 2011). Dabei haben die *weak ties*, das sind die sporadischen Kontakte zu Personen, zu denen keine direkte, enge Beziehung besteht, die aber ihrerseits mit engen Kontaktpersonen in Verbindung stehen (GRANOVETTER 1973), für die Migration selbst und das Ankommen oft größere Relevanz als die *strong ties* zu engen Kontaktpersonen, weil sie am Zielort als Informant*innen und erste Kontakte dienen. Dauerhaft sind aber die persönlichen Beziehungen, die *strong ties*, wichtiger (die transnationalen Sozialräume im Sinne PRIES' 2010). Wie soziale Nähe bei physischer Distanz gelebt wird, ist allerdings bisher ein wenig bearbeitetes Gebiet (REISENAUER 2017). Zunehmend setzt sich die Erkenntnis durch, dass die sozialen Felder, die von transnationalen Migrant*innen geschaffen werden, nicht von Dauer sind, sondern einem ständigem Wandel unterliegen (GLICK SCHILLER 2014). Für die in Kapitel 7 analysierten Praktiken bietet die Darstellung der Netzwerke eine wichtige Grundlage, wie PORTES et al. (1999: 220) feststellen: „We deem it appropriate to define the individual and his/her support networks as the proper unit of analysis in this [transnationalism] area […] The individual and his/her networks comprise the most viable point of departure in the investigation of this topic."

Ergebnisse der Online- Befragung

Die 305 Befragten nannten 942 Personen zu denen sie regelmäßig Kontakt unterhalten. Das entspricht im Schnitt etwas mehr als drei transnationalen Kontaktpersonen pro Befragungsteilnehmer*in. Nur 8,9% der Befragten gaben an, keinen regelmäßigen Kontakt nach Indien zu unterhalten. Eine differenzierte Betrachtung nach der Migrationsbiographie ergibt folgendes Bild, das den Erwartungen entspricht: Diejenigen, die selbst und aus eigenem Antrieb nach Deutschland migriert sind, unterhalten in 95% der Fälle regelmäßige Kontakte nach Indien. Bei denjenigen, die als abhängige Migrant*innen, als Minderjährige mit ihren Eltern, nach Deutschland migrierten, sind es nur 83%, was sich damit erklären lässt, dass die sozialen Netzwerke, die in der Jugend in Indien geknüpft wurden, durch solche in Deutschland ersetzt wurden. Nochmals geringer, aber immer noch sehr hoch ist mit 77% der Anteil der in Deutschland geborenen Befragten, die regelmäßige Kontakte nach Indien unterhalten.

Für 28% der Befragten sind ihre wichtigsten sozialen Kontakte in Indien (Abbildung 26). Dieser Wert variiert deutlich zwischen den Befragten der ersten Generation, von denen insgesamt 37% angaben, dass ihre wichtigsten Ansprechpartner in Indien sind, und der zweiten Generation, die in 2% der Fälle angaben, dass ihre wichtigsten Kontakte in Indien sind. Die am häufigsten gewählte Antwortmöglichkeit auf die Frage „sind Menschen in Indien Teil Ihres Alltags" lautete „Ich habe regelmäßig Kontakt zu Menschen in Indien, aber die wichtigsten Kontakte habe ich in Deutschland". Sie wurde von insgesamt 29% der Befragten gewählt, in der ersten

Generation von 33%, in der zweiten Generation von 21%. Die recht hohe Zahl der Nennungen in diesen beiden Kategorien verdeutlicht, dass die Kontakte zu Menschen in Indien von großer bzw. sehr großer Bedeutung sind.

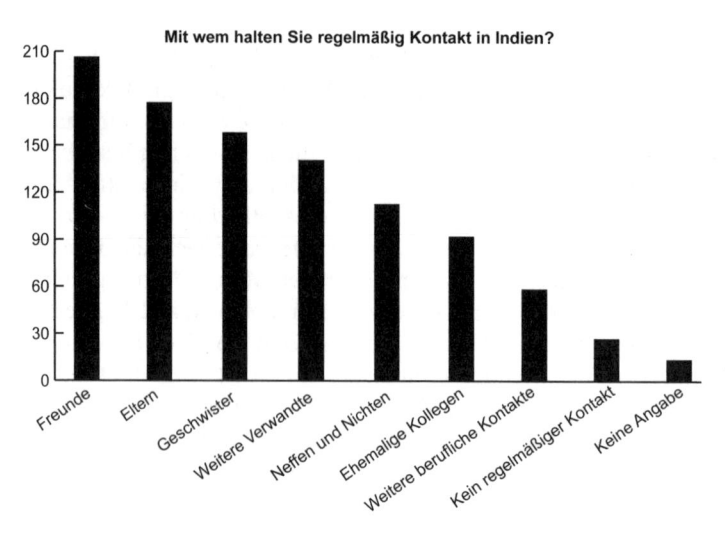

Mit wem halten Sie regelmäßig Kontakt in Indien?

Freunde, Eltern, Geschwister, Weitere Verwandte, Neffen und Nichten, Ehemalige Kollegen, Weitere berufliche Kontakte, Kein regelmäßiger Kontakt, Keine Angabe

Quelle: Eigene Erhebung 2016, n=305, Mehrfachnennung möglich

Abbildung 25: Regelmäßige Kontakte in Indien

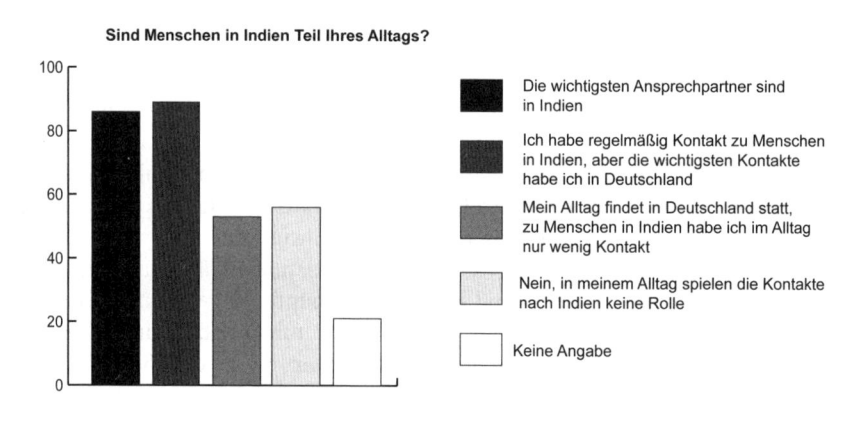

Sind Menschen in Indien Teil Ihres Alltags?

- Die wichtigsten Ansprechpartner sind in Indien
- Ich habe regelmäßig Kontakt zu Menschen in Indien, aber die wichtigsten Kontakte habe ich in Deutschland
- Mein Alltag findet in Deutschland statt, zu Menschen in Indien habe ich im Alltag nur wenig Kontakt
- Nein, in meinem Alltag spielen die Kontakte nach Indien keine Rolle
- Keine Angabe

Quelle: Eigene Erhebung 2016, n=305

Abbildung 26: Menschen in Indien als Teil des Alltags

Familiäre Netzwerke

Im Folgenden werden die Ergebnisse der qualitativen Befragung zu den transnationalen Netzwerken dargestellt, beginnend bei den familiären Netzwerken, die auch in der standardisierten Befragung am häufigsten genannt wurden. Die Ergebnisse der qualitativen Inhaltsanalyse zeigen, dass die transnationalen familiären Netzwerke für die Befragten die wichtigsten und stärksten Verbindungen nach Indien sind. Die Familien werden in den Gesprächen als „Wurzeln" oder als „Anker" bezeichnet, was verdeutlicht, dass diese Netzwerke auch für die eigene Identität von großer Bedeutung sind und als Referenzpunkt für die eigene Biographie gesehen werden. Die Art der Einbindung ist sehr unterschiedlich. Manche sehen sich weiterhin dem erweiterten Haushalt (*joint family*) ihrer Familie zugehörig, mit den entsprechenden Rechten und Pflichten. Familien des erweiterten Haushalts müssen nicht unbedingt am gleichen Ort leben, vielmehr sind die gemeinsame, intergenerationelle Verantwortung und das kooperative Handeln die wesentlichen Unterscheidungsmerkmale zwischen Kernfamilie und erweitertem Haushalt (PATEL 2005).

Rolle des ältesten Sohns

Besonders deutlich wird dies, bei den Gesprächspartner*innen, die betonen, dass sie entsprechend ihrer Position innerhalb des erweiterten Haushalts handeln müssen. Eine herausgehobene Stellung kommt dabei dem ältesten Sohn zu, der bei der in Indien weit verbreiteten patrilinearen Erbfolge bei familienbezogenen Entscheidungen ein besonderes Mitspracherecht genießt, der aber auch eine besondere Verantwortung gegenüber den Eltern trägt:

> „Befragter, Ehemann: Ich bin der älteste Sohn. Vielleicht wissen Sie schon was es bedeutet ältester Sohn ist in einer indischen Familie zu sein? Ich habe bis zum Ende meine Mutter und meine Schwester unterstützt. Ich habe noch einen jüngeren Bruder, aber sie wollte keinen Pfennig von meinem Bruder nehmen. [Name des Befragten] ist... solange er das ist...
> Befragte, Ehefrau: Das ist auch eine Ehre. Die Ehre wollte sie dem jüngeren Sohn nicht gewähren."
> Ehepaar Mitra, Herr Mitra (sen.) kam 1957 als Mitarbeiter der indischen Botschaft nach Bonn, heiratete eine Deutsche und schied deswegen aus dem diplomatischen Dienst aus; April 2015.

In einem separaten Gespräch schildert der Sohn des Ehepaares, wie er die herausgehobene Stellung seines Vaters, der inzwischen das älteste Familienmitglied der *joint family* ist, in Entscheidungsprozesse erlebt:

> „Die Sachen, die mein Vater mit entscheidet sind tatsächlich dann eben im Krankheitsfall oder wenn es Schwierigkeiten in der Familie gibt, oder wenn sonst irgendwelche Probleme jeder Art auftreten. Dann telefoniert mein Vater in der Regel mit seinem Bruder und das ist eigentlich so der Mittelsmann in Indien. Fast die ganzen Dinge laufen über meinen Onkel und dann wird das eben durch meinen Vater auch entschieden. Also, ich kann mich an einen Fall erinnern, da ging es einer Cousine von mir schlecht und da war die Frage, soll sie sich operieren lassen oder nicht. Und dadurch, dass mein Bruder Arzt ist, hat mein Vater dann bei meinem Bruder

> nachgefragt und hat gesagt so und so und die Symptome und trallala und hat dann gesagt, die wird jetzt operiert. Und dann ist die Cousine operiert worden. Das ist auch alles gut gelaufen. Und ich glaube, mein Vater hat auch die Kosten übernommen. Weiß ich aber nicht so genau. Und das sind eben so Sachen, die dann von hier aus entschieden werden."
> Herr Mitra (jun.), ist Sohn eines indischen Vaters und einer deutschen Mutter; April 2015.

In Anbetracht des recht lange zurückliegenden Migrationsdatums kann diese dauerhafte Einbindung als Beleg für die mögliche Stabilität transnationaler Netzwerke gewertet werden.

Die Versorgung der eigenen Eltern wird für Männer zum besonderen Problem, da der älteste Sohn traditionell im elterlichen Haus wohnen bleibt und für die Absicherung der Eltern verantwortlich ist. Aufgrund fehlender sozialer Sicherungssysteme (das es nur für wenige Berufsgruppen, z.B. Staatsbedienstete gibt) ist diese traditionelle Rolle bis heute von großer Relevanz (KRISHNASWAMY et al. 2008). Die Fürsorgepflicht gegenüber seiner verwitweten Mutter stellte ein anderer Gesprächspartner heraus:

> „It is a responsibility for me. I am the elder son. In the Indian culture, an elder son has to take care of the parents. So I always feel that I am responsible, even though my brother… myself is responsible. So whenever she has a problem, I try to solve it through my own friends' circles and try to facilitate such things. But many times I feel the age of my mum… she's aged now 70 and she needs children more. I feel maybe we would have better stayed together [… But] we feel still as part of her, part of a family together."
> Gobind, kam 2000 mit einer „Green Card" Deutschland; Oktober 2015.

Verantwortung für Verwandte in Indien

Für Frauen stellt die Versorgung der eigenen Eltern nur ein Problem dar, wenn es keine Brüder gibt. Eine Probandin, deren Schwestern beide außerhalb Indiens leben, sagte, dass ihr und ihren Schwestern das zunehmende Alter ihrer Eltern Sorge bereite. Für sie stehe außer Frage, dass sie oder eine ihrer Schwestern nach Indien zurückkehren müsse, sobald ihre Eltern pflegebedürftig würden. Anderseits gibt es Proband*innen, die nicht die Rolle des ältesten Sohnes bzw. der ältesten Tochter (wenn keine Söhne vorhanden sind) ausfüllen müssen, da sie die Verantwortung für das Wohlergehen ihrer Eltern mit gutem Gewissen an ihre Geschwister in Indien abtreten konnten.

Beide Verhaltensmuster, Übernahme oder Abgabe von Verantwortung für Familienmitglieder zeigen, wie stark ein Teil der Proband*innen in den sozialen Zusammenhängen am Herkunftsort verankert ist und wie dauerhaft die Prägung des traditionellen Familienbildes wirkt.

Aus diesem System der Verantwortlichkeiten können Konflikte entstehen. Eine mögliche Lösung für den Umgang damit besteht darin, eine formale Klärung anzustreben. So war es für Pater Joseph (siehe Kapitel 5) klar, dass er nach dem seinem Eintritt in einen Orden seine Rolle als ältester Sohn innerhalb der *joint family* nicht würde ausfüllen können. Daher hat er diese Entscheidung mit seinen Geschwistern vorher abgestimmt.

6.2 Transnationale Netzwerke

Stark Eingebundene

Hinsichtlich der Einbindung in Entscheidungen in Indien ist eine sehr große Spannweite zu beobachten. Zum Teil sind die Befragten sehr eng mit ihren Familien vernetzt, telefonieren mehrere Stunden täglich mit ihren Verwandten in Indien und nehmen dort am Alltagsleben Teil:

> „Befragter: ja. Ich kümmere mich sehr um meine Nichten, Neffen, und bis zur dritten Generation. Ich weiß, wer was studiert und welches Fach schwach ist und rufe den Dozenten an und sage: ‚gucken Sie mal da, der Junge macht immer lauter Vieren in Mathe und so ja. Schicken Sie den mal zum Privatunterricht, ich bezahle.' Ja und beim nächsten Mal hat er die Note 2. Ich kümmere mich darum. Ich habe im Grunde 29 Neffen und Nichten. (Lachen)
> Interviewer: Das heißt, sie sind auf jeden Fall sehr involviert in der Familie.
> Befragter: Ja, ja, ja. Da passiert kein Event ohne mich zu fragen, ohne, dass sie mich informiert haben. […] Ich weiß welche grade Erkrankungen haben. Oder wenn meine Schwägerin Hüftprobleme hat, dann rufe ich einen Kollegen an. Das ist einfacher, weil ich auch Mediziner bin. Ich kenne auch viele dort. Rufe ich an und sage: ‚Komm' mal dann; da ist meine Schwägerin kümmer' Dich mal um die.' Und dann rufen wir an und sofort bekommt sie einen Termin. Und der berichtet mir halt."
> Herr Mishra, kam 1966 nach Deutschland um Medizin zu studieren; Juli 2015.

Eine solch enge Einbindung in Entscheidungen des täglichen Lebens wird nur von wenigen anderen Proband*innen. Andere Proband*innen werden regelmäßig in wichtigere Entscheidungen einbezogen. Sie entscheiden z.B. mit über die Renovierung des elterlichen Hauses und übernehmen von Fall zu Fall die entstehenden Kosten. Solche Rimessen (Kapitel 7) gehören zu den wichtigsten Praktiken, die familiäre Netzwerke aufrecht erhalten.

Ein Proband erzählte, dass er aktiv in die Anbahnung der Hochzeit seiner Nichte eingebunden sei. In traditionellen indischen Familien ist die arrangierte Ehe heut noch immer weit verbreitet. Dabei wird die Partnerwahl üblicherweise durch die Eltern der Brautleute vorgenommen, wobei auch weitere Familienmitglieder in die Beratungen einbezogen wurden. Als ältester männlicher Verwandter hat er nicht nur mit seinem Bruder über die Familie des potentiellen Bräutigams gesprochen, sondern auch mit dem Bräutigam selbst ein Telefonat geführt, um sich eine Meinung über die Verbindung bilden und seinen Bruder beraten zu können. Ein anderer berichtete von dem engen Kontakt zu seinem Bruder. Da sein Vater gestorben war, als sein Bruder noch sehr jung war, übernahm er für diesen die Vaterrolle. Diese versucht er seit seiner Migration so gut es geht auch transnational einzunehmen.

Differenzierter Umgang mit der eigenen Rolle

Andere hielten zwar immer einen engen Kontakt zu ihrer Familie füllten auch ggf. die Rolle des Familienoberhauptes aus, zeigten aber eine größere Distanz zu dieser Rolle, wie aus dem folgenden Interviewausschnitt zu ersehen ist:

> „Interviewer: Und haben sie das Gefühl, dass sie auch an Entscheidungen beteiligt sind?
> Befragter: Ja, doch. Denn ich bin der Älteste, mein Vater lebt nicht mehr und meine Mutter auch nicht und ich bin der Älteste in der Familie und man ruft schon mal an und fragt: ‚Wir wollen das und das machen. Was meine ich dazu?' Aber ich bin nicht der, sagen wir mal der Mann, bei dem alles nur über meinen Tisch gehen muss, sondern ich sage dann ‚Ja, macht mal. Es hört sich gut an.' Oder wenn ich Kommentar dazu habe dann gebe ich und sonst, die sind alle aufgeweckt. Die ganze Familie, die Kinder von meiner Schwester und die Kinder die sind so aufgeweckt und ich würde sagen nicht auf den Kopf gefallen und die sind alle auf dem besten Wege. Meine Mutter hat immer wieder beklagt: 'Ja guck mal dies und guck mal jenes.' Da habe ich gedacht, hör mal zu bete zu deinem Gott und sage Dankeschön, dass in unserer Familie keine Kriminellen sind, kein Rauschgift vorhanden ist und nichts, nichts, nichts. […] Das hat sie dann endlich verstanden."

Herr Metha kam 1957 nach Deutschland, um hier zu studieren.

Einbindung als Last

Manche Gesprächspartner empfinden die Einbindung in familiäre Netzwerke als Last. Ein Gesprächspartner sagte, er sei ganz froh, dass momentan eine „sichere Distanz" (er benutzte scherzhaft den Begriff „safe distance") zwischen ihm und seiner Familie liege. Er kann sich nicht mehr vorstellen, in der gleichen Stadt zu wohnen. Im Falle einer (geplanten) Remigration möchte er nicht in seine Heimatstadt ziehen. Andere empfinden die transnationale Einbindung in das Familiennetzwerk als:

> „Interviewer: So you are still involved in all the family matters, which are there? Or do you feel that there is now distance since you moved to Germany?
> Befragter: Not really. We are still involved in all the family matters. You cannot avoid it. Even if you want to avoid, they will not make it avoidable. We tried to, by given reasons or distance. We tried to avoid, but you can't do it. It is really… now then the issue of responsibly comes, social responsibility within the family. Then you are supposed to do something. Yeah. So in one way we do with giving some presents from here or there, but other things you cannot avoid. We have to get involved in that as part of our responsibility."

Sundar, kam 2007 nach Deutschland, um als PostDoc an einem Forschungsinstitut zu arbeiten; Januar 2014.

Erosion der Netzwerke

Andere sind nicht mehr aktiv in die Familiennetzwerke in Indien eingebunden, halten aber regelmäßigen Kontakt. Sie begründen dies damit, dass sie die Verhältnisse in Indien nicht mehr aus ihrer eigenen Lebenserfahrung kennen würden. Ein Proband, der im Berufsleben dauerhafte transnationale Netzwerke unterhält, beschrieb das Verhältnis zu seinen Geschwistern als inzwischen nur noch oberflächlich.

Die Einbindung in familiäre Netzwerke unterliegt im Laufe der Zeit einem Wandel, wie zwei Beispiele verdeutlichen. Ein Gesprächspartner der sich intensiv mit der Migrationsgeschichte keralesischer Krankenschwestern befasst hat, beobachtet, dass in dieser Gruppe die familiären Netzwerke in Indien schwächer würden. Kurz nach der Migration hätten sich die jungen Frauen noch als Teil der *joint family* gesehen, ihre Migration sei zunächst eine Strategie zur Diversifizierung des Haushaltseinkommens gewesen. Dieses starke Netzwerk sei nicht mehr vorhanden, weil in aller Regel die Eltern nicht mehr lebten und die Geschwister inzwischen selbstständig seien. Zudem hätten die meisten Frauen inzwischen nicht nur Kinder, sondern auch bereits Enkelkinder in Deutschland, die inzwischen das für sie wichtigere familiäre Netzwerk darstellten. Ein anderer Gesprächspartner beschrieb die Veränderung der Einbindung in das Familiennetz in Indien mit den zunächst paradox anmutenden Worten, dass er früher stärker in Entscheidungen eingebunden gewesen sei, heute aber mehr Kontakt zu seinen Geschwistern habe. Als Herr Singh 1977 nach Deutschland kam, war die Kommunikation nach Indien schwierig, teuer und zeitaufwendig. Gleichzeitig fühlte er sich noch mehr seiner *joint family* zugehörig. Inzwischen ist er Rentner und telefoniert – aufgrund der gesunkenen Kosten – beinahe täglich mit seinen Familienangehörigen in Indien. Allerdings fragt man ihn weniger in Alltagsdingen um Rat, wohl aber in Entscheidungen grundsätzlicher Natur, wie z.B. den gemeinsamen Landbesitz betreffend.

Große Relevanz besitzen familiären Netzwerke in Krisensituationen. Ein Gesprächspartner sagte, dass es für ihn selbstverständlich war, unverzüglich nach Indien zu reisen, als ihn die Nachricht erreichte, dass sein Vater einen Schlaganfall erlitten habe. Zwei Probandinnen berichteten über die familiäre Unterstützung im Kontext von Sterbefällen. Indische Verwandte nahmen in diesen Situationen lange Reisen auf sich, um den Befragten hier in Deutschland Beistand zu leisten. Diese Beispiele illustrieren, dass die transnationalen familiären Netzwerke in einigen Fällen eine besondere Stabilität aufweisen, auch wenn sie zeitweise nicht aktiv reproduziert werden, etwa durch Besuche oder regelmäßige Kommunikation. Sie stellen daher für die Migrant*innen eine besonders wertvolle Form sozialen Kapitals dar.

Erosion familiärer Netzwerke

Allerdings gab es auch Proband*innen, die kaum oder gar keine aktiven Beziehungen zu ihrer indischen Familie unterhalten. Zwei ältere Gesprächspartner sagten, dass sie nur noch sehr oberflächlichen Kontakt zu ihren Geschwistern haben. Beide leben seit über 40 Jahren in Deutschland und waren bzw. sind mit deutschen Frauen verheiratet. Aus den Gesprächen mit ihnen ergibt sich der Eindruck, dass familiäre Netzwerke im Laufe der Zeit erodieren können. Dabei könnte die zweifache familiäre Verankerung in Deutschland und Indien ein Faktor sein, der dazu führt, dass die Beziehung zu der indischen Familie weniger gepflegt wird.

Andere Befragte berichteten, dass sie die Beziehung zu ihrer Familie in Indien zeitweise oder ganz abgebrochen haben. Zwei Probanden berichteten, dass ihre Familie mit ihrer Entscheidung Inderinnen zu heiraten, die sie in Deutschland kennengelernt hatten, nicht einverstanden waren. Diese Konflikte führten in beiden Fällen zu einer mehrjährigen Unterbrechung der Kontakte und in einem Fall beeinflussten sie auch die Entscheidung in Deutschland zu bleiben. Ein Proband brach den Kontakt zu seiner Familie vollständig ab, die ihm die vorwarf das Ansehen der Familie beschädigt zu haben, was bei ihm zu einer Tiefen Verletztheit führte. Ursprünglich war er nach Deutschland gekommen, um sich als Priester ausbilden zu lassen, änderte hier aber seine Meinung und verließ den Orden, in den er als Jugendlicher eingetreten war. Damit hatte er, wie er es in dem folgenden Interviewausschnitt beschrieben, die Erwartungen seiner Familie tief enttäuscht:

> „Ich habe [meiner Familie] ja meine Situation erklärt und irgendwie beschrieben, aber meine Familie war nicht damit einverstanden. Weil in der indischen Kultur, ich weiß nicht jetzt, aber zu meiner Zeit, als ich ausgetreten war, damals war die Situation so, dass diejenigen die [in den Orden] eingetreten waren sind die im Klaren gesagt, verdammt Priester zu werden. Wenn die austreten bedeudet das, die sind ausgestoßen. So oder sie bringen Schande über die Familie. Und mit diesem Hintergrund habe ich… ich wäre ja auch schon in Indien ausgetreten, aber da war schon dieser familiäre und soziale Druck so groß und da konnte ich nicht so frei entscheiden. […] Meine Familie hat auch am Anfang direkt gesagt, du gehörst nicht mehr zu unserer Familie. Du brauchst nicht wieder zurück kommen zum Heimatort. Da waren echt schon einige Aussagen, die mich als Alleinstehenden tief verletzt haben. Dann habe ich auch meinen Kontakt und meine familiäre Beziehung einfach abgebrochen, weil die Familie wollte auch mit mir nichts mehr zu tun haben."
>
> Aravind, kam 2002 nach Deutschland, um Theologie zu studieren; 2004 trat aus dem Orden aus, der seine Migration und sein Studium finanziert hat; Juni 2015.

Dieses sowie die beiden anderen Beispiele illustrieren, dass die familiären Netzwerke nicht nur wichtiges soziales Kapital und einen wichtigen Anker darstellen können, sondern auch im transnationalen Kontext zu Feldern von Konflikten werden können.

Familiäre Netzwerke der zweiten Generation

Die Befragten der zweiten Generation beschreiben die familiären Netzwerke zu ihren Verwandten in Indien in aller Regel ambivalent. Der Kontakt ist für sie oftmals, vor allem in ihrer Jugend und dem frühen Erwachsenenalter wichtig, wenn die Auseinandersetzung mit ihrer eigenen Herkunft und Identität das Leben bestimmt (Kapitel 8). Diese Beziehung gründet auf den Besuchen der Familie in der Kindheit. Diese werden oft als schöne Erinnerungen beschrieben. Allerdings ist die Einbindung in familiäre Netzwerke deutlich schwächer als die Einbindung, die von Migrant*innen der ersten Generation beschrieben werden. Eine besondere Rolle innerhalb der familiären Netzwerke fällt dabei den Großeltern zu. Sie werden als Anker oder wichtiger Bezugspunkt genannt.

Andere Befragte gehen ganz oder teilweise auf Distanz zu ihren indischen Verwandten und suchen die bewusste Abgrenzung zu den indischen *joint families*, unter anderem, weil sie die große Anteilnahme der Familie zum Teil als Einmischung in ihr Privatlebenempfinden. Eine Befragte, die sich mit ihren Eltern wegen ihrer Berufswahl zerstritten hat, brach den Kontakt zu ihrer Familie in Indien ab, weil sie die Einmischung der Verwandten, die zudem kein Verständnis für ihre Lage aufgebracht hätten, als übergriffig empfand.

Andere beschreiben das Verhältnis zu der Familie in Indien als ein Wechselspiel von Nähe und Distanzierung. Diese Ambivalenz wird in dem folgenden Zitat deutlich, in dem Namrata ihr Verhältnis zu ihrer indischen Familie während ihres Studiums beschreibt. Sie habe sich bewusst für ein Studium in Indien entschieden, um für eine gewisse Zeit in Indien zu leben, aber einen Studienort gewählt, der nicht der Heimatort ihrer Eltern gewesen sei:

> „Interviewer: Also sie haben die Familie während des Studiums so ein bisschen gemieden. Haben sie mit denen einen regelmäßigen Austausch...
> Befragte: Da muss ich noch ein bisschen zurückrudern weil, ich hab' die nicht gemieden, sondern ich habe mir einen Ort gesucht wo sie nicht so präsent sind. aber sie haben mich die ganze Zeit aus der Ferne unterstützt. Also das heißt, wenn ich irgendwie zu einer Prüfung fahren musste oder zur Weihnachtszeit oder so, ich wurde immer eingeladen. Ich bin dann mit dem Bus nach Kerala gefahren, hab dort Weihnachten verbracht, hab dort die Ferien verbracht. also diese Verbindung war sehr stark."
> Namrata, in Deutschland geborene Tochter eines indischen Ehepaares, ging ein Jahr in Indien zu Schule und studierte dort auch, lebt inzwischen wieder in Deutschland; März 2015.

Eine andere Probandin erzählt, dass sie ihre indische Familie nicht an ihrem Leben in Deutschland teilhaben lassen wollte, weil sie fürchtete, man werde ihr Leben hier als nicht angemessen bewerten:

> „Ich muss sagen, dass ich früher selber eigentlich gar keinen Kontakt hatte. Das war immer so zwischendurch übers Telefon. Und weil man eben da war. Aber was sich halt wirklich verändert hat ist durch Facebook der Kontakt. Ich habe mich lange dagegen gewehrt – es gab einmal so eine richtige Scheißsituation in Indien. Da war nämlich ein Cousin z.B. bei Facebook, ich auch, aber ich wollte nicht, dass der mit mir befreundet bei Facebook, weil da meine ganzen Fotos mit meinem Freund und ich weiß nicht was und Party und so. Und offiziell darf ich halt keine…die wissen nicht, dass ich überhaupt Party mache, dass ich auch mal ein Kleid mit 'nem Ausschnitt trage und voreheliche Partnerschaften hatte. Das wissen die nicht, bzw. wissen sie vielleicht schon, aber man redet nicht darüber."
> Shreya, in Deutschland geborene Tochter eines indischen Vaters und einer deutschen Mutter; Juli 2015.

Heute ist Shreya in regelmäßigem Kontakt mit ihrer Familie in Indien, telefonisch und unter Nutzung von online Plattformen und WhatsApp. Sie beschreibt diese Verbindung als wichtig und zu einzelnen Familienmitgliedern in Indien als eng. Allerdings erzählte sie im weiteren Gesprächsverlauf auch, dass sie oftmals ihre indischen Verwandten als distanzlos empfindet und Schwierigkeiten hat, die zu große emotionale Nähe zu bewältigen. Insgesamt wird in dem Interview mit Shreya deutlich, dass sie durch häufige Besuche der Familie in Indien zu einigen Verwandten eine sehr enge Beziehung aufgebaut hat und ihr die Nähe zu den indischen Verwandten wichtig ist; gleichzeitig trennt sie ihr Leben in Deutschland davon und lässt ihre indischen Verwandten nur wenig Anteil daran nehmen. Sie beschreibt die Beziehung zu einem Familienzweig, der ihre Eltern schon einmal in Deutschland besucht hat als enger, weil diese ein besseres Verständnis für das Leben hier haben.

Aus den Interviews mit den Befragten der zweiten Generation wird deutlich, dass die familiären Netzwerke eine herausgehobene Stellung einnehmen, die Einbindung aber deutlich schwächer ist als die der ersten Generation. In Bezug auf die Rolle innerhalb der *joint family* zeigen sich große Unterschiede. Die zweite Generation sieht die Verwandten in Indien vor allem als Ressource, übernimmt aber kaum oder gar keine Verantwortung innerhalb des Familienverbundes. Zudem verwenden Proband*innen auch Praktiken der Abgrenzung, um die Intensität der Einbindung selbst steuern zu können. Die familiären Netzwerke sind bei den Befragten der qualitativen Studie die einzigen transnationalen Netzwerke, andere wie z.B. Freundschaftsnetzwerke werden nicht genannt.

Freundschaftsnetzwerke

Einige Proband*innen sagten, dass ihre besten und engsten Freund*innen in Indien leben, was sich mit den Ergebnissen der Online-Befragung deckt (vgl. Abbildung 26). Die Gesprächspartner*innen gaben an, dass sie zu Freund*innen in Indien, die sie zum Teil noch aus der Schulzeit kennen oder im Studium kennengelernt hatten, eine sehr große emotionale Nähe empfanden. Dabei haben weder die Häufigkeit der persönlichen Interaktion noch die regelmäßige Kommunikation Relevanz für die Aufrechterhaltung der Beziehung. Die Beziehung wurde so charakterisiert, dass sie auch nach längeren Kontaktpausen oder Zeiten, in denen sie ihre Freunde nicht gesehen haben, nahtlos Anknüpfungspunkte finden. Exemplarisch hierfür steht der folgende Interviewausschnitt:

> „With my friends in India, go and meet them, we start the relation from where we have left. We don't have to have any starting time. [...] As soon as I go there, they start where you left, there is not a warm-up time with any of my friends. [...] And the other thing is like, we don't talk to friends to keep our relation alive. So this is a big difference, so I should have a friend, I don't have to talk to him for one year. The next day, I go and say, could you help me with this, and he will do it. And I will do it for him."
> Ganesh, kam 2002 nach Deutschland um seine Doktorarbeit zu schreiben; Dezember 2016.

Bei der Analyse der Interviews wird deutlich, dass oftmals mit Freund*innen in Indien keine regelmäßige Kommunikation stattfindet, vielmehr scheinen die Besuche vor Ort wichtig zu sein, um Freundschaftsnetzwerke aufrecht zu erhalten. Bei diesen Besuchen fällt es jedoch nicht schwer die Freundschaftsnetzwerke zu aktivieren. Ein Gesprächspartner, der Ende der 1950er Jahre nach Deutschland kam, um hier ein Studium aufzunehmen, sagte, dass er bis heute bei jedem Besuch in Indien seine wichtigsten Schulfreunde besuche und er auf diese Weise mit ihnen in Kontakt geblieben sei. Ähnlich äußerten sich andere Gesprächspartner*innen, was darauf schließen lässt, dass die Freundschaften aus Kindheits- und Jugendtagen besonders belastbar sind. Diese werden wohl auch dann besonders intensiv gepflegt, wenn eine Rückkehrabsicht besteht. Durch die gemeinsame Zukunftsperspektiven entsteht und sich die „Investition" in das soziale Kapital rentiert.

Andere haben das Bedürfnis, über Ereignisse im Leben ihrer Freund*innen informiert zu sein, um auch emotional Anteil an deren Leben Anteil nehmen zu können. So erzählte ein Gesprächspartner, dass er sehr aufgeregt war, als die Hochzeit eines engen Freundes in Indien bevorstand, er sich aber den Flug nach Indien nicht leisten konnte. Eine andere Befragte beschreibt die Schwierigkeiten transnationaler Freundschaften:

6.2 Transnationale Netzwerke

> „Befragte: We are very close. We share almost everything. Some things which I cannot share with my parents, that I share with my friends. That makes me feel good when I share it with them.
> Interviewer: And is it sometimes difficult that you're, that they're in India and you're here?
> Befragte: Sometimes we feel, sometimes I feel, I could have been there, because there are some occasions which I miss. If my friend was getting married and I couldn't fly. Or if there is something important happening in my life and if you feel they are missing. […] in one of my friends' case, it gets less intense than before, because we don't see each other. Maybe we don't talk every day."
> Nisha, kam als abhängige Partnerin (arrangierte Ehe) 2013 nach Deutschland; Dezember 2016.

Für Nisha ist der Austausch mit ihren Freundinnen in Indien auch deshalb so wichtig, weil sie nur wenige Freund*innen in Deutschland hat (vgl. Kapitel 6.3 für eine Darstellung ihres egozentrierten Netzwerks). Allerdings deutet sie auch an, was andere Befragte beschreiben: Mit zunehmender Dauer des Aufenthalts in Deutschland wird es schwieriger den engen Kontakt zu Freund*innen in Indien aufrecht zu erhalten. Das Fehlen gemeinsamer Erfahrungen, der unterschiedliche Lebensalltag und das Fehlen persönlicher Interaktion sind wichtige Gründe für die Abnahme des Kontakts:

> „While being here I think it is not easy to maintain those relationships, especially when you are young and you have a big group of people. So I think I the people whom I left with, when I go back, are the real true people. So I think I can really count them now on fingers. So there has been a lot of filtering, because sometimes, you need to show your faces."
> Anil, kam 2015 für ein sechsmonatiges Praktikum bei einem transnationalen Unternehmen nach Deutschland; September 2015.

Ähnlich äußerten sich andere Befragte, die sagten, dass sich die Zahl ihrer Freund*innen in Indien reduziert habe, diese aber die wirklich engen und wichtigen Kontakte seien. Durch die Migration verändert sich das soziale Netzwerk in Indien. Oberflächliche Kontakte werden weniger, enge Kontakte bleiben aber bestehen.

Freundschaftsnetzwerke in Indien dienen vor allem dem Austausch über Ereignisse in Indien. Dazu gehören geplante Reisen nach Indien, Ereignisse in der eigenen Familie oder im Leben der Familie der Freund*innen. Zum Teil werden die Freund*innen auch aktiviert, um für die Gesprächspartner*innen in Indien zu handeln. So schilderte Gobind (vgl. S. 132), dass seine Freunde ihm helfen, seinen Verpflichtungen gegenüber seiner Mutter nachzukommen. Auch andere Befragte sagten, dass Freund*innen in Indien ihnen dabei helfen Probleme zu lösen, die eigentlich eine persönliche Anwesenheit erforderten. Hier stellen die Freundschaftsnetzwerke eine wichtige Form sozialen Kapitals dar, das transnational genutzt werden kann. Allerdings wird auch deutlich, dass sich die Unterstützungsleistung der Freund*innen im Heimatort, praktisch und emotional, fast ausschließlich auf Probleme in Indien bezieht. Auf gezielte Nachfrage sagten die Proband*innen, dass sie ihren Freund*innen in Indien über Schwierigkeiten in Deutschland fast gar nichts erzählen. Grund hierfür sei, dass die Freund*innen die Lebensrealität hier nicht kennen würden und daher weder Hilfe leisten noch Rat geben könnten. Ein Befragter erzählte, dass er lange mit der Entscheidung gehadert habe, ob er in München eine Wohnung kaufen solle. Mit seinem Vater konnte er dies ansatzweise besprechen, aber seinen besten Freund, den er seit Kindertagen kennt, konnte er nicht um Rat fragen. Er habe lediglich nach dem Kauf der Wohnung gratuliert. Auch bei Fragen der Karriereplanung wurden Freunde als Ratgeber von Gesprächspartner*innen ausgeschlossen. Eine Gesprächspartnerin sagte, dass aufgrund dieser unterschiedlichen Lebensrealitäten der Kontakt zu ihren Freund*innen in Indien – denen sie sich eigentlich emotional enger verbunden fühlt als den Freund*innen, die sie in Deutschland kennengelernt hat, seit sie hier lebt – zunehmend oberflächlicher seltener wird.

Die inhaltliche Zentrierung der Freundschaftsbeziehungen auf Sachverhalte in Indien bedeutet auch, dass die Proband*innen ihre Freund*innen nur in sehr geringen Umfang an ihrem Leben in Deutschland teilhaben lassen. Dies wurde in ähnlicher Weise auch für Beziehungen innerhalb familiärer Netzwerke beschrieben. Ein Argument war dabei, dass die Befragten es den Verwandten und Freund*innen ersparen wollen, sich unnötig Sorgen machen, da sie ohnehin nicht helfen können. Diese geringe Kommunikation über das Leben in Deutschland bedeutet aber auch, dass von den Proband*innen wenig Wissen über Deutschland vermittelt wird. Die sozialen Rimessen (LEVITT/NYBERG-SØRENSEN 2004, vgl. Kapitel 7.6), zu denen auch das Wissen über die Ankunftsgesellschaft gehört, scheinen daher in diesem Fall relativ gering zu sein. Die unterschiedlichen Lebensrealitäten und die Schwierigkeiten, darüber auszutauschen, sind wahrscheinlich auch der Grund dafür, dass die Befragten der zweiten Generation keine transnationalen Freundschaftsnetzwerke beschrieben.

Die unterschiedlichen Lebensrealitäten stellen aber auch einen Grund dafür dar, warum von die Freundschaftsnetzwerke von Gesprächspartner*innen erodieren. Ein Gesprächspartner erzählte, dass sich seine Einstellungen und seine Lebensweise in den 14 Jahren seines Deutschlandaufenthaltes grundlegend verändert habe. Zu Lebensweise, Wertvorstellungen und auch zu den teilweise in Indien gelebten und Praktiken empfinde er inzwischen große Distanz. Er erzählte z.B. von einem WhatsApp-Gruppenchat, in dem ein Freund aus Indien sich damit brüstete, wie er seinen Hausangestellten gemaßregelt habe, so wie es in bestimmten Schichten üblich sei. Aufgrund der Einstellungen, die sich hierin widerspiegeln, empfinde er eine zunehmende Distanz zu seinen (früheren) Freunden. Einen Versuch mit diesen darüber zu reden, unternehme er allerdings nicht.

Zusammenfassend kann man sagen, dass die transnationalen Freundschaftsnetzwerke für die erste Generation eine wichtige Verbindung nach Indien darstellen. Die Größe des Freundschaftsnetzwerks reduziert sich mit zunehmender Aufenthaltsdauer und die Kontakthäufigkeit nimmt tendenziell ab – wobei durch technische Veränderungen (vgl. Kapitel 7) zum Teil die Kommunikationshäufigkeit zugenommen hat.

Religiöse Netzwerke

Religiöse Netzwerke werden in der Literatur zum Teil als besonders relevante transnationale Netzwerke angesprochen (vgl. LEVITT/JAWORSKY 2007), insbesondere für indische Migrant*innen (VERTOVEC 2000, AMRUTE 2010). Allerdings beschreiben in der qualitativen Befragung nur wenige Befragte relevante transnationale religiöse Netzwerke. Bereits die Darstellung zu den Netzwerken innerhalb Deutschlands hat erkennen lassen, dass die religiösen Netzwerke für die Befragten oft von geringer Bedeutung sind. Spiritualität wird in vielen Fällen sehr individuell praktiziert.

Unverzichtbar sind religiöse Netzwerke für die in Deutschland lebenden Ordensleute. Die beiden interviewten Ordensleute, eine Nonne und ein Mönch, sind Mitglieder eines deutschen bzw. eines indischen Ordens. Innerhalb dieses Netzwerks werden für sie fundamentale Entscheidungen über ihren persönlichen Lebensweg getroffen. Sie selbstverfügen zwar über ein gewisses Mitspracherecht, aber in aller Regel entscheiden die Ordensoberen über ihre Verwendung und damit wo sich ihr Lebensmittelpunktes befinden wird. Innerhalb dieses Netzwerks gibt es einen zum Teil regen Austausch. Beide beschreiben eine intensive Einbindung in die Strukturen der Ordensgemeinschaft, die an ganz unterschiedlichen Orten in Indien und in Deutschland Niederlassungen hat und so einen eigenen transnationalen Sozialraum bildet. Gleichwohl berichten sie auch, dass es schwierig ist mit Ordensleuten in Indien über ihre Probleme in Deutschland zu sprechen.

Religiöse Netzwerke entstehen auch, wenn Gemeinden Priester aus Indien einladen, die zeitweise seelsorgerische Tätigkeiten übernehmen. Dies tun z.B. die syro-malabarischen Christen in Köln, zahlreiche Sikh-Gemeinden und auch einige Hindugemeinden, letztere jedoch nicht dauerhaft. Insbesondere Sikhs scheinen relativ eng in transnationale religiöse Netzwerke eingebunden zu sein. Befragte berichteten über eine regelmäßige Rotation der Priester, die für eine begrenzte Zeit aus Indien nach Deutschland kommen. Diese Aufenthalte werden durch die jeweilige Gemeinde finanziert. Oft wohnen die Priester zeitweise im Gurdwara oder die Gemeinde organisiert eine Wohnung.

Ein Gesprächspartner, der als Jugendlicher nach Deutschland gekommen war, hatte ein Jahr in einem religiösen Zentrum im Punjab verbracht, um sich dort mit seiner Religion auseinanderzusetzen. Er unterhält weiterhin regelmäßig Kontakt zu seinen Lehrern dort sowie zu anderen Schülern in Indien und anderen Teilen der Welt. Innerhalb dieses Netzwerks werde über religiöse Inhalte kommuniziert und es werde auch finanzielle Unterstützung geleistet – für das Zentrum in Indien, aber auch zwischen den einzelnen lokalen Gemeinden außerhalb Indiens. Der Gesprächspartner sagte, er selbst hoffe darauf, Spenden von anderen Gemeinden aus Europa zu erhalten, um einen eigenen Gurdwara gründen zu können.

Vertreter des Sikh-Verbands Deutschland sagten, dass es regelmäßig internationale Zusammenkünfte jugendlicher Sikhs gebe, damit diese ihren Glauben gemeinsam erfahren könnten. Durch diese Zusammenkünfte werde der Zusammenhalt innerhalb der weltweiten „Sikh-Diaspora" gestärkt. Gleichwohl gebe es keine zentrale Institution, die als Autorität allgemein anerkannt sei und die diese Vernetzung zentral organisier. Vielmehr seien dies transnationale Netzwerke einzelner Strömungen innerhalb des Sikhismus.

Sehr persönliche religiöse Netzwerke wurden von anderen Gesprächspartner*innen beschrieben. Eine Familie – Vater und Tochter wurden getrennt voneinander interviewt – unterhält enge Beziehungen zu dem Tempel der Familie am Herkunftsort des Vaters. Dieser Tempel wird von der Familie, insbesondere aber von dem Vater finanziell unterstützt. So finanzierte er nicht nur der Bau des Tempels mit, sondern die Familie übernimmt auch einen Teil des Gehalts des Priesters. Im Gegenzug nimmt der Priester für die Familie regelmäßig Rituale vor. Zum Beispiel erzählte die Tochter, dass während ihres bevorstehenden Bewerbungsgesprächs für eine neue Stelle ein Puja in dem Tempel stattfinden werde, das den Ausgang des Bewerbungsgesprächs positiv beeinflussen solle.

Ein Geschäftsmann sagte, dass er regelmäßig vor Entscheidungen den Rat eines Priesters in Indien einhole. Dieser gebe Rat aufgrund des persönlichen Horoskops des Befragten:

> „Befragter: See, this is, this information like telling about horoscope usually goes with a personal contact. […] We go there and usually they will be doing it at their home, and we talk to them. Then, afterwards you can give them a call and say, hey, you know that, this is my horoscope. Just take it. I will give you a call at ten o' clock in the night or eight o' clock in the night. And then he takes it up and he sits there and we will give him a call. And he looks at it and says, this is the things, so maybe careful here, maybe do this, and things like that. It's consulting.
> Interviewer: So you have one person, you would regularly call for that. OK, how often?
> Befragter: Not very often, but sometimes in major decisions. I moved in this office space, two times. This major decision for me, the direction in which I sit, I will certainly ask. You know, it's when there is an option. If there is a big thing, of course, nobody clearly recommends, of course, but it's again a good feeling. If I'm starting something new, then I say, ‚When should I start? Should I start this week, Monday or Tuesday or Friday or, do you think, the next week is better?'"
> Gobind, kam 2000 mit einer „Green Card" Deutschland; Oktober 2015.

Entscheidend ist hierbei, dass die transnationale Verbindung zu dem Priester nur funktioniert, weil vorher ein persönlicher Kontakt etabliert wurde. Es handelt sich hier also nicht nur um eine reine Dienstleistung, sondern um ein transnationales Netzwerk, für das eine persönliche Grundlage gelegt wurde.

Relevant sind religiöse Netzwerke auch in Bezug auf transnationales wohltätiges Engagement angesprochen. So nutzen Proband*innen ihre Kontakte zu religiösen Institutionen in Indien, um dort wohltätige Projekte zu finanzieren. So beschrieb ein Ehepaar beschrieben, dass es sich kirchlicher Netzwerke bediene, ein anderer Befragter führt wohltätige Projekte in Zusammenarbeit mit mehreren Hindutempeln durch.

Geschäftliche Netzwerke

Geschäftliche werden von den Migrant*innen geschaffen, die einer selbstständigen Beschäftigung nachgehen oder in transnationalen Unternehmen arbeiten. Bei den Selbstständigen ist einerseits zwischen denjenigen zu unterscheiden, deren Geschäfte der ethnischen Ökonomie zuzuordnen sind, die also Bekleidung, Nahrungsmittel, Filme etc. verkaufen, die aus Indien stammen oder einen Bezug zu Indien haben. Andererseits gibt es Selbstständige deren Geschäftsmodell zumindest zum Teil darin besteht, dass sie Waren oder Dienstleistungen zwischen Indien und

Deutschland handeln. Die transnationalen Netzwerke sind in beiden Fällen Grundlage des Geschäftserfolgs. In der standardisierten Befragung gaben 25% der Teilnehmer*innen an, dass ihre Herkunft für ihren Beruf wichtig ist (Abbildung 27).

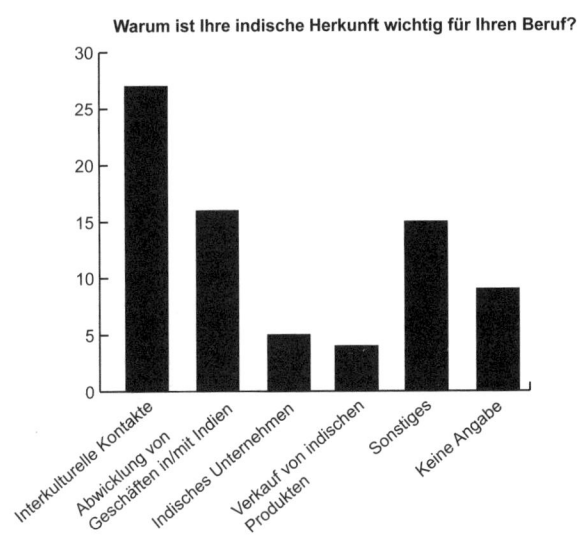

Warum ist Ihre indische Herkunft wichtig für Ihren Beruf?

Kategorie	Anzahl
Interkulturelle Kontakte	27
Abwicklung von Geschäften in/mit Indien	16
Indisches Unternehmen	5
Verkauf von indischen Produkten	4
Sonstiges	15
Keine Angabe	9

Quelle: Eigene Erhebung 2016, n=305, 76 Fälle

Abbildung 27: Transnationale Netzwerke im Berufsalltag

Die transnationalen Netzwerke indischer Migrant*innen, die in ethnischen Ökonomien tätig sind, wurden exemplarisch am Beispiel des sog. „indischen Viertels" in Köln untersucht. Hier gibt es unweit der Kölner Innenstadt, südlich des Neumarkts, ein Cluster südasiatischer Einzelhändler*innen. Insgesamt 13 Geschäfte boten zum Zeitpunkt der Erhebung (2014) Waren oder Dienstleistungen mit Bezug zu Südasien an, unter anderem südasiatische Bekleidung, Lebensmittel, die Vermittlung von Reisen und die Erledigung von Formalitäten (Visa und weitere Konsularangelegenheiten). Fünf Gemischtwarenläden führen, neben Obst und Gemüse südasiatischer Provenienz, Kosmetika, DVDs, CDs, Götterstatuen und weitere typische südasiatische Produkte. Karte 3 zeigt in der Mitte die Geschäfte südlich des Kölner Neumarkts und zusätzlich die Herkunft der Geschäftsinhaber*innen und die hauptsächlichen Bezugsquellen ihrer Waren. Diese Daten sind Ergebnis einer eigenen Kartierung und einer nicht-standardisierten Befragung.

Die Ergebnisse dieser Erhebung waren in zweierlei Hinsicht überraschend. Zum Ersten trugen drei der vier Geschäfte die Bezeichnung „Indien" im Namen, deren Inhaber*innen nicht aus Indien stammen. Ein aus Afghanistan stammender Geschäftsinhaber sagte dazu, dass ein Bezug zu Afghanistan viele Kunden abschrecke und er außerdem einen Großteil seiner Waren aus Delhi beziehe. Aus diesem Grund hat er für seinen Gemischtwarenladen den Namen „India Centre" gewählt. Zum Zweiten beziehen erstaunlich viele Händler ihre „indischen" Waren nicht direkt aus Indien. Dabei war eine Zweiteilung nach Warengruppen zu beobachten. Vor allem Stoffe und Kleidung importieren die Händler direkt aus Indien, zum Teil auch Götterstatuen oder DVDs. Waren indischer Herkunft, die einer Einfuhrkontrolle unterliegen, wie zum Beispiel verarbeitete Lebensmittel (Tee, Gewürze etc.) oder Kosmetika beziehen die Händler*innen über den Großhandel aus anderen EU-Staaten bzw. den USA (Kosmetika). Ein Händler erklärte, dass die Zollformalitäten viel zu aufwendig seien und es sich daher nicht lohne, diese Waren direkt aus Indien zu beschaffen. Allerdings seien die Großhandelspartner in aller Regel auch Personen indischer oder sri-lankischer Herkunft.

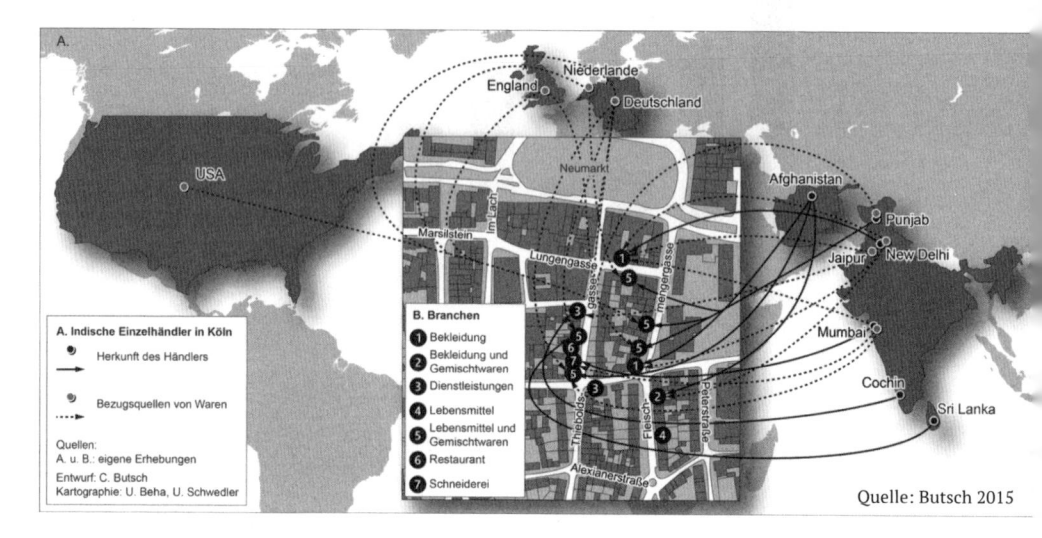

Karte 3: Transnationale Netzwerke der Geschäftsleute in Kölns „indischem Viertel"

Frisches Obst und Gemüse, die in der südasiatischen Küche verwendet werden, beziehen die Händler*innen aus dem Großhandel in Deutschland, der wiederum meist von Personen indischer Herkunft betrieben wird. Die Waren selbst stammen dabei nicht immer aus Indien. Ein Befragter sagte, dass ein großer Teil seines Gemüses aus Ostafrika stamme und über südasiatische Händlernetzwerke weltweit gehandelt werde. In den hier beschriebenen Fällen ist die indische bzw. südasiatische Herkunft für die Händler in doppelter Hinsicht Teil ihres Kapitals: Sie können Waren südasiatischer Herkunft authentisch verkaufen und erwerben diese durch ethnisch geprägte geschäftliche Netzwerke.

Transnationale Netzwerke sind auch für den Anbieter von Reisen im „indischen Viertel" Teil seines Geschäftserfolgs. Er vermittelt erstens Flüge für Personen indischer Herkunft nach Indien. Aufgrund einer Vereinbarung mit AirIndia kann er hierfür zum Teil besondere Konditionen anbieten. Zweitens vermittelt er Reisen innerhalb Indiens an deutsche Kund*innen. Diese Reisen stellt er selbst mit Anbietern in Indien, die er persönlich kennt, zusammen. Dieses Netzwerk aus indischen Hoteliers, Reiseführern und Transportunternehmen ist Teil seines Kapitals, da es

6.2 Transnationale Netzwerke

ihm ermöglicht, Reisen auch an Kund*innen verkaufen, die Bedenken vor einer selbstorganisierten Indienreise haben. Er fungiert für sie auch während der Reise als bekannter Ansprechpartner und erhöht damit für seine Kund*innen das Sicherheitsgefühl.

Andere Selbständige nutzen ebenfalls ihr Sozialkapital im Berufsalltag. Zwei Journalisten unterhalten regelmäßigen Kontakt zu Redakteuren in Indien, weil sie Fernsehbeiträge oder Artikel nach Indien verkaufen. Diese Netzwerke sind zentral für ihre Selbstständigkeit, da sie ohne die persönlich bekannten Abnehmer ihr Produkt nicht verkaufen könnten. Ein Befragter der zweiten Generation, der in Deutschland als Anwalt tätig ist, berät indische Unternehmen, die in Deutschland eine Dependance eröffnen möchten.

Andere Befragte setzen gezielt ihre Kenntnis der Arbeitskontexte in beiden Ländern oder ihre Kontakte in Indien und Deutschland als Geschäftskapital ein. Ein Befragter erzählte, dass er im Begriff sei, eine neue Geschäftsidee zu realisieren. Er wolle deutschen mittelständischen Unternehmen dabei helfen in Indien Fuß zu fassen. Dabei werde er als interkultureller Berater die Zusammenarbeit in der Anfangsphase unterstützen:

> „I am in the process of floating a business platform, where I will be helping the German and Indian companies to come together and it is very much 'the homework is done' and it is on the last stage of floating the company. My business idea is […] I have named it PPTT: That's Partnership, Project, Training and Travel."
> Shah, kam 2005 als Journalist nach Deutschland; Juni 2015.

In dem Interview erläuterte Shah, dass er bisher bereits mehrfach interkulturelle Missverständnisse (z.B. in Bezug auf die Verbindlichkeit von Absprachen) erlebt habe, die dazu geführt hätten, dass Kooperationen nicht zustande gekommen seien. Er wolle durch sein Beratungsunternehmen indisch-deutsche Kooperationen möglich machen. Andere nutzen Netzwerke in Indien für ihr Unternehmensmodell. Ein Befragter erzählte, dass er in Deutschland Softwareschulungen anbiete. Hierfür rekrutier er Trainer*innen in Indien, miete Räume in Deutschland an und übernehme die Kommunikation mit den Kunden.

Ein anderer Gesprächspartner hat sich als Ingenieur selbständig gemacht. Nachdem er für verschiedene deutsche Unternehmen gearbeitet hat, wollte er ein eigenes Unternehmen aufbauen. Seine Idee war dabei, ein deutsches Unternehmen zu gründen, das sich an deutsche Kunden richtet. Deshalb wählte er einen deutsch klingenden Namen und führt auch die Bezeichnung GmbH im Namen. Allerdings erwarteten seine Kunden von ihm vor allem, dass er durch seine transnationalen Netzwerke einen Preisvorteil biete:

> „Why do the people give me business? Because I am an Indian, an educated Indian, an engineer, who can do something in Germany with Indian people. That is the only concept. […] actually speaking I started a German company first. […] I never had any branch anywhere in the world. I said, I want to be a local German company. But […] the customers are looking at me as an Indian guy. […] So they started giving me business and they put pressure on me to start in India. And that was also the demand. So I started an Indian branch of my company and then started working together with India and then it picked up."
> Gobind, kam 2000 mit einer „Green Card" Deutschland; Oktober 2015.

Dieses Beispiel verdeutlicht, dass transnationale Praktiken zum Teil auch von Dritten eingefordert werden und nicht unbedingt die bevorzugte oder selbst gewählte Strategie der Proband*innen ist. In ähnlicher Weise wurde dieser „unfreiwillige" Transnationalismus auch von anderen Gesprächspartner*innen beschrieben.

Diejenigen, die in transnationalen Unternehmen arbeiten Sie sind eng in transnationale geschäftliche Netzwerke eingebunden. Sie sind in vielen Fällen Mittler zwischen deutschen Kunden und ihren indischen Kolleg*innen. In vielen Fällen ist die Einbindung in Indien auch administrativ geregelt, nämlich dadurch, dass die Proband*innen einen indischen Arbeitsvertrag haben und dort ihr dauerhafter Arbeitsplatz ist. Proband*innen, die in transnationalen Unternehmen arbeiten, beschrieben ihren Arbeitsalltag als besonders belastend. Ein organisatorischer Grund hierfür ist, dass die Arbeit in zwei Zeitzonen dazu führt, dass die Proband*innen ihre Arbeit früh beginnen, um an Telefonkonferenzen mit ihrem indischen Mutterhaus teilnehmen zu können, gleichzeitig aber auch lange arbeiten müssen, um für die deutschen Kunden bis abends erreichbar zu sein. Ein inhaltlicher Grund ist, dass die Funktion als Mittler*in zwischen zwei unterschiedlichen Arbeitskulturen genannt, die eine hohe, teilweise belastende Kommunikationsleistung erfordert.

Netzwerke in der Wissenschaft

Netzwerke, die von Wissenschaftler*innen geschaffen werden, dienen einem Austausch von Wissen und sind oftmals auch mit der Mobilität von Personen verbunden. Zwei Probanden arbeiten als Wissenschaftler an deutschen Forschungseinrichtungen über Fragestellungen in Indien. Sie haben bei der Arbeit vor Ort in Indien Vorteile, weil sie leichter kommunizieren und kulturelle Hindernisse umgehen können. Gleichzeitig eröffnet ihnen die Verankerung im internationalen Wissenschaftssystem eine andere Perspektive auf Problemlagen in Indien. Zusätzlich nutzen sie, ebenso wie Wissenschaftler*innen, deren Arbeiten keinen räumlichen Bezug zu Indien haben, transnationale Netzwerke zum Austausch über Ideen und zur Pluralisierung der Ausbildung von Nachwuchswissenschaftler*innen. Dazu gehört zum Beispiel die Mobilität von Doktorand*innen, die in vielen Fällen auf Empfehlung einer/s indischen Betreuer*in an einer Forschungseinrichtung in Deutschland ihr Promotionsprojekt verfolgen. Die Netzwerke zwischen etablierten Wissenschaftler*innen werden von einigen als sehr langlebig beschrieben.

Netzwerke in die Diaspora

Eine besondere Form der transnationalen Netzwerke sind diejenigen, die zwischen Personen in Deutschland und Personen indischer Herkunft, die an in anderen Ländern leben, bestehen. Aufgrund der Größe der „indischen Diaspora" weltweit und der wahrgenommenen Hierarchie innerhalb der Länder (vgl. DICKINSON/BAILEY 2007) war die Untersuchung dieser Netzwerke ein wichtiges Forschungsanliegen. Allerdings wurde während des Forschungsprozesses deutlich, dass diese Netzwerke insgesamt eher schwach ausgeprägt sind und transnationale Netzwerke vor allem zwischen Indien und Deutschland entstehen.

Auf die Frage nach ihren Kontakten zu Personen indischer Herkunft an anderen Orten außerhalb Indiens sagten viele Befragte, dass deutlich engere Kontakte zu Personen in Indien bestünden. Gründe hierfür sind, dass oftmals die direkten Verwandten, vor allem die Eltern, noch in Indien leben und die transnationalen Netzwerke auf dieses familiäre Netzwerk ausgerichtet sind. Diese transnationalen Netzwerke werden durch die Reisen nach Indien gepflegt (Kapitel 7). Sie sind für die Proband*innen wichtig, weil sie ein „nach Hause kommen" beinhalten. Verbindungen zu Freunden und Verwandten an Orten außerhalb Indiens werden deshalb weniger intensiv gepflegt, weil hierfür persönliche Treffen und Reisen nötig wären. Befragte sagten, dass sie sich aus finanziellen und zeitlichen Gründen zwischen einer großen Reise nach Indien, oder Reisen, z.B. in die USA, entscheiden müssten, um Kontakte dort pflegen. Vor diese Wahl gestellt entschieden sich die meisten für die Reise nach Indien und hoffen, dort auch Personen zu treffen, die an anderen Orten leben. Einige Gesprächspartner*innen sagten, dass die Netzwerke zu Personen an anderen Orten über den gemeinsamen Herkunftsort geknüpft und verstärkt würden. Das bedeutet, dass es von Deutschland aus wenig direkte Querverbindungen innerhalb der „Diaspora" gibt, aber durch den gemeinsamen Referenzpunkt in Indien eine Verbindung besteht. Eine Gesprächspartnerin beschrieb dies folgendermaßen:

> „Interviewer: Das heißt, es gibt schon noch einen relativ starken Anker in Indien? Befragte: Genau, also das ist eigentlich [Ort] gewesen. Aber dadurch, dass die Jugend jetzt auch immer besser auch ausgebildet ist, wird es alles immer verstreuter. Also es gibt jetzt sogar zwei drei Cousins von mir, die in den USA sind und einen, der jetzt nach Deutschland kam. Das ist halt einfach neu, oder relativ neu. Ja mein Vater ist ja auch schon gekommen. Naja, auf jeden Fall die starke Basis in [Ort], die schwindet so langsam, weil sich jetzt doch alles immer mehr verstreut. Aber letztendlich gibt es so ein Familienhaus, wo immer dann auch alle wieder hinkommen."
> Shreya, in Deutschland geborene Tochter eines indischen Vaters und einer deutschen Mutter; Juli 2015.

Als Grund für die herausgehobene Bedeutung der transnationalen Netzwerke zum Heimatort wurden die dort gemeinsam gemachten Erfahrungen genannt, die als Beziehungsgrundlage dienen. Dieses Argument weist darauf hin, dass transnationale Netzwerke eine zeitliche Komponente haben – das von Shreya angesprochene Schwinden der Basis kann als Hinweis gedeutet werden, dass einige Netzwerke mittelfristig aufhören zu existieren – und nicht einfach von der ersten auf die zweite Generation „vererbt" werden.

Andere Befragte berichteten, dass der Kontakt zu Personen, die an Orte außerhalb Indiens ziehen, geringer werde, weil das gemeinsame Verbringen von Zeit im Rahmen von Heimatbesuchen als Grundlage fehle:

> „Mainly the thing is that the contact would definitely reduce once the people go out of India, I will just give an example. One of my cousins, he was in Bangalore along with me for around 20–22 years. […] We are a lot more like friends rather than just cousins. After he went to US, California region, he got married eventually. It is not that the contact was cut, the contact was

not cut, contact was still there but the meeting and the regular chatting would reduce. We still are in contact trough Facebook, Instagram, WhatsApp or whatever. As I Told you, we would probably form a group of people who are missed by us and we probably do it in such a way that they will stay in contact. And we will still have the virtual happiness that we had before. But definitely it would reduce, reduce for sure but it will not reduce completely. It will still stay."
Nirmal, kam 2012 als Student nach Deutschland; August 2015.

Das Zitat zeigt, dass persönlicher Kontakt zum Teil durch neue Kommunikationsformen ersetzt werden kann. Allerdings werden die Netzwerke mit der Zeit schwächer, was zum Teil auch in der Art der Kommunikation begründet liegt (Kapitel 7). Andere Gesprächspartner*innen sagten, dass ihre Netzwerke in die „Diaspora" zum Erliegen kamen, weil sich die Lebensrealitäten zu stark unterschieden.

Andere Befragte unterhalten keinen Kontakt in die „Diaspora", entweder weil sie weil sie das Leben in Deutschland in den Mittelpunkt ihrer Aktivitäten gestellt haben, weil sie niemanden kennen, der aus Indien emigriert ist, oder weil ihnen aus anderen Gründen Zeit und Interesse für eine intensive Kontaktpflege fehlen. Andere Gründe können das Fehlen einer gemeinsamen Basis bei entfernten Verwandten oder zunehmende Entfremdung sein.

Andere Befragte beschrieben ihre transnationalen Netzwerke zu Orten außerhalb Indiens als sekundär und den Kontakt als lose (im Vergleich zu den transnationalen Netzwerken nach Indien). Ein Gesprächspartner sagte, dass er zwar keinen engen Kontakt zu seinen Verwandten außerhalb Indiens pflege, die gemeinsame Migrationserfahrung und die „Außenseiter-Perspektive" auf Indien aber durchaus ein verbindendes Element darstelle. Diese lockeren Verbindungen werden von den Proband*innen nicht als belastbares Unterstützungsnetzwerk empfunden. Ein Befragter sagte, dass er sich zwar des Rückhalts seiner Familie in Indien sicher sei, aber auf die Unterstützung seiner Verwandten außerhalb Indiens würde er sich nicht verlassen. Aus der entgegengesetzten Perspektive schilderte ein anderer Gesprächspartner seine eigene mangelnde Bereitschaft zur Unterstützung eines entfernten Verwandten.

Für wieder Andere ist die enge Verbindung zu Freunden oder Verwandten, die außerhalb Indiens leben, sehr wichtig. Für einen Befragten bedeutet die Möglichkeit, seine Verwandten in London zu besuchen, ein Stück Heimat zu erleben, ohne die längere und kostspieligere Reise nach Indien antreten zu müssen. Insbesondere wichtige Festtage feiert er mit seiner Tante in London, deren Haus er als Heimat abseits der Heimat bezeichnete. Eine andere Befragte beschrieb enge Kontakte zu Verwandten in den USA, weil sie selbst mit ihrer Familie zeitweise dort gelebt habe und sie mit ihrer Verwandtschaft dort verbindende gemeinsame Erfahrungen gemacht habe. Andere beschreiben eine besondere Beziehung zu ihren Verwandten in den USA, weil die wichtigsten Bezugspersonen in die USA emigriert seien. Für sie ersetzen die transnationalen Netzwerke in die USA zu einem Teil die transnationalen Netzwerke nach Indien. Die hier geschilderten Fälle verdeutlichen, dass besondere Umstände oder eine außergewöhnliche Beziehung notwendig sind, damit starke transnationale Netzwerke innerhalb der „Diaspora" entstehen.

Institutionelle Netzwerke

Abgesehen von diesen persönlichen transnationalen Netzwerken wurden ein politisches, ein ethnisch-religiöses und ein religiöses Netzwerk thematisiert. Bei dem politischen Netzwerk handelt es sich um das Telangana Development Forum (TDF). Diese Organisation versteht sich als internationale Diasporaorganisation, die die Entstehung des neuen indischen Bundesstaates Telangana im Jahr 2014 ideologisch und finanziell unterstützt hat. Ein Befragter war in diesem Netzwerk als Einzelperson tätig und deshalb in das transnationale Netzwerk eingebunden, weil er hier eine Möglichkeit sah sich für die Staatswerdung Telanganas einzusetzen. Für sein Engagement war die Entwicklung der Kommunikationstechnik von zentraler Bedeutung, denn die Mitglieder des TDF, die in den USA leben, hat er über Internetforen kennengelernt.

Als transnationales ethnisch-religiöses Netzwerk wurde von einem Befragten die Gemeinschaft der keralesischen Christ*innen bezeichnet. Er sagte, dass es in dieser Gemeinschaft teilweise Querbeziehungen gebe und auch Unterstützungsleistungen möglich seien. Gleichzeitig hob er hervor, dass der wesentliche Referenzpunkt Kerala sei, das Netzwerke aber zusätzlich eine triadische Komponente aufweise. Gleichwohl seien die Querbeziehungen innerhalb der „Diaspora" weniger stark ausgeprägt als die Primärbeziehungen nach Kerala.

Als transnationales religiöses Netzwerk wurde von Gesprächspartnern die Gemeinschaft der Sikhs beschrieben. Vertreter des Sikh-Verbands erzählten, dass sie beim Aufbau ihres Verbands und vor allem im Bereich Öffentlichkeitsarbeit große Unterstützung von einem Sikh-Verband in England erhalten hätten. Zudem gebe es Veranstaltungen, die den transnationalen Zusammenhalt gezielt förderten, zum Beispiel Sommercamps für Jugendliche aus ganz Europa. Ein Befragter wird regelmäßig als Prediger in Gurdwaras in ganz Europa eingeladen. Zwischen den Gurdwaras der spezifischen Ausprägung des Sikhismus, der er angehört, bestehe eine enge Verbindung. Sie gehe auf die gemeinsame Ausbildung in Indien zurück, so dass auch in diesem Beispiel eine triadische Netzwerkstruktur erkennbar wird.

Synthese

In der Synthese zeigen die Auswertungen, dass transnationale Netzwerke für einen Teil der indische Migrant*innen in Deutschland sehr wichtig sind. Diese Netzwerke können in allen Lebensbereichen beobachtet werden, jedoch nicht bei allen Befragten. Die Einbettung in unterschiedliche Arten transnationaler Netzwerke hängt mit Faktoren wie dem Migrationspfad, dem Migrationszeitpunkt und der beruflichen und familiären Situation zusammen.

Relevant ist auch, welche Arten von Netzwerken von den Proband*innen als von marginaler Bedeutung angesehen wurden, die in der Transnationalismusliteratur aber einen besonderen Stellenwert genießen. Hier sind vor allem die politischen Netzwerke zu nennen, die von den Befragten als unwichtig beschrieben wurden, mit der einen, oben beschriebenen Ausnahme (Engagement im Telangana Development Forum). Zudem sind die religiösen Netzwerke zwar für die Sikh-Gemeinschaft wichtig, aber insgesamt spielen religiöse Netzwerke eine eher untergeordnete Rolle. Zentrale Netzwerke sind Familiennetzwerke, zum Teil Freundschaftsnetzwerke und mit Einschränkungen geschäftliche Netzwerke. Die Ausrichtung der Netzwerke ist vor allem indienzentriert, triadische Netzwerke oder Querverbindungen werden kaum beschrieben. In Kapitel 7 werden die transnationalen Praktiken behandelt, die durch die beschriebenen Netzwerke ermöglicht und gleichzeitig verstärkt werden.

6.3 PERSPEKTIVWECHSEL: EGOZENTRIERTE NETZWERKE

Im Folgenden werden die sozialen Netzwerke von Befragten aus einer egozentrierten Perspektive dargestellt. Hierdurch wird es möglich, die oben beschriebenen unterschiedlichen Arten von Netzwerken miteinander in Beziehung zu setzen, das Sozialkapital einzelner Personen darzustellen und ihre Relevanz für unterschiedliche Typen von Migrant*innen zu verdeutlichen (FENICIA et al. 2010, HOLLSTEIN/PFEFFER 2010). Durch die gewählte Art der Darstellung (in Anlehnung an KAHN/ANTONUCCI 1980) können die transnationalen Sozialräume, die durch die Proband*innen aufgespannt werden, visualisiert und reflektiert werden; ebenso diente die Visualisierung während der Interviews als Gesprächsstimulus.

In insgesamt 14 Interviews wurden mit Proband*innen egozentrierte Netzwerke mit der Software VennMaker gezeichnet. Bei diesen Interviews handelt es sich in 12 Fällen um Zweitinterviews, die Gesprächspartner waren mit einem anderen Leitfaden zuvor schon einmal befragt worden. Sie wurden für ein zweites Interview ausgewählt, weil sie sich in der Analyse in Projektphase 2 als exemplarisch für unterschiedliche Gruppen herausgestellt hatten. Von den 14 egozentrierten Netzwerken werden im Folgenden sechs vorgestellt, die Personen mit unterschiedlichen Migrationsbiographien zuzuordnen sind. Diese sechs wurden ausgewählt, weil sie die Bandbreite unterschiedlichen Formen egozentrierter Netzwerke widerspiegeln, die erhoben wurden. Für die Darstellung erfolgte eine graphische Umsetzung der im Interview erstellten Netzwerkkarten. VennMaker verfügt über eine intuitive Bedienungsoberfläche, deswegen konnten in vielen Fällen die Befragten die Netzwerke selbst zeichnen (in den anderen Fällen übernahm der Interviewer das Zeichnen nach Anweisungen), jedoch ist die graphische Umsetzung wenig ansprechend, weshalb die entstandenen Netzwerkkarten mit einem Grafikprogramm nachgezeichnet wurden.

Die sechs Netzwerkkarten sind gleich aufgebaut: Die Mitte repräsentiert die/den Proband*in (Ego); den sechs gleich großen Kreissektoren werden unterschiedliche Arten von Kontakten (Alteri) zugeordnet. Die Sektoren stehen für unterschiedliche Lebensbereiche: Freunde und Familie in Deutschland, Freunde und Familie in Indien, geschäftliche Beziehungen in Indien, geschäftliche Beziehungen in Deutschland, Religion und wohltätiges Engagement. Dargestellt sind die wichtigsten Kontakte der Befragten in den unterschiedlichen Bereichen, wobei zwischen Personen und Institutionen unterschieden wurde und die Herkunft bzw. der Sitz ebendieser unterschieden wurde (Signaturfarbe). Die Größe der Signatur gibt an, wie häufig der Kontakt zu der jeweiligen Person/Institution ist; dabei entspricht eine zunehmende Größe einer höheren Kontaktzahl. Die Nähe zum Zentrum des Kreises, das den oder die jeweilige Befragte*n repräsentiert, beschreibt die Wichtigkeit des Kontakts. Je zentraler die Signatur angeordnet ist, umso wichtiger ist der Kontakt. Schließlich gibt die Verbindungslinie an, welches die hauptsächliche Kommunikationsform zwischen Interviewpartner*in und dem Kontakt ist. Die Besonderheiten der unterschiedlichen Arten von Netzwerken werden im Folgenden beschrieben.

Deutschlandorientierter Geschäftstransnationalist der ersten Generation

Shah kam 2005 nach Deutschland, um als Journalist für ein deutsches Medienunternehmen zu arbeiten (Abbildung 28). Inzwischen ist er dort nicht mehr beschäftigt, sondern arbeitet als Selbstständiger. Er verfolgt zwei Geschäftsideen. Erstens begleitet er als interkultureller Trainer indische und deutsche Unternehmen in der Phase, in der sie eine gemeinsame Kooperation anbahnen. Zweitens ist er weiterhin journalistisch tätig, vor allem im Bereich Fernsehen. Er produziert Beiträge über Deutschland und Europa und verkauft sie an indische oder pakistanische Fernsehsender. Shahs Netzwerk ist transnational ausgerichtet, auch seine Kontakte in Deutschland sind überwiegend indischer oder internationaler Herkunft. Die wichtigsten Kontakte sind für ihn seine Frau, die indischer Herkunft ist und in Deutschland lebt, und seine Familie in Indien, insbesondere seine Mutter und sein jüngerer Bruder. Weitere wichtige persönliche Kontakte sind für ihn – und das stellt hier eine Besonderheit dar – Personen, die außerhalb Deutschlands und Indiens leben, nämlich seine Tante und ein Freund, die in England leben sowie ein Freund, der in den USA lebt. Durch seine geschäftlichen Beziehungen schafft Shah Verbindungen zwischen Indien und Deutschland. Seine Geschäftsideen beruhen auf seinem Wissen über Deutschland und Indien. Auch wenn sein Lebensmittelpunkt Deutschland ist, sind viele seiner engen Netzwerkkontakte in Indien, insbesondere seine geschäftlichen Kontakte.

Für sein religiöses Leben ist eine Moschee an seinem Wohnort wichtig, die er regelmäßig besucht. Allerdings geht er nur dort hin, um am Freitagsgebet teilzunehmen, er ist in der Gemeinde nicht aktiv. Shah engagiert sich auch wohltätig, indem er ein Waisenkind in Indien unterstützt. Diese Unterstützung erfolgt jedoch, ohne dass er den Empfänger der Unterstützungsleistung kennt, weshalb in der Visualisierung auch keine Verbindungslinie eingezeichnet ist. Die Unterstützung erfolgt personalisiert über eine Hilfsorganisation in Indien. Er unterstützt weiterhin eine Nichtregierungsorganisation, die sich im Bereich Bildung engagiert und eine religiöse Organisation. Finanziell unterstützt er zudem seine Familie regelmäßig.

Shahs Netzwerk verdeutlicht seine transnationale Lebensführung, wobei sein Beruf die Vermittlung zwischen den Kulturen ist und er familiär in Deutschland und Indien gleichermaßen stark verankert ist. Die relative Ausgewogenheit seines Netzwerks ist Resultat seines inzwischen über zehn Jahre andauernden Aufenthaltes in Deutschland, bei gleichzeitig stetigem Kontakt nach Indien, auch im beruflichen Umfeld. Shah ist darüber hinaus einer der wenigen, die auch aktive Verbindungen an Orte außerhalb Indiens und Deutschlands unterhalten.

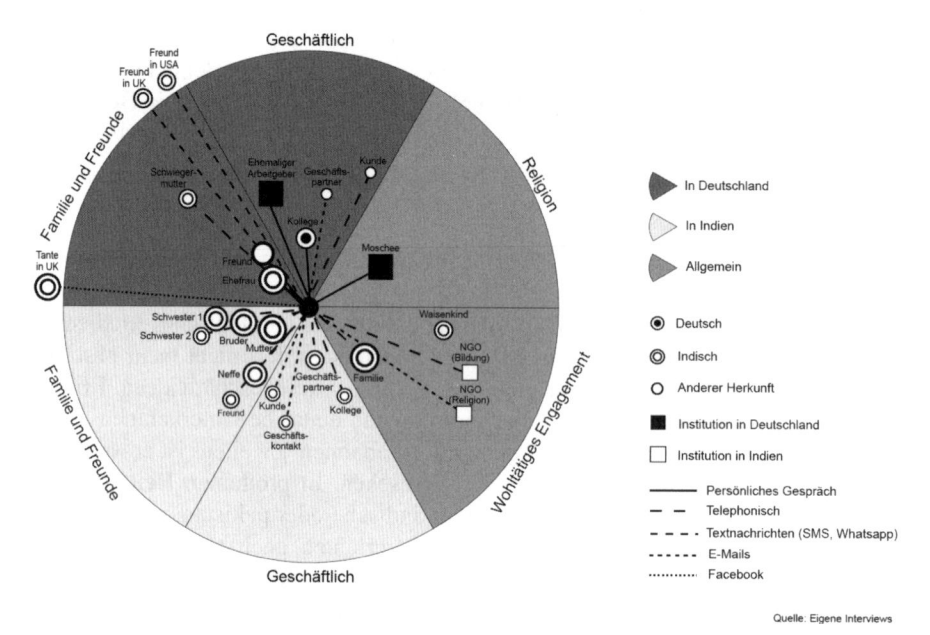

Abbildung 28: Egozentriertes Netzwerk Shah

Indienorientierte abhängige Migrantin der ersten Generation

Nishas Beispiel steht für ein sehr stark indienlastiges transnationales soziales Netzwerk (Abbildung 29). Sie kam 2013 als abhängige Familienangehörige nach Deutschland. Sie heiratete in einer arrangierten Ehe einen indischen Mann, der derzeit in Deutschland an einer Universität an seiner Promotion arbeitet. Konkret bedeutet das, dass die Familien der beiden Eheleute die Beziehung angebahnt haben, vor der endgültigen Entscheidung über die Eheschließung gab es aber ein Treffen und Nisha hätte die Gelegenheit gehabt, ihren jetzigen Ehemann als Kandidaten abzulehnen. Für das Treffen mit Nisha kam er nach Indien gereist und beide Eheleute hatten das Gefühl, dass sie gut zueinander passen und beschlossen zu heiraten. Zu diesem Zeitpunkt studierte Nisha noch (Bachelor-Studium). Sie heirateten vor Abschluss des Studiums, Nisha folgte ihrem Mann aber erst nach Abschluss ihres Studiums nach Deutschland. Hier bewarb sie sich auf einen Studienplatz in einem Master-Studiengang, in dem sie noch zum Zeitpunkt des Interviews studierte. Nach knapp dreieinhalb Jahren in Deutschland beschreibt Nisha, dass ihre wesentlichen sozialen Kontakte, mit Ausnahme ihres Mannes, weiterhin in Indien sind. In Deutschland hat sie nur wenige Freunde, die sie entweder aus ihrem Sprachkurs kennt oder die, wie sie selbst und ihr Mann, in einer indischen Migrantenorganisation aktiv sind. Zwar findet ihr Lebensalltag in Deutschland statt, sozial sind für sie aber nahezu ausschließlich Kontakte in Indien bzw. aus Indien stammende Menschen relevant. Dabei ist für sie und ihren Mann eine denkbare Option dauerhaft in Deutschland zu leben, zumal ihr Mann nach Abschluss seines Promotionsvorhabens eine Festanstellung in Deutschland hat.

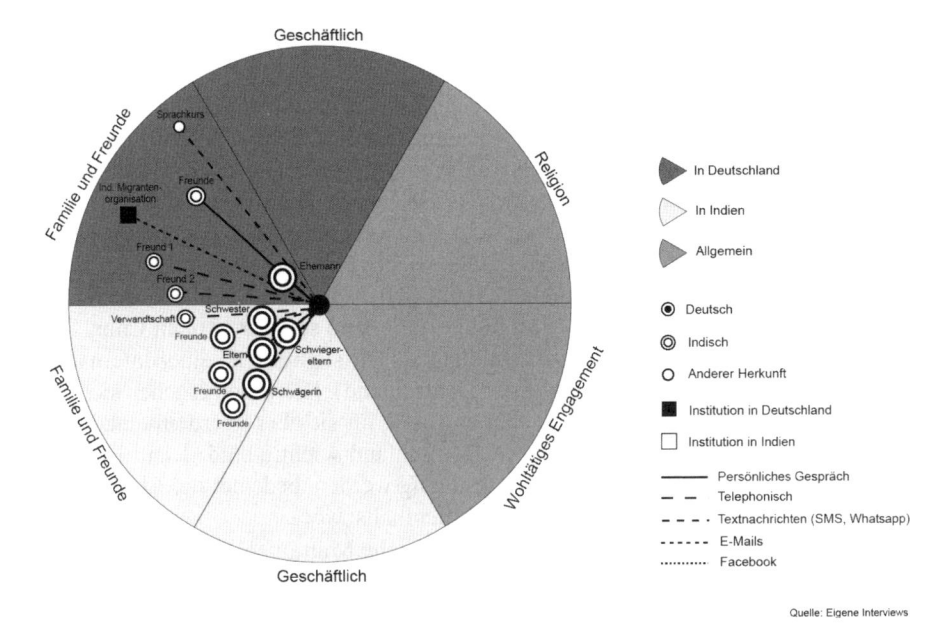

Abbildung 29: Egozentriertes Netzwerk Nisha

Nishas Beispiel steht exemplarisch für soziale Netzwerke abhängiger Partner*innen, die in vielen Fällen Schwierigkeiten damit haben neue Kontakte in Deutschland zu finden. Für sie sind transnationale Sozialräume besonders relevant. Eine andere Probandin, deren Situation der von Nisha ähnelt, beschrieb ihren Zustand als ein Leben in einer Zwischenwelt:

> „There is a story in Mahabharata called… it is a story about a king called Trishanku. And when he dies, he wants to go to the heavens with his body. Now in Hindu concept this is not possible, because you burn the body and only your soul migrates to heavens. So anyway Trishanku prays to some god and this god grants him a boon saying 'You will ascent to the heavens in your body.' So when he dies, he is actually going to the heavens with his body, but the god of heaven, Indra, he says: 'This is absolutely not possible, because I rule this place and I have never accepted a human with his body in heaven. He can't do that.' So he pushes him back. And this fellow who has granted him a boon is pushing to send him up – so Trishanku is hanging midway, he can't come down and he can't go up. So this is what happens to most people. They are Trishanku."
> Gayatri, kam 2006 als abhängige Ehepartnerin nach Deutschland; April 2015.

Das transnationale Leben wird hier als unvollendeter Zwischenraum beschrieben, in dem weder eine Verankerung in der Ankunftsgesellschaft möglich ist noch die Verankerung in der Herkunftsgesellschaft dauerhaft gelebt werden kann. Die Beispiele von Gayatri und Nisha verdeutlichen, dass multiple Inklusion, die von ESSER (2003) als Ausnahmefall gekennzeichnet wird, zumindest nicht immer gelingt.

Deutschlandorientierte Familientransnationalistin der ersten Generation

Jyoti, die ebenfalls als abhängige Familienangehörige nach Deutschland migrierte, unterhält ebenfalls vielfältige, enge Beziehungen nach Indien (Abbildung 30). Ihre wichtigsten Kontakte sind ihre beiden Kinder in Deutschland und ihre Geschwister und ihre Mutter in Indien. Sie kam bereits 2005 nach Deutschland und hat sich inzwischen auch in Deutschland ein soziales Netzwerk aufgebaut. Auch für sie sind die Partnerinnen anderer indischer Migranten wichtige soziale Kontakte. Allerdings hat sie auch weitere soziale Kontakte geknüpft, etwa zu ihren Nachbarn, der Pfadfinderorganisation, in der sie und ihre Söhne aktiv sind sowie zu einem Chor. Zusätzlich absolviert sie derzeit eine Ausbildung als Hilfslehrerin an einer Internationalen Schule (geschäftliches Netzwerk in Deutschland). Hierdurch ergeben sich für sie weitere Kontakte, die zwar nicht sehr eng sind, für sie aber trotzdem eine Rolle spielen, da sie für ihre Verankerung in Deutschland wichtig sind. Denn in einer Phase, in der ihre Kinder zunehmend selbständig werden, bedeutet der Einstieg ins Berufsleben für sie einen eigenständigen Aufenthaltszweck.

Ein Ankerpunkt ist für Jyoti zudem die indische Migrantenorganisation, deren Vorsitzende sie ist. Hier trifft sie viele Freunde und hat viele Kontakte, von denen sie sagt, dass sie auch in Krisensituationen wichtig sind. Probleme, die ihr Leben in Deutschland betreffen, bespricht sie beispielsweise eher mit dieser „zweiten Familie", wie sie in dem Interview sagte.

Interessant ist der religiöse Teil ihres Netzwerks. Der Priester in ihrer Heimatstadt hat führt für sie wesentliche Rituale durch. Trotzdem unterhält sie gar keinen direkten Kontakt zu ihm. Die Rituale gibt sie indirekt über ihre Schwester in Auftrag und auch während ihrer jährlichen Indienbesuche sucht sie keinen direkten Kontakt zu ihm. Aus diesem Grund hat sie keine direkte Verbindung zu ihrem Priester eingezeichnet, ihn aber relativ nah am Ego positioniert.

Im Vergleich zu Nishas oder Gayatris sozialen Netzwerken ist Jyotis Netzwerk deutlich differenzierter. Sie beschränkt sich nicht nur auf ihre Rolle als mitreisende Partnerin und Mutter, sondern hat aktiv Verbindungen an ihrem neuen Wohnort geschaffen – durch ihr ehrenamtliches Engagement und durch die Aufnahme der Ausbildung. Dies steht in Wechselwirkung mit einer inzwischen verfestigten Bleibeabsicht. Trotz der Wichtigkeit der sozialen Kontakte in Indien sehen Jyoti und ihr Mann inzwischen ihren Lebensmittelpunkt in Deutschland und planen dauerhaft hier zu leben. Beide haben auch inzwischen die deutsche Staatsbürgerschaft angenommen.

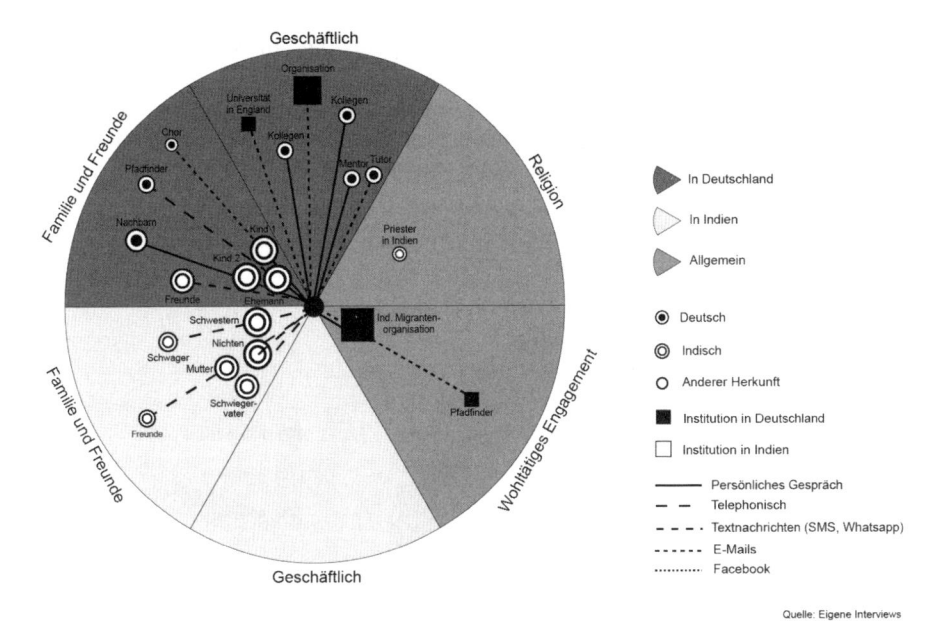

6.3 Perspektivwechsel: Egozentrierte Netzwerke 155

Abbildung 30: Egozentriertes Netzwerk Jyoti

Transnationaler Ruhestandspendler

Einer der Gesprächspartner, die auch physisch transnational leben, ist Herr Kunapalli (Abbildung 31). Seine Frau und er verbringen die Wintermonate in Indien, den Sommer in Deutschland. Herr Kunapalli kam 1966 als Journalist nach Deutschland, seine Frau kam – unabhängig davon – ebenfalls 1966 als Krankenschwester nach Deutschland. Beide lernten sich in Deutschland kennen und heirateten, gegen den Widerstand ihrer Familien. Heute sind beide in Rente und führen ein transnationales Leben. Allerdings ist Herr Kunapalli noch Chefredakteur einer Zeitschrift, die sich an die indische Gemeinde in Deutschland richtet.

Die Netzwerkkarte zeigt, dass Herr Kunapalli überwiegend indischstämmige Kontakte hat, in Indien und in Deutschland. Wichtig sind für ihn in Deutschland, neben seiner Frau, seine Kinder, enge Freunde, eine Großnichte und die Nachbarn, die zum Teil einen Migrationshintergrund haben. In Indien sind es neben den Geschwistern Weggefährten, die selbst zeitweise in Deutschland gelebt haben. Dazu gehören unter anderem ein Pater und ein deutscher Freund. An beiden Orten besteht ihr soziales Netzwerk zu einem großen Teil aus Personen, die selbst über transnationale Erfahrungen verfügen.

Da ihm die Arbeit in der Zeitschrift, die er selbst gegründet hat, große Bedeutung hat, nennt er die Mitarbeiter*innen der Zeitung als wichtige Ansprechpersonen. Herr Kunapalli ist gläubiger Christ. Nach wie vor nimmt seine Heimatgemeinde in Indien eine zentrale Rolle in seinen religiösen Praktiken ein. In

Deutschland besucht er ebenfalls die Kirche regelmäßig, allerdings empfindet er hier ein weniger starkes Zugehörigkeitsgefühl.

Die katholische Kirche spielt auch für sein wohltätiges Engagement eine wichtige Rolle, da er über Missio (in Deutschland) bzw. seine Kirchengemeinde und eine Ordensgemeinschaft in Indien unterschiedliche wohltätige Vorhaben unterstützt. Zusätzlich übernimmt er für die Kinder der Haushälterin, die sich um das Haus der Familie in Indien kümmert, Teile der Ausbildungskosten.

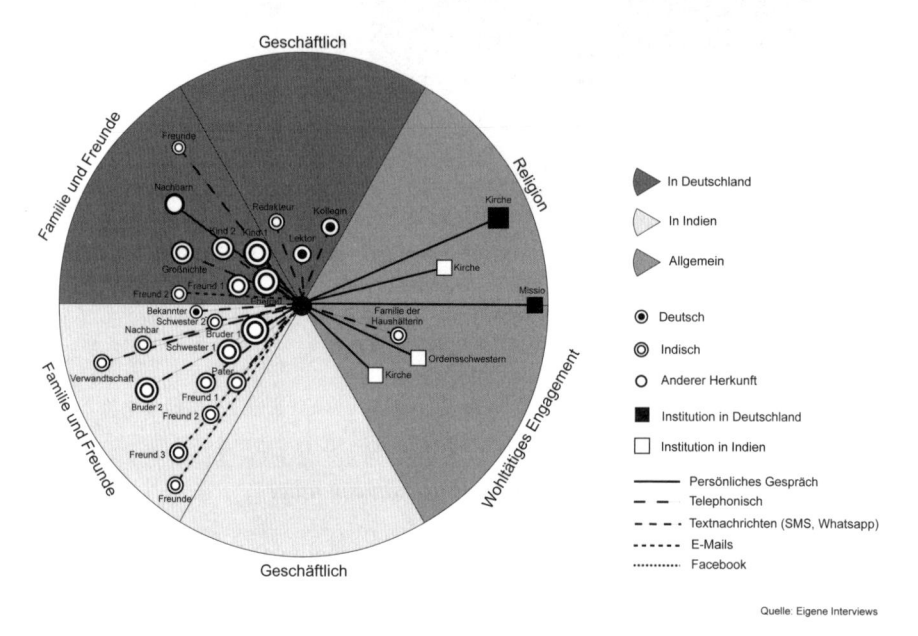

Abbildung 31: Egozentriertes Netzwerk Herr Kunapalli

Deutschlandorientierter Wohltätigkeitstransnationalist

Die enge transnationale Vernetzung von Herrn Mishra (Abbildung 32) wurde bereits in einem Zitat angedeutet, in dem er beschrieb, dass er sich regelmäßig um Familienangelegenheiten in Indien kümmere (Seite 133). Seine wichtigsten und engsten Kontaktpersonen sind seine Ehefrau und seine Kinder. Auffallend ist, dass er seine Kinder explizit als „deutscher Herkunft" klassifiziert, mit der Begründung, sie seien hier aufgewachsen und verankert. Nahezu gleichen Stellenwert haben seine Brüder und seine Neffen und Nichten, die in Indien leben. Zu dieser Gruppe unterhält er täglich telefonischen Kontakt. Hierdurch nimmt er aktiv an dem Leben in Indien teil, er ist in Entscheidungen involviert und bindet sie in seine transnationalen Aktivitäten ein (Kapitel 7), z.B. in dem er ihnen Geld überweist und sie beauftragt, dieses nach seinen Vorstellungen für wohltätige Zwecke zu verwenden.

Eine Herzensangelegenheit ist für ihn sein Engagement im Krankenhaus seiner Heimatstadt, hier in der Netzwerkkarte auch durch Größe und Nähe zum Ego deutlich hervorgehoben. Herr Mishra kam nach Deutschland um Medizin zu studieren und entschied sich nach einem gescheiterten Rückkehrversuch hier zu bleiben. Als Grund für seine Rückkehr nach Deutschland nannte er die Arbeitsbedingungen in den indischen Krankenhäusern, in denen er nach seiner Approbation praktizierte. Diese hat er in den letzten Jahren versucht ganz konkret in dem staatlichen Krankenhaus seiner Heimatstadt zu verbessern, in dem er eine neue Ausstattung der Säuglingsstation ermöglicht hat. Er besucht das Krankenhaus mehrmals jährlich und bekommt per Email regelmäßige Berichte über die Entwicklung der Patientenzahlen und von Leistungsparametern, wie der Überlebensrate von Frühchen.

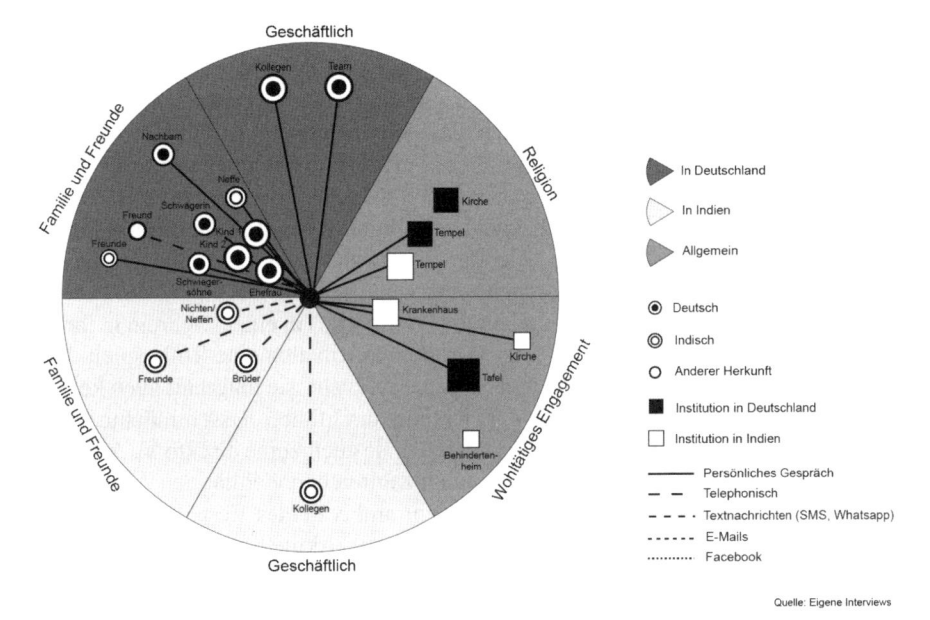

Abbildung 32: Egozentriertes Netzwerk Herr Mishra

Er betonte, dass er sich auch in Deutschland für soziale Belange einsetzt. So bringe er einmal wöchentlich eine größere Sachspende zu der gemeinnützigen „Tafel", die Lebensmittel an bedürftige verteilt. Finanziell unterstütze er zudem eine Kirche in Indien und ein Wohnheim für Menschen mit Behinderung, ebenfalls in Indien.

Die wichtigste religiöse Institution ist für ihn der Tempel, der wenige Häuser entfernt vom Wohnhaus seiner Familie in Indien steht. Dort gibt er regelmäßig Rituale in Auftrag, z.B. wenn ein Familienmitglied oder Freunde (auch in Deutschland) krank sind oder bedeutsame Entscheidungen bevorstehen. Ab und an besucht er auch einen nahegelegenen Hindutempel an seinem Wohnort, zu dem er aber eine weniger intensive Bindung hat. Zusätzlich besucht er auch Gottesdienste in einer katholischen Kirche, besonders, weil er gern den Predigten zuhört.

Eine eher distanzierte Verbindung hat er zu seinem Berufsumfeld, wie ebenfalls aus der Netzwerkkarte deutlich wird. Sowohl die Kollegen, mit denen er seine Praxis aufgebaut hat als auch Kollegen in Indien, mit denen er in Kontakt steht, siedelt er am Rand der Netzwerkkarte an. Wesentlich größere Bedeutung haben für ihn Familie, wohltätiges Engagement (und die Institutionen) und Freunde.

Indienaffine zweite Generation

Ein anderes Bild zeigt die Netzwerkkarte von Shreya, einer Interviewpartnerin der zweiten Generation (Abbildung 33). Sie ist die Tochter von Herrn Mishra. Für sie sind die mit Abstand wichtigsten Kontakte ihr Mann, ihr Kind, ihre Eltern und ihre Schwester, die allesamt in Deutschland leben. Nah am Ego platziert sie zudem enge Freunde in Deutschland. In Indien ist eine Tante deutscher Herkunft, die eine Nichtregierungsorganisation mit aufgebaut hat, eine Kontaktperson, die für sie große Bedeutung hat. Mit ihr kann sie sich gut über aktuelle Entwicklungen in Indien austauschen. Zudem unterhält sie (zeitweise) engen Kontakt zu einem Onkel und einer Tante. Allerdings wird ihr dieser Kontakt manchmal zu eng. Weiterhin ist für sie ein befreundetes Ehepaar in Indien wichtig, zu dem sie eine große Nähe empfindet, das sie nun aber schon länger nicht mehr persönlich besucht hat.

Für ihr religiöses Leben ist vor allem die Hausgöttin (in einem Schrein in ihrem Haus) für sie von Bedeutung, die in ihren täglichen Ritualen eine Rolle spielt. Der Tempel der Familie in Indien ist für sie weniger relevant, sie unterhält auch keinen direkten Kontakt dorthin. Wenn sie dort Rituale durchführen lassen möchte, dann kommuniziert sie dies über ihren Vater, weshalb sie auch keine direkte Verbindung in die Netzwerkkarte gezeichnet hat. Von den zahlreichen wohltätigen Aktivitäten in Indien hat sie Kenntnis, aber sie hat ein sehr ambivalentes Verhältnis dazu und möchte sich daher in dem Bereich nicht engagieren. Aktuell engagiert sie sich in geringem Umfang in der Hilfe für Geflüchtete. Allerdings hat sie als Mutter eines kleinen Kindes wenig Zeit für ehrenamtliches Engagement.

Ihre Netzwerkkarte ist insofern typisch für die zweite Generation als dass Kontakte nach Indien nur in geringem Umfang bestehen, nahezu ausschließlich zu Verwandten. Und auch in Deutschland sind die Kontakte zu Personen mit indischem Migrationshintergrund für viele Befragte der zweiten Generation wenig bedeutsam. Eine Ausnahme hiervon scheint die Sikh-Gemeinschaft darzustellen.

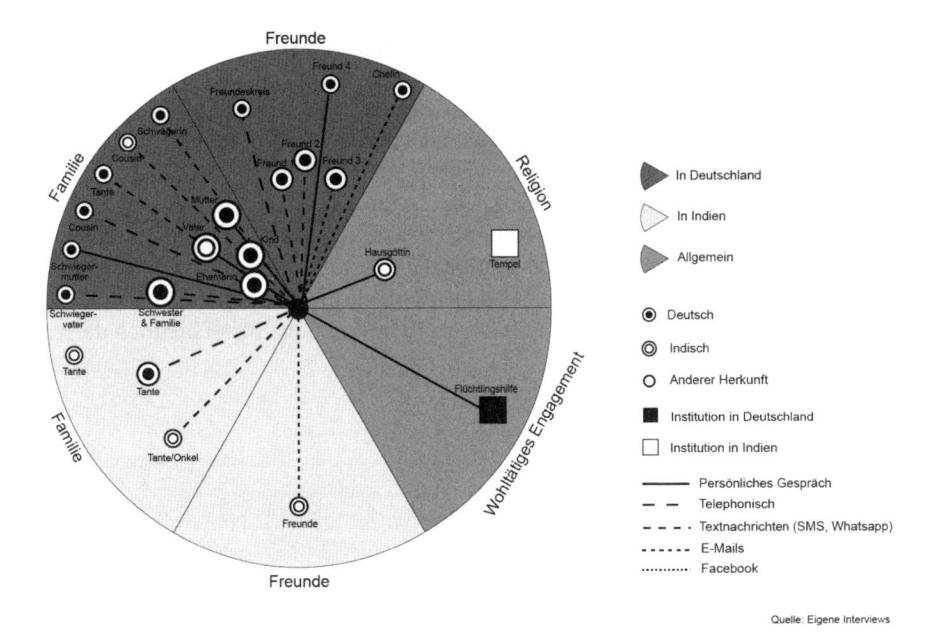

6.3 Perspektivwechsel: Egozentrierte Netzwerke   159

Abbildung 33: Egozentriertes Netzwerk Shreya

Synthese

Insgesamt helfen die egozentrierten Netzwerke zu verstehen, in welchem Zusammenhang die unterschiedlichen Arten von Netzwerken stehen, die in den Kapiteln 6.1 und 6.2 beschrieben wurden. Sie verdeutlichen, dass sich die Einbindung in transnationale Netzwerke sehr unterschiedlich darstellt. Die hier gewählten Typenbezeichnungen korrespondieren mit der in Kapitel 9 vorgestellten Typologie. Die Netzwerkanalyse war ein wesentlicher Baustein für die Entwicklung der Typologie. Gleichwohl enthält die in Kapitel 9 vorgestellte Typologie noch weitere Typen als die sechs hier dargestellten.

Unterschiede in der Struktur der sozialen Netzwerke ergeben sich aus der persönlichen Migrationsbiographie (Zeitpunkt, Ursache, erste vs. zweite Generation), der Stellung im Lebenszyklus, der Zugehörigkeit zu einer bestimmten Gruppe und dem Beruf. Ein wichtiger Unterscheidungsfaktor scheint auch die Herkunft des Partners bzw. der Partnerin zu sein. Herr Mishra beispielsweise ist persönlich zwar sehr engagiert in Indien und reist auch mehrmals im Jahr dorthin, durch seine deutschstämmige Frau scheint er aber deutlich stärker in Deutschland verankert zu sein als der ebenfalls sehr engagierte Herr Kunapalli. Dies wird unter anderem daran deutlich, dass Herr Mishra insgesamt mehr „deutsche" Kontakte hat als Herr Kunapalli. Dieser hat, ähnlich wie Shah, nahezu ausschließlich „indische" Kontakte.

Weiterhin zeigen die Netzwerkkarten deutlich, die zentrale Stellung, die indischstämmige Kontakte in Deutschland für die Befragten haben (vgl. auch Abbildung 16). Diese Kontakte werden in verschiedenen Interviews als eine „zweite Familie" bezeichnet. Oftmals werden diese Kontakte über Migrantenorganisationen geknüpft (Kapitel 6.1).

Eine wesentliche Aussage der Netzwerkkarten bezieht sich auf die Bedeutung unterschiedlicher Arten von Netzwerken. Familiäre Kontakte stellen in allen Fällen die zentralen und dauerhaftesten transnationalen Kontakte dar, während die anderen Arten von Netzwerken als weniger bedeutsam beschrieben werden und sich für die Befragten in Abhängigkeit von ihrer persönlichen Situation unterschiedlich darstellen.

7. TRANSNATIONALE PRAKTIKEN

Die transnationalen Praktiken von Migrant*innen stellen den Ausgangspunkt der Transnationalismusforschung dar. Wissenschaftler*innen beobachteten neue Verhaltensweisen bei Migrant*innen, was sie dazu bewog, die bisherigen Theorien um neue Ansätze zu erweitern:

> „Ethnographic research showed how transmigrants make regular phone calls, may make and send video journals, often regularly remit, keep up with and spread transnational gossip, participate in non-local family decision-making, and may undergo sudden trips for a range of reasons such as poor health, marriage, divorce, to celebrate a festival, and to oversee building work" (BAILEY 2001: 417).

Durch Verhaltensweisen wie diese erhalten Migrant*innen soziale Beziehungen zu Personen an ihren Herkunftsorten aufrecht und schaffen dadurch sowie durch die Etablierung neuer, zusätzlicher Verbindungen transnationale soziale Räume (Kapitel 6).

ITZIGSOHN et al. (1999: 323) führten in die Debatte den wichtigen Unterschied zwischen transnationalen Praktiken im engeren Sinne und im weiteren Sinne ein:

> „We want to consider narrow and broad transnational practices as two poles of a continuum defined by the degree of institutionalization, degree of movement within the transnational field, or the degree of involvement in transnational activities. Transnationality in a ‚narrow' sense refers to those people involved in economic, political, social, or cultural practices that involve a regular movement within the geographic transnational field, a high level of institutionalization, or constant personal involvement. Transnationality in a ‚broad' sense refers to a series of material and symbolic practices in which people engage that involve only sporadic physical movement between the two countries, a low level of institutionalization, or just occasional personal involvement, but nevertheless includes both countries as reference points".

Diese Sichtweise stellt eine gewisse Weiterentwicklung des ursprünglichen Begriffsverständnisses von Transnationalismus dar, weil es transnationale Praktiken von Migrant*innen per se in den Blick zu nehmen erlaubt und nicht Transmigrant*innen (ein kaum abzugrenzender Begriff) zum Fixpunkt des Erkenntnisinteresses macht (vgl. auch LEVITT 2001). In diesem Sinne werden in diesem Kapitel die unterschiedlichen Praktiken indischer Migrant*innen analysiert. Besonderes Augenmerk wird dabei auf die Veränderungen transnationaler Praktiken im zeitlichen Verlauf und die Unterschiede zwischen der ersten und der zweiten Generation gelegt, die in der Literatur bislang nur in geringem Umfang behandelt wurden (LEVITT 2001, KING/CHRISTOU 2011).

Praxistheoretische Fundierung

Für die Analyse des transnationalen Handelns bietet die Praxistheorie wichtige Erklärungsansätze. Praxistheorie ist ein Sammelbegriff für verschiedene Ansätze unterschiedlicher Autoren, denen gemeinsam ist, dass sie das Machen des Sozialen (und in einer Weiterführung auch das Machen von Geographien, vgl. GREGORY 1994) durch konkrete Handlungen in das Zentrum des Erkenntnisinteresses stellen. Die Theorien werden dabei nicht als konkurrierend, sondern als übergreifende theoretische Perspektive verstanden (RECKWITZ 2003). Zu den wichtigsten Beiträgen gehören GIDDENS' Strukturationstheorie, BOURDIEUs Theorie der Praxis und SCHATZKIs Theory of Practice. RECKWITZ (2003: 290) stellt als die wichtigsten gemeinsamen Grundformen der Praxistheorie erstens die Materialität des Sozialen und zweitens die implizite, informelle Logik des sozialen Lebens heraus:

„Das Soziale lässt sich aus praxeologischer Perspektive nur begreifen, wenn man seine ‚Materialität' und seine ‚implizite', nicht-rationalistische Logik nachvollzieht."

Die Materialität der Praxistheorie richtet den Blick auch auf die körperliche Seite von Handlungen, das heißt das konkrete Tun, das Erlernen von Tätigkeiten:

„Genau dies ist eine ‚soziale Praktik': eine Praktik der Verhandlung, eine Praktik des Umgangs mit einem Werkzeug, eine Praktik im Umgang mit dem eigenen Körper etc." (RECKWITZ 2003: 290).

Die Praktiken schließen Bewegungen (auch Reisen, Migration) und den Umgang mit Gegenständen ein. Die Gegenstände oder Artefakte werden dabei zum Teil von Praktiken, da letztere teilweise nur durch sie ausgeübt werden können. Das Emailschreiben an Verwandte und Freunde in anderen Teilen der Welt ist eine Praktik, die ohne Zugang zu Computer und Internet nicht möglich wäre und von dem Handelnden das Erlernen des Umgangs mit Hardware und Software verlangt. Ohne das Vorhandensein der technischen Möglichkeiten würde sie gar nicht existieren. Mit dieser Perspektive der Körperlichkeit grenzt sich die Praxistheorie von anderen Handlungstheorien ab, in denen diese nicht betrachtet wird. Das ist beispielsweise der Fall in den Handlungstheorien, die den Menschen als Homo oeconomicus oder Homo sociologicus betrachten (JOAS 1992).

In der Praxistheorie wird die implizite Logik von Praktiken betont; SCHATZKI (1996: 83) stellt heraus, dass durch körperliche Praktiken (das gemeinsame Zusammensein in einem Raum) soziale Zusammenhänge geschaffen werden und Praktiken immer in dem konkreten Zusammenhang stattfinden, in dem die Sinnzuschreibung erfolgt:

„The main points are, first, that any individual's being, doing, and understanding are not only interwoven with but, to varying extents, the same as others'; and, second, that this interwovenness and commonality arise from the incorporation of individuals into practices, which establish lines of intelligibility and configurations of relevancy along which lives consequently flow."

Praktiken sind immer kontextgebunden: z.B. ist das Händeschütteln zur Begrüßung eine Praktik, die in Mitteleuropa zu Beginn des 21. Jahrhunderts als formalisierte Art der Begrüßung akzeptiert ist und eine soziale Situation schafft. Der Prozess des Händeschüttelns wird in diesem kulturellen Kontext eingeübt und ist im Gedächtnis und im Körper abgespeichert und kann als Handlung ohne Reflexion ablaufen. Die Teilnehmer*innen des Händeschüttelns schreiben ihrem Tun die gleiche Bedeutung zu. Personen aus einem anderen kulturellen Kontext, z.B. aus Südasien, fehlt aber möglicherweise diese Sinnzuschreibung oder die körperliche Berührung der Hände einer anderen Person ist mit einem anderen Sinn belegt. Dann kann durch den körperlichen Akt des Handausstreckens zur Begrüßung eine Verstörung werden, weil das gemeinsame Verständnis fehlt, was als entsprechende Gegenreaktion erwartet wird. Bleibt diese aus, kann die eingeübte Praktik nicht vollzogen werden.

Giddens Strukturationstheorie

Die verschiedenen Ansätze innerhalb der Praxistheorie bieten jeweils andere Blickwinkel für die Interpretation transnationaler Praktiken von Migrant*innen an. GIDDENS Strukturationstheorie ist in der Migrationsforschung verschiedentlich zur Anwendung gekommen, insbesondere, weil sie eine vermittelnde Position zwischen mikro- und makrotheoretischen Ansätzen bietet (GOSS/LINDQUIST 1995), allerdings wird ihr Erklärungspotential auch kritisch betrachtet (BAKEWELL 2010). GIDDENS (1979, 1984) entwirft in seiner Strukturationstheorie einen Ansatz, der erklärt, wie gesellschaftlich Handelnde und gesellschaftliche Strukturen sich wechselseitig beeinflussen. Diese dialektische Kontrolle („dialectic of control" GIDDENS 1984: 16) ist das zentrale Element der Strukturationstheorie: Die Handelnden besitzen die Macht, durch die ihnen zur Verfügung stehenden Ressourcen die Strukturen, in denen sie ihre Handlungen vollziehen, zu verändern. Dabei unterliegen die einzelnen Handlungen Regeln und Normen bzw. werden durch diese ausgelöst. Diese Normen sind an Kontexte gebunden, was übertragen auf Fragestellungen im Transnationalismuskontext bedeutet, dass migrantisches Handeln durch Normen beeinflusst wird, die durch Herkunfts- und Ankunftskontext vorgegeben werden. Gleichzeitig besitzen sie allokative Ressourcen, z.B. in Form von Rimessen (vgl. Kapitel 7.2 und 7.6) und autoritativen Ressourcen (z.B. Wissen), um Veränderungen in der Herkunfts- und der Ankunftsgesellschaft zu bewirken. Daras ergeben sich die Fragen, wie unterschiedliche Normen migrantische Praktiken beeinflussen und welche Veränderungen in sozialen Systemen dadurch ausgelöst werden.

Bourdieus Theorie der Praxis

BOURDIEUs Theorie der Praxis beruht auf den zentralen Konzepten Habitus, Feld und Kapital. Diese sind von verschiedenen Autor*innen in der Migrationsforschung angewendet worden. GAMPER (2015) beschreibt die Anwendung des Konzepts des Sozialkapitals bei der Analyse sozialer Netzwerke von Migrant*innen (vgl. auch Kapitel 6). Das spezifische kulturelle Kapital von Migrant*innen stellt EREL (2010) in das Zentrum seines Konzepts und seiner empirischen Erhebung, TERJESEN und ELAM (2009) untersuchen die Internationalisierungsstrategien von transnationalen Geschäftsleuten.

Die drei oben genannten Konzepte entwickelt BOURDIEU in seinen Schriften (u.a. 1977, 1990, 1998) kontinuierlich weiter. Dabei beschreibt der Habitus die individuelle Logik des Handelns und die Prägung durch das Umfeld. Der Begriff umfasst

> „die Handlung des Individuums in der sozialen Welt, seine Lebensweise, seine Einstellungen und seine Wertvorstellungen [...]. Vermittels Habitus sind die Menschen in der Lage an der sozialen Praxis teilzunehmen und soziale Praxis hervorzubringen. Das Individuum bewegt sich in der sozialen Welt nicht aus innerer Freiheit, [...] [s]ondern das Individuum ist ein in seinem Inneren vergesellschaftetes Individuum, ausgestattet (und auch begrenzt) durch präformierte Denk- und Handlungsdispositionen, die es zur sozialen Praxis befähigen" (FUCHS-HEINRITZ/KÖNIG 2005: 113f.).

Das Feld ist der Sozialraum, in dem sich Akteure positionieren und nach bestimmten Regeln Gesellschaft produzieren. Dabei existieren innerhalb einer Gesellschaft parallele Felder, z.B. die Wissenschaft oder die Ökonomie, in denen die Akteure jeweils unterschiedlichen Regeln unterworfen sind. BOURDIEU (1998) beschreibt das Feld als Sozialraum, in dem Kräfte auf Akteure einwirken und als Raum, in dem Kämpfe ausgefochten werden. In diesen verändern die Akteure unter Einsatz der ihnen zur Verfügung stehenden Ressourcen und ausgehend von der ihnen zugewiesenen Position das Feld selbst. Zu den Ressourcen, die Akteuren zur Verfügung stehen, gehören die unterschiedlichen Formen von Kapital, nämlich ökonomisches, kulturelles, symbolisches und Sozialkapital.

Aus dieser Perspektive ergeben sich weitere Fragen zu den transnationalen Praktiken von Migrant*innen. Eine mögliche Erklärung für transnationales Handeln wäre dann das Festhalten an dem erlernten Habitus. Diese Sichtweise legt nahe, dass sich Migrant*innen weiterhin als Teil des Feldes an ihrem Herkunftsort sehen und versuchen, so gut wie möglich die ihnen dort zugewiesene Rolle auszufüllen, obwohl sie abwesend sind. Eine zweite mögliche Erklärung wäre, dass Migrant*innen durch ihre Migration und anschließendes transnationales Handeln versuchen, ihre Position innerhalb des sozialen Feldes zu verbessern, z.B. indem sie ihre Kapitalausstattung vergrößern und dadurch mehr Macht erhalten. Drittens können die transnationalen Felder, die von Migrant*innen geschaffen werden, als neue, eigene Felder im BOURDIEU'schen Sinne interpretiert werden, in denen sich Migrant*innen und ihre Freunde und Verwandten am Heimatort (neu) positionieren und sich aufgrund der sich verändernden Kapitalverhältnisse neue Habitus und neue Praktiken entwickeln. Denkbar ist auch, dass sich die Handlungsmotive von Migrant*innen mit zunehmender Aufenthaltsdauer verändern. Dann wäre das Handeln zunächst aus der ersten Perspektive zu interpretieren, dann aus der zweiten und nach der Verfestigung des Aufenthaltes mit der dritten.

Schatzkis Soziale Praktiken

SCHATZKI (1996) entwirft eine eigene praxistheoretische Sichtweise, in der er die Zusammenhänge zwischen individuellem Handeln und den gesellschaftlichen Strukturen in zum zentralen Gegenstand seiner Betrachtung. Ausgangspunkt seiner Überlegungen ist, dass Handeln in einem Kontext der eigenen Sinnzuschreibung erfolgt:

„The dispersed practice of X-ing is a set of doings and sayings linked primarily, usually exclusively, by the understanding of X-ing. This understanding, in turn, normally has three components: (1) the ability to carry out acts of X-ing (e.g., describing, ordering, questioning), (2) the ability to identify and attribute X-ings, in both one's own and other's cases, and (3) the ability to prompt or respond to X-ings" (SCHATZKI 1996: 91).

Explizit verweist SCHATZKI darauf, dass Praktiken an die materielle Welt gebunden sind, gleichzeitig aber eine eigene Räumlichkeit schaffen, die er „space of places" nennt (1996: 115). Diese „spaces of places" stellen die Bühne dar, auf der Praktiken ausgeführt werden. Sie sind der Raum, in dem die Leben der an einer bestimmten Praktik Beteiligten zusammenhängen (SCHATZKI 1996: 14 nutzt die Begrifflichkeit „lives hang together", die er von dem deutschen Wort „Zusammenhang" ableitet). Durch technologischen Fortschritt hängen aber auch Leben zusammen, die räumlich getrennt sind. Daraus ergibt sich die Frage, welche Sinnzuschreibungen Migrant*innen ihrem eigenen Handeln geben, welche Orte sie durch ihre Praktiken verbinden und wie sie ggf. diese Orte verändern.

Im Folgenden werden die für indische Migrant*innen in Deutschland relevanten Praktiken analysiert: Zunächst werden die Besuche der Herkunftsorte beschrieben (Kapitel 7.1), eine Praktik mit der Migrant*innen aktiv Verbindungen zu Personen an ihren Herkunftsorten stärken und die weitere Praktiken nach sich ziehen. Dazu gehören die in den folgenden Teilkapiteln beschriebenen Rimessen (Kapitel 7.2). Verbindungen schaffen Migrant*innen aber auch auf Distanz durch ihre Kommunikationspraktiken (Kapitel 7.3) und indem sie Medien konsumieren (Kapitel 7.4). Durch vielfältige transnationale Geschäftspraktiken nutzen Migrant*innen ihre Positionierung „dazwischen", um neue Zusammenhänge zu schaffen (Kapitel 7.5). Durch diese vielfältigen Verbindungen beeinflussen Migrant*innen Veränderungen in der Herkunfts- und der Ankunftsgesellschaft, die als „soziale Rimessen" im abschließenden Teilkapitel (Kapitel 7.6) beschrieben werden.

7.1 BESUCHE DER HERKUNFTSORTE

Unter allen beschriebenen Praktiken transnationalen Handelns nehmen die Besuche der Herkunftsorte eine besondere Stellung ein. Sie tragen dazu bei, die sozialen Netzwerke mit Personen am Herkunftsort zu festigen und ggf. sogar neue Netzwerke entstehen zu lassen (O'FLAHERTY et al. 2007). Vor allem für soziale Rimessen (Kapitel 7.6) haben die regelmäßigen Besuche „der Heimat" eine besondere Bedeutung (LEVITT & LAMBA-NIEVES 2011).

Ergebnisse der Onlinebefragung

Wie wichtig die Praktik der Besuche der Herkunftsorte für indische Migrant*innen in Deutschland ist, verdeutlicht Abbildung 34. Mehr als die Hälfte (55,4%) der Befragten besucht die Familien in Indien einmal oder mehrmals jährlich, ein Fünftel (20,7%) besucht die Verwandten mindestens im zweijährlichen Rhythmus. Für drei

Viertel der Befragten sind also regelmäßige Besuche der Verwandten die Normalität. Insgesamt 14,4% der Befragten gaben an, ihre Familie unregelmäßig zu besuchen, und knapp 5% sagten, dass sie die Familie schon lange nicht mehr besucht haben. Von den Befragten gab 1% an, keine Familie in Indien (mehr) zu haben.

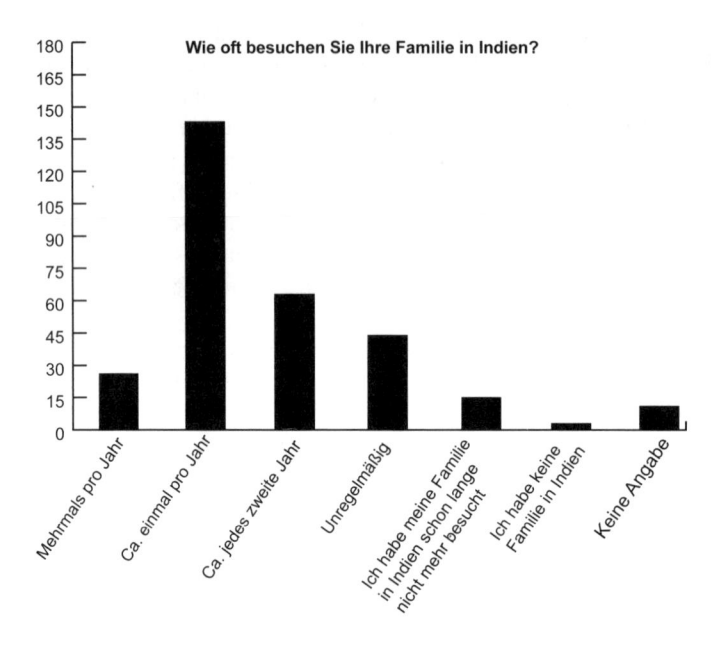

Quelle: Eigene Erhebung 2016, n=305

Abbildung 34: Frequenz der Besuche der Familie in Indien

Eine differenzierte Betrachtung nach dem Zeitpunkt der Ankunft zeigt, dass in der Gruppe derjenigen, die vor 2000 nach Deutschland kamen, zwar ein relativ großer Anteil mehrmals pro Jahr nach Indien reist (11,5%), aber ein relativ geringer Anteil angab, jährlich nach Indien zu reisen (40,4%). Insgesamt reist knapp die Hälfte der Befragten in dieser Gruppe mindestens einmal jährlich nach Indien, um die Familie zu besuchen.

Von denjenigen, die nach 2000 nach Deutschland gekommen sind, gaben 9,8% an, mehrmals jährlich die Familie in Indien zu besuchen, aber 63,6% sagten, dass sie die Familie in aller Regel einmal pro Jahr besuchen. Die Besuchshäufigkeit ist in dieser Gruppe also insgesamt größer.

Die Anteile derer, die ihre Familien im zweijährlichen Abstand besuchen, lag bei 21,2% für diejenigen, die vor 2000 migriert sind und bei 17,3% in der Gruppe der Migrant*innen, die nach 2000 nach Deutschland gekommen sind. Insgesamt lässt sich also feststellen, dass die Besuchshäufigkeit mit zunehmender Aufenthaltsdauer in Deutschland zurückgeht: Während der Anteil derjenigen, die ihre Familie in Indien mindestens alle zwei Jahre besuchen in der Gruppe der Migrant*innen, die zwischen 2000 und dem Befragungszeitpunkt nach Deutschland kamen, bei 90,8% liegt, ist er in der Gruppe der Migrant*innen, die vor 2000 kamen mit 73,1% deutlich geringer.

Besuchshäufigkeit

In den qualitativen Interviews wurde der jährliche Besuch bei der Familie von Proband*innen als eine Art Ideal beschrieben. Bei diesen Besuchen handelt es sich um mehrwöchige Besuche am Herkunftsort, bei denen die Proband*innen in aller Regel bei ihren Eltern oder Geschwistern mit im Haushalt leben. Zusätzlich zu diesen „normalen" Besuchen reisen die Interviewpartner*innen auch zu besonderen Anlässen, wie Hochzeiten, bei Krankheits- oder Sterbefällen, zu ihren Familien nach Indien. Wenige Befragte reisen mehrmals im Jahr nach Indien und führen ein transnationales Leben im engeren Sinne (ITZIGSOHN et al. 1999). Ein Befragter, der mehrfach pro Jahr nach Indien reist, wo er sich stark in Wohltätigkeitsprojekten engagiert, hat dort immer Kleidung vorrätig. Für ihn ist eine Reise nach Indien nicht wesentlich verschieden von einer Reise innerhalb Deutschlands.

Die Frequenz der Besuche wird oft von äußeren Faktoren beeinflusst. Dazu gehören die Kosten, die, insbesondere für Familien, mehrmaligen Reisen pro Jahr im Weg stehen. Dies wird von einer Befragten aus der zweiten Generation, die bereits zwei Kinder hat, ausgeführt. Sie weist aber auch darauf hin, dass es ihrer Familie wichtig ist, auch Reiseziele außerhalb Indiens kennenzulernen:

> „Also uns allen ist Indien wichtig, aber uns allen ist auch wichtig Europa kennenzulernen – oder auch Deutschland besser kennenzulernen. Und deswegen wechseln wir uns halt ab. Also Indien kosten halt Geld zu viert. Das heißt, wir brauchen so ungefähr drei Jahre bis wir das Reisekonto wieder voll haben und das heißt also, alle drei bis vier Jahre fliegen wir mit der ganzen Familie. Und dazwischen fahren wir halt, wenn wir Sommerferien haben, nach Frankreich oder Kroatien oder Deutschland."
> Namrata, in Deutschland geborene Tochter eines indischen Ehepaares, ging ein Jahr in Indien zu Schule und studierte dort auch, lebt inzwischen wieder in Deutschland; März 2015.

Zwei Befragte sagten, dass die regelmäßigen Besuche in Indien aus ihrer Sicht wichtig seien, damit ihre Kinder einen Bezug zu Indien und ihrer Familie dort herstellen könnten. Eine andere Gesprächspartnerin stellte heraus (am Ende des folgenden Zitats), wie wichtig die gemeinsame Zeit mit Familienangehörigen für die Kinder sei und wie lange sie von diesen Erlebnissen zehrten:

> „When they go there, they become very comfortable. It's like, it's like slipping into an old shoe. Even though, they have been born and brought up over here, because they accept unquestioningly. And they feel very strongly about their association with India that forms a very strong basis of their identity. It forms a very strong basis. [...] And then they hold on to that to their next visit. And they'll keep on picking up... that day, my son was mentioning about a walk he went with my brother-in-law. A walk. So that was his communication time. Just a walk somewhere, just to the corner to buy something and come back. Maybe a package of milk or something, but he remembered that. So for them, they need the physicality."

> Jyoti Thakery, kam 2005 wegen der Arbeitsstelle des Ehemanns in einem transnationalen Unternehmen deutscher Herkunft nach Deutschland, vorher arbeitete er für dieses Unternehmen in Belgien; Dezember 2016.

Ein anderer Befragter unterstrich, die regelmäßigen Besuche in Indien seien für ihn selbst und seine Identität wichtig, weil er Inder bleiben und seine Wurzeln respektieren wolle. Diese und ähnliche Aussagen belegen, dass die Befragten ein starkes Zugehörigkeitsgefühl zu dem sozialen Kontext am Herkunftsort empfinden und es durch regelmäßige Besuche aufrecht erhalten wollen.

Bewertung der Besuche in Indien

Die Wahrnehmung der Reisen nach Indien ist insgesamt widersprüchlich, und zum Teil äußern sich auch einzelne Befragte widersprüchlich. Einerseits werden die Reisen nach Indien als ein „nach Hause Kommen" beschrieben. Die Befragten beschreiben, dass bereits bei der Ankunft in Indien am Flughafen ein Vertrautheitsgefühl einsetzt, wenn plötzlich wieder Gerüche aus der Kindheit auf sie eindringen. Das direkte Eintauchen in eine vertraute, andere Lebensumwelt wird als besonderes Ereignis von hoher emotionaler Bedeutung beschrieben. Eine Befragte beschrieb das Gefühl des Ankommens im Interview (in Englisch) mit dem kaum zu übersetzenden Begriff der „comfort zone". Für sie bedeute das Ankommen in Indien, dass sie weniger angespannt sei, was auch daran liege, dass sie Zeit mit ihren nächsten Verwandten verbringen könne, zu denen sie eine intensive emotionale Verbindung habe. Ähnlich äußerte sich auch der befragte Priester, der seinen Jahresurlaub in Indien verbringt und dort sowohl das Mutterhaus seines Ordens als auch seine Familie besucht. Insbesondere das zeitweise Leben in der klösterlichen Gemeinschaft gibt ihm ein starkes Zugehörigkeitsgefühl. Für einen Befragten, der sich in Indien politisch engagiert und regelmäßig nach Indien fliegt, ist das Hin- und Herfliegen zwar anstrengend, aber da seine Frau und seine Kinder in Deutschland, seine Eltern und Geschwister aber in Indien wohnen– freut er sich immer, weil egal in welche Richtung, er fliegt jedes Mal zu seiner Familie.

Die Befragten beschreiben, dass sie den Wechsel des Habitus, insbesondere die eher zwanglose Art von Verabredungen und das weniger Geplante als sehr positiv empfinden. Im Gegensatz zu Deutschland sei in Indien die persönliche Flexibilität größer und ihr Leben weniger geplant, was z.B. mehr spontane Besuche erlaube.

Andere empfinden die Reisen nach Indien als anstrengend. Eine Befragte, die sich auf die Reisen zwar prinzipiell freut, betrachtet diese Reisen jedoch nicht als Urlaub. Zum Teil beschreiben die Befragten Probleme, die der Wechsel des Habitus und die Andersartigkeit des Lebensalltags mit sich bringt:

> „When I go to Pune first and foremost it is still bit of a shock (Lachen). Because like I say, I am going in winters and it could be 20 degrees, 17 degrees and my father generally comes to fetch me and he is like wearing three layers of clothes, so that I'm perspiring (Lachen). So that is just the immediate change of course. Second thing, which I started bothering nowadays is the moment I hit ground is this awful smell. Something is stinking in the air all the time. And I sense it and nobody else smells it. I keep on getting this weird smell of god knows what. I am

always...one or two days I stay at home because I don't feel stable enough to go out in the traffic. It is always a challenge for me still (Lachen)."
Gayatri, kam 2006 als abhängige Ehepartnerin nach Deutschland; April 2015.

Als anstrengend wird von einigen die enge Einbindung in die Familie und die damit einhergehenden Verpflichtungen während des Aufenthaltes beschrieben. Eine Befragte erzählte beispielsweise, dass sie während ihrer letzten Reise nach Indien gar keine Zeit gefunden habe, um ihre engsten Freundinnen zu besuchen, weil während ihrer Zeit in Indien eine Hochzeit stattfand, was während des gesamten Aufenthalts ihre Anwesenheit bei der Familie erfordert habe.

Mehrere Befragte sagten, dass ihre Indienaufenthalte bei der Familie immer gleich abliefen. Sie hätten ein „festes Programm" zu absolvieren, was von vielen oftmals als anstrengend empfunden wird. So berichtete ein Gesprächspartner, dass alle Verwandten kurze Besuche erwarteten, diese aber in unterschiedlichen Städten wohnten, weshalb seine Frau und er innerhalb Indiens sehr viel reisen müssten. Ein anderer Interviewpartner erzählte, dass er zwar noch eine Wohnung in Indien besitze, aber eigentlich gar nicht dazu komme, diese zu nutzen. Denn während der Indienaufenthalte wohne er bei Verwandten, die darauf bestünden, dass er bei ihnen wohne.

Erwartungen

Diese Beispiele zeigen, dass die Besuche der indischen Migrant*innen in der Heimat oftmals mit vielen Erwartungen und Ansprüchen aufgeladen sind, die die Befragten in ihrem Handlungsspielraum einschränken. Eine Befragte aus der zweiten Generation, deren Vater aus Indien und deren Mutter aus Deutschland stammt, erzählte in diesem Kontext, dass ihre Mutter inzwischen nicht mehr mit nach Indien reise, obwohl ihr Vater mehrmals im Jahr dort sei. Als Grund nannte sie die vielfältigen Verpflichtungen ihres Vaters, die die Aufenthalte zu einer Aneinanderreihung von Terminen machten, was ihrer Mutter zu anstrengend sei. Außerdem beobachte sie selber, dass ihr Vater sein Verhalten in Indien ändere und erwarte, entsprechend seines Status als Brahmane, Arzt und großzügiger Wohltäter (er spendet regelmäßig große Geldbeträge für wohltätige Zwecke) mit Respekt behandelt zu werden. Eine andere Interviewpartnerin war durch den Wechsel des Habitus ihres Vaters ähnliches befremdet. Ihr Vater habe sich durch den Aufbau einer Schule für die Berufsausbildung im Bereich Krankenpflege und weiteres Engagement eine angesehene Position in dem Dorf erarbeitet und lege in Indien einen gänzlich anderen Habitus an den Tag als in Deutschland. In seinem Herkunftsort werde er als angesehenes und wertgeschätztes Mitglied der Gesellschaft behandelt, an seinem Wohnort in Deutschland lebe er eher zurückgezogen und habe kaum Kontakt zu Nachbarn und kaum deutsche Freunde.

Zu den Erwartungen, die an die Besucher*innen gestellt werden, gehört auch, dass sie (teure) Geschenke mitbringen oder den Verwandten Geld geben. Ein Gesprächspartner erzählte, dass er nicht oft nach Indien reisen könne, weil das für ihn zu teuer sei. Denn zusätzlich zu dem Flug müsste er immer noch viel Geld für

Geschenke ausgeben, ohne die er gar nicht zu seinen Verwandten kommen könne. Drastischer beschreibt dies eine Befragte der zweiten Generation im folgenden Interviewausschnitt, in dem sie darüber spricht, wie es ist, wenn ihre Eltern in ihren Heimatort reisen:

> „Sobald die da sind – also manchmal erzählen, die das ja schon keinem – kommen aus allen Ecken und Löchern irgendwelche Leute an und klingeln an der Tür. Ich habe das am Anfang nie verstanden, weil ich sie zum Teil nicht kenne. Sie gehören auch nicht zur direkten Verwandtschaft. Ja, die haben alle eine Plastiktüte in der Hand und wirken sehr ärmlich, sind auch sehr ärmlich. Und dann stehen die vor der Tür und dann sagen die: ‚Ja wir wollten mal hören wir haben gehört, dass du da bist.' auf Malayalam und so. Und ich habe am Anfang immer nie verstanden, was wollen die denn so. Und irgendwann mal so nach einer Stunde heißt es dann ‚So wir gehen jetzt.' Und dann hat mein Vater mal gesagt, ‚Begleite die mal zu der Tür, ich komme gleich.' Und dann hat mein Vater denen halt Geld gegeben und so. Und dann habe ich ihn auch zur Rede gestellt ‚Was soll das? Das sind wildfremde Leute.' Irgendwie so. Und ich wollte dann auch halt wissen, was passiert da. Weil ‚Wenn ihr nicht mehr seid, ich komm' dann nach Indien und dann steht da eine Horde von Menschen und die erwarten alle, dass ich denen Geld gebe. Das kann ich nicht machen. Erstens mal hab' ich das Geld nicht und zweitens mal können die mich ja irgendwie reinlegen.'"
>
> Namrata, in Deutschland geborene Tochter eines indischen Ehepaares, ging ein Jahr in Indien zu Schule und studierte dort auch, lebt inzwischen wieder in Deutschland; März 2015.

Dieses Zitat zeigt, dass der Vater eine ganz eigene Handlungslogik hat. Für ihn ergibt es einen Sinn bestimmten Personen Geld zu geben, mit denen er in einem für Namrata nicht nachvollziehbaren Verhältnis steht. Dieses Beispiel belegt, dass zwischen der ersten und der zweiten Generation ein deutlicher Unterschied bezüglich der Praktiken besteht, weil die Verstehbarkeit nicht gegeben ist. Für die Frage der Dauerhaftigkeit transnationaler sozialer Praktiken ist dies eine entscheidende Erkenntnis.

Heimatbesuche und die Bindung der zweiten Generation

Das oben angesprochene „feste Programm" wird von einem anderen Gesprächspartner als sehr positiv beschrieben. Er erzählte, dass seine Frau und sein Sohn immer die gesamten Sommerferien in Indien verbringen. Er selbst reist für die letzten Wochen der Sommerferien nach Indien und fliegt anschließend mit seinem Sohn wieder zurück nach Deutschland, während seine Frau zwei weitere Wochen in Indien bleibt, um dort Zeit mit Freund*innen zu verbringen. Er ist mit diesem Arrangement sehr zufrieden, vor allem, weil es seinem Sohn die Möglichkeit gibt, die gesamten Sommerferien bei seinen Großeltern zu verbringen und dort auch dauerhaft Bengali zu sprechen. Dadurch lernt er die Kultur und die Sprache kennen. Dies ist ein wichtiges Motiv, dass auch von anderen Befragten genannt wurde. Es scheint auch in dem Zitat von Jyoti auf (Seite 167). Ein anderer Gesprächspartner sagte, dass er insbesondere als seine Tochter klein war, mit ihr regelmäßig Zeit in Indien verbracht habe, damit sie eigene Freundschaften knüpfen und das alltägliche Leben in Indien kennenlernen konnte. Er sagte, sie sei hierdurch befähigt, in beiden Ländern, leben zu können. Ein Ehepaar mit einer Tochter, im Kindergartenalter, die bei der Reiseplanung noch nicht an die Schulferien gebunden sind, erzählte, dass sie versuchen, mit ihrer Tochter zu wichtigen Festen, wie Diwali oder Holi nach Indien zu reisen, um durch das Mitfeiern der Feste einen Bezug zur Kultur der Herkunftsregion ihrer Eltern entwickeln zu können.

Dass die Besuche die Bindung an die Familie in Indien fördern, bestätigen die Gespräche mit den Befragten der zweiten Generation. Sie schildern die Aufenthalte in Indien allesamt als spannende und prägende Zeit. Ihre schönen Kindheitserinnerungen an die Sommerferien in Delhi beschreibt eine Probandin in folgendem Interviewausschnitt:

„Ich erinnere mich sehr gerne an meine Kindheit, weil das noch typisch Großfamilie war. Meine Oma, wie ich ja schon erwähnt habe oder angedeutet habe, war so das Zentrum. Also jeder der von Delhi aus wo hinreisen wollte, hat immer Station gemacht bei meiner Oma in dem Haus, das auch noch in dieser traditionellen Bauweise gebaut war, mit einem Innenhof und mit vielen Zimmer drum rum. Also das habe ich immer als sehr offenes Haus erlebt mit 15, 20 Leuten für die also meine Oma stundenlang in der Küche gestanden hat und gekocht hat. Jeder hat dann so kleine Aufgaben gekriegt. Ich weiß das noch, ich musste z.B. immer so den Reis saubermachen. [...]
Ich brauchte dann meine Mutter nicht sonderlich, weil es waren so viele Cousinen und Tanten und sonst was da. Es war eigentlich immer sehr, sehr schön. [...] Ich war in Delhi sehr happy, weil meine Cousinen und Cousins alle in meinem Alter sind und ich Einzelkind bin und ich habe das sehr genossen."
Punita, Tochter einer Mutter indischer Herkunft und eines Vaters deutscher Herkunft; Juli 2015.

Ähnlich beschreiben andere Angehörige der zweiten Generation die Aufenthalte bei ihren Familien. Allerdings betonen sie auch, dass sie sich im jungen Erwachsenenalter von ihren Eltern und ihrer indischen Familie distanzieren und Indien selbstständig entdecken wollen. Dies stellt einen wichtigen Unterschied zwischen den Befragten der ersten und der zweiten Generation dar: Während für die Befragten der ersten Generation die privaten Besuche in Indien in aller Regel Besuche der Familie bedeuten, reisen die Befragten der zweiten Generation auch innerhalb Indiens, und schließen an den Besuch der Familie auch ein touristisches Programm an, um andere Regionen und Orte kennenzulernen.

Weitere Gründe für Besuche „in der Heimat"

Einige Befragte reisen auch nach Indien, um ihren geschäftlichen Aktivitäten nachzugehen (Kapitel 7.5). So berichtete beispielsweise der Inhaber eines Reisebüros, dass er regelmäßig die Hotels besuche, die er für von ihm organisierte Rundreisen buche. Andere arbeiten in transnationalen Unternehmen und müssen deswegen regelmäßig für bestimmte Projektphasen oder auch nur kurz für Besprechungen am indischen Sitz der Firma zugegen sein. Auch für diejenigen, die als Berater arbeiten, gehören die regelmäßigen Reisen nach Indien zum Berufsalltag. Zum Teil können diese Reisen mit Besuchen bei Freunden und Familie kombiniert werden, teilweise ist das aber aufgrund der Standorte der Unternehmen und der Wohnorte der Freunde/Familien nicht möglich.

In Interviews mit mehreren Sikhs wurden sind spirituelle Gründe für die Reise genannt. Ein Interviewpartner vom Sikhverband Deutschland sagte, dass alle Familien, die er kenne, jede Indienreise mit einem Besuch des Goldenen Tempels in Amritsar verbinden und einige sogar hauptsächlich aus religiösen Gründen nach Indien reisen. Ein anderer Gesprächspartner – ebenfalls ein Sikh –erzählte, dass er für ein ganzes Jahr in einer religiösen Schule gelebt habe, um sich dort als Prediger ausbilden zu lassen.

Veränderungen

In Bezug auf die Veränderung der Besuchshäufigkeit und -gründe im Lebensverlauf lässt sich keine eindeutige Richtung ausmachen. Sie werden von einer Vielzahl, oft struktureller, Bedingungen ausgelöst. Ein Aspekt, der genannt wurde, sind die Ferienzeiten der schulpflichtigen Kinder. Sie schränken die Reisezeiten ein und machen die Reisen teurer, weshalb einige Proband*innen weniger nach Indien reisen, seitdem die Kinder in der Schule sind. Andere wiederum reisen häufiger, seit sie keine schulpflichtigen Kinder mehr haben. Aber auch andere Aspekte im Lebenszyklus schlagen sich in der Besuchshäufigkeit nieder, z.B. der Eintritt in den Ruhestand (vgl. Zitat in der Einleitung).

Ein anderer Grund für zahlreichere Besuche wurde von einem Interviewpartner genannt, der als Studierender in die DDR migrierte. Er sagte, dass er während seines Studiums kein Geld für Besuche seiner Familie in Indien gehabt habe. Deswegen habe er seine Familie in den ersten sieben Jahren nach seiner Migration nicht besucht. Dies habe sich mit dem Eintritt ins Berufsleben geändert und inzwischen reise er mehrmals jährlich nach Indien, teilweise auch aus beruflichen Gründen.

Andere Befragte reisen inzwischen seltener nach Indien, weil ihre sozialen Netzwerke dort erodiert sind. Eine Befragte erzählte, dass ihre Familie nach dem Tod ihrer Großmutter Indien nicht mehr als primären Ankerpunkt sehe, weil viele ihrer Cousins und Cousinen inzwischen in den USA lebten. Deshalb ist sie selbst auch schon mehrere Jahre nicht mehr dort gewesen. Ein Gesprächspartner sagte, dass er seine Wurzeln in Indien verloren habe als seine Eltern gestorben seien. Da er keine enge Beziehung zu seinen Geschwistern habe, sei er schon mehrere Jahre nicht mehr in Indien gewesen.

Insgesamt zeigen die Ergebnisse der quantitativen und der qualitativen Befragungen den hohen Stellenwert aber auch die Veränderlichkeit der Praktik der Besuche „in der Heimat". Es wird deutlich, dass diese Praktik von unterschiedlichen strukturellen Faktoren beeinflusst wird und dass sich weitere Praktiken, z.B. das Zahlen von Rimessen, als Folge ergeben.

7.2 RIMESSEN

In dem Diskurs über die Handlungsmacht von Migrant*innen nehmen Rimessen einen besonderen Stellenwert ein, denn durch sie können Migrant*innen Veränderungen in ihren Herkunftsgesellschaften aktiv gestalten. Laut GUARNIZO (2003: 666) werden durch sie wichtige Verbindungen sichtbar:

> „Monetary remittances have indeed become the most often-cited, tangible evidence and measuring stick for the ties connecting migrants with their societies of origin."

Die Auswirkungen finanzieller Rücküberweisungen wurden zuletzt auch noch in einem weiteren Feld behandelt, nämlich in der Entwicklungszusammenarbeit. Forciert wurde dieser Diskurs durch die GLOBAL COMMISSION ON MIGRATION, die ihren Bericht 2005 vorlegte. In ihm heißt es zu Rimessen:

> „Migrants make a valuable economic, political, social and cultural contribution to the societies they have left behind. The remittances that migrants send home play an important part in alleviating poverty in countries of origin, and can also support the development process if the governments of those countries provide a conducive environment for economic growth" (GCIM 2005: 23).

Wirkung von Rimessen in der Herkunftsgesellschaft

In dieser Diskussion wurden die Projekte, die Migrant*innen an ihren Heimatorten initiieren, als die bessere Entwicklungshilfe beschrieben: „remittances seem to be a well nigh ideal form of 'bottom up' development finance — and perhaps a more viable alternative to classical forms of development aid" (DE HAAS 2007: 1277). So zeigt der IWF zeigt an Beispielen aus Afrika südlich der Sahara, dass Rimessen einen unmittelbaren Beitrag zur Reduzierung von Armut leisten können (GUPTA et al. 2009). RATHA (2013) betont den positiven Einfluss von Rimessen, weil sie oftmals dafür eingesetzt werden, Kindern und Jugendlichen eine bessere Ausbildung zu ermöglichen. Aus seiner Sicht haben Rimessen einen unmittelbaren armutsmindernden Effekt, vor allem, weil sie oftmals antizyklisch steigen und die von Armut bedrohten Haushalte erreichen, wenn die Unterstützung am dringendsten benötigt wird.

Die hohe Bedeutung, die Rimessen beigemessen wird, lässt sich unter anderem damit erklären, dass sie in ihrem Umfang stetig wachsen (für Indien vgl. Kapitel 3) und inzwischen die Summe der sog. „Entwicklungshilfe" übersteigen (RATHA 2013). Einige Staaten haben daher in der Vergangenheit Maßnahmen ergriffen, um die Investitionen, die aus Rimessen gespeist werden, zielgerichtet für Entwicklungsprojekte einzusetzen. Das bekannteste Beispiel ist das „Three for One" Programm der mexikanischen Regierung, bei dem sie für jeden Dollar, den Emigrant*innen in Infrastrukturprojekte in ihrer Heimatregion investieren, drei Dollar zusätzlich zu dem Projekt zahlt (BADA 2016). Diese „private Entwicklungshilfe" fließt oftmals durch sogenannte *Hometown Associations*, die für den US-amerikanischen/latein-amerikanischen Kontext gut untersucht sind (PORTES 1996, KIVISTO 2001, MUTERSBAUGH 2002, GUARNIZO 2003, FAIST 2008, BADA 2016) und vereinzelt auch für Europa beschrieben wurden (CAGLAR 2016). Als Gründe für diese kollektiven philanthropischen Projekte werden einerseits altruistische Motive, andererseits auch der Aufbau von Sozialkapital am Herkunftsort genannt (LICUA-NAN et al. 2015)

Die Rolle der *Hometown Associations* und die Erwartungen an Rimessen als die „bessere" Entwicklungshilfe werden in der Literatur dabei durchaus kritisch diskutiert (De Haas 2007, FAIST 2008, GLICK SCHILLER 2009, VERTOVEC 2009, GARCIA ZAMORA 2013), unter anderem, weil die Entscheidungen über Projekte mehr oder weniger zufällig, aufgrund der Herkunft von Migrant*innen getroffen werden und nicht einer bedarfsorientierten Planung und Allokation staatlicher Ressourcen folgen. Zudem wird kritisiert, dass es den Geberländern einen Ausstieg aus der Entwicklungshilfe eröffnet, wenn Migrant*innen die „bessere" Entwicklungshilfe leisten. Zudem wird befürchtet, dass Anreize geschaffen werden könnten, Migrant*innen keinen dauerhaften Aufenthaltsstatus zu geben, weil temporäre Migrant*innen in aller Regel mehr Geld in ihre Heimatregionen schicken.

Indien als Rimessenempfänger

Für Indien sind Rimessen inzwischen eine wirtschaftlich durchaus relevante Größe, auch weil sie das Zahlungsbilanzdefizit Indiens niedrig halten (GOTTSCHLICH 2013, vgl. auch Kapitel 3). Sie werden oftmals genutzt, um die sozioökonomische Basis der Empfängerhaushalte grundlegend zu verbessern, indem in schulische oder berufliche Weiterbildung investiert, Schulden getilgt oder Land gekauft wird (GOTTSCHLICH 2013).

Aus Deutschland kommt dabei ein relativ geringer Teil der Rimessen (vgl. Tabelle 8). Im Jahr 2016 lag er bei 0,5%. Umgerechnet auf die Zahl der indischen Staatsbürger in Deutschland ist dieser Wert mit $ 3.383 recht hoch. Dabei schwankt die Höhe der aus Deutschland nach Indien gezahlten Rimessen in den letzten Jahren und der Wert pro Kopf Wert (umgerechnet auf indische Staatsbürger in Deutschland) ist rückläufig.

Jahr	Summe der Rimessen nach Indien	Indische Staatsangehörige in Deutschland	Rimessen aus Deutschland nach Indien	Rimessen aus Deutschland nach Indien/Kopf
2010	$54 Mrd.	48.280	$355 Mio.	$7.353
2011	$63 Mrd.	53.386	$415 Mio.	$7.774
2012	$69 Mrd.	60.327	$457 Mio.	$7.575
2013	$70 Mrd.	67.481	$311 Mio.	$4.609
2014	$70 Mrd.	76.093	$315 Mio.	$4.140
2015	$69 Mrd.	86.234	$331 Mio.	$3.838
2016	$63 Mrd.	97.865	$302 Mio.	$3.382

Quellen: DeStatis Fachserie ausländische Bevölkerung, verschiedene Jahrgänge; World Bank Bilateral Remittance Matrix, verschiedene Jahrgänge

Tabelle 8: Rimessen aus Deutschland nach Indien

Erklärungsansätze hierfür sind: 1. Die geänderte Zusammensetzung der Migrant*innen, denn es kommen deutlich mehr Studierende. Viele IT-Beschäftigte haben einen Arbeitsvertrag mit einem indischen Unternehmen, bekommen ihr Gehalt also auf ein indisches Gehaltskonto gezahlt. 2. Die Migrant*innen, die in der IT Branche tätig sind, entstammen oftmals der Mittelklasse, eine Unterstützung der Familien in Indien ist daher nicht notwendig, im Gegensatz zu den Migrant*innen, die früher kamen, um Rimessen für ihren Haushalt generieren zu können. 3. die Migrant*innen, die kamen um Rimessen zu generieren, sind mittlerweile in vorgerücktem Alter und die Empfänger*innen von Rimessen – oftmals die Eltern – in Indien sind inzwischen verstorben.

Unterstützung der Familie

Die Frage nach der finanziellen Unterstützung von Familienangehörigen in Indien wurde in allen qualitativen Interviews gestellt. In vielen Fällen fiel die Antwort darauf recht knapp aus, ähnlich der in dem folgenden Interviewausschnitt:

> „Interviewer: Do you regularly support your family financially?
> Befragter: Not really. Not needed."
> Abishek, kam 2006 für ein indisches Unternehmen nach Deutschland; Oktober 2015

Für diejenigen, deren Verwandte der Mittelschicht angehören, stellt sich die Frage nach Rücküberweisungen oftmals nicht. Dies hängt auch mit den Umbrüchen in der indischen Gesellschaft zusammen, in denen die sog. *joint family* von der Kernfamilie abgelöst wird (vgl. Kapitel 6).

Andere Interviewpartner*innen beschreiben sowohl regelmäßige Zahlungen an Verwandte als auch die Unterstützung von Familienangehörigen in Ausnahmesituationen. Unter den regelmäßigen Zahlungen nehmen die Rimessen, die zur Unterstützung der Eltern geschickt werden, eine besondere Stellung ein. Aufgrund des fehlenden staatlichen Rentensystems obliegt es in Indien traditionell dem ältesten Sohn, die Versorgung der Eltern zu übernehmen (vgl. auch Kapitel 6). Traditionell lebten die Eltern mit ihrem ältesten Sohn in einem gemeinsamen Haushalt, was die Versorgung erleichterte. Durch die räumliche Trennung des Wohnens werden dagegen nun explizite Transferleistungen notwendig, wenn die Eltern nicht durch eine Rente oder Pension abgesichert sind. Der folgende Interviewausschnitt verdeutlicht die Rolle des ältesten Sohnes im Familiengefüge:

> „Befragter, Ehemann: Aber das ist so. Ich bin der älteste Sohn. Vielleicht wissen sie schon was es bedeutet der älteste Sohn in einer indischen Familie zu sein? Aber mein Gott. Ich habe bis zum Ende meine Mutter und meine Schwester unterstützt. Sie wollte... Ich habe noch einen jüngeren Bruder, aber sie wollte keine Pfennig von meinem Bruder nehmen. Sie hat immer gesagt: ‚[Name des Befragten] ist, solange er da ist…'
> Befragte, Ehefrau: Das ist auch eine Ehre. Die Ehre wollte sie dem jüngeren Sohn nicht gewähren."
> Ehepaar Mitra, Herr Mitra (sen.) kam 1957 nach Bonn als Mitarbeiter der indischen Botschaft, heiratete eine Deutsche und schied deswegen aus dem diplomatischen Dienst aus; April 2015.

Andere begründeten die regelmäßigen Rimessen damit, dass sie sich nach wie vor dem Haushalt ihrer Eltern zugehörig fühlen. Die gilt vor allem für Unverheiratete, die aus beruflichen Gründen nach Deutschland migriert sind. Eine Befragte sagte, die Versorgung der Eltern sei Teil der indischen Mentalität und werde gar nicht hinterfragt. Sie erzählte zum Beispiel, dass es eine Selbstverständlichkeit sei, die Flugtickets für die Eltern zu kaufen, wenn diese zu Besuch kommen. Das sei so selbstverständlich, dass sie darüber gar nicht nachdenken müsse.

Über Geldsendungen werden zum Teil auch Zugehörigkeitsgefühl und Wertschätzung transportiert. Zwei Befragte sagten, dass eine finanzielle Unterstützung nicht notwendig sei bzw. gewesen sei, sie aber trotzdem Geld nach Indien schick(t)en. Diese regelmäßigen Zahlungen bezeichneten sie als Geschenk, und ausdrücklich nicht als Unterstützung. Andere Befragte gaben an, dass sie, obwohl ihre Familie in Indien gut situiert sei, Geld dorthin schickten, um ihrem Zugehörigkeitsgefühl zum elterlichen Haushalt Ausdruck zu verleihen.

Als weniger selbstverständlich wurde die Unterstützung der Geschwister beschrieben. Rimessen an Brüder oder Schwestern wurden von Migrant*innen getätigt, die nach Deutschland migrierten, um hier Rimessen zu generieren, z.B. um in Deutschland als Krankenschwestern zu arbeiten. Sie sahen ihre Aufgabe darin, mit ihrer Arbeitskraft den sozialen Aufstieg ihrer Familien zu ermöglichen:

> „Wir haben ein Verantwortungsgefühl gehabt für die Geschwister und für die Eltern mindestens und dann die erweiterte Familie, z.B. wenn Sie meinen Fall nehmen: Ich habe vier Geschwister und meine Eltern hatten ein Grundstück, aber das Einkommen war sehr, sehr niedrig und dann hatte ich fünf Tanten. Und eine Tante war sehr, sehr arm. Sie war verheiratet in einer Familie. So, was habe ich versucht? Meinen Geschwistern eine anständige Erziehung zu geben, Bildung zu geben. Dafür habe ich Geld geschickt. Meinen Eltern ein anständiges Leben zu ermöglichen. Dafür das Notwendige geschickt, nicht so viel Geld, ich hatte nicht so viel Geld gehabt am Anfang. Und dann meine ärmste Tante, sie wusste schon, dass ich ihr helfen werde. So hat sie ihrer ältesten Tochter eine Krankenschwesterausbildung möglich gemacht. Und als sie ihre Krankenschwesterausbildung fertig hatte, habe ich sie hier gebracht und damit diese ganze Familie wurde nach oben gebracht."

Herr Kunapalli, kam 1966 als Journalist nach Deutschland und heiratete eine indische Krankenschwester; März 2015.

In ähnlicher Weise beschreiben auch andere Befragte aus dem Umfeld der jungen Frauen, die in den 1960er und 1970er Jahren als Krankenschwestern kamen, die Möglichkeit des sozialen Aufstiegs durch Rimessen. In einem zweiten Gespräch berichtete Herr Kunapalli, dass er eine seiner Schwestern bis zu ihrem Tod finanziell unterstützt habe und zuletzt ihren Aufenthalt in einem Altenheim bezahlte. Da die Familie kein Geld hatte, um ihre Mitgift zu bezahlen, blieb sie zeitlebens unverheiratet und er fühlte sich für sie verantwortlich, wie er sagte. Andere Befragte unterstützen ihre Geschwister, weil sie aufgrund fehlender Ausbildung ein geringes Einkommen haben oder weil sie bestimmte Tätigkeiten am Heimatort übernehmen, z.B. den landwirtschaftlichen Betrieb der Familie weiterführen.

Ein Gesprächspartner erzählte, dass er seinen jüngeren Bruder während seines gesamten Studiums alimentierte. Da ihr Vater gestorben sei, als sein Bruder noch sehr jung war, hat er die Rolle des Vaters zum Teil mit übernommen und fühlte sich dafür verantwortlich, seinem eine möglichst gute Ausbildung zu finanzieren.

Finanzierung von Bildung

Die Finanzierung von Bildung ist ein oft angesprochenes Motiv für die Zahlung von Rimessen – eine Praktik, die als Investition in das inkorporierte Bildungskapital interpretiert werden kann. Diese Investitionen werden auch für Verwandte dritten und vierten Grades, also für Neffen/Nichten oder Cousinen/Cousins getätigt. Dabei handelt es sich teilweise um regelmäßige Unterstützung über einen längeren Zeitraum, teilweise aber auch um Einmalzahlungen. In folgendem typischen Interviewausschnitt erklärt ein Gesprächspartner, dass er seinen Nichten die Ausbildung finanzierte:

> „Die Töchter von meiner Schwester habe ich unterstützt. Die waren nicht arm, doch sie mussten ein sehr, sehr kostenbewusstes Leben führen und da habe ich den fünf Töchtern Geld rübergeschickt, dass die zur Schule gehen können und auch, dass sie zum College gehen können. Ja, das habe ich gemacht. Aber dann kam auch die Zeit, wo meine Schwester sagte: ‚Jetzt ist Schluss, ab nun gehen sie alleine.'"
> Herr Das, kam 1957 als Student nach Deutschland; Juli 2015.

Den hohen Stellenwert der Bildung und die Selbstverständlichkeit, mit der die Investitionen in Bildung und Ausbildung erfolgen, illustriert folgendes Zitat:

> „Was auf jeden Fall präsent ist, dass, wenn man in der Verwandtschaft jemanden hat, der seinen Bildungsweg bestreitet und dann auch höhere Bildung anstrebt, dass man dann definitiv, also ohne Frage und ohne zu zögern, Geld zur Verfügung stellt, wenn es um die Bildung geht. Also zum Beispiel meine Cousine studiert Medizin, hat unbedingt einen Laptop gebraucht. Sie hatte schon einen, aber der war nicht das Beste, war nicht das Gelbe vom Ei. Die wollte unbedingt einen Besseren haben. Da wurde auch ohne zu zögern Geld überwiesen: ‚Kauf dir das Beste, was du brauchst, das ist fürs Studium, für den Bildungsweg.'"
> Vertreter des Sikh-Verbands Deutschland; März 2015.

Weitere regelmäßige Rimessen

Neben der Unterstützung von Verwandten wurde in den Interviews auch die Unterstützung von Freunden thematisiert. Zwei Befragte erzählten, dass sie regelmäßig Freunde aus Kindertagen unterstützen, einer der Befragten inzwischen sogar über mehrere Jahrzehnte. Dabei handelt es sich um Freunde, die ihren eigenen Lebensunterhalt dauerhaft oder mittelfristig, z.B. aufgrund von Krankheit, nicht selbst bestreiten können. Diese Praktik verdeutlicht die Stabilität der transnationalen sozialen Beziehungen der Befragten.

Für Ordensleute ist das Generieren von Rimessen hauptsächlicher Migrationsgrund. Ein großer Teil ihres Einkommens fließe unmittelbar an das Mutterhaus, wie ein in Deutschland befragter Priester erläuterte, er selbst erhielte nur ein „Taschengeld". Ein in Indien befragter Ordensoberer erklärte, dass das Geld, das die Priester aus Deutschland und anderen Ländern schicken, werde in Indien zur Finanzierung der Ausbildung von Priestern oder für wohltätige Projekte in Indien und Afrika verwendet. Diese Überweisung der Ordensleute sind aus ihrem Zugehörigkeitsgefühl zu dem jeweiligen Orden zu erklären und nicht aus dem originären Wunsch, wohltätige Zwecke zu unterstützen.

Unregelmäßige Unterstützungsleistungen

Neben den regelmäßigen wurden in den Interviews auch unregelmäßige Zahlungen thematisiert. Diese können als zusätzliche oder einmalige Zahlungen erfolgen. Namrata, die bereits oben zitiert wurde (Seite 170), führte aus, wem ihr Vater aus welchen Gründen Geld gebe. Im Folgenden gibt sie die Antwort ihres Vaters wieder:

> „'Das spricht sich halt rum. Man kommt und dann kann das aus deinem Heimatdorf jemand sein, der sich eine Stunde auf den Weg gemacht hat, mit dem Bus, weil seine Tochter heiratet oder sein Sohn in die Ausbildung geht und die sprechen das ganz konkret an und die bitten dann um Geld, um das umsetzen zu können. Und ja dann überleg' ich, wer ist das und so weiter und so fort. Und wenn ich das Gefühl hab', das ist jetzt nicht jemand, wo ich jetzt so direkt was geben würde, weil der hat selber Verwandtschaft im Ausland, soll der die doch fragen, dann mach ich das auch nicht. Aber wenn das jemand ist, den ich aus Kindertagen kenne und ich weiß, dass es um den nicht gut bestellt ist, dann geb' ich dem was.'"
> Namrata, in Deutschland geborene Tochter eines indischen Ehepaares, ging ein Jahr in Indien zu Schule und studierte dort auch, lebt inzwischen wieder in Deutschland; März 2015.

In diesem Interviewausschnitt werden spontane, einmalige Zahlungen an Bekannte thematisiert, die ähnlich wie die regelmäßigen Zahlungen an die Freunde als ein Beleg für stabile transnationale soziale Netzwerke gelten können. Andere Befragte überweisen vor allem einmalig Geld an Familienangehörige. Ein Befragter erzählte, dass sein Vater regelmäßig Geld an seine Geschwister schicke, wenn diese größere Investitionen tätigen wollten, etwa wenn die Anschaffung eines Autos geplant sei. Einmalige Zahlungen werden auch geleistet, um Verwandten bei der Tilgung von Krediten zu helfen. Zum Teil erfolgt die Unterstützung auch in Form von Sachleistungen. So berichtete eine Probandin, dass die Familie ihrer Mutter kein Geld annehmen wollte. Daher kaufe ihre Mutter für ihre Eltern regelmäßig teure Konsumgüter, wie Videorekorder oder einen Kühlschrank und für ihre Neffen und Nichten Schuluniformen und -bücher.

Wichtig sind diese finanziellen Unterstützungen auch, wenn in der Familie ein Krankheitsfall eintritt. Da in Indien die wenigsten Menschen über eine Krankenversicherung verfügen und die kostspielige Behandlung im privaten Gesundheitssektor als qualitativ hochwertiger wahrgenommen wird (vgl. BUTSCH 2011), bedeuten schwere Erkrankungen oft eine hohe finanzielle Belastung. Auch entfernten Verwandten wird in diesen Fällen Geld geliehen oder geschenkt. Weiterhin wurden Ereignisse im Lebenszyklus zum Anlass für Einmalzahlungen genommen. Dazu gehören beispielsweise die Aufnahme eines Studiums – ein Befragter sagte, dass er für seinen Neffen eine Bürgschaft hinterlegte, damit er in Neuseeland ein Visum zur Aufnahme eines Studiums beantragen konnte – oder Hochzeiten. Hier beteiligen sich die Verwandten zum Teil an der Zahlung der Mitgift oder schicken große Geldbeträge als Geschenk.

Immobilienbesitz in Indien

Zu den Rimessen gehören aber auch die Investitionen, die Migrant*innen tätigen, um Land oder Immobilien in Indien zu erwerben (vgl. auch Kapitel 5 zu den Ergebnissen der Onlinebefragung und dem Zusammenhang zwischen Immobilien und Aufenthaltsdauer), mit denen die die Proband*innen ganz unterschiedliche Strategien verfolgen. Einige sehen in Immobilien eine „Sicherheit". Sie erwerben Immobilien, um einen Ort zu haben, an den sie zurückkehren können, sollten sie Deutschland einmal verlassen müssen. Ein Ehepaar sagte, dass es auch landwirtschaftliche Nutzflächen, die es geerbt habe, nicht veräußere, weil es dadurch in Indien eine ständige Einkommensquelle für den Fall einer dauerhaften Rückkehr nach Indien habe. Andere Befragte kaufen Häuser oder Wohnungen, um diese selbst zu nutzen, wenn sie zumindest zeitweise transnational leben. Ein Ehepaar beispielsweise verbringt jeden Winter in der Nähe der Geburtsorte der Eheleute. Ein Befragter erzählte, dass seine Frau als Architektin in Indien tätig sei und daher in dort auch ein Büro benötige. Deshalb besitze die Familie eine Wohnung in Deutschland und eine Wohnung in Indien, die gleichzeitig auch einen Büroraum für seine Frau beinhalte. Eine dritte Gruppe von Befragten, die Immobilien in Indien besitzt, hat diese gezielt als Investitionsobjekte gekauft. Mehrere Befragte beschrieben die Investition in Immobilien als gängige Praxis indischer Migrant*innen in Deutschland (vgl. Kapitel 5):

> „Everyone who is here will have a land in India. They have a property in India, at least one house. It's nothing to hide about it, but I don't know, they feel somehow scared to tell these kind of things, because India is a place where investment can grow. So, they will certainly invest on it and they want to hold a foot there. Everyone will do it."
> Sundar, kam 2007 nach Deutschland, um als PostDoc an einem Forschungsinstitut zu arbeiten; Januar 2014.

Die Investitionen in Immobilien in Indien werden von einigen Befragten als finanziell belastend und teilweise nicht rentabel beschrieben. Ein Befragter, der seit zehn Jahren in Deutschland lebt, berichtete, dass er kurz nach seiner Ankunft in Deutschland eine Immobilie in Indien erworben habe, weil er damals die Renditeaussichten für günstig hielt. Inzwischen sei er zufrieden, wenn er das Objekt ohne Verlust verkaufen könne. Andere Befragte, äußerten sich ähnlich und sagten, dass sie ihre Immobilien nur hielten, weil es derzeit nicht möglich sei, diese ohne größere Verluste zu veräußern. Ein Gesprächspartner berichtete, dass er sich inzwischen von allen Investitionsobjekten im indischen Immobiliensektor getrennt habe, weil diese auf Dauer unrentabel seien. Lediglich mit halb- oder illegalen Praktiken sei es möglich, Gewinne zu erzielen. Andere Proband*innen beschrieben die Trennung von Immobilien in Indien als Erleichterung, erstens, weil der damit verbundene Verwaltungsaufwand wegfalle, zweitens, weil damit auch die dauerhafte Bleibeabsicht in Deutschland verfestigt werde.

Teilweise beteiligen sich die Befragten aber auch an Immobiliengeschäften ihrer Verwandten in Indien. Sie überweisen dann Geld für gemeinschaftliche Investitionen mit ihren Eltern oder Geschwistern. Andere Befragte kaufen Wohneigentum in Indien als langfristige Geldanlage und überlassen es Eltern oder

Geschwistern zur kostenlosen Nutzung. So erzählte ein IT-Fachmann, dass er mit seinem ersten Gehalt einen Kredit finanzierte, um seinen Eltern eine Wohnung zu kaufen. Ein anderer erzählte, dass er ein Haus gebaut habe, damit sein Neffe zur Mutter des Befragten ziehen und sich im Alltag um sie kümmern könne.

Rimessen als Konfliktpotential

Die Praktik der Rücküberweisungen bietet aber auch Anlass für Konflikte und Differenzerfahrungen. Konflikte traten zum Teil in binationalen Ehen auf, wenn ein Ehepartner kein Verständnis dafür hatte, dass dauerhaft ein Teil des Familieneinkommens an die Verwandten nach Indien ging. Konflikte können sich aber auch an den überzogenen Erwartungen der Empfänger von Rücküberweisungen entzünden. Dies führte zumindest temporär zu innerfamiliären Konflikten, die als Positionierungen in einem neu entstandenen Feld im BOURDIEU'schen Sinne interpretiert werden können.

Differenzerfahrungen beziehen sich auf das Verhältnis der zweiten Generation zur Zahlung von Rimessen. Deutlich wurde das fehlende Verständnis für diese Praktik bereits aus den beiden Zitaten von Namrata in diesem Kapitel. Aber auch andere Befragte der zweiten Generation sagten, dass ihnen das Verständnis für das finanzielle Engagement ihrer Eltern fehle. Die Zahlung von Rimessen erfordert einerseits ein starkes Zugehörigkeitsgefühl und eine enge Einbindung in soziale Netzwerke in Indien, die in der zweiten Generation nicht mehr gegeben sind. Andererseits setzt die Praktik der Rücküberweisungen auch ein bestimmtes Verständnis der Praktik, basierend auf bestimmten Normen voraus, die in Indien (und hier kann man von Indien als Ganzes sprechen) allgemein akzeptiert sind, die in der deutschen Gesellschaft aber aufgrund struktureller Unterschiede (Krankenversicherung, Rentenversicherungen, funktionierendes Bankenwesen) in dieser Form nicht (mehr) üblich sind.

Veränderungen

Thematisiert wurden auch Veränderungen, die einmal die Praktik selbst betreffen und dann auch durch die Praktik selbst ausgelöst werden. Es wurde deutlich, dass die Zahlung von Rimessen mit Veränderungen im Lebenszyklus zusammenhängt. Nach der Ausbildung der Geschwister oder der Neffen und Nichten bzw. nach dem Tod der Eltern sinkt der Anteil des eigenen Gehalts, der an Verwandte nach Indien geschickt wird. Einige Befragte überweisen stattdessen (mehr) Geld für wohltätige Zwecke nach Indien.

Durch Rimessen werden ganz unmittelbar Veränderungen ausgelöst. Dazu gehört der soziale Aufstieg der Rimessenempfänger*innen, vor allem, wenn das Geld in Bildung investiert wird. Dazu gehört aber auch, dass Rimessen zum Steigen der Immobilienpreise beitragen. Insbesondere in Kerala, von wo aus heute viele Arbeitsmigrant*innen temporär in die Staaten des Golfkooperationsrates entsendet werden, ergeben sich durch Rimessen sichtbare Veränderungen:

„Mein Dorf hatte nur ein Auto, als ich '66 nach Deutschland gekommen bin, jetzt viele. Die meisten Familien haben jeweils ein Auto. Die stehen da. Man weiß nicht, ob sie selber fahren können, aber sie werden dann einen Fahrer anheuern und die werden fahren. Viele Häuser haben eine Person im Ausland, im Persischen Golf und die schicken Geld, damit sie solche Gadgets, solche Werte und alles kaufen können. Aber wissen nicht, wie man damit umgeht. Und jetzt, heutzutage gibt es die, die zeitlichen Unterschiede nicht mehr, das ist weg jetzt. Früher, wenn man von hier etwas mitgenommen hat, das war ganz neu da. Heute, was man hier bekommt, bekommt man auch da. Dieser Unterschied ist verschwunden fast. Eine Waschmaschine war unvorstellbar für Menschen da vor 25 Jahren oder so. Heute kann man das da kaufen. Und zu diesen Veränderungen, wir tragen einen Teil dazu bei."
Herr Kunapalli, kam 1966 als Journalist nach Deutschland und heiratete eine indische Krankenschwester; März 2015.

Die hier angesprochenen Veränderungen im Konsummuster sind gleichzeitig Folgen der Verfügbarkeit von Kapital, die diesen Konsum ermöglichen und von veränderten Wünschen und Vorstellungen. Letztere werden ebenfalls von Migrant*innen mit ausgelöst, die durch ihre Berichte zu Veränderungen auf gesellschaftlicher Ebene beitragen, was in der Literatur als soziale Rimessen bezeichnet wird (vgl. Kapitel 7.6).

Ergebnisse der standardisierten Befragung zu Rimessen

Etwas mehr als die Hälfte der Befragten (160 Nennungen/52,5%) gab an, dass sie ihre Familie in Indien finanziell unterstützten. Davon sagten 74 (24,2%), dass sie Verwandte regelmäßig unterstützen. Aufgrund der Möglichkeit von Mehrfachnennungen kommt es hier zu insgesamt 93 Nennungen. Aus Abbildung 35 wird ersichtlich, dass die Eltern die größte Gruppe regelmäßiger Empfänger von Rücküberweisungen darstellt. Insgesamt 67 (22,0 %) Befragte gaben an, ihre Eltern regelmäßig zu unterstützen. Ihre Geschwister unterstützen lediglich 4,9% der Befragten (14 Nennungen) 1,6% (5 Nennungen) unterstützen Neffen und Nichten, 2,3% (7 Nennungen) weitere Verwandte in regelmäßigen Abständen. Fast ein Drittel gab an (30,5%/93 Nennungen), Familienmitglieder unregelmäßig zu unterstützen.

Diese Ergebnisse verdeutlichen, dass die Praktik der Rücküberweisungen wichtig, aber nicht für alle Migrant*innen Teil ihres Alltags ist. Ein möglicher Grund für die geringe Zahl der Nennungen kann auch sein, dass knapp ein Fünftel der Befragten Studierende sind (21,6%/ 66 Nennungen) und 89 Befragte (29,2%) der zweiten Generation angehören. Allerdings gab ein unerwartet hoher Anteil der Befragten der zweiten Generation an, die Familien in Indien zu unterstützen (vgl. Abbildung 36). Von diesen sagten 17 (19,1% der Befragten der zweiten Generation), dass sie Verwandte regelmäßig und 19 (21,3%), dass sie ihre Verwandten unregelmäßig unterstützten. In der ersten Generation sind es 34,3% der Befragten, die ihre Familie unregelmäßig und 23,1% Prozent, die Verwandte regelmäßig unterstützen. Die Daten der quantitativen Befragung lassen somit die Praktik der Rücküberweisungen im intergenerationellen Vergleich deutlich stabiler erscheinen, als die qualitative Befragung dies vermuten ließ.

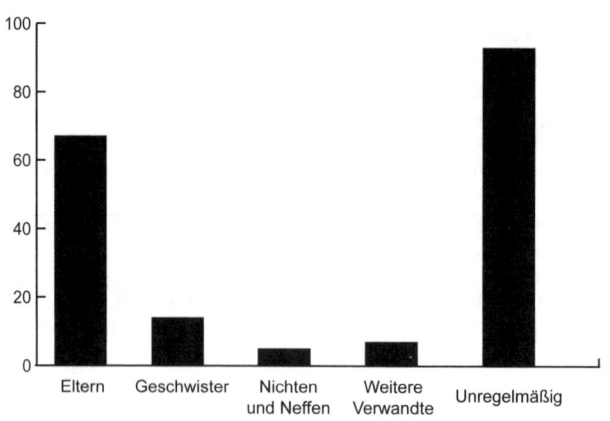

Unterstützen Sie Ihre Familie in Indien finanziell?

Quelle: Eigene Erhebung 2016, n=305, 160 Fälle, Mehrfachnennung möglich

Abbildung 35: regelmäßige und unregelmäßige Unterstützung der Familie

Unterstützen Sie Ihre Familie in Indien finanziell?
1. Generation

43% / 57%

Quelle: Eigene Erhebung 2016, n=305, 216 Fälle

Unterstützen Sie Ihre Familie in Indien finanziell?
2. Generation

60% / 40%

Ja / Nein

Quelle: Eigene Erhebung 2016, n=305, 89 Fälle

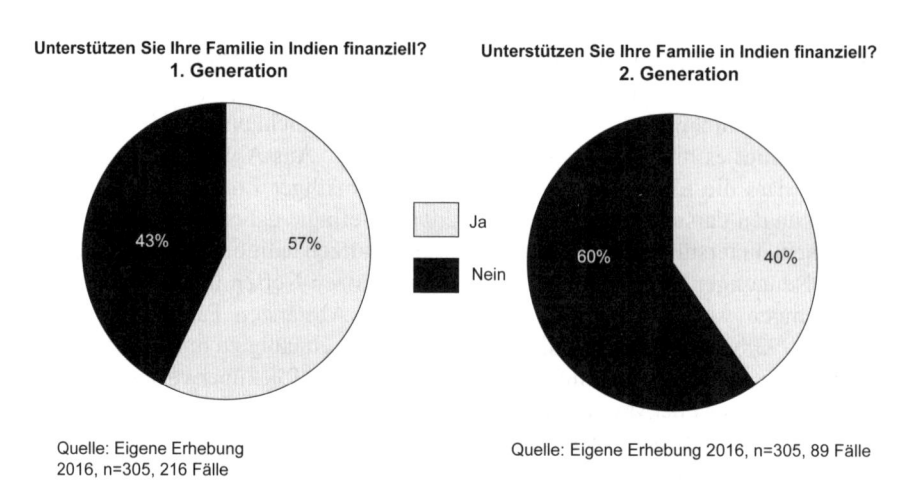

Abbildung 36: Zahlung von Rimessen in der ersten und der zweiten Generation

In der Onlinebefragung wurde auch erhoben, wie hoch die regelmäßige Unterstützung der Verwandten in Indien ausfällt. Dies ist in Abbildung 37 dargestellt. Sie zeigt, dass die Höhe der Unterstützung mit weiter entferntem Verwandtschaftsgrad abnimmt. Von den 67 Befragten, die angaben, ihre Eltern regelmäßig zu unterstützen sagten 16 (5,2% aller Befragten), dass sie ihren Eltern mehr als 6.000 € jährlich

7.2 Rimessen

überweisen. Dieser hohe Wert wird bei keiner anderen Gruppe genannt. Insgesamt steigt der Anteil der Nennungen in der niedrigsten Kategorie, die weniger als 100 € pro Monat entspricht, mit zunehmender Entfernung des Verwandtschaftsgrads kontinuierlich an.

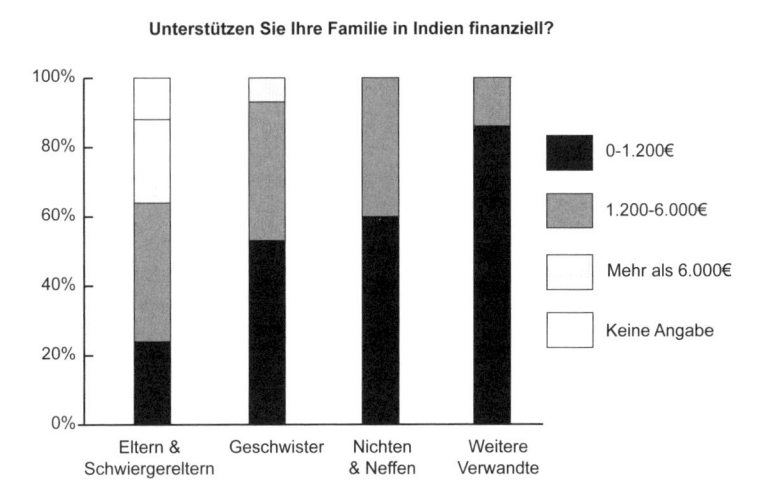

Abbildung 37: Höhe der jährlichen finanziellen Unterstützung von Familienangehörigen

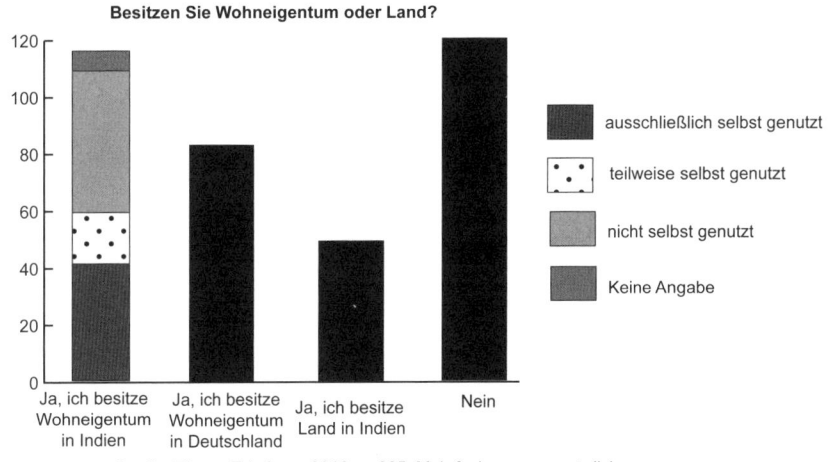

Abbildung 38: Besitz von Immobilien in Indien

In Zusammenhang mit den Rimessen stellt sich auch die Frage nach dem Besitz von Land und/oder Wohneigentum in Deutschland bzw. Indien relevant. Aus

Abbildung 38 geht hervor, dass insgesamt 61% der Befragten Immobilieneigentum haben. Es besitzen 38% Wohneigentum in Indien, 27,2% Wohneigentum in Deutschland und 16,1% besitzen Land in Indien. Bei dieser Frage wurde nicht nach dem Zeitpunkt des Immobilienerwerbs gefragt (die entscheidet, ob es sich tatsächlich um Rimessen handelt), die Ergebnisse der qualitativen Befragung legen nahe, dass es sich bei landwirtschaftlich genutztem Land um einen Anteil am Familienerbe handelt. Dies trifft wahrscheinlich zum Teil auch auf das Wohneigentum in Indien zu, das in 43,1% der Fälle nicht selbst genutzt wird.

Rimessen für karitative Zwecke

Neben der Unterstützung der Familie wurden Rimessen im Bereich des karitativen Engagements in der quantitativen und der qualitativen Befragung thematisiert. In der standardisierten Befragung gaben 54,8% (167) der Befragten an, dass sie wohltätige Projekte oder Organisationen unterstützen, 23,6% (72) unterstützen diese Projekte/Organisationen regelmäßig, 31,1% (95) leisten unregelmäßige Zahlungen. Die 72 Personen, die regelmäßig Geld für karitative Zwecke nach Indien überweisen, schicken zum Teil Geld an mehrere Institutionen, so dass insgesamt 113 Nennungen verzeichnet sind (Abbildung 39).

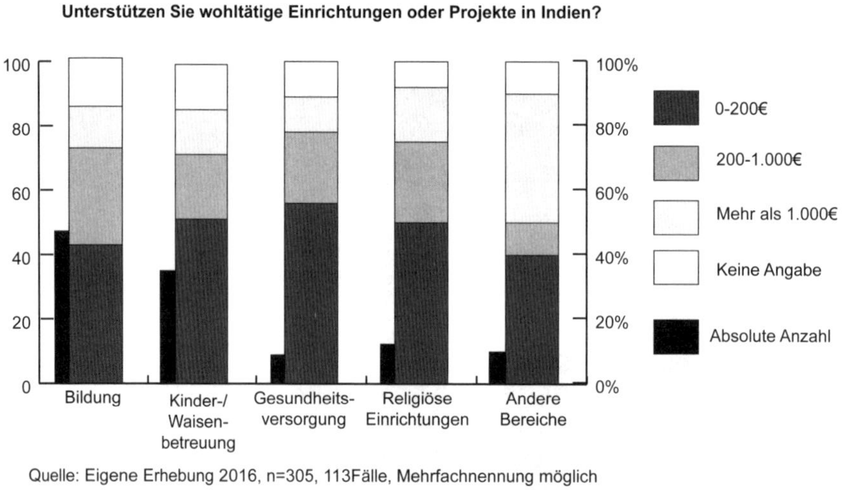

Quelle: Eigene Erhebung 2016, n=305, 113Fälle, Mehrfachnennung möglich

Abbildung 39: Rimessen im Bereich Wohltätiges Engagement

Die häufigsten entfallen auf den Bereich Bildung. Projekte in diesem Bereich werden von 15,4% (47) der Befragten unterstützt. Kinder-/Waisenbetreuung unterstützen 11,5% (35) der Befragten, im Bereich Gesundheitsversorgung sind es 3,0% (9) und religiöse Organisationen unterstützen 3,9% (12). In anderen Bereichen tätige Organisationen werden von 3,3% (10) der Befragten unterstützt. Die Rimessen im

Bereich Wohltätigkeit fallen deutlich geringer aus als die regelmäßigen Zahlungen an Familien. Einzelpersonen schicken jedoch durchaus substantielle Beträge nach Indien. So gaben sechs Befragte (2% der Stichprobe) an, mehr als 1.000 Euro pro Jahr für Bildungsprojekte in Indien zu überweisen, im Bereich Kinder- und Waisenbetreuung waren es fünf, im Bereich Gesundheitsversorgung eine/r, bei den religiösen Einrichtungen zwei und in anderen Bereichen vier Befragte.

Unterstützung von Bildungsprojekten

Als Motivation für das Engagement im Bildungsbereich nennen die Befragten vor allem die Aufstiegschancen, die sich hieraus ergeben. Die Projekte bzw. Institutionen, die dabei unterstützt werden, sind äußerst vielfältig. Mehrere Befragte wendeten sich direkt an einzelne Schulen. Eine Befragte erzählte von einem Schulprojekt, das sie seit mehreren Jahren unterstützt und das sie schon mehrfach besucht hat. Dabei handelt es sich um eine Schule für Kinder in Stammesgebieten, sog. *tribals*. Diese Bevölkerungsgruppe wird in Indien bis heute diskriminiert und gehört zu den Gruppen mit dem geringsten sozioökonomischen Status. Während einer Reise lernte sie eine Vertreterin der Nichtregierungsorganisation kennen, die diese Schule aufgebaut hat, und fördert sie seitdem. Zudem vergibt sie Stipendien an begabte Schülerinnen, damit diese eine weiterführende Schule besuchen können. Ein anderer Befragter setzt mit der Förderung einer bestimmten Schule eine Familientradition fort:

> „It is a school from our family, going back to the generation of my grand-grand-grandfather. So, it is an elementary school, middle school till 8th class. So, we are supporting in terms of the infrastructure and all those things. The salary is paid by the government for the teachers but rest of the things we have to do.
> Interviewer: So it's form your family?
> Befragter: Yes.
> Interviewer: And are you also engaged in that? Do you regularly donate money for that?
> Befragter: Yes, I do that.
> Interviewer: How does that work? Do you transfer money? Or is it that you take it home with you?
> Befragter: Yes, I just take it with me. And then I change in the airport or wherever it is possible and then I use it.
> Interviewer: Is it something which you regularly follow up?
> Befragter: Regularly whenever there is need for it, something you need to spend, I do it.
> Interviewer: And do you also regularly visit that school?
> Befragter: I do my best. If there is the time, yes, I do it. At least once a year.
> Interviewer: Did you ever consider also to raise funds for that from other people in Germany to support that?
> Befragter: Not really. No. I thought that is not the right thing, because I think in god's grace me and my wife we are earning well, I think we should be able to do it. But we have been collecting for projects from the Indian association for some other things."
> Rama, kam 2000 als Doktorand nach Deutschland; November 2015.

In dem Interviewausschnitt spricht Rama werden mehrere Aspekte an, die so ähnlich auch von anderen Befragten thematisiert wurden: Erstens spendet Rama Geld für ein Projekt, an dem sich seine ganze Familie beteiligt. Die Einbeziehung der Familie in karitatives Engagement wurde auch von anderen Befragten beschrieben. Mehrere Interviewpartner sagten, dass sie ihren Geschwistern regelmäßig Geld überweisen, damit diese es an Einrichtungen geben, die sie für unterstützenswert halten. Ein Befragter aus der zweiten Generation überweist Geld an eine Stiftung, die seine Familie gegründet hat und deren Ziel die Förderung von Frauen und Mädchen ist. Seine Verwandten in Indien entscheiden über die Verwendung des Geldes. Ein Befragter überweist regelmäßig Geld auf ein Bankkonto in Indien, auf das seine Schwester Zugriff hat, die dann kleinere Projekte in seinem Sinne durchführt.

Zweitens erwähnt Rama, dass seine Familie mit einer Institution kooperiert, in diesem Fall mit der Regierung. Kooperation dieser Art sind wichtig, um die Durchführung von Projekten in Indien dauerhaft zu gewährleisten, insbesondere für das transnationale Engagement. Auch andere Befragte berichteten, dass ihre Projekte in Kooperation mit unterschiedlichen institutionellen Partnern, wie Kirchen, NGOs und Stiftungen durchgeführt werden. Diese institutionellen Partner nehmen oftmals das administrativ schwierige Tagesgeschäft wahr. Ein Ehepaar, dessen Fall unten ausführlicher vorgestellt wird, hat mehrere Kinderdörfer gegründet. Sie haben die Grundstücke mit Hilfe der Kirche gekauft. Diese übernimmt auch die Personalverwaltung und die Bezahlung der Angestellten.

Drittens beschreibt Rama in dem Zitat sein Engagement als etwas sehr Persönliches, in das er niemand anderen in Deutschland einbinden will – obwohl er durchaus in Deutschland Spenden für andere Projekte in Indien sammele. In ähnlicher Weise äußerten sich auch andere Befragte, z.B. ein Mitglied der Rotarier, der sowohl eigene als auch Projekte der Rotarier in Indien betreut. Das persönliche Engagement wird in vielen Fällen von institutionellem Engagement getrennt, vor allem um den Eindruck zu vermeiden, dass mit dem Engagement individuelle Ziele verfolgt werden.

Viertens lässt Rama anklingen, dass das karitative Engagement Teil der Erziehung sei, die er genossen hat. Da seine Familie die Schule bereits seit mehreren Generationen unterstützt, ist davon auszugehen, dass sie eine herausgehobene Stellung in der Dorfgemeinschaft hat und die Fürsorge für andere zum festen Habitus der Familie gehört. Andere Befragte sagten explizit, dass sie ihr heutiges wohltätiges Engagement auf Kindheitserfahrungen zurückführen. Bei zwei Befragte war es üblich, dass täglich arme Menschen zum Essen kamen. So hätten sie früh ein Verantwortungsgefühl für sozial Schwache entwickelt.

Neben Schulen fördern die Befragten auch andere Projekte im Bildungsbereich. Einer unterstützt eine Nichtregierungsorganisation, die Kindern aus mittellosen Familien ein Studium finanziert. Da er selbst von dieser Organisation profitiert habe, fühle er eine Verpflichtung „etwas zurückgeben" zu müssen. Eine solche „Verpflichtung" wurde auch von anderen Befragten als Motivation für wohltätiges Engagement in Indien genannt – nicht nur wie in diesem Falle, in dem der Befragte direkt finanzielle Unterstützung erfahren hat. Ein Befragter, der unter anderem eine Nichtregierungsorganisation unterstützt, die Jugendlichen eine Berufsausbildung in der Landwirtschaft und ihren Start in die Selbstständigkeit mit einem Kredit ermöglicht, sagte, dass er Indien als seinem Mutterland etwas zurückgeben wolle. da er selbst Bildung und charakterliche Prägung dort erfahren habe.

Kinder- und Waisenfürsorge

Mehrere Befragte haben Patenschaften für ein oder mehrere Waisenkinder übernommen, deren Ausbildung sie mit einem monatlichen Festbetrag unterstützen. Oft handelt es sich dabei um Kinder aus ihrem Herkunftsort. Besonders Engagement in diesem Bereich ist ein Ehepaar, das innerhalb mehrerer Jahrzehnte mehrere Kinderdörfer errichtet hat. Als Motivation für die Gründung dieser Kinderdörfer gaben sie an, dass sie die Situation von Waisen in Indien verbessern wollten. Gemeinsam hatte das Ehepaar mehrere deutsche Familien bei der Adoption von Kindern unterstützt, weswegen sie mit den Zuständen in indischen Kinderheimen vertraut waren. Die Initiative zur Einrichtung von Kinderdörfern wurde zunächst von dem Ehepaar selbst und von Eltern, die indische Kinder adoptiert hatten, finanziert. Das Projekt startete 1996 mit dem Kauf von vier Doppelhäusern, in denen man jeweils zehn Kinder und eine Erzieherin untergebrachte. In der Folge wurde aus diesem Projekt ein Verein, der sich über Spenden finanziert, aber auch Gelder von Mittelgebern, wie dem Bundesministerium für wirtschaftliche Zusammenarbeit und Entwicklung, akquiriert. Als Besonderheit ihres Projektes stellten die beiden Interviewpartnerinnen heraus, dass der Ehemann (indischer Herkunft) sein kulturelles Kapital einsetzen könne, um die Projekte vor Ort in Indien persönlich zu überwachen. So hätten die Spender aus Deutschland die Gewissheit, dass ihr Geld wirklich bei den Kindern ankomme:

„Interviewer: Das ist ja schon ein sehr besonderes Konzept. Wie wichtig ist es für dieses Konzept, dass Sie so eine Landeskenntnis, eine Kulturkenntnis haben? Glauben Sie, dass Sie das wegen dieser Landeskenntnis etwas besser machen können, als andere, die in Indien sowas unterstützen?
Befragter: Ja, bestimmt, wie sagt man? „To a certain extent". Zum Beispiel, wenn ich da mal alleine gehe, dann wohne ich im Kinderdorf selbst, nicht im Hotel. Ich wohne im Kinderdorf zwei, drei Tage und ich spreche mit jedem einzelnen Kind separat und nachher eine Gruppe vom ersten bis fünftem Schuljahr, fünfte bis achte, neunte und bis zwölfte, spreche ich und dann frage ich die mal alle. Und dann spreche ich wieder mit jeder einzelnen Kinderdorfmutter und der Erzieherin und dann wieder mit allen Kindern zusammen. […]
Befragte: Aber unser Vorteil ist, dass wir eben beide Seiten sehen: Hier können wir die Leute, die spenden wollen, überzeugen und dort können wir vor Ort die Sachen überprüfen und mittragen. Das ist unser großes Plus im Grunde genommen, dass wir beide Seiten überzeugend gestalten können."
Ehepaar Mitra, Herr Mitra (sen.) kam 1957 nach Bonn als Mitarbeiter der indischen Botschaft, heiratete eine Deutsche und schied deswegen aus dem diplomatischen Dienst aus; April 2015.

Besonders stolz ist das Ehepaar darauf, dass die Verwaltungskosten für ihre Projekte weniger als ein Prozent der gesammelten Spenden betragen. Dieser Aspekt wird auch von anderen Befragten als Grund genannt sich persönlich in Indien zu engagieren, statt das Geld in Indien tätigen Organisationen zur Verfügung zu stellen. Das persönliche Engagement erhöht den Anteil des Geldes, der tatsächlich bei den Empfänger*innen ankommt.

Gesundheit

Gesundheitsfürsorge ist der dritte Bereich, in dem Interviewpartner*innen sich wohltätig engagieren. Eine Befragte spendet regelmäßig Geld, um die Einrichtung des öffentlichen Krankenhauses in ihrem Heimatort zu verbessern. Ein anderer Proband berichtete, dass er gemeinsam mit einem Arzt indischer Herkunft ein Krankenhaus in einem abgelegenen Dorf in den Sundarbans (einem Mangrovengebiet südöstlich von Kolkata) aufgebaut habe. In dem Gespräch mit ihm wurde allerdings ein Problem des transnationalen Engagements deutlich, nämlich das der fehlenden Nachhaltigkeit. Denn der Befragte erzählte, dass der Arzt, mit dem er das Projekt aufgebaut habe kurz vor dem Interview gestorben sei und er selbst aus Altersgründen auch nicht wisse, wie lange er sich noch engagieren könne. Nachfolger, die das Projekt weiterführen könnten, seien aber nicht in Sicht, so dass er davon ausgehe, dass das Krankenhaus spätestens nach seinem Tod geschlossen werden müsse.

Ein Arzt, der in Deutschland Medizin zu studiert hatte, unterstützt ebenfalls regelmäßig das öffentliche Krankenhaus seiner Heimatstadt, indem er die Kolleg*innen dort fachlich berät und die Anschaffung wichtiger medizinischer Geräte durch Spenden finanziert. Besonders stolz ist er auf den Erfolg seines Engagements für die Neugeborenenstation. Er habe dort die Anschaffung von Inkubatoren ermöglicht und damit dazu beigetragen, die Sterberate bei Frühchen von 50% auf 17% zu senken. Dabei arbeite er eng mit einer deutschen Stiftung zusammen, der er Finanzierungsvorschläge mache, selbst einen Teil der Kosten trage und von der Stiftung den Rest der Mittel einwerbe. Bei großen Investitionen für medizinisches Gerät zahle er ca. 2% der Kosten, während die Stiftung den Rest trage.

Religiöse Einrichtungen und Institutionen

Befragte beschrieben Einzelspenden für religiöse Institutionen, wie Tempel, ein „Altenheim für Kühe" oder den Bau einer Kirche. Dauerhafte Unterstützung leisten einige Befragte für religiöse Einrichtungen, wie z.B. ein Ausbildungszentrum, in dem Prediger ausgebildet werden oder eine Stiftung, die Jugendlichen in der Koranlehre unterweist. Der oben erwähnte Arzt finanziert einen Tempel in seiner Heimatstadt:

> „Wir haben zu Hause in [Wohnort] drei Häuser weiter einen Tempel, wo ich… ich bin offiziell Hauptsponsor. Ich habe zum Beispiel den ganzen Fußboden mit Granit machen lassen. Damit, wenn die Leute kommen, eine Heiligkeit da ist, das heißt also, wenn Vorträge, also religiöse Vorträge stattfinden oder eine kleine Hochzeit oder ein kleiner Geburtstag für ein Kind oder irgendwas da ist. Viele Leute kommen und sitzen auf dem Boden. Und dass sie immer einen sauberen Boden haben – ja und dann so kleine Teppiche, Läufer. Und dann habe ich gesehen, die Leute werden auch alt, also habe ich 50 Stühle gekauft. (Lachen) Jetzt sitzen die auf Stühlen.

Also ich finde irgendwie so Ruhe dort, ist ja immer auf, morgens bis abends, kann jeder gehen und raus."
Herr Mishra, kam 1966 nach Deutschland um Medizin zu studieren; Juli 2015.

Weiterhin erzählte Herr Mishra, dass er dem ehemaligen Priester des Tempels eine regelmäßige Rente zahle. Sein Engagement dort hängt damit zusammen, dass er auf diese Weise seine Religion ausüben kann – etwa dadurch, dass der Brahmane dort für seine Familie wichtige Rituale durchführt. Zudem sichert die regelmäßige Unterstützung auch seine gesellschaftliche Stellung an seinem Heimatort.

Eine besondere Stellung in Bezug auf das wohltätige Engagement nehmen Ordensleute ein. Zusätzlich zu ihrem Gehalt (vgl. S. 177) akquirieren sie in Deutschland Spenden für wohltätige Zwecke in ihrer Heimat. Sie wirken dabei als Mittler*innen, weil sie aufgrund ihrer Kenntnis von Projekten in Indien überzeugend für diese werben können. Durch ihre Position im kirchlichen Umfeld, in dem eine grundsätzliche Bereitschaft zu wohltätigem Engagement vorhanden ist, fällt es ihnen leicht, Menschen für Spenden zu gewinnen. Ein Befragter betonte, dass die Anfragen dazu aus der Gemeinde selbst kämen und er selbst keine Projekte seines Ordens in den Vordergrund stelle, etwa durch die regelmäßige Verwendung der Kollekte für diese Vorhaben. Das Interesse von Gemeindemitgliedern an seiner Herkunft und der Tätigkeit seines Ordens begünstige aber die Spendenbereitschaft der Gemeindemitglieder. Ein anderer Angehöriger desselben Ordens, der zwanzig Jahre in Deutschland gelebt hatte, inzwischen aber seit über dreißig Jahren wieder in Indien lebt, sagte, dass er immer noch für seinen Orden Spenden in Deutschland akquiriere. Dafür reise er immer wieder nach Deutschland und verschicke regelmäßig einen Rundbrief an Spender*innen in Deutschland, in denen er über die Verwendung der Spenden Rechenschaft ablege.

Kollektives Wohltätiges Engagement

In Bezug auf Rimessen für karitative Zwecke fällt den Ordensleuten aber auch in anderer Hinsicht eine besondere Stellung zu: Im Gegensatz zum individuellen wohltätigen Engagement beschrieben, stellt ihr Engagement die Besonderheit dar, dass sie zwar in Deutschland als Einzelpersonen Spenden sammeln, sie in Indien aber Teil einer Institution sind, die dort kollektiv über die Verwendung der Mitteln berät und entscheidet. Andere Befragte beschrieben weitere kollektive Rimessen, die allerdings im Vergleich zu dem persönlichen Engagement als weniger bedeutend beschrieben werden.

Dies stellt einen bedeutenden Unterschied zu anderen Fallbeispielen aus der Transnationalismusliteratur dar, in denen vor allem die kollektiven Rimessen der so genannten *Hometown Associations* herausgestellt werden (s.o.). Die zu Beginn dieses Teilkapitels zitierten Fallbeispiele beziehen sich zu einem großen Teil auf Beispiele aus dem Migrationssystem USA-Lateinamerika. Für Indien wurde die Rolle von *Hometown Associations* ebenfalls untersucht (LACROIX 2013, UPHADYA/RUTTEN 2012), allerdings ist ihre Rolle als hier von geringerer Bedeutung.

Vertreter*innen von zwei Migrantenorganisationen sagten, dass sie regelmäßig Spenden von ihren Mitgliedern für wohltätige Zwecke im Entwicklungskontext, auch außerhalb Indiens sammeln würden, z.B. für Erdbebenopfer in Pakistan. Dabei handele es sich aber um keine dauerhafte Unterstützung bestimmter Organisationen oder Projekte, sondern um einzelfallbezogene Hilfen. Andere Migrantenorganisationen verwendeten Überschüsse aus Veranstaltungen zur Unterstützung von Projekten in Indien. Ihnen kam jedoch keine übergeordnete Bedeutung zu, da wohltätiges Engagement nicht zum Hauptaufgabenbereich dieser Migrantenorganisationen gehöre. Ein Befragter gab an, dass seine Organisation aufgrund einer Spende Schwierigkeiten bei der Prüfung durch das Finanzamt gehabt habe, weil die Unterstützung mildtätiger Zwecke in der Vereinssatzung nicht erwähnt wurde.

Eine besondere Stellung nimmt die Deutsch-Indische Gesellschaft ein (vgl. Kapitel 6). Ihre einzelnen Zweiggesellschaften unterstützen regelmäßig verschiedene Projekte in Indien, für die sie auch eine längerfristige „Patenschaft" übernehmen. Auf ihrer Webseite listet die DIG insgesamt 35 Projekte auf, die von unterschiedlichen Zweigstellen dauerhaft unterstützt werden (DIG o. J.). Dabei gibt es zum Teil auch nicht formalisierte Kooperationen, die auf der Webseite nicht genannt werden. So berichtete zum Beispiel ein Vertreter der DIG Zweigstelle Bonn, dass seine Zweigstelle nicht direkt mit der Andheri-Hilfe, die ebenfalls ihren Sitz in Bonn hat, kooperiere, aber viele Mitglieder regelmäßig an diese spendeten.

Motive für karitatives Engagement

Als Motivationen wurden bereits die Familientradition und „etwas zurückzugeben", wie sich ein Befragter ausdrückte, angesprochen. Interviewpartner*innen unterstützen Bedürftige aufgrund der herausgehobenen Stellung ihrer Familie in einer Gemeinschaft oder einem Dorf. Für zwei Sikhs war das religiöse Gebot des Almosengebens ausschlaggebend. Andere Befragte setzten sich davon ab und betonten, dass ihr Engagement nicht in religiös motiviert sei, sondern, dass sie aus ihrem Engagement eine persönliche Befriedigung zögen. Eine Befragte erhofft sich durch ihr Engagement, mittelfristig eine dauerhafte Beschäftigung in Indien zu finden. Sie unterstützt eine Nichtregierungsorganisation finanziell und dadurch, dass sie Sprachkurse (Englisch) für *tribals* anbietet.

Befragte setzen sich für wohltätige Zwecke in Indien ein, weil sie dort die Probleme und Strukturen kennen und ihr (finanzielles) Potential am effektivsten einsetzen können. Dieses Argument, wird auch im internationalen Diskurs angeführt, wenn Migrant*innen als die „besseren Entwicklungshelfer" dargestellt werden (vgl. FAIST 2008). Exemplarisch hierfür steht der folgende Ausschnitt aus dem Gespräch mit Herrn Mishra, in dem er auf die Frage antwortet, warum er sich so stark in seiner Heimatregion engagiert:

> „Ich bin nicht so nationalistisch oder so. Das ist hier mein Heimatort. Indien sowieso klar – ich mache Projekte nur da, oder helfe armen Leuten nur hier. Das habe ich nicht, also alle Leute sind überall gleich für mich, ob in Indien, Punjab oder was weiß ich, in Rajasthan oder so. Sind alle gleich. Hier ist das nur für mich einfacher a) ich habe begrenzte Urlaubszeit, -tage. Da bin

ich meistens in [Heimatort], wo ich aufgewachsen bin, wo meine ganze Verwandtschaft ist und b) Sprachprobleme. Wenn ich nach Pune gehe, dann bin ich verloren. Ich will ja zu kleinen Leuten gehen und die befragen, damit ich weiß, was die brauchen und z.B. Tabletten besorgen kann – natürlich im großen Rahmen. Deswegen habe ich entschieden, ich helfe lieber dort, hier in dieser Region. Im Grunde ist es Wurscht, ob das Rajasthan, Maharashtra ist oder Gujarat oder so – ist egal. Also das ist regional bedingt, kann man nicht sagen."
Herr Mishra, kam 1966 nach Deutschland um Medizin zu studieren; Juli 2015.

Als letzte Motivation wurde in den Interviews die Möglichkeit angesprochen, unmittelbar tätig zu werden. Die Befragten sagten, dass sie durch ihr persönliches Engagement – durch direkte Zahlungen an Einrichtungen für konkrete Projekte oder einzelne Personen – sicherstellten, dass ihre Hilfe direkt ankomme. Die Befragten stellten heraus, dass ihnen wichtig sei, dass das Geld nicht für Verwaltungsausgaben oder ähnliches, sondern allein für den zugedachten Zweck verwendet werde. Für das Ehepaar Mitra war dies einer der Hauptgründe eine eigene Organisation ins Leben zu rufen. Außerdem stellen diejenigen, die nicht nur Geld überweisen, sondern sich auch in der Projektarbeit engagieren, heraus, dass sie so sicherstellen würden, dass das Geld auf dem Weg nicht „an klebrigen Händen kleben bleibt", wie sich ein Befragter ausdrückte.

Insgesamt lässt sich festhalten, dass das Tätigen von Rimessen zur Unterstützung der Familien und für wohltätige Zwecke eine Praktik ist, die bestehende soziale Zusammenhänge (im Sinne SCHATZKIs) verfestigt und neue schafft. Durch die Praktik des Tätigens von Rimessen nehmen Migrant*innen eine herausgehobene Stellung in ihrer Herkunftsgesellschaft ein und binden gleichzeitig ihre Kontakte dort in transnationale Zusammenhänge ein. Durch die Rücküberweisungen werden daher Zusammenhänge geschaffen, die über den bilateralen Austausch hinausgehen – wenn sie zum Wirtschaftsfaktor von regionaler oder nationaler Bedeutung werden, wenn sie politisch instrumentalisiert werden (Kapitel 3) oder wenn sie gesellschaftliche Veränderungen bewirken (Kapitel 7.6).

7.3 KOMMUNIKATION

Durch technische Neuerungen haben sich die Möglichkeiten mit Menschen weltweit zu kommunizieren in den letzten Jahrzehnten grundlegend verändert. Das Telefonieren wurde nicht nur weniger aufwendig, sondern auch deutlich billiger. VERTOVEC (2009: 54) bezeichnet kostengünstige Telefonanrufe als den „sozialen Klebstoff" (*social glue*) transnationaler sozialer Formationen. Er sieht die Zunahme transnationaler sozialer Formationen in Zusammenhang mit der Globalisierung, die technischen Fortschritt im Bereich Reisen und Kommunikation vorangetrieben hat und gleichzeitig durch diesen selbst vorangetrieben wurde.

Veränderung der technischen Rahmenbedingungen

Neben der Abnahme der Telefonkosten, bei gleichzeitiger Zunahme des Volumens internationaler Anrufminuten – VERTOVEC (2009: 54) nennt eine Verdreifachung für den Zeitraum 1982 bis 1992, von 12,7 Mrd. auf 42,7 Mrd. Anrufminuten – sind seit den 1990er Jahren noch zahlreiche weitere technologische Neuerungen hinzugekommen, die das Kommunikationsverhalten und die Möglichkeiten des Austauschs grundlegend verändert haben. Dazu gehören die Verbreitung des Mobilfunks, des Internets, der Digitalfotografie bzw. digitaler Videoaufzeichnungen und des mobilen Internets. Darauf aufbauend entstanden neue Kommunikationsmedien wie Email, Videotelefonie, soziale Netzwerke und mobile Kommunikationsplattformen für Text-, Bild- und Sprach- und Videonachrichten. Email, Facebook, Skype bzw. Facetime und WhatsApp haben transnationale Kommunikation erschwinglich gemacht und sind inzwischen für viele Migrant*innen Teil ihres Alltags.

Das Unternehmen TELEGEOGRAPHY analysiert zu Marktforschungszwecken die globale Entwicklung grenzüberschreitender Telekommunikation. In der Executive Summary ihres Berichts zur Entwicklung internationaler Kommunikation (TELEGEOGRAPHY 2016) halten die Autor*innen fest, dass 2015 das erste Jahr seit den 1930er Jahren war, in dem das Volumen internationaler Anrufminuten zurückgegangen ist. Grund hierfür ist aber kein Rückgang der grenzüberschreitenden Kommunikation, sondern die Substitution durch sog. over-the-top Kommunikationsdienste (OTT-Dienste). OTT-Dienste sind internetbasierte Sprachdienste auf internetfähigen Geräten. Laut TELEGEOGRAPHY (2016) ist Skype Marktführer für PC-gebundene OTT-Dienste. Für 2016 schätzt TELEGEOGRAPHY (2016: 2), dass insgesamt 4,4 Mrd. Anwender*innen auf ihren Smartphones Dienste wie WhatsApp und Facebook Messenger (jeweils über eine Mrd. Nutzer*innen), WeChat, Viber, QQ, Line und Kakao Talk nutzen. Für das gleiche Jahr prognostiziert TELEGEOGRAPHY (2016: 3), dass das OTT-Volumen mit 552 Mrd. Gesprächsminuten erstmals über dem Volumen der Telefonanrufe lag, das nach leichtem Rückgang 546 Mrd. Anrufminuten betrug (was einer Verzwölffachung gegenüber dem Wert entspricht, den VERTOVEC 2009: 54 für 1992 nennt). Hinsichtlich der Preispolitik halten die Autor*innen fest, dass die Preise für internationale Telefonanrufe in den letzten 20 Jahren um 90% gefallen seien, mehr Anrufminuten auf Schwellen- und Entwicklungsländer entfallen und inzwischen der Mobilfunk gegenüber dem Festnetz dominiere (TELEGEOGRAPHY 2016: 5).

Zu den Folgen der technologischen Veränderungen und der veränderten Nutzungsmuster hält VERTOVEC (2009: 55) fest:

„Cheap telephone calls have impacted enormously and variously on many kinds of transnational communities. One of the most significant (yet under-researched) modes of transnational practice affecting migrants' lives is the enhanced ability to call family members. […] This obviously has considerable impact on domestic and community life, intergenerational and gender relations, religious and other cultural practices, and local economic development in both migrant-sending and migrant-receiving contexts."

Tatsächlich sind Veränderungen, die durch neue Kommunikationsmöglichkeiten hervorgerufen wurden, bisher nur wenig untersucht worden. Ein Themenheft hierzu erschien im Journal of Ethnic and Migration Studies 2012 (OIARZABAL/REIPS 2012); eine knappe Übersicht bieten die Reviewartikel von CARLING et al. (2012) und GONZALES/KATZ (2016). Sie alle deuten darauf hin, dass sich durch die oben erwähnten veränderten technischen Möglichkeiten neue Formen des transnationalen Zusammenlebens ergeben. Die transnationalen Zusammenhänge – im Sinne SCHATZKIs – können durch Artefakte wie PC und Smartphone mit ganz neuen Praktiken aufrechterhalten bzw. hergestellt werden. Diese Kommunikationspraktiken wurden durch technische Neuerungen möglich, mussten aber auch erlernt werden und vor allem eine ausreichende Verbreitung finden (in Indien und Deutschland).

In Projektphase 4 wurde das Thema Kommunikation in den qualitativen Interviews vertieft behandelt. Hierzu wurde das Kommunikationsverhalten der Migrant*innen der Woche vor dem Interviewtermin detailliert betrachtet (Kapitel 4). Bereits in Kapitel 6 wurde das Kommunikationsverhalten implizit angesprochen. Abbildung 25 in Kapitel 6 zeigt, mit wem die Teilnehmer*innen der standardisierten Befragung regelmäßig Kontakt halten; die Netzwerke in Kapitel 6.3 zeigen auch, welche Medien die Gesprächspartner*innen nutzen, um mit ihren engsten Kontaktpersonen zu kommunizieren.

Ergebnisse der quantitativen Erhebung

Von den 305 Befragten in der Onlinebefragung gaben 265 an, regelmäßig mit Kontaktpersonen in Indien zu kommunizieren (Abbildung 40). Aus der Abbildung ist zu erkennen, wie viele dieser 265 Befragten die verschiedenen Kommunikationsmedien nutzen und mit welcher Häufigkeit. Da Mehrfachnennungen möglich waren, fällt die Summe der Nennungen deutlich höher aus als die Zahl der Befragten. Im Schnitt gab jede/r Befragte an, 3,5 Kommunikationsmedien zumindest gelegentlich zu nutzen. Die häufigste Nennung entfällt dabei auf Sprachdienste, die von 223 Befragten (73,1% bezogen auf alle 305 Teilnehmer*innen) genannt wurden. Sie liegen vor Telefonanrufen, die von 204 Befragten (66,9%) genannt wurden, was die oben beschriebene Entwicklung der OTT-Anrufminuten und der Telefonanrufminuten weltweit widerspiegelt. Von großer Bedeutung sind inzwischen Messengerapplikationen, wie z.B. WhatsApp, die von 206 Befragten (67,5%) genutzt wurden. Ihre Bedeutung ergibt sich vor allem daraus, dass die Kommunikationsfrequenz deutlich höher ist: Während Sprachdienste und Telefon nur von 76 bzw. 50 (16,4% bzw. 24,9%) Befragten täglich oder mehrmals täglich verwendet werden, nutzt über ein Drittel der Befragten (113/37,4%) täglich WhatsApp oder ähnliche Messengerdienste für die Kommunikation mit Personen in Indien. Diese relativ neuen Dienste haben so zu einer Erhöhung der Kommunikationsfrequenz geführt.

Facebook wird von mehr als der Hälfte der Befragten (167/54,8%) regelmäßig für die Pflege von Kontakten nach Indien genutzt. Über Emails kommunizieren weniger als die Hälfte der Befragten (124/40,67%). Dies verdeutlicht, dass die direkte

Kommunikation einen hohen Stellenwert hat. Erklärungen zu diesen Nutzungsmustern finden sich in der Auswertung der qualitativen Interviews.

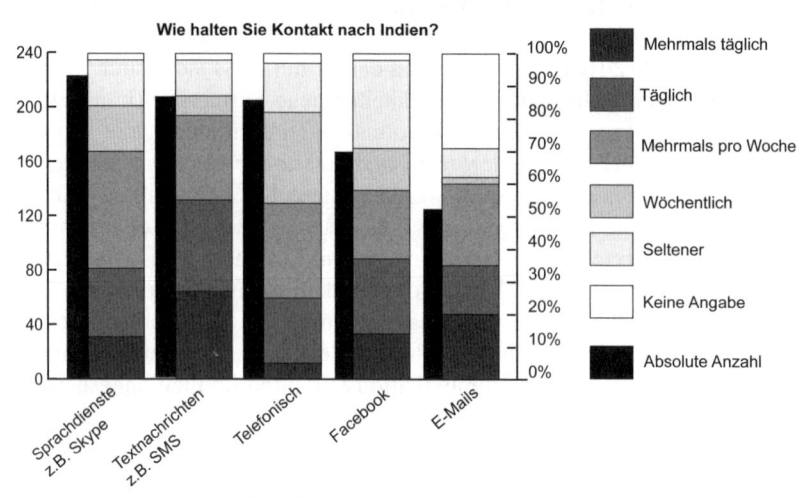

Quelle: Eigene Erhebung 2016, n=305, Mehrfachnennung möglich

Abbildung 40: Relevanz Kommunikationsmedien

Kommunikationsmuster

Hinsichtlich ihrer Kommunikationsmuster lassen sich die Proband*innen in vier unterschiedliche Typen einteilen. Eine Gruppe steht in dauerhaftem Kontakt mit Familien, Freunden, und/oder Kollegen in Indien (**Typus 1**). Dabei kann es sich um eine Notwendigkeit handeln, die sich aus dem transnationalen Arbeitsumfeld ergibt, es kann aber auch der Tatsache geschuldet sein, dass die wichtigsten Kontaktpersonen der Befragten in Indien leben. Eine Befragte sagte, dass es durch die konstante Kommunikation so sei, als würde sie in Indien leben, es gebe keinen Unterschied mehr.

Andere Befragte beschrieben, die durch die neuen Kommunikationsmöglichkeiten früher existierende Grenzen als in Auflösung begriffen (**Typus 2**). Zum Teil sind für diese Befragten Ereignisse in Indien relevanter und sie sind über diese besser informiert als über die Ereignisse an ihrem Wohnort.

Neben diesen beiden Typen, die in dauerhaftem Kontakt stehen, weil sich dort ein wichtiger Teil ihres Lebens abspielt, gibt es einen **dritten Typus**, der täglich mit Freunden und Verwandten in Indien kommuniziert, aber gleichzeitig auch umfangreiche soziale Netzwerke am Wohnort unterhält. Die Proband*innen die dieser Gruppe zuzuordnen sind, nehmen am Alltag von Freunden und Verwandten in Indien teil und integrieren sie so in ihren Alltag. Dies wird in den folgenden beiden Interviewausschnitten deutlich:

„Ich weiß ganz genau was in [Wohnort] passiert. Also district-wise haben sie [in der Zeitung] alles zusammengefasst und weil [Wohnort] das district-headquarter ist, kriege ich ein paar Informationen. Ab und zu mal rufe ich meinen Neffen an, ich weiß er muss zum Gericht, er ist Rechtsanwalt und sage: ‚Don't go this way. There has been an accident. Take this way, today when you walk to court.' (Lachen) Er findet das auch lustig. Er geht nicht diesen Weg sondern sagt, ‚Mein Onkel hat gesagt, ich soll diesen Weg gehen.'"
Herr Mishra, kam 1966 nach Deutschland um Medizin zu studieren; Juli 2015.

Herr Mishra ist über Medien (Kapitel 7.4) gut über die Vorgänge an seinem Herkunftsort informiert. Häufig spricht er mit seinem Neffen in Indien über Alltägliches, so schafft er eine Verbindung und nimmt Anteil am Leben in seinem Herkunftsort. Der folgende Interviewausschnitt zeigt exemplarisch, wie Proband*innen die Kommunikation mit Personen in Indien in ihren Alltag einbinden, ohne dabei ausschließlich auf indische Kontakte fixiert zu sein. Shah beschreibt, dass er in Alltagssituationen spontan seine Mutter anrufe, täglich mit Freunden kommuniziere, aber seinem Leben und seiner Arbeit in Deutschland Priorität einräume, z.B. in Phasen hoher Arbeitsbelastung:

„Interviewer: And how often do you call your family friends and so on? is it like…
Befragter: Quite often. Quite often. Means like sometimes I call three times a week to my mum and sometimes if I am cooking something and I don't know how to cook it then I call my mum and then she says 'Okay. Now put this thing and then put that thing and then you'll end up with a nice dish', you know? Sometimes when I am busy, then maybe I am not calling her for one week or something. Then she calls me. Something like that. Friends – yes. I think I make an Indian call almost every day."
Shah, kam 2005 als Journalist nach Deutschland; Juni 2015.

Ein **vierter Typus** kommuniziert mit Freunden und Verwandten nach festen Routinen ungefähr im wöchentlichen Rhythmus. Diese Proband*innen rufen zum Beispiel bei bestimmten Kontaktpersonen an einem bestimmten Wochentag um etwa die gleiche Uhrzeit an. Ein Gesprächspartner erzählte, dass er jeden Sonntag zur gleichen Zeit seine Mutter anrufe, die diesen Anruf ihrerseits erwarte und vorher das Haus nicht verlasse.

Der **fünfte Typus** weist die geringste Kommunikationsintensität auf. Die Befragten sagten, dass sie ungefähr einmal im Monat ihre Freunde oder Verwandten in Indien kontaktierten.

Nähe durch Kommunikation

Wie veränderlich diese Kommunikationspraktiken sind, zeigt das Beispiel von Pater Joseph. In dem ersten Interview, das mit ihm im Juli 2015 geführt wurde, berichtete er, dass er einmal im Monat mit seinen Ordensbrüdern im Mutterhaus telefoniere. Achtzehn Monate später erzählte er bei einem zweiten Interview, dass er inzwischen ein Smartphone besitze und nun täglich über Neuigkeiten aus dem Orden informiert werde. Durch dieses Mehr an Information habe er das Gefühl, stärker am Leben der Ordensgemeinschaft in Indien teilnehmen zu können.

Auch andere Befragte beschreiben, dass für sie durch die Kommunikation mit Menschen in Indien Nähe hergestellt werde. Ein Befragter sagte, dass man sich zwar „am anderen Ende der Welt" befinde, durch die dauerhafte Kommunikation aber gar nicht so weit weg zu sein scheine. Für ihn ermöglichen insbesondere die neueren Kommunikationsmedien einen sehr engen Kontakt zu Menschen in Indien. Unterschiedliche Gesprächspartner*innen berichteten, dass ihre engsten Kontaktpersonen in Indien lebten (Kapitel 6). Diese Dichte transnationaler sozialer Beziehungen ist durch die kostengünstige Echtzeit-Kommunikation erklärbar. Die Kommunikation mit Menschen am Heimatort wurde von den Befragten auch als wichtig für die eigene Identität beschrieben. In den Interviews wurde die dauerhafte Kommunikation auch als Verpflichtung dargestellt, die sich z.B. aus der Familienkonstellation ergebe. So sagten mehrere Gesprächspartner*innen, deren Eltern in Indien leben, dass sie aufgrund dieses Pflichtgefühls ihre Eltern zum Teil mehrmals täglich anrufen, um sich zu versichern, dass es ihnen gut gehe.

Kommunikation im Arbeitsumfeld

Besonders intensive Kommunikationspraktiken beschreiben die Gesprächspartner*innen, die in transnationalen Kontexten arbeiten. Für sie machen die Telefonate mit indischen Zulieferern oder dem Firmensitz in Indien oftmals einen großen Teil ihrer Arbeitszeit aus. Gleichzeitig stellt sie die Kommunikation in transnationalen Arbeitskontexten vor besondere Herausforderungen. Sie sind gezwungen, ihren Habitus ständig an ihre Gesprächspartner anzupassen. Die Interviewpartner*innen berichteten über unterschiedliche Gesprächsstrategien in unterschiedlichen Kontexten sowie Unterschiede im zeitlichen Ablauf hinsichtlich der Frage, wann welche Informationen kommuniziert werden und wie häufig Nachfragen notwendig sind. Insgesamt wird die Kommunikation mit indischen Geschäftspartner*innen als deutlich intensiver als mit deutschen beschrieben. So schickt ein Gesprächspartner beispielsweise seinen deutschen Kund*innen oftmals Informationen einfach per Email. Bei indischen Geschäftspartner*innen sei es aber nötig, dann auch noch einmal anzurufen und sich zu versichern, dass die E-Mail (ganz) gelesen wurde. Andere Gesprächspartner*innen hoben hervor, dass sich die Smalltalk-Themen mit Kund*innen und Geschäftspartner*innen unterschieden, was ebenfalls eine Anpassungsleistung erfordere.

Schwierigkeiten der transnationalen Kommunikation

In den Interviews mit Migrant*innen wurden auch Probleme der transnationalen Kommunikation angesprochen. Sie treten in ganz unterschiedlichen Bereichen auf. So erzählte Jyoti, dass sie sich teilweise so sehr in den Austausch mit ihrer Familie in Indien vertieft, dass sie ihre Verpflichtungen in Deutschland vergisst:

„Interviewer: How important is it for you to stay in contact with people for India to reassure your own, or to stay in contact with India, Indian culture and up-to-date life in India. How important is that for you?
Befragte: It's very important. It's like… it's more of me. It's like, what is on the outside is about one percent, but what is on the inside is all those years that I spent in India, so you have a feeling sometimes you're still living too much over there. And it can become too much, it can start putting its tentacles into your life here and that is one of the main reasons why I decided I need to work. Because I was living more in India than here.
Interviewer: Can you give me a little example?
Befragte: Yeah, of course. You can start living in the day-to-day life of the people over there. Your timing is not right. Just now it's five o' clock in the evening. Your time in your mind is, six, seven, eight, nine, nine thirty. Your time in the summer is six, seven, eight, eight thirty. What have they done? They're eating food. You can live completely, I can be, I can live more in India than here. And as a result, what happens is, my family here, starts becoming irritating. Because their needs are now, but what I want to do is, I want to be there. Like today, I wanted to talk to my niece, I've not spoken to her for six weeks, properly. I've not spoken, and I wanted to speak, so I gave up a chunk of one, one and a half hours, I gave up talking to her, but as a result, I missed out on many important phone calls here. I did not sit and study with my child. I was like, I was irritated with him when he was trying to, you know, talk to me once in a while, ask me some questions. I was like, it is my time. It can become very strong and it can start taking over your life very badly."
Jyoti, kam 2005 als abhängige Partnerin nach Deutschland; Dezember 2016.

Ähnlich äußerte sich ein Proband, der durch die stetige Kommunikation oft darüber nachdenke, was gerade alles in seinem Herkunftsort passiere, und er deswegen das Leben dort stärker vermisse. Andere beschrieben, dass die Kommunikation mit Personen aus Indien sie überfordere, weil sie der Umfang zu groß sei. Ein Befragter besitzt inzwischen zwei Mobiltelefone, eins mit einer indischen SIM-Karte, eins mit einer deutschen. Seine deutsche Handynummer haben nur seine Eltern für Notfälle, für alle anderen Kontaktpersonen in Indien sei er nur über die indische Handynummer erreichbar. Sein „indisches" Handy nimmt er tagsüber nicht mit, wenn er zur Arbeit geht, um selbst zu bestimmen, wie viel Zeit er abends und am Wochenende mit der Kommunikation mit seinen Freunden und Verwandten in Indien verbringen wolle. Andere Befragte beschrieben, dass sie ihr Kommunikationsaufkommen reduzierten, weil sie feststellten, dass sie zu viel Zeit darauf verwendeten. Sie verließen WhatsApp Gruppen oder löschten ihre Skype-Accounts.

Für eine Befragte der zweiten Generation war die Kommunikation mit den indischen Verwandten oftmals belastend:

„Vielleicht ist das auch meine Blockade, dass diese intensive Art von Kontakt oder Beziehung über die Entfernung, irgendwie einfach schwierig ist. Ich habe auch gar keinen Bock zu telefonieren. Also ich habe auch… erst recht seitdem meine Tochter geboren wurde. Abends will ich dann einfach nur meine Ruhe haben."
Shreya, in Deutschland geborene Tochter eines indischen Vaters und einer deutschen Mutter; Juli 2016.

In einem früheren Interview, ein Jahr zuvor, schilderte sie ein weiteres Problem:

„Ich habe einen Cousin, zu dem ich wirklich eine sehr intensive Beziehung habe und der ruft dann oft abends, wenn er so ein bisschen ein Bierchen getrunken hat und so. Und der ist immer so traurig, wenn wir dann länger nicht da waren. Aber man weiß dann auch gar nicht was man

sagen soll. Und das sind auch ganz oft diese Gespräche: ‚Hello. How are you?' ‚Fine, fine.' ‚How is aunti?' ‚Fine.' ‚how is...' So halt. Also, dass man so persönliche Gespräche führen würde, das kommt eigentlich nicht zustande. Ich muss sagen, dass ich früher selber eigentlich gar keinen Kontakt hatte. Das war immer so zwischendurch übers Telefon und weil man eben da war [bei den Eltern].
Aber was sich halt wirklich verändert hat ist durch Facebook der Kontakt. Einmal hatte ich mich da lange vor – oder ich habe mich lange dagegen gewehrt. Es gab einmal so eine richtige scheiß-Situation in Indien. Da war nämlich ein Cousin bei Facebook, ich auch, aber ich wollte nicht, dass der mit mir befreundet ist, bei Facebook, weil da meine ganzen Fotos mit meinem Freund und ich weiß nicht was und Party und so. Und offizielle darf ich halt keine... Die wissen nicht, dass ich überhaupt Party mache, dass ich auch mal ein Kleid mit einem Ausschnitt trage und vorehelige Partnerschaften hatte. Das wissen die nicht, bzw. wissen sie vielleicht schon, aber man redet nicht darüber."
Shreya, in Deutschland geborene Tochter eines indischen Vaters und einer deutschen Mutter; Juli 2015.

Die beiden Interviewpassagen aus den Gesprächen mit Shreya zeigen, dass es für Befragte der zweiten Generation zum Teil schwierig ist, eine Gesprächsebene mit ihren indischen Verwandten zu finden. Einerseits fehlt zum Teil der gemeinsame Erfahrungsschatz, der eine Kommunikationsgrundlage bieten könnte, andererseits wird am Ende des zweiten Interviewausschnitts deutlich, dass bestehende Tabus und unterschiedliche Wertvorstellungen eine Kommunikationsbarriere darstellen können. Ähnlich äußerten sich auch andere Befragte der zweiten Generation und auch manche Eltern, wenn sie über das Kommunikationsverhalten ihrer Kinder sprachen.

Veränderung der Kommunikationspraktiken

In zahlreichen Interviews wurde die im Laufe der Zeit eintretende Veränderung des Kommunikationsverhaltens thematisiert. Insbesondere der technische Fortschritt wurde dabei von den Gesprächspartner*innen als Auslöser für den Wandel angesehen. Insgesamt beschreiben die Proband*innen, dass die Kommunikation mit Menschen in Indien zugenommen habe, dass dadurch die Verbindungen intensiver geworden seien und es die Teilnahme Alltag in Indien erleichtere. Mit zunehmender Aufenthaltsdauer nimmt der Grad der Veränderung zu, den die Gesprächsteilnehmer*innen erlebt haben. Aus der Analyse der Interviews lassen sich folgende wesentliche Einschnitte identifizieren: 1. die Möglichkeit direkt nach Indien zu telefonieren – einige der Befragten erinnern sich noch an die Wartezeit auf dem Postamt auf eine „Leitung nach Indien"; 2. die Liberalisierung des Telefonmarktes im Jahr 1998, die es ermöglichte mit günstigeren Anbietern als der Deutschen Post/Telekom Telefonate nach Indien zu führen; 3. die Einführung PC-basierter Sprachdienste wie Skype; 4. die Verbreitung der Smartphones und von Messengerdiensten wie WhatsApp.

Als wichtiger Aspekt ist in diesem Zusammenhang, dass die Kommunikationskosten kontinuierlich gesunken sind. Ein Befragter erinnerte sich, dass er früher für ein dreiminütiges Gespräch nach Indien 36 Deutsche Mark bezahlen musste, während er heute über einen Drittanbieter für 1,8 Cent pro Minute telefoniere. Diese drastische Kostenabnahme habe bei ihm dazu geführt, dass er inzwischen nicht unbedingt häufiger, dafür aber länger mit seinen Verwandten in Indien telefoniere. Die stetige Zunahme der Kommunikation mit jeder der vier genannten Phasen wird von den Befragten zum Teil ambivalent bewertet.

Ein Befragter, der in den 1970er Jahren als Student in die DDR gekommen war, schrieb seinem Vater alle vier Tage einen Brief und sein Vater antwortete im gleichen Rhythmus. Zwar erreichten sie die Antworten jeweils zeitversetzt, aber sie stellten so sicher, dass es einen kontinuierlichen Informationsfluss gab, den der Befragte als sehr intensiv beschrieb. Einer der Kritikpunkte der Befragten an den neuen Medien ist, dass die Kommunikation unmittelbarer geworden sei, aber auch deutlich an Tiefgang verloren habe – eine Meinung, die allerdings nicht alle Befragten teilen. Unbestritten scheint aber zu sein, dass sich die Kommunikationsinhalte verändert haben. Die Befragten kommunizieren nun auch über Kleinigkeiten, die sie im Alltag beschäftigen. Eine Befragte gab an, dass sie inzwischen kein Kleidungsstück mehr kauft, ohne ihrer Schwester (in Indien) vorher per WhatsApp ein Bild geschickt zu haben. Diese Kommunikation über Alltagsdinge wird von einem der Befragten als oberflächlich angesehen, andere empfinden dadurch größere Nähe.

Diese kontrastierenden Meinungen werden im Folgenden in zwei Interviewzitaten dargestellt:

> „Ehefrau: Over the years I have realized, that home is the people, the family. And that line was very sharp initially when we came, because we had to go to a phone booth and call India. It was a great thing, when we go the calling cards. It was like amazing, I could talk to India from home. Then came Skype. But now it is like there is no differences between India and here, because I am seeing my sister every day. I talk to my mother. We talk to my in-laws. We are seeing them. The lines are very like almost gone. They are almost gone. There is no difference for me anymore."
>
> Ehepaar Thakery, kam 2005 wegen der Arbeitsstelle des Ehemanns in einem transnationalen Unternehmen deutscher Herkunft nach Deutschland, vorher arbeitete er für dieses Unternehmen in Belgien; Mai 2015.

Frau Thakerey schildert hier, wie sich mit der Zeit ihre Nutzung der Kommunikationsmedien insbesondere Videotelefonie verändert habe und wie dies zu einem zunehmenden Gefühl von Nähe führte. Im Gegensatz dazu beschreibt Gayatri die Kommunikation insbesondere via WhatsApp als gefühlslos, weshalb sie versuche, wieder zu „alten" Kommunikationsmedien zurückzukehren:

> „With WhatsApp is the novelty of communication is gone. With Skype earlier we used to plan things. Okay this time your side, this time my side and then you take of this chunk of time and used to do the talking. But now with WhatsApp it's like – Oh you take a picture of something: 'Should I buy this?' 'How much it costs?' Blah, blah, blah. You are not having a conversation. You're just having quick discussions. [...] You are more up do date with everything that is happening, so nothing of a shock value to you and nothing is changed or strange in that sense. You are up to date, but you don't really end up conversing. So, you are giving information, but you are not really saying how you feel about it. So that has been something which is lacking. I

started that recently with my friend. We started writing letters to each other and we decided, we'll do this as a practice, because we thought this is more meaningful."
Gayatri, kam 2006 als abhängige Ehepartnerin nach Deutschland; April 2015.

Die Zunahme der Kommunikation führt dazu, dass mehr über Alltägliches gesprochen wird. Gleichzeitig hat sich die Zahl der transnationalen Kommunikationspartner*innen erhöht. Insbesondere über WhatsApp und Facebook sind viele auch mit entfernteren Verwandten, Bekannten oder ehemaligen Mitschüler*innen und Kommiliton*innen in Verbindung. Eine Befragte aus der zweiten Generation erzählte, dass sie heute zu ihren Cousins mehr Kontakt habe als in ihrer Kindheit zu ihrer Großmutter, zu der ein sehr enges Verhältnis bestand. Sie sagte, dass für sie dadurch die physische Distanz aufgehoben werde. Fast alle Befragte berichteten, dass sie Familiengruppen in WhatsApp nutzen, um sich gegenseitig zu informieren. Dabei unterscheidet sich, wie intensiv sich die Befragten an den Diskussionen in diesen Gruppen beteiligen: Während einige regelmäßig Inhalte zu den Gruppen beitragen schildern andere ihr Verhalten als eher passiv.

Drei weitere Aspekte wurden von Befragten in Bezug auf die Veränderung des Kommunikationsverhaltens herausgestellt. Ein Befragter erzählte, dass das Kommunikationsverhalten ausgewogener geworden sei. Während er – als besserverdienender – früher immer seine Verwandten in Indien anrufen musste, habe sich dies geändert. Inzwischen riefen ihn auch seine indischen Kontaktpersonen regelmäßig an. Eine andere Befragte sagte, dass sie durch den Wandel im Bereich Telekommunikation in den letzten Jahren auch einen stetigen Anpassungsdruck empfinde. Um mit ihren Verwandten in Kontakt bleiben zu können, müsse sie immer die neuesten Geräte und die neueste Software besitzen. Thematisiert wurden auch die Folgen der intensiveren kommunikativen Verflechtung. Ein Interviewpartner sieht einen Zusammenhang zwischen gestiegener Kommunikation und der Besuchshäufigkeit in Indien. Als Beispiel führte er an, dass ihn ein entfernter Verwandter, mit dem er früher nicht im Kontakt stand und mit dem er irgendwann anfing über WhatsApp zu kommunizieren, in Deutschland besucht habe. So schaffen die neuen Kommunikationsformen nicht nur virtuelle Netzwerke, sondern ziehen auch physische Bewegungen im Raum nach sich.

Sprachdienste und Videotelefonie

Die Analyse der qualitativen Interviews zur Nutzung unterschiedlicher Kommunikationsmedien korrespondiert mit den Ergebnissen der quantitativen Erhebung (Abbildung 40). Telefon und Sprachdienste stellen für die Befragten das wichtigste Kommunikationsmedium dar, um Informationen auszutauschen. Viele haben im Laufe der Zeit Routinen entwickelt und rufen bestimmte Verwandte/Bekannte zu festen Zeiten an, täglich, wöchentlich oder monatlich. Die Befragten unterscheiden kaum zwischen Telefonanrufen über Telekommunikationsanbieter und Anrufen unter Nutzung von Diensten wie WhatsApp-Call oder Viber. Ein großer Unterschied besteht allerdings zwischen Sprachanrufen und Videotelefonie. Diese wurden als unterschiedliche Medien mit eigenen Regeln angesprochen. Während

Telefonanrufe für die individuelle Kommunikation genutzt werden und der Austausch als konzentriert beschrieben wird, berichteten die Proband*innen, dass Videoanrufe oftmals als Gruppengespräch geführt werden.

WhatsApp

Eine hohe Bedeutung wird von den Befragten WhatsApp zugeschrieben. Ein Befragter bezeichnete diese Messengerapplikation als „lifeline", was sich wahlweise mit Rettungsleine oder Lebensader übersetzen lässt. Diese Einschätzung spiegelt den hohen Stellenwert wider, der ja auch in der quantitativen Befragung deutlich wurde (Abbildung 40). Die Befragten nutzen WhatsApp für sehr unterschiedliche Zwecke: Hauptsächlich wird WhatsApp genutzt, um im Alltag schnell Informationen auszutauschen, aber auch im Geschäftsumfeld, z.B. um sich über Geschäftsideen auszutauschen oder Personal für Projekte zu rekrutieren. Eine Befragte zeigte während des Interviews einen Chat-Verlauf in dem die transnationale Konsultation eines Arztes dokumentiert war. Die Befragte hat keinen Hausarzt in Deutschland, sondern nimmt bei Bedarf Kontakt zu einem Arzt in ihrem Herkunftsort auf. In dem konkreten Beispiel war ihr Schwiegervater zu Besuch und litt unter Knieschmerzen. Sie schickte dem Arzt Fotos von dem Knie, auf denen Sie genau markiert hatte, wo der Schmerz auftritt. Der Arzt schickte daraufhin einen Vorschlag zur Medikation und ein Video, in dem er Übungen vormacht, die der Patient regelmäßig wiederholen soll. Die Befragte erklärte, dass sie zu ihrem „Hausarzt" seit Jahren ein vertrauensvolles Verhältnis habe und deswegen ihn weiter per WhatsApp konsultiere anstatt in Deutschland einen neuen Hausarzt zu suchen.

Besonders intensiv ist der Austausch innerhalb von Familien. Die Proband*innen erzählen, dass sie private Informationen aus dem Alltag und oft auch Bilder miteinander teilen. Auch die beiden interviewten Ordensleute nutzen WhatsApp intensiv für den transnationalen Austausch mit anderen Ordensmitgliedern.

Viele Befragte sind Mitglieder von Chat-Gruppen, obwohl diese auch bei einigen Unbehagen auslösen, weil darüber zu viele Informationen ausgetauscht werden. Zwei Befragte erzählten von Chat-Gruppen mit ehemaligen Kommiliton*innen, die bei ihnen ein großes Differenzempfinden auslösten. Während die eine die Gruppe nach nur einem Tag verließ, ist der andere immer noch Mitglied der Gruppe, trotz des Unbehagens, dass die Mitgliedschaft in dieser Gruppe verursacht:

> „Befragter: I was active when the group was formed, but later I realised it is taking too much of my time. And living in Germany without having any assistance for anything, even household, work or anything. You have to get time for yourself. Which is not the case in India. So, the majority of them are living in India. So, they are economically, they are well off, so they can afford to have servants or helpers or drivers. And so they are having more time to do this. [...]
> Their kids are doing like, they are doing well, so they have a sense of competition, highly developed for them and everyone is talking sometimes about their good marks, their good performance, certificates, which I find is not my measure of development. So, I, ideologically I was not like this in India. I was also in part of cut-throat competition when I was in India. But after coming to Germany, I changed a lot. I don't think competition is good for mental health.

> So, all these things have... this is one example, but there are so many other facets of your thinking which change over the time. [...] Like sometimes they discuss about something at home, like they say, 'Today I said something to my maid or to my servant. He was not really following my orders, so I scowled at him, I did not pay him', or all that. They discuss here also. I find it really not so good. Maybe if I was here, there in India, I could have done the same. But after living here, I have my different senses developed. [...]
> Interviewer: Have you ever thought of leaving the group?
> Befragter: Yes. But I did not leave the group, because I was thinking, I will be not having second chance to enter the group. It was a fear."
> Shekar, kam 2002 für ein Masterstudium nach Deutschland; Dezember 2016.

Die Ansicht, dass die Kontaktpartner in Indien mehr Zeit für belanglosen Small-Talk hätten, wurde von mehreren Befragten geäußert. In Indien ist es üblich, dass Familien, die in Deutschland der Mittelschicht zugerechnet würden, Haushaltshilfen und zum Teil auch Fahrer beschäftigen. Dass sie sich dies in Deutschland nicht leisten können, führt bei einigen zu einer erheblichen Differenzerfahrung. Diese unterschiedlichen Lebensrealitäten stellen ein Kommunikationshemmnis dar. Weitergehend können die Veränderung der eigenen Identität, des Werteempfindens etc., nicht zuletzt hervorgerufen durch den Aufenthalt in Deutschland, so zu einer Abschwächung transnationaler Verbindungen führen (Kapitel 8).

Ein Teil der Proband*innen beschreibt lediglich eine passive Nutzung von WhatsApp, um über Entwicklungen informiert zu werden, ohne selbst viel Zeit dafür aufzuwenden.

Die Auswertung der Interviews zeigt deutlich, dass WhatsApp den Austausch der Proband*innen mit ihren Kontakten in Indien auf eine neue Intensitätsstufe gehoben hat. Allerdings werden in den Gesprächen auch Grenzen dieses Mediums deutlich, daher ist die dauerhafte Bedeutung von WhatsApp für die transnationale Kommunikation infrage zu stellen. Weiterhin ist davon auszugehen, dass neue technische Möglichkeiten die Messengerdienste ablösen werden. Fraglich ist, ob dies zu einem Mehr oder einem Weniger an Kommunikation führen wird, oder ob sich die (empfundene) inhaltliche Qualität verändern wird.

Online-Plattformen

Eine Kommunikationsform, deren Bedeutung zu stagnieren oder sogar abzunehmen scheint, sind online-Plattformen wie Facebook. Ein Grund hierfür ist, dass Facebook zum Teil durch WhatsApp ersetzt wird:

> „Basically, I moved from Facebook to WhatsApp, you can say. Yeah, initially I was like in Facebook active, but then I found it boring and then WhatsApp became more prominent. In Facebook, it's like, if you talk to somebody or you shared something, it's known to everybody. In WhatsApp you can talk one-to-one or you can talk in the group."
> Bijoy, kam 2003 für sein indisches IT-Unternehmen nach Deutschland; Oktober 2015.

Facebook wird von den Befragten vor allem genutzt, um Verbindungen zu weiter entfernten Verwandten und weniger engen Bekannten zu halten. Die Kommunikation über Facebook, also das Kommentieren von Einträgen anderer und das

Einstellen eigner Nachrichten erfolgt nicht so unmittelbar wie die Kommunikation über Telefon, Sprachdienste oder WhatsApp. Vor allem Befragte der zweiten Generation stehen durch Facebook mit ihren Cousins und Cousinen in Indien in dauerhaftem Kontakt, wodurch Nähe entsteht:

> „Meine Cousinen und Cousins sind alle so 10 Jahre jünger. Also das ist die Generation meines Bruders. Und wir hatten jahrelang keinen Kontakt und durch Facebook, also wie gesagt, das ist so meine Brücke gewesen. Also weil, ich habe denen immer wieder gesagt, schreibt mir doch mal und ich hab euch jetzt schon zwei Emails geschrieben. Und zeitweise, war es auch noch ein anderes Netzwerk. Ich weiß gar nicht mehr...ich war schon in so vielen Netzwerken vor Facebook noch Orkut und sonst was. Das war auch ein soziales Netzwerk. Und da habe ich erst damit, also darüber geschrieben. Aber mittlerweile ist das wirklich so, die stellen ja auch...die stellen ja auch alles da rein. also sämtliche Familienfotos, Alben. [...] und das Schöne daran ist, dass ich dann auch mal schnell diese geographische Distanz überwinden kann. Fast täglich oder so. Oder einmal die Woche zumindest. Das hatte ich noch nie, dass hatte ich auch mit meiner Oma nicht einmal die Woche. Und das ist gut. Also das schafft so ne Nähe und ja die Distanz scheint so ein bisschen aufgehoben, das find ich eigentlich ganz gut."
> Namrata, in Deutschland geborene Tochter eines indischen Ehepaares, ging ein Jahr in Indien zu Schule und studierte dort auch, lebt inzwischen wieder in Deutschland; März 2015.

Ist für Namrata Facebook ein sehr wichtiges Kommunikationsmedium, beschreiben es andere als Mittel, um mit ehemaligen Kollegen oder Studien- bzw. Schulfreunden eher beiläufig in Kontakt zu bleiben. Facebook ermöglicht es den Proband*innen soziale Beziehungen dauerhaft aufrecht zu erhalten, ohne ständig in die Pflege jeder einzelnen Beziehung investieren zu müssen. Das Zitat von Shreya (S. 198) verdeutlicht, dass die fehlende Möglichkeit bei Facebook Inhalte privat zu kommunizieren, für Proband*innen eine Einschränkung darstellt.

Ein wichtiges Medium ist Facebook für diejenigen, die vor oder kurz nach der Migration am Ankunftsort Kontakte knüpfen möchten. Ein Interviewpartner, der schon lange in Stuttgart lebt, ist Mitglied einer solchen Gruppe und hilft oft Neuankömmlingen über Facebook bei der Orientierung in der Stadt, gibt Informationen über administrative Schritte und Tipps für die Organisation des Alltags.

In den Interviews wurden neben Facebook auch weitere Plattformen genannt, etwa Xing oder LinkedIn, die eher zur Vernetzung im Arbeitsumfeld genutzt werden. Diese werden von Interviewpartner*innen genutzt, um transnational Projektpartner oder Mitarbeiter*innen zu akquirieren. Diese online-Plattformen scheinen aber von eher untergeordneter Bedeutung zu sein.

Insgesamt entsteht aus der Analyse der qualitativen Interviews der Eindruck, dass online-Plattformen aufgrund der eher passiven Kommunikationsformen vor allem genutzt werden, um die *weak ties* im Sinne GRANOVETTERS aufrecht zu erhalten oder neue zu schaffen, während die Kommunikation mit *strong ties* über andere Medien erfolgt. Die online-Plattformen stellen daher eine Ergänzung der Kommunikationsmöglichkeiten dar. Sie gehören zudem zu den Kommunikationsmedien, über die neue transnationale soziale Formationen entstehen können und die zum Beispiel bei der Vorbereitung der Migration und nach der Ankunft im neuen Umfeld genutzt werden, um Informationen zu erhalten. So können sie unter anderen dazu genutzt werden, um Migrationsbarrieren abzubauen.

Emails

Die Nutzung von Emails beschrieben die Gesprächspartner*innen vornehmlich für den geschäftlichen Bereich ihres Lebens. Im privaten Umfeld werden sie eher für organisatorische Belange (z.B. die Abstimmung von Terminen mit größeren Gruppen) und nicht so sehr für die private Kommunikation genutzt. Als Ersatz für Briefe, im Sinne einer Brieffreundschaft nutzt nur ein älterer Proband das Medium.

Vor allem für diejenigen, die in transnationalen Zusammenhängen arbeiten, sind Emails ein wichtiger Teil ihres Alltags. Allerdings betonten die Gesprächspartner, dass bei der Kommunikation mit Geschäftspartnern in Indien Emails ein unzuverlässiges Kommunikationsmedium sind. Zusammenfassend ist festzuhalten, dass Emails ein mehr technisches und weitgehend auf das Geschäftsumfeld beschränktes Kommunikationsmedium sind.

Kommunikationsinhalte

Themen der transnationalen Kommunikation sind der Alltag und der Gesundheitszustand der Verwandten in Indien und besondere Ereignisse, wie Hochzeiten oder Sterbefälle. Zentral ist die gegenseitige Information über das Befinden der einzelnen Familienmitglieder. Ein Teil der Proband*innen bespricht mit Freund*innen und Verwandten den Alltag in Deutschland, ein Teil klammert dies bewusst aus. Ein muslimischer Befragter spricht mit seinen Freunden und Verwandten in Indien beispielsweise darüber, wie er in Deutschland den Ramadan begeht. Im Gegensatz dazu verschwieg eine Interviewpartnerin den bevorstehenden Besuch des Diwalli-Festes einer Migrantenorganisation gegenüber ihren Verwandten. Zum Zeitpunkt dieser Veranstaltung lag der eigentliche Diwali Feiertag bereits zwei Wochen zurück und die Interviewpartnerin sagte, dass sie bei früheren Gelegenheiten festgestellt habe, dass ihre Verwandten es seltsam fänden, dass die indischen Migrant*innen in Deutschland Feste so spät im Nachhinein feierten. Dies deutet darauf hin, dass die Differenzen in der Lebensführung „hier" und „dort" durch die Befragten manchmal nur schwer zu vermitteln sind. Eine Strategie ist es, bestimmte Themen auszuklammern. Andere Proband*innen verschweigen vor allem Probleme, die mit dem Leben in Deutschland in Zusammenhang stehen. So erzählte Pater Joseph, der die Leitung einer Gemeinde abgegeben hat, weil er mit seiner Rolle als leitender Seelsorger überfordert war, dass er dies in Gesprächen mit seiner Familie nicht thematisiert habe:

> „Ich würde die Probleme die ich da in [meiner früheren Gemeinde, CB] oder meine Schwierigkeiten nicht großartig denen erzählen, weil erstens die brauchen das nicht. Und zweitens die würden das auch nicht verstehen. Und noch ein Grund, wenn ich da etwas erzähle von der Schwierigkeit, dann machen die auch Gedanken ‚Oh, dem geht es da nicht gut. Dass es so schwierig ist...' und so weiter und so fort. Diesen Eindruck will ich da nicht unbedingt vermitteln.

> Wenn ich mit meinen Ordenskollegen, Freunden spreche, die kennen das noch ein Stück mehr von den Strukturen von diesen Systemen und auch Schwierigkeiten und so weiter und so fort. Denen werde ich das auch erzählen."
>
> Pater Joseph, kam 1998 im Auftrag seines Ordens nach Deutschland; Januar 2017.

Ähnlich äußerten sich auch andere Proband*innen, einige sagten sogar, dass das Leben in Deutschland überhaupt kein Gesprächsthema mit Freunden und Verwandten in Indien sei. Einer der Gründe hierfür ist das vermeintliche Unverständnis für Strukturen und Prozesse in Deutschland.

Andere suchen hingegen aktiv den Rat ihrer Familien, etwa, wenn berufliche Neuorientierungen anstehen oder Investitionsentscheidungen in Deutschland getroffen werden sollen. Es zeigt sich, dass es hinsichtlich der Kommunikation über das Leben in Deutschland sehr unterschiedliche Strategien gibt, die von Offenheit und aktivem Berichten über Lebensumstände und Ereignisse bis zum bewussten Ausklammern reichen.

Ein zentrales Gesprächsthema sind Entwicklungen in Indien. Die Proband*innen beschreiben, dass sie mit ihren Verwandten über anstehende Entscheidungen in deren Leben sprechen, zum Beispiel einen Wechsel der Arbeitsstelle. Andere kümmern sie sich um innerfamiliäre Konflikte zwischen Geschwistern oder beteiligen sich an Diskussionen über die Versorgung ihrer Eltern.

Eine Befragte berichtete von einem Telefonat mit ihrem Onkel, der erwog, in Ruhestand zu gehen. Über diese Entscheidung und die Veränderung, die das in seinem Leben auslösen würde, hat sie lange mit ihm gesprochen, was ihr das Gefühl gab, an seinem Leben und der Entscheidung beteiligt zu sein. Die Befragten werden aber auch in andere familiäre Entscheidungen mit einbezogen. Bereits erwähnt wurden die Beteiligung an der Wahl eines Partners im Rahmen einer arrangierten Ehe an Entscheidungen über medizinische Behandlungen. Sie werden aber auch konsultiert, wenn ihre Verwandten Immobilien zu verkaufen möchten oder wenn gemeinschaftliche „administrative" Entscheidungen anstehen, z.B. ein Teil des (gemeinsamen) Familienvermögens für wohltätige Zwecke eingesetzt werden soll. Ein Befragter, dessen Familie einen landwirtschaftlichen Betrieb besitzt wird von seinem Vater regelmäßig in betriebliche Entscheidungen eingebunden – dabei arbeitet er selbst als IT Experte für ein indisches Softwareunternehmen in Deutschland.

Interviewpartner tauschen sich mit Freunden und Bekannten in Indien über Geschäftsideen aus und versuchen in ihrem Bekanntenkreis Partner für neue Vorhaben zu finden. Die beiden interviewten Ordensmitglieder informieren sich über die Vorgänge innerhalb des Ordens in Indien und werden zum Teil auch in Entscheidungsprozesse eingebunden.

Als wichtige Small-Talk-Themen in der transnationalen Kommunikation erwähnen die Gesprächspartner*innen bevorzugt die aktuellen Entwicklungen in der indischen Politik, Sportereignisse (vor allem Kricket-Spiele) und die neuesten Bollywood-Filme. Der Austausch über diese Themen schafft eine Verbindung, setzt gleichzeitig aber auch voraus, dass sich die Befragten regelmäßig über Geschehnisse in Indien informieren (Kapitel 7.4 zu Medienkonsum).

Unterschiede im Kommunikationsverhalten

Ein weiterer Aspekt sind die Unterschiede in den Kommunikationsinhalten zwischen den unterschiedlichen Gruppen, mit denen die Befragten in regelmäßigem Austausch stehen. Das sind die zum Teil sehr unterschiedlichen Kommunikationspartner*innen in Deutschland und die ebenfalls sehr unterschiedlichen Kommunikationspartner*innen in Indien. Die Fähigkeit sich flexibel auf ihre jeweiligen Gesprächspartner*innen einzulassen wurde von den Befragten als Selbstverständlichkeit und von einigen als Notwendigkeit angesehen. Dies schließt die Bereitschaft und die Fähigkeit zum Wechsel der Gesprächsthemen und des Habitus ein:

> „Befragter: I have to change to whom I'm talking, because if I speak the same way we are speaking to some of my Indian colleagues, they won't even understand what I'm talking. So...
> Interviewer: Why?
> Befragter: There has to be... there has to be quite a bit of adaptation about how do you speak or what kind of language you use. What kind of a smile you use, when speaking to people.
> Interviewer: Is it... was that difficult for you?
> Befragter: Luckily, not."
> Abishek, kam 2006 für ein indisches Unternehmen nach Deutschland; Oktober 2015.

Dieser Wechsel fällt nicht allen Befragten leicht. Einige Gesprächspartner*innen finden es schwierig, auch solche, die bereits seit längerem in Deutschland leben. Ein Bereich, in dem die Befragten Unsicherheit äußerten, ist die Kommunikation über das Privatleben. Sie sind sich im Unklaren darüber, inwieweit es angebracht ist, Fragen über das Privatleben zu stellen, was, so ihr Eindruck, in Deutschland im geschäftlichen Umfeld als unangemessen angesehen wird. Auch Befragte, die diese Unsicherheit nicht verspüren, sagen, dass die Kommunikation mit Deutschen einen Wechsel des Habitus erfordere, weil sie anderen Regeln folgt. Ein Befragter wies darauf hin, dass die Kommunikation mit anderen Personen indischer Herkunft in Deutschland zum Teil durch importierte Wertvorstellungen geprägt werde. Er sehe zum Beispiel einen Einfluss des Kastenwesens auf die Kommunikation. Deshalb versuche er seinen Nachnamen, der eine Zuordnung zu einer Kaste erlaubt, in der Kommunikation mit indischen Migrant*innen so lange wie möglich zu verschweigen.

Ein weiterer Unterschied in der Kommunikation bezieht sich auf die Kommunikation mit Personen indischer Herkunft an anderen Orten „in der Diaspora". Interviewpartner*innen fällt die Kommunikation mit dieser Personengruppe leicht, weil sie Erfahrung der Migration ebenso wie eine veränderte Perspektive auf Prozesse und Strukturen in Indien teilen.

Abschließend lässt sich festhalten, dass die veränderten technischen Möglichkeiten zu einer starken Zunahme der transnationalen Kommunikation geführt haben. Hierdurch werden transnationale Zusammenhänge gefestigt, ausgebaut oder neu geschaffen. Gleichwohl bedeutet dieses Mehr an Kommunikation für einige Migrant*innen eine Belastung. Das Kommunikationsverhalten beeinflusst dabei nicht nur für die transnationalen sozialen Netzwerke (Kapitel 6), sondern befördert auch den Transfer von Wissen, Werten und Einstellungen (Kapitel 7.6).

7.4 MEDIENKONSUM

Der vereinfachte Zugriff auf Medieninhalte, die weltweit an unterschiedlichen Orten produziert werden, steht in engem Zusammenhang mit der Globalisierung. Technische Innovationen, wie das Satellitenfernsehen und das Internet erlauben inzwischen grenzüberschreitenden Medienkonsum in Echtzeit. APPADURAI, der sich mit den kulturellen Aspekten der Globalisierung beschäftigt, geht davon aus, dass sich durch die Verbreitung von elektronischen Massenmedien neue diasporische Öffentlichkeiten („diasporic public spheres"; APPADURAI 1996: 22) ergeben. Diese sind auch durch transnationale Beziehungen zwischen Produzenten und Publikum gekennzeichnet. In diesen transnationalen Öffentlichkeiten werden transnationale Diskurse, über politische Ereignisse und Vorhaben, Religion etc. geführt. Exemplarisch nennt APPADURAI transnationale Unabhängigkeitsbewegungen der 1990er Jahren, wie die Khalistan-Bewegung der Sikhs, die der Tamilen aus Sri Lanka oder der kurdischen PKK. Diese Diskurse finden deterritorialisiert innerhalb der Diaspora an Orten statt, an denen sich qua Masse „Knoten" innerhalb des Diasporanetzwerks bilden. Verknüpft werden diese „Knoten" auch durch elektronische Medien – wobei APPADURAI vor allem Massenmedien wie Film und Fernsehen betrachtet aber (noch) nicht über die Möglichkeiten des Internets schreibt.

Schaffung transnationaler Zusammenhänge

Die Migrationsforschung aber auch die Medienforschung haben sich zuletzt verstärkt mit dem Medienkonsum von Migrant*innen befasst. Zentrale Themen sind dabei die von APPADURAI beschriebene transnationale Verhandlung von Themen, aber auch der Einfluss von Medien auf migrantische Identitäten. In diesem Kontext ist zu beobachten, dass sich eine zunehmende Zahl von Medienangeboten an transnationale Migrant*innen wendet:

> „In recent years, television has changed from being primarily a national medium [...] to being as much national as transnational. Television's transnationalization presents a new challenge in understanding the relation between television, global risks, and audiences' sense of security. Transnational television, now available across millions of households in the world due to satellite and digital technologies, has challenged the boundedness of spaces of identity as contained within the nation-state. This shift is particularly important to migrant and diasporic groups, who have for long sustained links to people and communities across boundaries" (GEORGIOU 2012: 305).

GEORGIOU stellt heraus, dass insbesondere die Verbreitung des Satellitenfernsehens und die damit einhergehende nahezu weltweite Verbreitung von Inhalten den Medienkonsum verändern und dadurch Veränderungen auslösen. Sie interpretiert den Konsum von Fernsehinhalten aus dem Herkunftsland als den Versuch ontologische Sicherheit herzustellen. Das bedeutet, dass Migrant*innen durch Fernsehprogramme aus dem Herkunftsland ein Stück Heimat in der Fremde vorfinden, das ihnen ein Gefühl der Stabilität verleiht. Gleichzeitig schafft der gemeinschaftliche

Konsum von Medien eine gemeinsame Basis für die Kommunikation mit anderen Migrant*innen und den sozialen Netzwerken am Herkunftsort.

BUDARICK (2014: 145) widmet sich der Schaffung transnationaler Zusammenhänge durch die Praktiken des Medienkonsums und der Medienproduktion durch Migrant*innen:

> „As perhaps the most prevalent form of transnational connectivity and exchange, transnational and diasporic media are a vital part of the networks and connections that enable a self-realised transnational community to take shape. These media include products based in the homeland as well as those produced in diasporic centres around the world. They are disseminated through satellite television, the Internet, radio and even print and are aimed at various imagined incarnations of a transnational community through language, culture, politics and religion. These media allow for the creation of new spaces for the intense forging of solidarity. They enable the synchronous sharing of experiences across vast geographical distances, permit imaginative travel around the world and help groups in different countries to transcend national boundaries and time zones, form collective movements and identities and articulate and understand themselves as being part of a complex transnational group."

Für BUDARICK stellt der transnationale Medienkonsum ein wichtiges verbindendes Element für die Schaffung transnationaler Gemeinschaften dar, so wie es VERTOVEC der Telekommunikation auf der individuellen Ebene zuschreibt (Kapitel 7.3). Gleichzeitig betont er, dass Migrant*innen nicht nur passive Konsument*innen von Medienangeboten sind, sondern diese auch selbst produzieren und damit ihre Perspektiven auf Ereignisse und Sachverhalte darlegen und zugänglich machen. BUDARICK stellt heraus, dass Migrant*innen sich ihre Informationen nicht allein im transnationalen Medienraum verschaffen, sondern in aller Regel auch Medien der Ankunftsgesellschaft konsumieren. Selbstverständnis und Identität werden nicht nur durch „Diaspora-Medien" geprägt, auch wenn diese in der Forschung hauptsächlich behandelt werden. Vielmehr sind transnationale Migrant*innen unterschiedlichen Einflüssen ausgesetzt.

Medienkonsum und Identität

Zu ähnlichen Ergebnissen kommt RINNAWI 2012, der den Konsum arabischer Fernsehprogramme unter arabischen Migrant*innen in Europa untersucht. Dabei treten sehr unterschiedliche Nutzergruppen zutage, die sich nach Geschlecht, Migrationszeitpunkt und Generation unterteilen lassen. Die Migrant*innen wollen über diese Quelle mehr und vermeintlich zuverlässigere Informationen über Vorgänge in der arabischen Welt erhalten. Der Konsum von Fernsehprogrammen aus dem Herkunftsland und in der Muttersprache schafft ein dauerhaftes Gefühl von Zugehörigkeit zur Herkunftsgesellschaft und gibt ein Gefühl von Vertrautheit. Es vermittelt zudem ein konservatives Islambild, das auch die Selbstbilder von Migrant*innen beeinflusst. Um sich über das Geschehen in der Ankunftsgesellschaft zu informieren, nutzen RINNAWIs Proband*innen auch lokale Fernsehsender.

Den Einfluss von Medien auf migrantische Identitäten untersucht BANERJEE (2012) am Beispiel indischer Migrant*innen der zweiten Generation in

Deutschland. Er stellt fest, dass Bollywoodfilme als Quelle dienen, aus denen die Proband*innen Wissen über Indien schöpfen. Zudem führt das allgemein gestiegene Interesse an Bollywood-Filmen dazu, dass die Befragten sich ihres eigenen Interesses an indischen Filmen und indischer Musik nicht mehr schämen. Gleichzeitig führt es zum Teil auch zu ungewollten Zuschreibungen von anderen, deren Indienbild stark durch Bollywood beeinflusst wird.

Die knappe Übersicht über Themen der Forschung im Bereich transnationalen Medienkonsums zeigt, dass die Praktik des Medienkonsums das Zugehörigkeitsgefühl zur Heimatgesellschaft sowie zu einer „Diasporagemeinschaft" in der Ankunftsgesellschaft stärken kann. Betont wird auch der Einfluss dieses Medienkonsums auf Wertvorstellungen und Rollenbilder und damit auf die migrantischen Identitäten. Dabei ist der Fehlschluss zu vermeiden, dass Migrant*innen sich auf den Konsum von Medien ihrer Herkunftsgesellschaft beschränken; sie nutzen auch Medien der Ankunftsgesellschaft und produzieren selbst Medieninhalte. Schwerpunkte der Forschung sind transnationale Fernsehsender, Filmproduktionen und soziale Medien; internetbasierte Nachrichtenseiten werden in der Forschung kaum thematisiert, stellen aber für die indische Migrant*innen eine wichtige Informationsquelle dar, wie die Ergebnisse der standardisierten Befragung nahelegen (Abbildung 41).

Ergebnisse der Standardisierten Befragung

Von den Befragten der standardisierten Befragung gaben insgesamt 257 (81,4%) an, dass sie sich regelmäßig über politische Entwicklungen in Indien informieren. Hier nehmen internetbasierte Informationsdienste eine zentrale Stellung ein. Als häufigste Informationsquelle wurden soziale Medien genannt (169/55,4%). Diese werden von vielen täglich genutzt (99/32,5%). Die zweitwichtigste Quelle, um sich über politische Entwicklungen in Indien zu informieren sind die Internetseiten indischer Tageszeitungen. Sie werden von 125 Befragten (41%) regelmäßig, von 68 Befragten (22,3%) täglich genutzt.

Der zweite Balken spiegelt auch den Wandel in der Medienlandschaft in den letzten beiden Dekaden wider: Nur 6 Befragte (2%) nutzen heute indische Zeitungen in gedruckter Form. Newsfeeds zu Indien nutzen mehr als ein Drittel der Befragten (112/36,7%); jede*r fünfte Befragte (61/20%) informiert sich über diese Angebote täglich. Relativ gering ist die Nutzung indischer Fernsehsender, die für lediglich 87 Befragte (28,5%) eine regelmäßige Informationsquelle darstellen. Davon nutzen 25 (8,2%) das Fernsehen täglich, 28 (9,2%) schauen mehrmals pro Woche indische Fernsehsender, 13 (4,3%) einmal pro Woche und 16 (5,3%) seltener als einmal in der Woche.

Wie informieren Sie sich regelmäßig über aktuelle politische Entwicklungen in Indien?

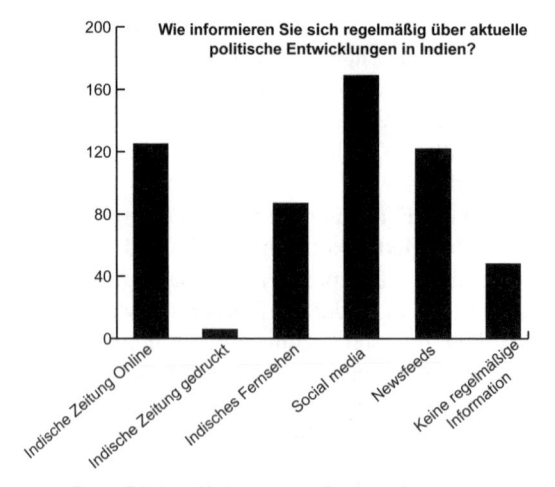

(Balkendiagramm mit Kategorien: Indische Zeitung Online, Indische Zeitung gedruckt, Indisches Fernsehen, Social media, Newsfeeds, Keine regelmäßige Information)

Quelle: Eigene Erhebung 2016, n=305, 257 Fälle, Mehrfachnennung möglich

Abbildung 41: Medienkonsum

Zeitungen

In der qualitativen Befragung wurden die Migrant*innen auch nach ihrem Medienkonsum gefragt. Hier gaben die Befragten das Lesen indischer Zeitungen als wichtige Praktik an, wobei alle die Zeitungen online lesen:

> „I don't know any Indian, who is on the first minute in the office not opening up the newspaper in India. I mean, you know, what's the news today... and the horoscope. They also read the horoscope. (Lachen)"
> Reena, kam 2005 für ihr Studium nach Deutschland; Januar 2014.

Bei diesen Onlineangeboten handelt es sich zum Teil um teilweise kostenlos verfügbare Inhalte, teilweise auch über Abonnements einer online-Version der gedruckten Ausgabe. Eine Befragte gab an, dass sie früher eine der großen indischen Tageszeitung in gedruckter Form abonniert zu haben, das Abonnement aber wegen der schlechten inhaltlichen Qualität einstellte. Inzwischen lese sie verschiedene Tageszeitungen im Internet.

Die Meisten lesen mehrere indische Tageszeitungen online, teilweise, um Informationen auf unterschiedlicher räumlicher Ebene (lokal, überörtlich) zu erhalten, teilweise, weil sich die Qualität der Informationen unterscheidet. Viele lesen eine oder zwei der großen überregionalen Zeitungen, wie die Times of India oder The Hindu. Zusätzlich lesen einige lokale Zeitungen, die über ihre Heimatstadt oder Heimatregion berichten, zum Teil in der jeweiligen Regionalsprache.

Befragte greifen zum Teil bewusst auf verschiedene Quellen zurück, um unterschiedliche Perspektiven zu erlangen, wie die beiden folgenden Interviewausschnitte verdeutlichen:

> „Ich lese meistens The Hindu und ich gucke auch mal generell. Es gibt einen Newsfeed, der kommt aus Amerika und der kommt automatisch zu meinem Computer. Und das gucke ich auch mal, was dahinter ist. Die haben normalerweise 40 verschiedene subjects und da gucke ich mal, was mich interessiert und dann lese ich das weiter. Und manchmal lese ich dann auch Times of India. Im Süden Hindu ist eine von den besten Zeitungen Indiens. Früher, als ich im College war, sagte man immer Hindu als Gazette, Sie wissen ja was Gazette ist. Hindu, wenn man da liest, dann kommt das in Hindu meistens einen Tag später, aber 100 % kann man verlassen. Deswegen ich lese immer Hindu. Als Kind habe ich angefangen zu lesen und deswegen lese ich immer hier. Und Times of India gucke ich mal, wenn im Hindu, wenn ich das sehe, manche Sachen in Nordindien, was da passiert, dann schreiben die ja in Hindu – Hindu ist ja von Chennai – und die schreiben ja nicht ganz voll und dann gehe ich zu Times of India oder Hindustan Times und dann gucke ich da."
> Herr Mitra (sen.) kam 1957 nach Bonn als Mitarbeiter der indischen Botschaft, heiratete eine Deutsche und schied deswegen aus dem diplomatischen Dienst aus; April 2015.

Dieser Interviewausschnitt zeigt, dass Herr Mitra sich auf viele unterschiedliche Arten über das Geschehen weltweit und insbesondere in Indien informiert. Vor allem der Wechsel zwischen den großen indischen Zeitungen zeigt, dass Herr Mitra sehr reflektiert mit den Quellen umgeht. Seiner bevorzugten Zeitung, The Hindu, liest er wegen ihres hohen Informationsgehalts und ihrem hohen Maß an Glaubwürdigkeit. Gleichzeitig wird hier auch die ontologische Sicherheit angesprochen, die durch Medienkonsum produziert werden kann. Denn als einen wichtigen Grund für das Lesen von The Hindu nennt Herr Mitra, dass er die Zeitung seit Kindheitstagen kennt und liest. Ähnlich beschreibt Gayatri ihren Umgang mit Informationen aus der Times of India, allerdings nutzt sie auch weitere internationale Nachrichtendienstleister:

> „I read the Times of India, because it is very quick news. It is a lot of rubbish news in there. I don't trust Time of India. I read the headlines there and then I go to Hindu to actually read what happened. Because Times of India is full of lot of fluff. And BBC I read only when I want to get a very, very biased perspective. So, western news agencies always report on catastrophes and horrors. They don't really report things, which is also very interesting. I read… my German is very bad, like I told you, but I used to earlier listen to the news. I wouldn't understand a word of it, but I just like the sound of it, like a song, you know, I just heard it sometimes. But compared to the CNN and BBC, I would like to believe that the German news agencies are a bit more balanced probably. I am not entirely sure."
> Gayatri, kam 2006 als abhängige Ehepartnerin nach Deutschland; April 2015.

Beide Zitate zeigen, dass durch das Internet unterschiedliche Informationsquellen, die sich aus verschiedenen „klassischen" Quellen speisen als gleichwertig wahrgenommen werden. Gayatri nennt die Internetauftritte der BBC und von CNN, also von Fernsehsendern, als Ergänzung zu den Internetauftritten der indischen Zeitungen.

Fernsehen

Im Konsum des indischen Fernsehprogramms zeigten sich große Unterschiede. Eine Gruppe von Proband*innen schaut gar kein indisches Fernsehprogramm. Ein Interviewpartner bemängelte die Qualität des Fernsehprogramms, das er genau aus diesem Grund nicht mehr schaue. Andere besitzen eine Set-Top-Box, die ihnen den Zugang zu einer Vielzahl indischer Fernsehkanäle über das Fernsehgerät ermöglicht. Sie sehen vor allem indische Fernsehsender, wobei sich die Sehgewohnheiten stark unterscheiden. Ein Befragter schaut vor allem Nachrichtensendungen und politische Talkshows.

Eine Befragte der zweiten Generation und ihr Mann (Migrant der ersten Generation) besitzen seit einigen Monaten eine Set-Top-Box mit der sie des Öfteren abends wahllos die große Zahl der indischen Sender „durchzappen", vor allem, um sich über Entwicklungen in Indien zu informieren. Oft sieht sie auch den indischen Musiksender B4U, der alte und aktuelle Lieder aus Bollywoodfilmen sendet. Auch sie verbindet damit Kindheitserinnerungen, so dass ihr Konsumverhalten auch als das Streben nach ontologischer Sicherheit interpretiert werden kann.

Frau Das konsumiert hauptsächlich indische Fernsehsender:

„Interviewer: When you turn on the TV, would you watch American or Indian…?
Befragte: Mostly Indian. But we also now got Netflix and Hulu and my husband subscribed to a few things so sometimes you would sit and watch like the dramas…the American ones, like „house of cards" […] Well, I also watch those Indian soap operas. They are very trashy and very, very bad, but because you get so addicted to them. They are very useless but I still watch them. And then the news. We have two news channels, which come like 24/7 news. We used to switch this. We are not really in the politics, because it is like… whatever. But we do get the news… but not for basically news but just like sometimes you get entertainment. Yes. But news…. because the politics we are not really into it. But then again, when it is on, then you watch it and you know, okay this happened and that happened."
Frau Das, kam 2008 als abhängige Ehepartnerin nach Deutschland, Mai 2015.

Frau Das beschreibt ihren Fernsehkonsum hier selbstkritisch, zum Beispiel, wenn sie sagt, dass sie häufig indische „soap operas" schaut, die bei ihr eine gewisse Abhängigkeit auslösen. Ihr Konsumverhalten deutet darauf hin, dass sie über die Nutzung der Medien eine starke Verbindung zu ihrer Heimat aufrechterhält. GEORGIOU 2012 beschreibt, wie der regelmäßige Konsum von „Seifenopern" konservative Stereotype der Herkunftsgesellschaft transportiert, was die Identität der Konsument*innen beeinflussen kann. Frau Das schaut regelmäßig Nachrichten indischer Fernsehsender, während sie sich für Vorkommnisse in Deutschland oder an ihrem Wohnort kaum interessiere, wie sie an anderer Stelle sagte. Eine mögliche Erklärung hierfür ist, dass sie ihren Aufenthalt in Deutschland nur als temporär ansieht, wie sie erklärte. Dies könnte ihr Interesse an lokalen Nachrichten schmälern, zugunsten des Wissens über Vorkommnisse und Inhalte, die auch für andere Personen in ihrem transnationalen sozialen Netzwerk relevant sind. Denn der gleichzeitige Konsum von Medien und z.B. der Austausch über Handlungsstränge in „Seifenopern" kann eine emotionale Affinität schaffen. Ein Experte sagte, dass seiner Erfahrung nach vor allem Migrant*innen der ersten Generation indisches Fernsehen konsumierten. Er erklärte dies damit, dass sie insgesamt wenig Interesse an Deutschland hätten und dass sie emotional noch in Indien lebten.

Neben der totalen Ablehnung und dem regelmäßigen Konsum beschrieb eine dritte Gruppe gelegentlichen Konsum von indischen Fernsehinhalten. So schaut ein Interviewpartner nur indische Fernsehsender, wenn Wahlen anstehen oder wenn

Cricket-Spiele übertragen werden. Er gehört zu einer Gruppe die vor allem selektiv *live-streams* nutzt. Ein Befragter und seine Frau nutzen gelegentlich den *live-stream* von Fernsehsendern, die auf Marathi senden, während seine Kinder ausschließlich deutsche Fernsehinhalte konsumieren.

Bollywoodfilme

Neben dem Fernsehen sind indische Filme als besonderes Medium. Da Bollywoodfilme anderen Sehgewohnheiten folgen als europäische oder amerikanische Filme, haben sie ein relativ großes Identifikationspotential. Dies trifft auch deshalb zu, weil die in den Filmen verwendet Lieder auch unabhängig im Radio, auf CDs und über Streamingdienste vermarktet werden. Für manche Befragte stellen die Bollywoodfilme ein Stück Heimat dar und haben identitätsstiftende Wirkung. Dies war bei einer Befragten der zweiten Generation besonders ausgeprägt:

> „Ich hab' mich so ab sechs Jahren bewusst für Bollywood Film interessiert damals. Warte mal – mit 6, '83 gab es da schon Videorekorder? Hatte da meine Mutter den schon rübergebracht? ... Dann war der schon in Indien. Und dann wurden dann halt Filme ausgeliehen und die ganze Familie saß dann halt zusammen und wir haben diese Filme geguckt in einer grottenschlechten Qualität. Und es war dann halt immer ganz nett, weil da kam der Gärtner vom Park. Da kam der Fahrer vom Nachbarn und alle saßen da irgendwie im Wohnzimmer. Ja leider die dann auf dem Boden und wir halt… gut wie auch immer. Aber es hatte trotzdem was Verbindendes und dann wurden die ganze Nacht Film geguckt. Zwischendurch schnarchte mal einer weg, aber es war immer sehr schön. Und ich habe dann Filmwissenschaft im Hauptfach gemacht und meine Abschlussarbeit über Bollywood auch geschrieben. War auch am Film Institute in Pune. Hab da halt geforscht, Interviews geführt, die Bibliothek genutzt usw. Und eigentlich so bis 2005 habe ich alles verschlungen und wirklich auch alle Filme, die herausgekommen sind, versucht zu gucken. Konnte man sich ja überall ausleihen, in München oder wo ich da gelebt habe. Danach wurde es dann weniger, einfach wegen der Arbeit, vielleicht auch wegen... ja irgendwann dann, weil ich auch mit [Ehemann] zusammengekommen bin. Dann hatte man mehr als Paar zu tun, als dann irgendwie noch drei Stunden einen Film zu gucken. Jetzt ist es ein bisschen weniger. Aber ich habe unheimlich viel Hindi durch Bollywood gelernt – sehr viel Hindi." Punita, Tochter einer Mutter indischer Herkunft und eines Vaters deutscher Herkunft; Juli 2015.

Für Punita steht am Beginn ihres Interesses für Bollywoodfilme ein emotionales Erlebnis bei einem Besuch ihrer Großeltern in Indien (vgl. auch Punitas Zitat hierzu auf Seite 171). Hier beeinflusste der frühe Konsum von Bollywoodfilmen sogar die spätere Wahl des Studienfachs. Zudem habe sie durch das schauen zahlreicher Filme auf Hindi ihren Wortschatz erweitert, so Punita. Diese professioneller Auseinandersetzung mit der indischen Kultur im Rahmen eines Studiums beschrieben drei Interviewpartnerinnen der zweiten Generation, eine vierte studierte zeitweise in Indien.

Dies zeigt, dass Filme sowie Fernsehen eine Möglichkeit darstellen, temporär in einen anderen Kulturraum einzutauchen, wofür die Sprache ein wichtiges Element darstellt (vgl. auch GEORGIOU 2012 und RINNAWI 2012).

Das von Punita angesprochene gemeinschaftliche Erleben von Filmen wurde auch von anderen beschrieben. Eine Befragte, die mit ihrer gesamten Familie als Jugendliche nach Deutschland kam, erzählte, dass das gemeinsame Anschauen von Bollywoodfilmen für ihre Familie bis heute (sie ist inzwischen verheiratet und wohnt nicht mehr bei ihren Eltern) ein Gemeinschaftsereignis darstelle.

Auch für indische Studierende stellt das gemeinschaftliche Anschauen von Bollywoodfilmen eine wichtige soziale Aktivität dar. Eine Interviewpartnerin erzählte in einem der ersten Interviews, das in der Vorbereitungsphase des Projekts THIMID im Januar 2014 geführt wurde, dass Bollywoodfilme bei Studierenden sehr beliebt seien und DVDs in den indischen Geschäften an ihrem Wohnort zur gleichen Zeit verfügbar seien wie in Indien. Dies ermöglicht es, sich mit Bekannten in Indien über diese Filme auszutauschen. Während des weiteren Verlaufs des Projekts fanden Streamingdienste, die Videos über PCs oder mobile Endgeräte zur Verfügung stellen, eine rasche verbreitung, was sich auch in veränderten Nutzungsmustern der Proband*innen niederschlug. Diese Veränderungen können gut in den qualitativen Interviews nachvollzogen werden: Während die Befragten zu Beginn noch über die Verfügbarkeit von DVDs mit indischen Filmen sprachen, berichteten zum Ende des Projekts nahezu alle Interviewpartner*innen über die Nutzung von Streamingdiensten. Allerdings verringerte sich durch die Nutzung der Streamingdienste auch der Konsum indischer Filme. Die Befragten schauen mehr englischsprachige Produktionen, zum Teil auch Eigenproduktionen der Streamingportale, wie z.B. die oben von Frau Das erwähnte Serie „House of Cards".

Online-Plattformen

In den Gesprächen wurde auch die zusätzliche Nutzung von online-Plattformen, Nachrichtenseiten im Internet und weiteren internetbasierten Diensten, z.B. Radio-*livestreams*, beschrieben. Zum Teil nutzen die Befragten auch sehr spezialisierte Angebot. Eine Befragte liest regelmäßig einen Blog, in dem Wissenschaftler*innen aktuelle politische Entwicklungen in Indien kommentieren. Eine andere besucht häufig eine Webseite, die über die Filmbranche in Südindien (v. A. Filme auf Telugu) informiert. Diese beiden Beispiele verdeutlichen, dass das Internet neue Möglichkeiten der gezielten Information geschaffen hat und die nahezu ubiquitär Verfügbare Information es erlaubt, bestehende Interessen unabhängig vom Aufenthaltsort weiter zu verfolgen. Dies wird auch durch die Nutzung von Smartphones erleichtert, die ebenfalls zur Information über Entwicklungen in Indien genutzt werden.

Dabei spielt auch der Wunsch der Befragten möglichst umfassend über die Entwicklung und Geschehnisse in Indien Informiert zu sein, eine wesentliche Rolle:

> „Interviewer: How much do you actually follow what is going in Indian politics?
> Befragter: Absolutely. Daily.
> Interviewer: Can you tell me how?
> Befragter: There is an app. So, there are Times of India and Economic Times. So those two apps I read every morning. I know everything. I know more than people in India.

> Interviewer: And do you discuss with people about politics?
> Befragter: Not really. It is not...if there is a discussion going on I can participate, but I don't have much say in that because today I can't vote in India. No, I am no more a proper Indian citizen."
>
> Praveen, baute ab 2002 in Großbritannien die Dependance seines indischen Arbeitgebers auf, wurde britischer Staatsbürger und kam 2014 nach Deutschland wegen eines neuen Jobs; Oktober 2015.

Praveen nutzt diese Informationen aber kaum, um beispielsweise mit seinen Kontaktpersonen in Indien darüber zu sprechen. Es geht ihm mehr darum zu verstehen, worum es bei Diskussionen möglicherweise geht. Das zeigt, dass durch Internet und Smartphone auch im Bereich des Medienkonsums ganz neue transnationale Zusammenhänge entstehen; gleichzeitig führt dies nicht selbstverständlich zum Entstehen einer diasporischen Öffentlichkeit, in der Sachverhalte, die Herkunftsgesellschaft betreffend, aktiv mit verhandelt werden.

Das Wissen über Vorgänge in Indien ist eine wichtige Basis für die Kommunikation mit Personen in Indien aber auch in der Kommunikation mit indischen Migrant*innen in Deutschland. Um einer drohenden Entfremdung zu entgehen informiert sich ein Interviewpartner täglich über verschiedene Internetseiten über Vorgänge in Indien und beteiligt sich auch aktiv in Diskussionsforen, was er als zeitaufwendig aber notwendig beschreibt – notwendig, weil er in der Vergangenheit, als er weniger Zeit darauf verwendete, sich in Gesprächen ausgegrenzt fühlte, weil die anderen im Gespräch ein bestimmtes Wissen voraussetzten. Eine Befragte der zweiten Generation, die Indologie studiert hat und oft Vorträge über Indien hält, berichtete, dass sie es sich auch aus beruflichem Interesse nicht leisten könne, nicht über Vorgänge in Indien informiert zu sein. Ähnlich äußerte sich ein Befragter, der als Journalist für indische Zeitungen aus Deutschland berichtet. Auch er benötigt Wissen über Vorgänge in Indien, um seine Berichterstattung anzupassen. Diese Beispiele zeigen, dass in einer zunehmend vernetzten Welt von Migrant*innen in bestimmten Konstellationen auch bestimmte Praktiken erwartet werden, in diesem Fall das aktive Einholen von Informationen über die Herkunftsgesellschaft.

Konsum deutscher Medien

In obenstehendem Zitat von Gayatri (S. 211) erwähnt sie, dass sie deutsche Nachrichten hörte, ohne den Text zu verstehen. Tatsächlich sagten mehrere Befragte, dass sie keine Kenntnis von Vorgängen in Deutschland, nicht einmal an ihrem derzeitigen Wohnort, haben. Andere beschrieben eine gezielte Kombination deutscher und indischer Medien. Mehrere Befragte sehen so oft wie möglich die Tagesschau, um Informationen über Deutschland zu erhalten und so auch mit Deutschen ins Gespräch kommen zu können. Pater Joseph liest täglich, eine indische Zeitung, die auf Malayalam erscheint, sowie die Times of India und zusätzlich Artikel auf der Internetseite des WDR, um sich über Ereignisse in der Region zu informieren, in der er derzeit lebt.

Zum Abschluss dieses Teilkapitels ist festzuhalten, dass sich auch im Bereich der Mediennutzung in den letzten zehn bis fünfzehn Jahren ein grundlegender Wandel transnationaler Praktiken abzeichnet. Dieser Wandel beruht in erster Linie auf technischen Innovationen wie Internet und dem Smartphone und, damit einhergehend, die Verbreitung darauf basierender Geschäftsideen, wie Streamingdienste für Musik und Videoinhalte. Die Folgen dieser Veränderungen sind zum Teil ambivalent zu bewerten, da sie es einerseits ermöglichen, eine ontologische Sicherheit zu produzieren und zeitnah Informationen über und Inhalte aus der Herkunftsgesellschaft zu konsumieren; andererseits entwickelt sich hierdurch evtl. auch ein „Zwang" informiert zu sein und ein Einlassen auf die Ankunftsgesellschaft wird ggf. auch nicht gefördert.

7.5 TRANSNATIONALE GESCHÄFTSPRAKTIKEN

Unter dem Schlagwort transnationales Unternehmertum (*transnational entrepreneurship*) hat sich in den letzten 15 bis 20 Jahren eine zunehmende Zahl von Studien mit den transnationalen Geschäftspraktiken von Migrant*innen befasst. PORTES/GUARNIZO/HALLER (2002), identifizieren vier unterschiedliche Arten transnationaler Entrepreneure. Das sind 1. Kreislauf-Unternehmen (*circuit firms*), die sich auf dem Import und Export von Waren sowie transnationale Dienstleistungen, wie die Abwicklung von Rimessen spezialisiert haben; 2. Kulturunternehmen (*cultural enterprises*), die Kulturgüter verkaufen, z.B. Zeitungen, Musik und Filme aus der Herkunftsgesellschaft; 3. Ethnische Unternehmen (*ethnic enterprises*), die landestypisches Essen bzw. Lebensmittel und Kleidung verkaufen sowie 4. Unternehmen von Remigrant*innen (*return migrant enterprises*), die nach der Rückkehr in das Herkunftsland eröffnet werden. Sie sind transnationale Unternehmen, wenn dabei auf Geschäftsnetzwerke zurückgegriffen wird, die während einer früheren Migration geknüpft wurden. Ihre eigene Auswertung von Zensusdaten zeigt für die USA, dass transnationales Unternehmertum, trotz der bis dahin geringen Rezeption in der Forschung, ein relevantes Themengebiet ist: Die Mehrheit der selbständigen Migrant*innen agieren als transnationale Unternehmer*innen. Dies trifft nicht nur auf Neuankömmlinge zu, sondern auch auf Migrant*innen, die bereits lange in den USA leben. Wie häufig transnationale Geschäftspraktiken auftreten wird laut PORTES/GUARNIZO/HALLER (2002) stark von dem Kontext beeinflusst, in dem Migration stattfindet (institutionelle Rahmenbedingungen, politische Verflechtungen, historische Gegebenheiten).

Etwas mehr als eine Dekade später erweitern PORTES/YIU (2013) die Typologie transnationaler Unternehmer*innen um einen fünften Typ, den der transnationalen Ketten in der Expansionsphase (*transnational firms in expansion*). Dies sind Unternehmen, die sich erfolgreich in der Herkunftsgesellschaft etabliert haben und die versuchen sich in Ländern, in denen es eine hohe Zahl von Migrant*innen gibt, neue Märkte zu erschließen. Als Beispiel nennen sie mexikanische Supermarktketten in Los Angeles. In ihrer Zusammenfassung neuerer Entwicklungen weisen sie darauf hin, dass sich in der Wissenschaft ein Diskurs über die Bewertung transnationalen Unternehmertums entwickelt hat, der unter anderem entlang von Fachgrenzen verläuft: Vertreter einer eher negativen Sichtweise (vor allem aus den Wirtschaftswissenschaften) beschreiben transnationales Unternehmertum als eine Möglichkeit der Beschäftigung für diejenigen, die aufgrund geringer, bzw. nicht anerkannter Qualifikation keine Möglichkeit haben als abhängige Beschäftigte eine Arbeit zu finden. Demgegenüber bewerten andere (vor allem aus den Geschichtswissenschaften und der Soziologie) transnationales Unternehmertum als Chance und verweisen auf empirische Studien, die belegen, dass die Nachkommen transnationaler Unternehmer*innen häufig ein sehr hohes Bildungsniveau aufweisen. Transnationales Unternehmertum schlägt sich demzufolge mittel- und langfristig in einem sozialen Aufstieg nieder. Weiterhin weisen PORTES/YIU (2013) darauf hin, dass zwei Arten transnationalen Unternehmertums unterschieden werden müssen, das hochqualifizierter und das geringqualifizierter Migrant*innen.

Die Anwendbarkeit der von PORTES/GUARNIZO/HALLER (2002) vorgeschlagenen Typologie demonstriert MIERA (2008) am Beispiel transnationaler polnischer Unternehmer*innen in Berlin, allerdings modifiziert sie die Kategorien. Sie gliedert die von ihr untersuchten Unternehmen in 1) informelle Import-Export Unternehmen („Polenmarkt"), 2) Dienstleistungsunternehmen (Baubranche, Gebäudereinigung), 3) ethnische Unternehmen, die polnische Produkte für Migrant*innen anbieten und 4) die Unternehmen von Rückkehrmigrant*innen in Polen, die weiterhin Geschäftsbeziehungen nach Deutschland unterhalten.

Definitionen Transnationalen Unternehmertums

Eine andere Perspektive entwickeln DRORI/HONIG/WRIGHT (2009), in ihrem Einleitungsartikel zu einem Themenheft zu transnationalem Unternehmertum. Sie grenzen transnationale Unternehmer*innen von ethnischen Unternehmer*innen und den Unternehmen ab, die Rückkehrmigrant*innen in ihren Herkunftsländern aufbauen. Ihrer Auffassung nach handelt es sich nur bei den erstgenannten um transnationale Unternehmer*innen im engeren Sinne. Diese definieren sie folgendermaßen:

> „Transnational entrepreneurs (TEs) are individuals that migrate from one country to another, concurrently maintaining business-related linkages with their former country of origin, and currently adopted countries and communities. By traveling both physically and virtually, TEs simultaneously engage in two or more socially embedded environments, allowing them to maintain critical global relations that enhance their ability to creatively, dynamically, and logistically maximize their resource base. We thus define TEs as social actors who enact networks, ideas, information, and practices for the purpose of seeking business opportunities or maintaining businesses within dual social fields, which in turn force them to engage in varied strategies of action to promote their entrepreneurial activities" (DRORI/HONIG/WRIGHT 2009: 1001).

Sie leiten von einer theoretischen Rahmung transnationalen Unternehmertums mit BOURDIEUS Theorie der Praxis und GIDDENS Strukturationstheorie Faktoren ab, die transnationales Unternehmertum beeinflussen. Dies sind: 1) soziales Kapital (im

BOURDIEU'schen Sinne), 2) kulturelles Kapital und inkorporiertes Wissen (im BOURDIEU'schen Sinne), 3) die Fähigkeit den Habitus zwei institutionellen Kontexten anzupassen, 4) die Fähigkeiten kulturelles Repertoire zu mobilisieren und 5) die Fähigkeit, die Positionierung in zwei sozialen Kontexten gewinnbringend für das eigene Handeln (im GIDDENS'schen Sinne) einzusetzen. Sie regen an, die Theorie der Praxis und die Strukturationstheorie für die Analyse transnationalen Unternehmertums auf unterschiedlichen Skalen in verschiedenen räumlichen, sozialen und institutionellen Kontexten zu nutzen.

Eine demgegenüber weitergefasste Definition transnationalen Unternehmertums legt BAGWELL (2015) ihrer Arbeit zugrunde. Dabei sind zwei Erweiterungen zentral. Erstens schließt sie neben Migrant*innen, die in Herkunfts- und Ankunftsgesellschaften tätig sind auch Unternehmer*innen mit ein, die in mehreren Gesellschaften agieren:

> „...transnational activity is not seen as being conducted solely between the host and home country but could involve any country within the diaspora. The business may be able draw on transnational inputs to the business or access markets from, or via, contacts in one or many of these different 'nodes'. I suggest that the geographical *extent* of transnational activity can be defined in terms of the number of diaspora nodes where the business has a presence" (BAGWELL 2015: 334, Hervorhebung im Original).

Zweitens unterscheidet sie Unternehmen nach dem Grad, in dem bestimmte Geschäftsprozesse in folgenden Bereichen transnational organisiert sind: 1) die Finanzierung in der Gründungsphase, 2) die Rekrutierung von Arbeitskräften, 3) Lieferketten 4) Absatzmärkte und 5) intangible Ressourcen, wie Beratung und Ideen. In ihrer Fallstudie zu vietnamesischen Unternehmer*innen in London kommt sie so zu einer Typologie mit vier verschiedenen Arten von Unternehmen, an deren einem Ende Unternehmen stehen, die eine intensive transnationale Einbettung aufweisen und am anderen Ende Unternehmen, die nicht in transnationale Zusammenhänge involviert sind. Die physische Mobilität, die in früheren Arbeiten als entscheidend für das transnationale Unternehmertum herausgestellt wurde (z.B. bei PORTES/GUARNIZO/HALLER (2002)), ist aufgrund der veränderten Kommunikationsmöglichkeiten heute von untergeordneter Bedeutung (BAGWELL 2015). Transnationale Praktiken werden zunehmend von ihrer körperlichen Komponente unabhängig, die durch die Nutzung von Artefakten substituiert wird.

Migrant*innen als Akteure in transnationalen Geschäftskontexten

In transnationale geschäftliche Aktivitäten sind neben den Selbständigen aber auch diejenigen involviert, die als abhängige Beschäftigte in einem transnationalen Umfeld arbeiten (FÖBKER et al. 2106, BORK-HÜFFER 2017). Dazu gehören unter anderem diejenigen, die innerhalb transnationaler Unternehmen versetzt werden. Dies sind in aller Regel Personen des mittleren oder höheren Managements. Sie nehmen eine wichtige Rolle in der globalisierten Wirtschaft ein, wie BEAVERSTOCK (2005: 246) herausstellt):

"As service TNCs [i.e. Transnational Companies] require professionals to be hyper-mobile to deliver intelligence, skills and knowledge at the point of demand, they reproduce a cross-border transnational managerial elite. These knowledge-rich transnational managers constitute the ‚epistemic communities' that are the crucial mediators and translators of the flows of information, capital and skills that circulate between cities."

Unter den hochqualifizierten indischen Migrant*innen in Deutschland beschreibt DATTA (2016) fünf Typen: Green Card Migrant*innen, Angestellte deutscher Unternehmen in Indien, die temporär in Deutschland arbeiten, Angestellte indischer IT-Firmen und Banken, die jeweils Zweigstellen in Deutschland unterhalten, und Angestellte Deutscher Banken mit Zweigstellen in Indien. Bei den vier letztgenannten Gruppen ist davon auszugehen, dass sie in einem transnationalen Arbeitsumfeld tätig sind. Sie schaffen durch ihre Praktiken transnationale soziale Felder sowohl zwischen indischen als auch deutschen Geschäftspartner*innen und innerhalb ihrer eigenen Unternehmen.

Ergebnisse der Onlinebefragung

In der standardisierten Befragung gaben 25% (76) der 305 Teilnehmer*innen an, dass ihre indische Herkunft für ihren Beruf wichtig ist (Abbildung 42). Für 27 Befragte (8,9% aller Befragten) gehört es zu ihrem Berufsalltag interkulturelle Kontakte nach Indien herzustellen oder zu pflegen. Für 16 Befragte (5,2%) ist die Abwicklung von Geschäften mit indischen Partner*innen Teil ihres Berufs. Nur fünf Befragte (1,6%) arbeiten in indischen Unternehmen und lediglich vier (1,3%) der Befragten verkaufen indische Produkte. Von den Befragten nannten 15 andere Gründe und neun machten keine Angabe dazu, warum ihre Herkunft wichtig für ihren Beruf ist.

Von den 305 Befragten sind insgesamt 11% (34) Selbständige – eine Gruppe, die vor dem Hintergrund der Literatur zu ethnischen Ökonomien (s.o.) von besonderem Interesse ist. Von diesen sagte mehr als die Hälfte (19), dass ihre Herkunft für ihren Beruf nicht wichtig ist. Die anderen nutzen interkulturelle Kontakte (5), sie verkaufen indische Produkte (4), unterhalten Geschäftsbeziehungen zu Partner*innen in Indien (4) und zwei spezifizierten die Bedeutung ihrer Herkunft für ihren Beruf nicht weiter.

Die Ergebnisse der standardisierten Befragung zeigen, dass die eigene Herkunft für ein Viertel der Befragten (25%) in ihrem Berufsalltag relevant ist. Allerdings zeigt insbesondere die Detailbetrachtung der Selbständigen, dass es sich bei den indischen Migrant*innen nur zu einem geringen Teil um Personen handelt, die in ethnischen Ökonomien tätig sind. Dies ist auf die Tatsache zurückzuführen, dass es sich bei einem großen Teil der Migrant*innen um Hochqualifizierte handelt (vgl. Kapitel 5). Insofern unterscheiden sich die transnationalen geschäftlichen Aktivitäten indischer Migrant*innen zu einem großen Teil von den in der Literatur zu transnationalem Unternehmertum beschriebenen Fallbeispielen.

Warum ist Ihre indische Herkunft wichtig für Ihren Beruf?

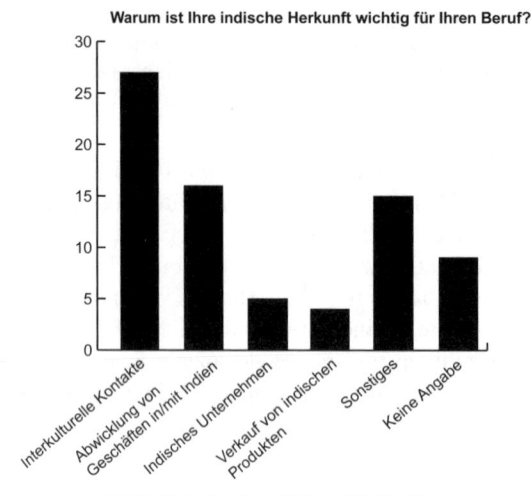

(Balkendiagramm mit Kategorien: Interkulturelle Kontakte, Abwicklung von Geschäften in/mit Indien, Indisches Unternehmen, Verkauf von indischen Produkten, Sonstiges, Keine Angabe)

Quelle: Eigene Erhebung 2016, n=305, 76 Fälle

Abbildung 42: Bedeutung der Herkunft für den Beruf

In den qualitativen Interviews mir Migrant*innen und Experten sprachen diese drei Themenbereiche an: die Nutzung der Herkunft bzw. der Identität als Kapital, die Bedingungen unter denen transnationale geschäftliche Praktiken stattfinden und die Organisation transnationaler Arbeitsprozesse. Das Wissen über kulturelle Besonderheiten, Spezifika der Arbeitsprozesse und Strukturen in Deutschland und Indien nutzen verschiedene Interviewpartner*innen, um in einer Rolle als Mittler*innen neue Geschäftsideen zu entwickeln oder als Qualifikation für ihre Anstellung. Diese Migrant*innen – und dazu gehören auch Befragte der zweiten Generation – sind dabei in sehr unterschiedlichen Berufen tätig.

Wissensvermittlung

Die Befragten, die in der Wissensvermittlung tätig sind, arbeiten als Universitätsdozent für indische Geschichte und Politik, interkulturelle Trainer*innen, Journalisten oder als Leiter eines indienbezogenen universitären Austauschprogramms. Sie nutzen ihr Wissen über beide Kulturen, um darauf ein Geschäftsmodell aufzubauen bzw. als Teil der Kompetenzen, die sie für ihre Tätigkeit als Angestellte qualifiziert. So sagte beispielsweise ein als Universitätsdozent arbeitender Interviewpartner, dass er vor allem aufgrund seiner Herkunft und seiner tiefen Kenntnis der indischen Gesellschaft geeignet sei, um überzeugend Wissen an Studierende der Indologie zu vermitteln. Drei Befragte, zwei von ihnen sind Migrantinnen der zweiten Generation, bereiten als interkulturelle Trainerinnen deutsche Führungskräfte auf die Zusammenarbeit mit indischen Partner*innen vor. Sie sehen neben pädagogischen Fähigkeiten ist ihre herkunftsbasierte Kenntnis Indiens als ihr Kapital an, da sie Inhalte überzeugender vermitteln könnten. Zwei Befragte arbeiten als Journalisten in Deutschland. Von ihnen lebt einer bereits seit 1970 in Deutschland, zunächst in der DDR, ab 1978 in Westdeutschland. Er berichtet auf Hindi für verschiedene Medien aus Deutschland, wobei er seine Aufgabe darin sieht, ein „richtiges" Bild von Deutschland zu vermitteln und falsche Wahrnehmungen zu korrigieren:

> „I am more or less trying to be a link between India and media, and a link for those people, who are not privileged to read English newspapers and magazines. There you find enough from Germany and other sources. They have correspondents of their own network. But the Hindi media is mostly ignorant of these things or they don't find adequate people outside, whom they can ask to do something sensible. [...] Since I am also writing, actively doing writing work, I must know what is happening there, what developments are taking place, what kind of image they have about Europe and Germany and so on. So indirectly I try to answer some questions which nobody directly has put to me, but through these media I know this is the lack. Here they have a wrong concept, or this needs to be corrected, or this needs to be complemented, things like that."
> Vikas migrierte 1970 in die DDR, um eine Deutsche zu heiraten; 1978 migrierten beide nach Westdeutschland; Juni 2015.

Vikas nutzt sein Wissen über Vorgänge und Prozesse in Deutschland und seine Sprachkenntnisse, um Informationslücken zu schließen. Dazu muss er auch über die Berichterstattung in den indischen Medien informiert sein, um zu wissen, welche Themen für das dortige Publikum von Interesse sind. Seine Tätigkeit beruht daher auf einer genauen Kenntnis der Verhältnisse in beiden Ländern und seiner Fähigkeit, wie er sagt, eine Verbindung herzustellen.

Der zweite befragte Journalist kam ursprünglich nach Deutschland, um für ein deutsches Medienunternehmen zu arbeiten, ist inzwischen aber selbständig tätig. Dabei hat sein Unternehmen drei Standbeine: 1. Er produziert Dokumentarfilme über Deutschland. Als Beispiel nannte er eine Serie über die Landwirtschaft in Deutschland, die er für einen indischen Staatssender produziert, der sich vor allem an Landwirte richtet. 2. Er vermarktet deutsche TV-Produktionen in Südasien. 3. Er berät mittelständische Unternehmen bei ihrem Markteintritt in Indien. Dabei sieht er seine Rolle als Mittler, der beiden Partner*innen hilft, zueinander zu finden und Missverständnisse aufgrund von kulturellen Unterschieden zu minimieren. Seine Geschäftsidee beschreibt er in dem folgenden Interviewausschnitt:

> „With my personal experience and with my contacts I found that, okay there are some things which are missing. You know, there is a very firm side in India and a very firm side in Germany, but you need someone to link that. And I always say there are four areas of challenges: culture, language, food and one more... functionality or something like that. Yes. So, these are four things which just disconnect people. And if someone is there who can connect these things, then it's a win-win-situation for both of them. So, in my process of knowing new people in Germany I have met a partner, I have met a business woman in Germany, who is somehow doing the same kind of thing and she very willingly accepted my initiative and she said okay we can work together and then we are in the process of making a platform for the consulting, you can say."
> Shah, kam 2005 als Journalist nach Deutschland; Juni 2015.

Auch Shah betont, wie wichtig die Kenntnis beider Seiten für das erfolgreiche Arbeiten im transnationalen Kontext ist. Seine eigene transnationale Identität ist für ihn daher das Kapital seines Unternehmens. So sagt er an einer anderen Stelle, dass er, wäre er in Indien geblieben, niemals einen Auftrag des indischen Staatsfernsehens erhalten hätte. Bei der Namensgebung seines Unternehmens spielt er auf seine transnationale Positionierung an: Das Unternehmen ist nach einem in Indien und Europa verbreiteten Zugvogel benannt.

Wirken als Makler*in

Andere Befragte nutzen ihre transnationale Positionierung, um als eine Art Makler aufzutreten. Ein Befragter, der als IT-Experte nach Deutschland kam hat seine Beschäftigung als Angestellter inzwischen reduziert, um als Selbständiger IT-Experten an deutsche Unternehmen zu vermitteln:

> „I have like a GmbH and it was basically started to do IT-trainings, IT-Schulungen. And I did some Schulungen, but OK, and then I also have like another consulting firm, like within this, like one of the things is to do consulting, Dienstleistungen. So, yeah, that's like through that I have my clients. Some clients requested like if you have some resources from India which they wanted. Yeah, I got like two guys from India and placed them here in Germany. So, basically, yeah, I got customers and then they have requirements and then I find people, try to find people and get them here."
> Bijoy, kam 2003 für ein indisches IT-Unternehmen nach Deutschland; Juli 2016.

Bijoy nutzt als Geschäftsgrundlage seine Netzwerke in Indien, unter anderem Alumni-Netzwerke seiner Universität und seine Netzwerke zu ehemaligen Kolleg*innen im IT Sektor in Indien. Durch seine Geschäftspraktiken initiiert er auch Folgemigration.

Ein anderer Befragter, der seit insgesamt 15 Jahren in Deutschland lebt, arbeitete nach seinem Studium in verschiedenen Konstellationen in transnationalen Kontexten. Mit deutschen Kollegen gründete er in Deutschland ein Start-up, das von indischen Finanziers unterstützt wurde. Gemeinsam mit seiner Frau hat er eine Unternehmensberatung aufgebaut, die interkulturelle Trainings anbietet. Zukünftig möchte er gemeinsam mit deutschen Unternehmen aus der Baubranche Projekte in Indien zu planen. Dieser Gesprächspartner nutzt auf kreative Weise seine transnationale Positionierung aus, um laufend neue Geschäftsfelder zu erschließen.

Ein Interviewpartner der zweiten Generation berät als Anwalt indische Unternehmen, die mit deutschen Partnern zusammenarbeiten möchten. In dem folgenden Interviewausschnitt schildert er, dass seine Sprachkompetenz, aber auch seine äußere Erscheinung, die ihn als Südasiaten bzw. Inder kennzeichnen, zu den Faktoren gehören, die vertrauensbildend wirken:

> „Ich bin regelmäßig immer wieder in Indien gewesen, bin auch für Monate immer wieder in Indien gewesen, bin auch mit dem Rucksack alleine ein paar Mal durch Indien gereist, habe aber in der Form selber nicht in Indien gelebt, dass ich da gearbeitet hätte oder so etwas. Man nimmt es mir trotzdem ab, bei dem Background, wenn beide Eltern Inder sind und man die Sprache kann, ist es natürlich auch... man nimmt es mir ab jetzt bitte nicht missverstehen... es ist authentisch, wenn man das macht, weil man als Bindeglied zwischen den Kulturen wahrgenommen wird. Also gerade wenn jetzt indische Mandanten da sind, für die ist es sehr, sehr

wichtig, dass sie einen Bezug haben, dass sie jemanden haben der, sag ich mal, ihre Bedürfnisse versteht, der ihre Kultur kennt und damit auch eher versteht, was sie hier suchen. […] Ich stelle das immer wieder über die Berufspraxis fest, dass es auf jeden Fall für die indischen Mandanten immer sehr wichtig ist, dass es eine Frage des Vertrauens ist. Wenn man so will vielleicht sogar des Urvertrauens, dass man einfach zu einem Landsmann in erster Linie zunächst einmal mehr Vertrauen hat, weil man unterstellt, dass er die Bedürfnisse wirklich versteht, dass er sie kennt und dass er einfach auch weiß damit umzugehen. Das ist so das was man in erster Linie auch immer wieder feststellt. Sicherlich auch gewisse sprachliche Barrieren, die überwunden werden können. Wenn zum Beispiel einmal etwas auf Hindi fällt, weil es dem Anderen nicht einfällt, dass man auch sofort versteht was gemeint ist."

Sanjay, wuchs als Kind indischer Eltern in Deutschland auf und arbeitet als Rechtsanwalt; Juni 2015.

Auf seine Entscheidung Rechtsanwalt zu werden, hatte seine Herkunft zunächst einmal keinen Einfluss, allerdings hat er seine indische Identität genutzt, um seine Kanzlei zu einem Anbieter hochspezialisierter Dienstleistungen zu entwickeln. In dem Interview nennt er als großen Vorteil seiner Kanzlei, dass es leichter sei Vertrauen zu Landsleuten aufzubauen. Diese Formulierung ist auch als Selbstzuschreibung bemerkenswert, da er selbst Deutscher ist und seinen Lebensmittelpunkt in Deutschland hat. Da das Vertrauen in einer Anwalt-Klient-Beziehung zu den wichtigsten Voraussetzungen gehört, nutzt er seine Identität als Kapital für sein Geschäftsmodell, das darin besteht für indische Klient*innen Geschäfte in Deutschland rechtssicher abzuschließen.

Unfreiwilliger Transnationalismus

Eine andere Perspektive auf die transnationale Positionierung von Unternehmer*innen eröffnete das Interview mit Gobind. Er kam als IT-Experte mit einer „Green-Card" nach Deutschland, entschied sich hier zu bleiben (Kapitel 5) und ein eigenes Unternehmen zu gründen. Dabei hatte er zunächst nicht die Intention ein transnationales Geschäftsmodell zu verfolgen. Allerdings erwarteten seine Kunden, dass die Zusammenarbeit mit ihm ihnen transnationale Kooperationen eröffne:

„Why do the people give me business? Because I am an Indian, an educated Indian, an engineer, who can do something in Germany with Indian people. That is the only concept. […] Actually speaking I started a German company first. […] I never had any branch anywhere in the world. I said, I want to be a local German company. I hired two German people and one sales guy and myself but […] the customers are looking at me as an Indian guy. […] So, they started giving me business and they put pressure on me to start in India. And that was also the demand. So, I started an Indian branch of my company and then started working to work together with India and then it picked up."

Gobind, kam 2000 mit einer „Green Card" nach Deutschland; Oktober 2015.

Gobinds Beispiel kann als unfreiwilliger Transnationalismus interpretiert werden. Da er in der Wahrnehmung seiner Kunden Inder ist, wird von ihm erwartet, dass er für seine Kunden die Vorteile eines transnationalen Unternehmens erschließt – in seinem Fall die Bereitstellung technischer Dienstleistungen, wie etwa die Entwicklung spezifischer CAD-Applikationen für technische Entwürfe. Die Entwicklung dieser Dienste ist in Indien oftmals schneller möglich, manchmal auch günstiger, wie ein anderer Experte erläuterte. Gobind wollte seine Firma zu Beginn als deutsches Unternehmen positionieren, weshalb z.B. der Zusatz „GmbH" im Namen immer genannt wird, selbst in der URL des Unternehmens. Die notwendige Neuausrichtung seines Unternehmens auf Druck seiner deutschen Kunden war erfolgreich, auch wenn er bis heute damit hadert und das Arbeiten im transnationalen Kontext als belastend empfindet. Dieses Beispiel zeigt, die Aktivierung transnationaler Ressourcen ist nicht in allen Fällen eine frei gewählte, positiv konnotierte Praktik.

Ähnlich äußert sich ein Befragter, der ein Geschäft besitzt, in dem er hauptsächlich indische Lebensmittel, aber auch Kosmetika und weitere Produkte (DVDs, Götterstatuen etc.) verkauft. Nach einer Ausbildung zum Einzelhandelskaufmann hatte er Schwierigkeiten eine Anstellung zu finden, was er auf sein Aussehen zurückführte. Er ist Sikh und trägt einen Turban und einen Bart, was aus seiner Sicht zu zahlreichen Ablehnungen bei Bewerbungsgesprächen führte. Aus diesem Grund entschied er sich für die Selbständigkeit. Er übernahm das Geschäft von einem früheren Inhaber, ebenfalls einem indischen Migranten. Die Produkte, die er in seinem Geschäft verkauft, bezieht er von Zwischenhändlern südasiatischer Herkunft, die allesamt in Europa ansässig sind. Als Grund dafür, dass er keine Waren aus Indien direkt bezieht, nannte er die zu aufwendigen Zollformalitäten. Seine Kundschaft beschreibt er als sehr gemischt, indische Migrant*innen nehmen keine herausragende Stellung dabei ein. Auch für diesen Probanden ist seine Positionierung als transnationaler Migrant Teil seines Geschäftserfolgs, weil dadurch einerseits der Kontakt zu seinen Geschäftspartnern vereinfacht wird und er andererseits seinen Kunden Produkte aus Südasien „authentisch" verkaufen kann.

Diese Beispiele, bestätigen Erklärungsansätze, aus der Forschung zu ethnischen Ökonomien, wonach Migrant*innen teils auch aufgrund geringerer Chancen auf eine Anstellung als abhängige Beschäftigte als Alternative die Selbständigkeit wählen.

Ein ähnliches Beispiel ist der Fall des Inhabers eines Reisebüros, das auf Indienreisen spezialisiert ist (Kapitel 5). Herr Sebastian kam als abhängiger Ehepartner einer Krankenschwester nach Deutschland und fand keine seiner Qualifikation entsprechende Anstellung, weil diese in Deutschland nicht anerkannt wurde. Aus diesem Grund entschied er sich zur Selbständigkeit, wobei er seine Kenntnisse über Indien und seine Möglichkeiten der Vernetzung nutzt, um seine Kund*innen kompetent über das Reiseziel zu beraten und ihnen aufgrund seiner persönlichen Kenntnis der Partner*innen in Indien ein besonderes Sicherheitsgefühl vermitteln kann.

Arbeiten in transnationalen Unternehmen

Ebenso wie in den bisher beschriebenen Beispielen, in denen Identität, kulturelles Kapital und soziales Kapital Voraussetzung für die berufliche Tätigkeit sind, trifft dies in begrenztem Umfang auch für diejenigen zu, die in transnationalen Unternehmen arbeiten. Von ihnen wird interkulturelle Kompetenz erwartet, die sie befähigt Prozesse an unterschiedlichen Orten, die nach unterschiedlichen Regeln ablaufen zusammenzubringen. Ein Gesprächspartner beschreibt dies in dem folgenden Interviewausschnitt:

„I worked in a German company working in India and I worked in Indian company working in Germany. There will always be this difference, because when you are working in India you work with all the Indian context and paraphernalia. And when you work in Germany, you work with everything that is around you is with German context. So, there is always this challenge, quote, unquote difficulties when you are working in different country. And I can take an example of [deutsches Unternehmen]. I worked for [deutsches Unternehmen] in India and I am still in contact with many people in [deutsches Unternehmen] in India. And we always found it different, even within the same global organization. The German guys had a different approach to the solution and we had to have a different approach to the solution. Same thing is valid, when I'm actually working in outsourcing industry, because I deliver all my services to German, British, Dutch and French or Danish clients. So, their expectation is different and our way of approaching the problem could be different. And then, most of the time people like me who have the responsibility by definition or without definition to be the bridge between the two."
Abishek, kam 2006 für ein indisches Unternehmen nach Deutschland; Juli 2016.

Dieses Zitat weist auf die Arbeitsbedingungen hin, unter denen Migrant*innen in transnationalen Unternehmen arbeiten. Eine der Herausforderungen ist die Einnahme einer Mittlerfunktion zwischen den jeweiligen Arbeits- und Geschäftswelten, eine zweite besteht darin, den Habitus schnell wechseln zu können, um sich auf die jeweiligen Partner*innen einzustellen. Dies bedeutet vor allem eine Anpassung der Kommunikation (Kapitel 7.3). Dieses Einlassen auf andere Regeln der Zusammenarbeit fällt einigen Befragten schwer. Dabei ist es nicht nur so, dass ihnen die Zusammenarbeit mit deutschen Kolleg*innen schwerfällt – Befragten bereitet die distanzierte Art deutscher Geschäftspartner*innen Schwierigkeiten, weil es in Indien üblicher ist, dass sich aus Geschäfts- auch Freundschaftsbeziehungen entwickeln. Ebenso berichteten Proband*innen, dass sie inzwischen Schwierigkeiten im indischen Geschäftsumfeld haben, weil sie sich inzwischen an die deutsche Arbeitskultur gewöhnt hätten. So beschrieb ein Interviewpartner die Erfahrungen, die er zu Beginn seiner Kooperation mit indischen Partner*innen machte, als irritierend, weshalb er selbst noch viel über die transnationale Zusammenarbeit mit indischen Unternehmen lernen müsse. Transnationales Arbeiten ist in vielen Fällen eine ständige Herausforderung. Als solche wird von einigen auch die Rolle als Vermittler*in empfunden:

„Wenn ich mir jetzt meinen Lebensweg angucke und was mir das gebracht hat, dass ich Elternteile aus unterschiedlichen Kulturen habe, ist, dass ich sehr sensibel bin für Stimmungen für so interkulturelle Dinge und was kann der jetzt anders verstehen oder missverstehen usw. und sehr glaube ich da auch Dinge spüre, die vielleicht andere nicht so spüren, die dann so ein bisschen „straighter" sind. Im Arbeitsalltag finde ich es schwierig, wenn man beweisen muss, dass man indisch genug ist um mit indischen Kollegen arbeiten zu können und deutsch genug um mit deutschen Kollegen arbeiten zu können. Das finde ich einfach mühsam, dass selbst in so einem offenen Unternehmen wie [Unternehmensname] einfach diese Offenheit fehlt."
Punita, Tochter einer Mutter indischer Herkunft und eines Vaters deutscher Herkunft; Juli 2015.

Punitas Beispiel illustriert, dass insbesondere Befragte der zweiten Generation oftmals eine hohe interkulturelle Kompetenz abverlangt wird. Fragen der Identität begleiten sie auch im Berufsalltag, wie der zweite Teil des Interviews verdeutlicht (vgl. auch Kapitel 8).

In transnationalen Projekten beschreiben die Befragten Reibungspunkte zwischen deutschen und indischen Partner*innen, die auf Verständigungs- und Sprachproblemen beruhen, hervorgerufen auch durch den Arbeitseinsatz im jeweils anderen Land. Ein Befragter, der früher für ein indisches Softwareunternehmen arbeitete, hatte öfter mit Mitarbeiter*innen Probleme, die bei Auslandsaufenthalten überfordert waren. Er führte als Beispiel einen Deutschen an, der ihn einmal aus Indien angerufen habe, weil in seinem Hotelzimmer die Klimaanlage nicht funktionierte und er das Gefühl hatte, das Hotelpersonal nehme ihn nicht ernst. Sein Resümee war, dass nur wenige die notwendige Offenheit für die Arbeit in transnationalen Kontexten besitzen; diejenigen, denen diese Offenheit fehle, würden aber für transnationale Projekte zu einer Belastung, unabhängig von ihrer fachlichen Expertise.

Angestellte in transnationalen Unternehmen beschrieben zum Teil auch die logistischen Aspekte des Arbeitens in unterschiedlichen Ländern als belastend. Dabei fanden sie weniger das Reisen als vielmehr die auf verschiedene Zeitzonen verteilten Arbeitszeiten anstrengend. Diese verteilten Arbeitszeiten sind für einige Unternehmen Teil des Geschäftsmodells. Es erlaubt ihnen, Prozesse an verschiedenen Orten arbeitsteilig kontinuierlich fortzuführen, z.B. wenn Mitarbeiter*innen in Indien Vorgänge von Mitarbeiter*innen aus den USA übernehmen, deren Arbeitstage jeweils aneinander anschließen. Für diejenigen, die diese Prozesse koordinieren, bedeutet dies oftmals lange Arbeitstage:

> „I was managing a global account and the easternmost was Thailand and the westernmost was Mexico and everything in between. So, I used to start at five-thirty and end at ten-thirty and then take a break in between. So, this is part of the job, depending where you are and what company. It's not particular for me, it is not particular for a given set of people. All people in IT, sourcing, et cetera, I believe, are more or less like this, and also the global companies. I mean, I have been in manufacturing earlier on, very similar situation. Working out of India and production in different countries, so yeah, it happens there also."

Abishek, kam 2006 für ein indisches Unternehmen nach Deutschland; Juli 2016.

Administrative Hürden

Ein Befragter, der für die Deutsch-Indische Handelskammer tätig ist, erklärte, dass vor allem der beträchtliche Aufwand für die Beantragung von Visa und ihre restriktive Vergabe eine Barriere für transnationale Projekte darstellten. Vor allem im Bereich der schnelllebigen IT-Branche passen die eher langsamen bürokratischen Prozesse nicht zu den Bedürfnissen der Unternehmen. Diese suchen dann andere Lösungen und lassen IT-Expert*innen nicht mit einem Arbeitsvisum, sondern mit einem Geschäftsvisum einreisen. Ein Gesprächspartner, der früher in einem indischen IT-Unternehmen tätig war, nannte drei Probleme: 1. empfinde er die Ausländerbehörden in Deutschland als sehr bürokratisch und intransparent, 2. fehle den Sachbearbeiter*innen aus seiner Sicht das Verständnis für die Arbeitsweise in der IT-Branche und 3. habe er das Gefühl, dass die Ausländerbehörden den indischen

IT-Unternehmen mit einer großen Skepsis entgegenträten und in ihrem Handeln die latente Angst mitschwinge, dass diese deutsche Arbeitsplätze vernichteten.

Skepsis gegenüber indischen Geschäftspartnern beschrieb er auch als ein Hindernis beim Aufbau der deutschen Dependance des transnationalen Unternehmens, für das er tätig war. Insbesondere zu Beginn der 2000er Jahre war das Geschäftsumfeld schwierig, weil potentielle Geschäftspartner*innen indischen Unternehmen sehr reserviert begegneten:

> „It was very difficult, I think.... but yeah, things worked out. I was successful, I built a business for a couple of thousand people. [...] I think part was a lot of publicity, because of Mr. Schröder's programme. You know, he gave that Greencard and then Mr. Rüttgers said ‚Kinder statt Inder!' and all that stuff. But, what happened for that is at least we got a lot of publicity. Not always positive publicity, there were these jokes and memes as we would call it today. There's an old picture of a train from India with ten thousand people hanging onto the top, coming to Germany and there were lot of kind of not-so-nice or politically correct jokes, but I look at it positively then. Suddenly, all of Germany felt, well you know, there may be something to this. So, the perception of people, they started taking it seriously. Let's put it that way. So that was the first thing. The second thing is, I got some projects from very unexpected people like [kleine Privatbank], which is probably not the most progressive bank, especially not at that time, [Versicherungsunternehmen], very conservative, but they said, OK, let's try this Indian guy out and let's see what he's all about. [...] And those projects turned out to be good. I had a case study, so I could walk in confidentially to [Großbank] and say, look, I'm making it work for [Versicherungsunternehmen], so that took off. [...] I did good marketing campaigns. I started coming on TV shows. Schröder's thing helped, as I said. Customers started talking to other customers, saying: ‚try this Inder out!'"
> Deepak, kam 1999 nach Deutschland, um die Dependance eines indischen Softwareunternehmens in Deutschland aufzubauen; Januar 2017.

Wandel der Einstellungen

Auch Andere berichten, dass sich die Einstellung gegenüber indischen Unternehmen und indischen Geschäftspartnern in den letzten Jahren stark gewandelt habe. Sei die Sicht zunächst von Stereotypen geprägt gewesen, die durch das Bild Indiens als „Entwicklungsland" geprägt wurden – Deepak erwähnt in diesem Zitat die Bilder von überfüllten Zügen aus der indischen Metropole Mumbai, die genutzt wurden, um vor einer Massenmigration von Inder*innen nach Deutschland zu warnen – sei die Stimmung heute aufgeschlossener. Allerdings haben einige Unternehmen auch ihre Geschäftspraktiken geändert, um die Akquise deutscher Kunden zu erleichtern:

> „Man hat jetzt gelernt, über viele Jahre, mit Problemen. Es heißt jetzt, der Fachterminus ist ‚German Face to the Customer'. Zum kritischen deutschen Mittelstand geht also lieber ein deutscher Software-Ingenieur, damit er sich nicht erschreckt, wenn ein dunkelhäutiger Inder reinkommt, und deshalb schickt man einen Deutschen hin und die machen dann in Kooperation mit ihren indischen Kollegen die Lastenhefte und fungieren so als ‚Verbindungsoffiziere', während da eigentlich die Programmiertätigkeit oder sonstige Dienstleistung eigentlich in Indien stattfindet."
> Herr Schmidt, Deutsch-Indische Handelskammer; November 2016.

Herr Schmidt beschreibt hier, dass es bei mittelständischen Unternehmen immer noch Vorbehalte gegenüber internationalen Kooperationen gebe, die er anscheinend auch als Ausdruck eines latenten Rassismus interpretiert, denn er bezieht sich explizit auf die Hautfarbe. Als Reaktion hierauf versuchen einige Unternehmen die eventuell irritierende Konfrontation mit „dem Anderen" zu vermeiden. Diese Praktik zeigt einerseits auf, wie flexibel Unternehmen im transnationalen Kontext agieren (müssen?), andererseits, dass es klare Grenzen transnationalen Handelns gibt, die in einer oft diffusen Angst vor „dem Fremden", evtl. auch in den unüberschaubaren Folgen der Globalisierung begründet liegen.

Transnationale Organisation von Arbeitsprozessen

Herr Schmidt spricht auch über die transnationale Organisation von Arbeitsprozessen. Insbesondere im IT-Sektor sei eine übliche Arbeitsteilung, dass die Kundenbetreuung durch ein kleines Team vor Ort erfolge, während die hauptsächliche Produktentwicklung in Indien stattfinde. Die transnationale Organisation von Arbeitsprozessen wurde auch in dem Interview mit Deepak in ausführlich erörtert. Ihm oblag vor seinem Ausscheiden aus dem Unternehmen die Personalverantwortung für insgesamt 2.500 Personen, von denen 500 dauerhaft in Deutschland arbeiteten. Dabei lag der Geschäftserfolg seines Unternehmens in der persönlichen Ansprechbarkeit vor Ort. Um dies sicherzustellen arbeiteten in jedem Projekt jeweils zwei seiner Mitarbeiter*innen während der ganzen Projektlaufzeit direkt bei dem/der Kund*in. Darüber hinaus war in der Initialisierungsphase, in der das Pflichtenheft erstellt wird, ein besonders intensiver Kundenkontakt notwendig so wie auch in der Implementierungsphase, in der die erstellte Software in der IT-Umgebung der/des Kund*in installiert und ggf. angepasst wird. In diesen beiden Phasen kann die persönliche Kommunikation nicht durch die vorhandenen technischen Möglichkeiten, wie Videotelefonie oder Fernzugriff auf Computer bei der Installation, ersetzt werden. Dies bedeutet, dass für transnationale Geschäftspraktiken auch eine körperliche/materielle Komponente (im Sinne SCHATZKIs) relevant ist, weil die körperliche Anwesenheit, zumindest zu entscheidenden Zeitpunkten, unabdingbar zu sein scheint. Dies steht in einem Widerspruch zu BAGWELLs Auffassung (s.o.), die davon ausgeht, dass technische Innovationen im Bereich Informations- und Kommunikationstechnologie die physische Präsenz obsolet machten. Dies gilt in dem hier geschilderten Beispiel für einen großen Teil der Projektmitarbeiter – aber nur, weil ein kleiner Teil des Teams durch physische Präsenz die transnationalen Verbindungen schafft.

Ein anderes Beispiel für die Relevanz der körperlichen Präsenz nannte Herr Schmidt, als er den Austausch von Personal in transnationalen Unternehmen aus Deutschland beschrieb. Er nannte das Beispiel eines Industrieunternehmens, das weltweit identische Produktionsstätten an verschiedenen Orten unterhält. Um in allen Produktionsstätten die gleiche Prozess- und Produktqualität zu erreichen, rotieren die Manager dieser Werke. Dabei sei ein Kalkül der Entscheider*innen, dass sich die persönliche Bekanntschaft der Manager*innen untereinander und ihre

Zusammenarbeit günstig auf die Lösung von Problemen auswirke. Dies lässt sich im Sinne SCHATZKIs interpretieren, der schreibt, dass die sozialen Zusammenhänge durch körperliche Co-Präsenz in den „spaces of places" entstehen.

Zur transnationalen Organisation der Projektabläufe in der IT-Branche nannte Herr Schmidt einen weiteren Aspekt. Er sagte, dass die Kostenvorteile heute nicht mehr der ausschlaggebende Faktor für die transnationale Organisation der Softwareentwicklung darstellten, die er auf 10% der Projektkosten bezifferte. Vielmehr sei das Problem, dass es in Deutschland nicht möglich sei, kurzfristig ein ausreichend großes Team von IT-Experten zusammenzustellen, was aufgrund der großen Zahl gut ausgebildeter Softwareingenieure in Indien dort keine Schwierigkeiten bereite. So entstehen transnationale Praktiken als Reaktion auf Unterschiede auf dem Arbeitsmarkt. Dies ist hervorzustellen, weil etablierte Migrationstheorien aus der Ökonomie diese Unterschiede als Grund für Migrationsprozesse annahmen (LEWIS 1954). Durch veränderte Rahmenbedingungen in einer globalisierten Welt ist die Migration aber in einigen Bereichen keine Voraussetzung mehr, um auf qualifizierte Arbeitskräfte an anderen Orten zurückgreifen zu können.

Die transnationale Organisation von Arbeitsprozessen wurde auch von anderen Interviewpartnern angesprochen. Shah beispielsweise arbeitet bei der Produktion von Dokumentarfilmen mit einem transnationalen Team. Die Filme über Deutschland werden in Deutschland mit deutschen Kameraleuten und Redakteur*innen vorbereitet und gedreht. Die Produktion der Filme erfolgt dann aber in Indien, weil dies dort schneller und günstiger möglich ist. Für ihn ist also neben dem Kostenvorteil der Faktor Zeit entscheidend.

Für Mittelständler kann die transnationale Organisation von Arbeitsprozessen allerdings schwierig sein. So erzählte Herr Sebastian, der oben erwähnte Besitzer des Reisebüros, dass er früher auch ein eigenes Büro in Indien unterhielt. Über dieses organisierte und betreute er selbst Rundreisen und Reisegruppen. Dies habe er inzwischen aufgegeben müssen, da zur Überwachung der Arbeit der Angestellten dort seine ständige Anwesenheit vonnöten gewesen sei. Ähnlich äußerte sich Gobind, der zeitweise auch eine indische Dependance seines Unternehmens unterhielt. Diese hat er inzwischen verkauft, da sie, da er sich nicht genug um das Geschäft dort kümmern konnte, keinen Gewinn einbrachte. Stattdessen arbeitet er nun mit festen indischen Zulieferern. Beide Beispiele zeigen, dass die transnationale Organisation von Prozessen zur Belastung werden kann und nicht in jedem Fall Vorteile entstehen.

Übernahme deutscher Unternehmen durch indische

Diese Übernahme deutscher Unternehmen wurde in den Interviews mit Herrn Schmidt und Deepak thematisiert, der inzwischen als Berater für indische Investoren in Deutschland tätig ist. Herr Schmidt beobachtet, dass Übernahmen in den letzten zehn bis fünfzehn Jahren zugenommen haben, weil es vorher indischen Unternehmen beinahe unmöglich war Devisen ins Ausland zu transferieren. In diesem Zeitraum seien von indischen Unternehmen ca. 350 „Großinvestments" in Deutschland getätigt worden. Anhand einzelner Beispiele beschrieb er, dass es vielfach Vorbehalte gegeben habe, wenn mittelständische Familienunternehmen an indische Investoren verkauft wurden. Problematisch seien immer noch die unterschiedlichen Führungsstile auf der Managementebene. Allerdings würden diese Probleme in den meisten Fällen überwunden und die positiven Erfahrungen bei dieser Art transnationaler Geschäftsbeziehung überwögen. Er schätzt, dass sich lediglich zehn bis fünfzehn Prozent der Investitionen für die indischen Geldgeber nicht amortisierten.

Auch nach Deepaks Erfahrung gestalten sich Übernahmen zunächst einmal schwierig, seien in aller Regel aber erfolgreich. Er betonte, dass indische Investor*innen inzwischen offen empfangen und oftmals gegenüber Investor*innen aus Russland oder China bevorzugt würden, vor allem, weil sie ihr eigenes Knowhow mitbringen. Bei den Geschäftsübernahmen, die er begleitet hat, gab es dabei ganz unterschiedliche Modelle der transnationalen Kooperation. Manchmal wurde die gesamte Managementebene ausgetauscht und mit Vertrauensleuten aus Indien besetzt, manchmal arbeitete das alte Management weiter und von indischer Seite wurden nur Schlüsselpositionen, z.B. die Leitung des Controllings, neu besetzt.

Zusammenfassend lässt sich feststellen, dass ein Teil der Befragten sehr aktiv transnationale Verbindungen schafft bzw. gestaltet. Die große Bandbreite transnationaler Geschäftspraktiken ergibt sich unter anderem aus den sehr unterschiedlichen Qualifikationen, den spezifischen Migrationsbiographien und der jeweiligen Positionierung im Berufsalltag. Neben den transnationalen Unternehmern, die in der Literatur als Forschungsfeld identifiziert wurden, sind auch diejenigen relevant, die in transnationalen Unternehmen Verbindungen schaffen. Hinsichtlich der in der Literatur vorgeschlagenen Kategorisierung von Unternehmen ist festzustellen, dass eine wichtige Kategorie fehlt, nämlich die der transnationalen Dienstleistungsunternehmen. Hierzu zählen Reisebüros, aber auch die Anbieter*innen interkultureller Trainings und die unterschiedlichen Beratungsunternehmen.

Das Arbeiten in transnationalen Kontexten ist für einen Teil der Befragten positiv konnotiert, da es ihnen eine Chance bietet, ihre Stärken einzusetzen. Nicht unerwähnt bleiben aber auch die besonderen Herausforderungen, die viele als belastend empfinden. Transnationale Geschäftspraktiken haben in den letzten Jahren auch dazu geführt, dass sich das Indienbild in Deutschland verändert hat. Gleichzeitig tragen diese Verbindungen auch zu Veränderungen in Indien bei, die im folgenden Teilkapitel thematisiert werden.

7.6 SOZIALE RIMESSEN

Der Ausdruck soziale Rimessen (*social remittances*) wurde von LEVITT (1998) geprägt und beschreibt die Veränderung von Praktiken in transnationalen Zusammenhängen. In begrifflicher Anlehnung an die finanziellen Rücküberweisung von Migrant*innen beschreibt er die schwer fassbaren sozialen Änderungen, die Migrant*innen in ihren Herkunftsgesellschaften auslösen: „Social remittances are the ideas, behaviors, identities, and social capital that flow from receiving- to sending-country communities. They are the north-to-south equivalent of the social and cultural resources that migrants bring with them which ease their transitions from immigrants to ethnics. The role that these resources play in promoting immigrant entrepreneurship, community and family formation, and political integration is widely acknowledged" (LEVITT 1998: 927)

Das Konzept der sozialen Rimessen

Soziale Rimessen werden nach LEVITT (1998) in der Auseinandersetzung mit der Ankunftsgesellschaft produziert. Sie beschreibt, das Praktiken nicht beibehalten ergänzt oder völlig neu angeeignet werden. Unter sozialen Rimessen subsumiert sie Normen, Sozialkapital und Systeme von Praktiken (soziale Interaktionen, politische Partizipationsprozesse). Der Transfer sozialer Rimessen erfolgt durch persönliche Kommunikation, wechselseitige Besuche oder auch (temporäre) Remigration. Migrant*innen werden durch diese Transfers zu Katalysatoren gesellschaftlichen Wandels, vor allem in den Herkunftsgesellschaften, wobei sie nicht wahllos Normen oder Praktiken aus der Ankunftsgesellschaft übertragen, sondern diese vor dem Hintergrund ihrer eigenen Sozialisation interpretieren und umdeuten. LEVITT konstatiert aber auch, dass soziale Rimessen nicht nur positive Veränderungen auslösen: Sie können z.B. zur Auflösung traditioneller Familienbilder führen und damit vor allem in der Herkunftsgesellschaft als Bedrohung empfunden werden.

LEVITT und LAMBA-NIEVES (2011) reflektieren die Rezeption des Konzepts der sozialen Rimessen in der Forschung und gehen auf die Kritik ein, die an dem Konzept und seiner weiteren Verwendung formuliert wurde. Diese richtet sich besonders darauf, dass in der ursprünglichen Fassung des Konzepts kulturelle Veränderungen nicht explizit benannt wurden, dass nicht erörtert wurde, dass soziale Rimessen nicht nur in eine Richtung wirken, sondern Veränderungen im transnationalen Raum wechselseitig neu ausgehandelt werden, und dass bei der Untersuchung von *social remittances* die bereits von LEVITT (1998) erwähnten negativen Implikationen nicht mitberücksichtigt wurden.

Nach LEVITT und LAMBA-NIEVES (2011) wurde die Rolle kollektiver sozialer Rimessen (zum Beispiel durch *Hometown Associations*, vgl. Kapitel 6) v. A. in Bezug auf Organisationspraktiken vielfach untersucht. Soziale Rimessen sind das Ergebnis eines iterativen Prozesses in transnationalen sozialen Räumen, wobei Normen und soziale Praktiken einer stetigen Veränderung unterliegen und ein wechselseitiger Austausch von Sozialkapital stattfindet. LEVITT und LAMBA-NIEVES (2011) betonen stärker als LEVITT (1998) die transnationale Komponente sozialer Rimessen, die Verbindungen zwischen Orten schaffen und die in dem Sozialraum „dazwischen" produziert werden.

Sozialen Rimessen und die Veränderungen, die Migrant*innen durch sie auslösen sind zunehmend Gegenstand der Forschung. LACROIX et al. (2016: 2; vgl. auch FAIST 2008) halten hierzu fest, dass Migrant*innen eine zunehmende Bedeutung für Entwicklungsprozesse zugeschrieben wird:

> „In a world on the move, local development processes increasingly shape and are shaped by global cultural circulation. A focus on social remittances drives home how individuals who build lives across distinct geographic spaces also translate and diffuse ideas and perceptions from one context to another. From their strategic positions as bridge builders and translators, migrants can reframe and vernacularize global norms (such as ‚transparency' or human rights). The translation of global norms into locally applicable and usable concepts empowers local activists and, hence, can contribute to (both) powerful (negative and positive) change."

In ihrer Bewertung des Konzepts der sozialen Rimessen hält MATA-CODESAL (2013) fest, dass der Begriff in der Forschung rasch rezipiert, aber auch nicht weiter theoretisch fundiert wurde. Sie bemängelt vor allem, dass der Begriff oft „en passant" (ebd.: 24) erwähnt und die Wichtigkeit der sozialen Rimessen betont wird, ohne empirische Belege für das Vorhandensein und die Wirkung ebendieser vorzulegen. Sie identifiziert in der Literatur mehrere Stränge, die den Begriff unterschiedlich interpretieren, etwa als das Engagement von *Hometown Associations*, oder als den generellen Beitrag von Diasporagemeinschaften zu Entwicklung, oder den Transfer von Wissen. Darin sieht sie den Beleg für die Flexibilität des Begriffs, die sie sowohl für seine Attraktivität als auch für seine Beliebigkeit verantwortlich macht. Am Beispiel eigener empirischer Untersuchungen in Ecuador zeigt sie, dass finanzielle und soziale Rimessen oftmals miteinander verknüpft sind. So kann die Zahlung finanzieller Rimessen sozialen Wandel auslösen, z.B. wenn sie, wie MATA-CODESAL ausführt, genutzt werden, um die Erziehung von Mädchen zu finanzieren. Finanzielle Rimessen werden so zu einem Vehikel für soziale Rimessen.

STURGE et al. 2016 untersuchen, inwieweit das Qualifikationsniveau der Migrant*innen Einfluss darauf hat, in welchem Umfang sie an der Produktion sozialer Rimessen beteiligt sind. Dabei kommen sie zu dem Ergebnis, dass hochqualifizierte Migrant*innen in größerem Umfang Einfluss auf Veränderungen in der Herkunftsgesellschaft nehmen als geringqualifizierte.

Empirische Bewertung sozialer Rimessen

Implizit wurden soziale Rimessen bereits in Kapitel 5 (Motivation für das Bleiben bzw. die Remigration, Befragung der Remigrant*innen), Kapitel 6 (Austausch intangibler Werte innerhalb transnationaler sozialer Netzwerke) sowie in den vorangehenden Teilkapiteln dieses Kapitels thematisiert. Besonders im Teilkapitel zum wohltätigen Engagement wurde deutlich, dass die finanziellen und die sozialen Rimessen, wie von MATA-CODESAL (2013) beschrieben, miteinander verknüpft sind.

Die empirische Erfassung und Bewertung sozialer Rimessen ist schwierig und bedarf für die vertiefte Bearbeitung eines anderen Forschungsansatzes als des in dieser Arbeit verfolgten. Bei der Entwicklung des Konzeptes stützte sich LEVITT (1998) auf ihre Beobachtung von Migrant*innen aus der Dominikanischen Republik, die aus dem selben Dorf stammten und die in Boston leben sowie auf ihre Beobachtungen der von diesen Migrant*innen ausgelösten Veränderungen in dem

Herkunftsort (*multi-sited field study*). Dieser Ansatz ermöglichte die Untersuchung der direkten Beziehungen und Einflüsse.

Aufgrund der unterschiedlichen Herkunft der indischen Migrant*innen in Deutschland konnte dieser Ansatz für die vorliegende Untersuchung nicht verwendet werden. Stattdessen wurden soziale Rimessen in den qualitativen Interviews nur mit den potentiellen Sender*innen von Rimessen thematisiert. Allerdings werden nicht nur die Einschätzungen der Migrant*innen, inwieweit sie zu Veränderungen in der Herkunftsgesellschaft beigetragen haben, wiedergegeben, sondern auch ihre Ansichten dazu, inwieweit sie glauben, Veränderungen in Deutschland herbeigeführt haben. Die Perspektive der Herkunftsgesellschaft kann hier nicht adäquat abgebildet werden.

Skeptische Einschätzungen

Einige Befragte bezweifeln, dass ihre Anwesenheit in Deutschland Veränderungen in Indien auslöst. Ein Befragter schilderte ein Erlebnis, dass er als interkultureller Trainer hatte. Er hatte den Teilnehmer*innen einer Veranstaltung für indische Manager in Deutschland erklärt, dass Unpünktlichkeit in Deutschland als sehr unhöflich empfunden werde, mit dem Erfolg, dass während der gesamten Veranstaltung alle stets pünktlich erschienen seien. In der Abschlussreflexion der Veranstaltunh regte er an, dies auch in Indien zu übernehmen, woraufhin er nur auf Unverständnis stieß. Dieses Beispiel bestärkte ihn in der Annahme, dass die Möglichkeiten Werte und Verhaltensmuster in Indien dauerhaft zu beeinflussen gering seien. Ähnlich äußerte sich eine Befragte der zweiten Generation, die skeptisch ist, dass ihre Verwandten in Indien durch sie oder ihren Vater (indischer Herkunft) in ihren Einstellungen beeinflusst werde könnten. Allerdings bemerkte sie eine große Toleranz ihrer eigenen Person gegenüber, die als Zeichen eines Wertewandels gedeutet werden könnte. So erlaubte man ihr, dass sie und ihr Partner während eines Besuchs in Indien gemeinsam in einem Zimmer übernachteten, obwohl sie zu dem Zeitpunkt nicht verheiratet waren.

Vermittlung von Wissen über Deutschland

Am überzeugtesten waren die Befragten von ihrem Einfluss auf das Wissen ihrer Kontaktpersonen in Indien über Deutschland. Mit ihren Berichten aus Deutschland gelingt es ihnen Klischees und Vorurteile auszuräumen, vor allem bei ihren engen Kontakten, den *strong ties* (GRANOVETTER 1985). So sagte ein Proband, dass er in seinem Familien- und Freundeskreis das vorher bestehende Bild verändern konnte, Deutschland sei ein rassistisches Land. Ähnlich äußerte sich ein anderer Befragter, der bei jeder Gelegenheit versucht, das oftmals stereotype Deutschlandbild, das in den Medien vermittelt werde, zu dekonstruieren:

> „I try to educate Indians more about Germany. Indians are very close. They still have – despite all the social media and all that – they have no idea about Germany. So, I somehow try to concentrate on that side more, but not really directly, but indirectly. I try to give them a feeling that this country is also nice. Germany is not like what you hear or read in the newspaper or textbooks. It has also lots of other things which you don't know."
> Shekar, kam 2002 für ein Masterstudium nach Deutschland; Dezember 2016.

Auch Pater Joseph, der in Deutschland als Priester arbeitet, ist bemüht, bei seinen Gesprächen in Indien ein positives Bild von Deutschland zu zeichnen. Vor allem nutzt er Erfahrungen aus seinem Lebensalltag in Deutschland, um seine Kontaktpersonen in Indien dazu zu bewegen, Praktiken wie die arrangierten Ehen zu hinterfragen. Allerdings sagte er, dass es sehr schwer sei, ein realistisches Bild von Deutschland zu vermitteln, weil durch die Medien oftmals Klischees unreflektiert weiterverbreitet werden.

Zwei kleine Beispiele aus ganz unterschiedlichen Bereichen zeigen, wie Migrant*innen aktiv Ideen und Lösungsansätze vermitteln. Ein Befragter erzählte, dass er sehr beeindruckt davon war, wie durchdacht Küchen in Deutschland geplant werden. Einige Ideen hat er seinem Vater erläutert und ihm Kataloge zukommen lassen, als dieser in Indien eine Küche plante. Sein Vater hat dann zahlreiche Anregungen übernommen und sich die entsprechenden Möbelstücke in Indien anfertigen lassen.

Ein zweites Beispiel stammt von einem Gesprächspartner, der sich bemüht, indischen Athlet*innen die Teilnahme an Trainingslagern in Deutschland zu ermöglichen. Nachdem er gesehen hat, wie professionell in Deutschland Athlet*innen auf Wettkämpfe wie die Olympischen Spiele vorbereitet werden, beschloss er, durch den Austausch von Athlet*innen diese Trainingsmethoden auch in Indien bekannt zu machen. Er hofft, dass dadurch indische Athlet*innen mittelfristig den Anschluss an die Weltspitze schaffen.

Veränderung von Institutionen

Migrant*innen verändern aber auch Institutionen und Unternehmen, in denen sie arbeiten. So erzählte beispielsweise Schwester Vidya, die für einen deutschen Orden in Indien eine Reihe von Schulen aufgebaut hat, wie wichtig ihre Erfahrungen in Deutschland bei der Entwicklung der Lehrpläne in den Schulen waren:

> „Wenn ich in eine indische Ordensgemeinschaft eingetreten wäre, hätte ich meine Schritte mehr indisch getan. Jetzt habe ich meine Ausbildung hier in Europe erhalten, in England. Das war damals sehr innovativ, kreativ denkend, projektweise lernen und ich habe auch bemüht diesen innovativen Stil in meine Schulen reinzubringen. Ich habe auch meine Lehrerinnen ab und so mal zusammengeholt und diese strenge Wege geführt, deshalb können wir eine Schule, die neu entsprungen, diese Schule zu so einem guten Ergebnis rausbringen. Das hat denke ich, dass wenn ich da in Indien geblieben wäre, hätte ich mit diesem roadlearning system mehr geführt, nur weil ich habe nur das erlebt ja aber hier habe ich was Anderes erlebt und dieses Erlebnis habe ich ja versucht in den Schulen reinzubringen."
> Schwester Vidya trat 1964 einem deutschen Orden bei, erhielt nach ihrem Noviziat eine Ausbildung als Lehrerin in England, arbeitete bis 2000 an verschiedenen Orten in Indien und lebt seitdem in Deutschland; April 2017.

Das Beispiel von Schwester Vidya kann als idealtypisch für den Transfer von Wissen im Entwicklungskontext gelten, entsprechend der Vorstellung Migrant*innen seien die besseren Entwicklungshelfer*innen (FAIST 2008). Ihre Kenntnis Indiens und der dortigen Strukturen erlaubte Schwester Vidya, Wissen, das sie in Europa erworben hat, zur Verbesserung der Bildungssituation in Indien einzusetzen.

Den Transfer von Wissen in Unternehmen beobachtet auch ein Gesprächspartner von der deutsch-indischen Handelskammer. Danach kommt es zur Implementierung neuer Management-Ansätze, wenn junge Führungskräfte die zeitweise im Ausland gearbeitet haben, dann nach Indien zurückkehren. Sie versuchen dann, die für gut befundenen Ideen in indischen Unternehmen umzusetzen.

Veränderung von Werten und Einstellungen

In einigen Gesprächen sagten die Interviewpartner*innen, dass sie innerhalb ihrer engen Netzwerke Einfluss auf Werte und Einstellungen gehabt hätten. Deutlich zeigt dies Nishas Fall, die als abhängige Partnerin nach Deutschland kam, weil sie einen in Deutschland lebenden Mann geheiratet hatte. Die Ehe hatten ihre Eltern arrangiert. Sie konnte ihre Eltern aber davon überzeugen, dass ihre jüngere Schwester nicht, wie sie selbst, bereits mit zwanzig Jahren heiraten müsse:

> „My mom keeps telling me, don't know, she's not married. And then I say, mom, it's not a big thing anymore. That's OK. Such things I learn from, not only from Germans in Germany, but also from Indians in Germany. Also from Indians in Germany, because I feel, people are really changed, once they're here. […] There is a change, definitely there is. There is, I would say, because when I see my mom now. When I see my mom like five or six years back, she has changed. […] now, they're OK, if my sister wants to study more, furthermore, she wants to go to abroad to study. They are fine. They are fine. I don't know how they could have reacted when I was twenty, but now, I know, they listen to me. They ask, she keeps asking me, suggestions for everything now, because she feels maybe I'm ripe enough to suggest her."
> Nisha, kam als abhängige Partnerin (arrangierte Ehe) 2013 nach Deutschland; Dezember 2016.

Nisha erzählt hier, dass sich Einstellungen von Migrant*innen durch den Aufenthalt in Deutschland verändern, was den Beobachtungen von LEVITT (1998) entspricht. Im zweiten Teil des Zitats wird deutlich, dass sich ihre eigene Position durch die Migration und die Heirat geändert hat. Sie ist jetzt in der Lage ihre Mutter zu beraten und ihr Verhaltensänderungen vorzuschlagen, die ihrer Schwester mehr Freiräume ermöglichen. Die Änderung des Heiratsverhaltens wurde auch von einem anderen Gesprächspartner beschrieben, der dies als einen allgemeinen Trend beschreibt, der unter anderem dem Einfluss der *Nonresident Indians* geschuldet sei:

> „…. zum Beispiel der Sohn des Onkels meiner Frau, der in Katar ist, der hat ein Mädchen kennengelernt und sie geheiratet, aber mit Zustimmung der Eltern. Es ist keine total arranged marriage. Der hat die Frau aus verschiedenen Überlegungen ausgewählt und sie vorgestellt und die Eltern haben dann die Zusage erteilt. Und das passiert sehr viel jetzt. Eine Tochter meines Freundes, ich weiß es nicht ob sie diese Entscheidung zu treffen eigenständig fähig war, bevor sie unsere Sache selbst erfahren hat. Sie hat im Internet einen Mann ausgesucht und gefunden und mit ihm erstes Treffen irgendwo organisiert und dann die Eltern eingeschaltet. Also das findet statt, diese Veränderung findet statt und es ist nicht nur wegen uns, sondern auch wegen

vielen anderen solchen Fällen im Ausland, die sie beobachten und das kommt langsam. Auch in gebildeten Schichten, die Eltern haben große Schwierigkeit sich damit abzufinden. Weil sie immer noch im dörflichen Milieu leben. Und dort die Hochzeit eine soziale Funktion hat, als social event."
Herr Kunnapalli, Experte, kam in den 1970er Jahren nach Deutschland; Juni 2016.

Herr Kunnapalli und seine Frau stammen beide aus Kerala und haben sich in Deutschland kennengelernt. Sie haben ohne das Einverständnis ihrer Eltern geheiratet. Daher bezeichnet er sich selbst auch als jemanden, der aktiv zu einer veränderten Einstellung gegenüber traditionellen Werten beiträgt. Er sei sich nicht sicher sei, ob die Tochter seines Freundes ihren einen Partner selbst ausgesucht hätte, ohne die Kenntnis von „unserer Sache". Der Wandel der Praktiken bei der Partnerwahl wird von Herrn Kunnapalli als ein Konfliktthema zwischen den Generationen und zwischen Migrant*innen und Daheimgebliebenen angesehen, weil die Praktik jeweils mit anderen Bedeutungen verknüpft wird.

Ein Ehepaar hat Nichten und Neffen bei der Wahl des Studienfachs und der Entscheidung zeitweise im Ausland zu studieren beraten und unterstützt. Diese Unterstützung wurde vor allem aufgrund ihrer eigenen Migrationserfahrung möglich. Eine andere Befragte erzählte, wie sie auf ihre Schwester einwirken konnte, als es zwischen dieser und ihrer Nichte zu einem Konflikt kam. Die Schwester der Befragten war erbost darüber, wie die Nichte nach ihrer Migration in die USA ihren Haushalt führte. Aufgrund ihrer eigenen Migrationserfahrungen konnte sie vermittelnd eingreifen und ihrer Schwester erläutern, wie unterschiedlich die Rahmenbedingungen für berufstätige Frauen in Indien und in europäischen Ländern bzw. den USA seien. Hierdurch konnte sie bei ihrer Schwester ein Umdenken auslösen und zur Lösung des Problems beitragen.

Soziale Rimessen werden von den Befragten auch auf vielfältige andere Weisen produziert, ohne dass dies, wie in den genannten Beispielen, explizit reflektiert wird. Wenn z.B. Studierende einen Abschluss in Deutschland erwerben, in Indien über ihre Erfahrungen im deutschen Universitätssystem berichten. Sie nehmen unter anderem die Erfahrungen eines unterschiedlichen Verhältnisses zwischen Dozent*innen und Studierenden mit. Die befragten Journalisten vermitteln in ihren Berichten nicht nur Sachlichinformationen, sondern lösen auch das Hinterfragen von Einstellungen aus. Diese Einflüsse sind kaum messbar, stellen aber einen wichtigen Aspekt transnationaler Praktiken dar.

Veränderungen in der Ankunftsgesellschaft

LEVITT (1998) UND LEVITT/LAMBA-NIEVES (2011) betonen, dass soziale Rimessen nicht nur die Herkunftsgesellschaften betreffen, sondern wechselseitiger Natur sind. Die Proband*innen beschreiben zum Teil recht selbstbewusst vor allem ihren Einfluss auf Personen in ihrem direkten Umfeld:

„Befragter: Can I say that I changed something in Germany or Munich, because I was here? For example, did I change that BMW decided to go to India with pink colour car or something? So, I... no, honestly, no. I do not have that kind of sphere of influence. Within my sphere of

influence, are there more people who became aware of how to deal with India and get the project successfully with India? Yes, I can absolutely say that. I even would say that I'm proud, that I have this opportunity and I did make some difference on the project level or in the understanding of a specific issue level rather than getting into a situation of being an Indian trying to deliver something and the German or European not able to understand the constraints of delivery. So, I have been able to do many times a kind of role where this gentleman understands how the result will be obtained without trying to follow the process that he has been using for his life. I mean, somebody in India, things happen without displaying a plan, you are aware of that things, people in general direction, you go and you'll be successful. Here it won't work. And that's where I've stepped n-number of times and brought these things together.
Interviewer: OK, so you would see yourself as a kind of mediator?
Befragter: As a catalyst."
Abishek, kam 2006 für ein indisches Unternehmen nach Deutschland; Oktober 2015.

In ähnlicher Weise äußert Schwester Vidya, dass sie gemeinsam mit ihren Mitschwestern aus Indien in ihrem (deutschen) Orden langsam aber stetig Veränderungsprozesse ausgelöst habe, die zu einer größeren Offenheit geführt hätten. An dem einfachen Beispiel der veränderten Koch- und Essgewohnheiten machte sie fest, dass die Aufgeschlossenheit gegenüber anderen Kulturen innerhalb des Ordens zugenommen habe. Von Bedeutung sei auch, dass der Orden durch die große Zahl von Schwestern aus Schwellen- und Entwicklungsländern eine ganz andere Weltgewandtheit habe als noch vor einigen Jahren. Dies sehe man daran, dass der Orden mit einem anderen Verständnis und einem anderen Engagement Projekte im Entwicklungskontext angehe. Die Schwestern haben eingebracht, Praktiken verändert und damit zu einer Veränderung der Institution selbst beigetragen.

Andere Befragte erzählten, dass sie vor allem Wissen über Indien und die indische Kultur weitergeben könnten. Dies geschieht auf sehr unterschiedlichen Ebenen. Eine Befragte der zweiten Generation, die als ausgebildete Indologin regelmäßig Vorträge über Indien hält, geht davon aus, dass sie wenn auch in geringem Umfang ein realistischeres Indienbild vermitteln könne als die die Medien die sich in vielen Berichte auf die negativen Aspekte konzentrierten und so ein teilweise recht düsteres Bild des Landes zeichneten. Dem wolle sie entgegenwirken.

Gleiche Ziele verfolgt eine Gruppe von Geschäftsleuten, die für große transnationale indische Unternehmen in Deutschland tätig sind. Ihre Analyse hatte ergeben, dass 90% der in überörtlichen Tageszeitungen erscheinenden Berichte über Indien negativ seien. Sie riefen eine Initiative ins Leben, die mit einer gemeinsamen Medienkampagne das Image des Landes zu verbessern sucht.

Andere sehen Veränderungen im Freundes- und Bekanntenkreis. Ein Befragter erzählte, dass er mit seiner hohen Wertschätzung für die Familie und das Pflegen des Zusammenhalts innerhalb der Familie auch Nachbarn, Freunde und Bekannte beeinflusst habe. Ein anderer spricht mit seinen Nachbarn oft über den unterschiedlichen Lebensstil in Indien und Deutschland woraufhin er bei ihnen ein gewisses Umdenken beobachtet habe. Besonders stolz war er darauf, dass er mit einigen inzwischen regelmäßig gemeinsam Yogaübungen machte. Die Vermittlung von kulturellem Wissen nannte ein weiterer Befragter als Handlungsmotivation. Er habe ein Projekt in Angriff genommen, bei dem er mehrere Bücher aus seiner Heimatsprache ins Deutsche übersetzen lassen und veröffentlichen wolle, denn Literatur biete einen besonderen Zugang zur Kultur eines Landes. Zwei Befragte gingen in Schulen, um über ihre Religion aufzuklären und dadurch das Wissen über indische Kulturen zu vergrößern.

Diesen Beispielen wären weitere hinzuzufügen, die weniger offensichtlich und den Proband*innen daher oft nicht bewusst sind. Insgesamt trägt die steigende Zahl indischer Migrant*innen dazu bei, dass sich das Indienbild in Deutschland langsam ändert und dass das Wissen über indische Kulturen zunimmt. Dies hat auch Auswirkungen im Bereich der transnationalen geschäftlichen Verbindungen (Kapitel 7.5)

Soziale Rimessen tragen zur Veränderung von Praktiken und Werten bei und verändern – zumindest bei den nichtmigrierten engen Kontakten (*strong ties*) der transnationalen Migrant*innen – das Bild des jeweils anderen Landes. Durch die gestiegene Zahl indischer Migrant*innen und ihre relativ hohe Fluktuation ist davon auszugehen, dass der schwer messbare Austausch über Werte und Einstellungen und die Neuverhandlung von Praktiken zugenommen hat.

8. IDENTITÄTEN

Die Frage nach migrantischen Identitäten ist ein zentrales Motiv der Migrations- und Transnationalismusforschung (VERTOVEC 2001, 2009, GOEKE 2007). Dabei wird erstens die Frage der „Hybridität" von Identitäten und zweitens der Themenkomplex von Inklusion, Integration und Assimilation diskutiert. Für VERTOVEC (2001) bestehen zwei wesentliche Verknüpfungen zwischen Identität und Transnationalismus: (1) Gemeinsame Herkunft, Sprache etc. schaffen eine wahrgenommene gemeinsame Identität, welche die Grundlage für transnationale Netzwerke darstellt, (2) Identität wird in transnationalen Netzwerken an unterschiedlichen Orten verhandelt und konstruiert.

Hybride Identitäten

Für das Verständnis transnationaler Identitäten schlägt FÜRSTENAU (2004) eine konzeptionelle Fundierung auf Grundlage von HALL (1999), der Identitäten als dynamisches Konstrukt sieht. Die Hybridisierung von Identität stellt dabei eine mögliche Reaktion auf die zunehmende Beeinflussung durch diverse kulturelle Einflüsse im Rahmen der Globalisierung dar. Migrant*innen sind nach HALL in einer globalisierten Welt nicht mehr gezwungen sich zu assimilieren, sondern können gleichzeitig zwei „Heimaten" verbunden sein. Sie „erhalten starke Bindungen zu den Orten ihrer Herkunft und zu ihren Traditionen, jedoch ohne die Illusion, zur Vergangenheit zurückkehren zu können. Sie sind gezwungen, mit den Kulturen, in denen sie leben, zurechtzukommen, ohne sich einfach zu assimilieren und ihre eigenen Identitäten vollständig zu verlieren. Sie tragen die Spuren besonderer Kulturen, Traditionen, Sprachen und Geschichten, durch die sie geprägt wurden, mit sich. Der Unterschied ist, daß sie nicht einheitlich sind und sich auch nie im alten Sinne vereinheitlichen lassen wollen, weil sie unwiderruflich das Produkt mehrerer ineinandergreifender Geschichten und Kulturen sind und zu ein und derselben Zeit mehreren ‚Heimaten' und nicht nur einer besonderen Heimat angehören" (HALL 1999: 435).

Diese hybriden Identitäten werden in der Transnationalismusliteratur oftmals als Kapital transnationaler Migrant*innen verstanden (vgl. das Zitat von GLICK SCHILLER et al. 1992: 11 in Kapitel 3). Gleichzeitig verlangen hybriden Identitäten von den transnationalen Migrant*innen die Fähigkeit, ihren Habitus (im BOURDIEU'schen Sinne) in unterschiedlichen Kontexten zu wechseln (VERTOVEC 2009). In ihrem Alltag verorten sie sich dabei zwischen alleiniger Identifikation mit einer Gesellschaft und gleichwertiger Identifikation mit zwei Gesellschaften, wobei letzteres den Ausnahmefall darstellt (KRUMME 2004, LEVITT/JAWORSKY 2007). Während hybride Identitäten von führenden Autor*innen der Transnationalismusforschung eher positiv beschrieben werden (VERTOVEC 2009), weisen andere auch auf die dadurch entstehenden Belastungen hin (MITCHELL 1997, BECKER 2002).

Identität zieht dabei unter anderem sensible Fragen wie die nach der (doppelten) Staatsbürgerschaft nach sich (LEITNER/EHRKAMP 2006). Für Staaten, die sich über Grenzen und (scheinbar) eindeutige Zugehörigkeit definieren, stellen hybride Identitäten mit den ggf. auftretenden Loyalitätskonflikten eine Herausforderung dar (VERTOVEC 2009). Dazu tragen auch die sich verändernden politischen Rahmenbedingungen bei, z.B. durch die verstärkte Einbindung einer „Diaspora" in politische Prozesse (VERTOVEC 2001, DICKINSON/BAILEY 2007, vgl. auch Kapitel 2). Dies hängt eng mit dem Diskurs über Integration und Assimilation zusammen, in dem sich unterschiedliche Standpunkte gegenüberstehen: Einige Autor*innen halten eine multiple Inklusion für undenkbar (ROBERTS et al. 1999, ESSER 2003). Andere betonen, dass transnationale Praktiken dazu führen können, dass Migrant*innen neue, an ihre lokale Lebensrealität gebundene Identitäten, zwischen Herkunfts- und Ankunftsgesellschaften produzieren (EHRKAMP 2005). Demgegenüber wird von anderen die Position vertreten, dass multiple Inklusion eine neue, im Zeitalter der Globalisierung angemessene Art der Assimilation darstellt (BRUBAKER 2001, KIVISTO 2001, SCHMIZ 2011). Dies gilt besonders in Zeiten der (zunehmend) schwächer werdenden Kongruenz von Raum und Kultur, wodurch gesellschaftliche Zugehörigkeit nicht mehr ortsgebunden ist (APPADURAI 1996). Allerdings wird – ebenfalls vor dem Hintergrund des Assimilationsdiskurses – die Frage gestellt, wie dauerhaft transnationale Netzwerke sein können und inwieweit transnationale Phänomene auch die sog. zweite Generation betreffen (GOWRICHARN 2009).

Identität betrifft aber auch Veränderungen in den Herkunftsgesellschaften transnationaler Migrant*innen durch finanzielle und soziale Rimessen (vgl. Kapitel 7). Durch sie lösen Migrant*innen nicht nur Veränderungsprozesse aus, sondern erfüllen auch Erwartungen im jeweiligen kulturellen Kontext ihrer Herkunftsgesellschaft. Dadurch sichern sie ihren sozialen Status im Herkunftsland und festigen ihre Netzwerke (BATNITZKY et al. 2012). Rimessen sind auf diese Weise eng mit der kulturellen Identität verknüpft, die in der Herkunftsgesellschaft geprägt wurde. Sie dienen so auch der Versicherung der eigenen Identität.

Eng damit verbunden ist zudem das Engagement in Migrantenorganisationen (vgl. auch Kapitel 6.1), die zum Teil als *Hometown Associations* wichtige Akteure im Bereich der (sozialen) Rimessen sind. Dieses kollektive Engagement ist in doppelter Hinsicht mit der transnationalen Identität verbunden, da es zum einen in der Verbindung mit der Heimatgesellschaft wurzelt und zum anderen durch eine Gruppe gelebt wird, die in der Ankunftsgesellschaft durch die gemeinsame Herkunft konstituiert wird. *Hometown Associations* sind aber nur eine spezifische Ausprägung von Migrantenorganisationen, deren Mitglieder sich auf eine, wie auch immer geartete, gemeinsame ethnische Identität berufen (vgl. Kapitel 6.1).

In diesem Kapitel wird der Frage nachgegangen, wie indische Migrant*innen in Deutschland ihre Identitäten beschreiben und inwieweit diese in Wechselwirkung mit ihren transnationalen Praktiken stehen. Ein besonderes Augenmerk wird auf die Selbstbeschreibung der zweiten Generation gelegt, da ihre Identitäten durch andere Einflüsse geprägt werden.

8. Identitäten

Ergebnisse der standardisierten Befragung

Die Selbstbeschreibungen der Identitäten der Interviewpartner*innen weisen eine hohe Bandbreite auf. Einen ersten Überblick über die Vielfalt der Selbstbeschreibungen liefern die Ergebnisse der standardisierten Erhebung. Äußerst positiven Beschreibungen, wie sich die Identität durch das Leben in zwei Kulturen verändert, stehen verstörende Erfahrungen gegenüber, die das Selbstbild negativ beeinflussen. In der Onlinebefragung wurden die Teilnehmer*innen gebeten, ihre eigene Identität zu beschreiben, wobei sie sich auf einer fünfstufigen Skala zwischen den Ausprägungen „als Inder*in" bzw. als „Deutsche*r" einordnen sollten (Abbildung 43). Die Formulierung der Frage ist dabei eine Zuspitzung dar, die dem komplexen Charakter von Identität nicht gerecht wird. Dennoch erlaubt diese akzentuierte Formulierung eine rasche, intuitive Zuordnung, die dem Medium der Onlinebefragung angemessen ist. Grob vereinfachend ist auch die Nutzung der Nationalitäten als Variable zur Beschreibung der Identität.

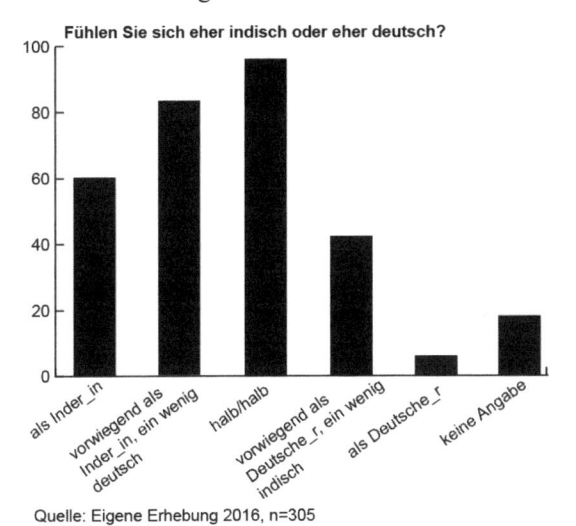

Quelle: Eigene Erhebung 2016, n=305

Abbildung 43: Identitäre Selbstbeschreibung

Überraschend ist, dass die höchste Zahl der Nennungen auf die Kategorie entfällt, die den oben erwähnten hybriden Identitäten entspricht. Beinahe ein Drittel der Befragten (96/31,5%) bezeichnete sich in der Befragung als „halb als Inder/Inderin und halb als Deutsche/Deutscher". Die zweithäufigste Nennung entfällt auf diejenigen, die sich als „vorwiegend als Inder/Inderin, aber auch ein wenig deutsch" bezeichnen (83/27,2%). Knapp ein Fünftel sieht sich selbst an dem Ende des Kontinuums, das mit „als Inder_in" bezeichnet ist (60/19,7%). Die Kategorien „vorwiegend als Deutsche/Deutscher, aber auch ein wenig indisch" (42/13,8%) und „als Deutsche/Deutscher" (6/2%) wurden verhältnismäßig selten gewählt.

Eine differenzierte Betrachtung der Antworten auf diese Frage erfolgte für die zweite Generation (62 Befragte). Hier ist die Kategorie „vorwiegend als Deutsche/Deutscher, aber auch ein wenig indisch", die mit den häufigsten Nennungen (27/43,6%). Die zweithäufigsten Nennungen entfallen auf die Kategorie „halb als Inder/Inderin und halb als Deutsche/Deutscher", deren Anteil nochmals höher ist als in der gesamten Stichprobe (23/37,1%). Vier Befragte (6,5%) beschreiben sich selbst als Deutsche. Im Gegensatz dazu beschreiben sich nur 8,1% (5) „vorwiegend als Inder_in, ein wenig deutsch" und nur eine/r als „Inder_in". Die Verteilung in der zweiten Generation ist also genau gegensätzlich zu der in der gesamten Stichprobe. Dies zeigt, dass hybride Identitäten sowohl in der ersten als auch in der zweiten Generation vorhanden sind, die erste Generation sich aber eher auf die Herkunftsgesellschaft bezieht, die zweite Generation eher auf die Ankunftsgesellschaft.

Befragte der zweiten (62) und der Generation 1,5 (d.h. Befragte, die als Kinder und Jugendliche als abhängige Migrant*innen mit ihren Eltern nach Deutschland kamen, vgl. Asher 2011; 12 Befragte) wurden in der standardisierten Erhebung auch zu Konflikten mit ihren Eltern befragt, die sich aus unterschiedlichen Wertvorstellungen ergaben (Abbildung 44). Konflikte entstehen nicht zwangsläufig aus dem Aufwachsen in unterschiedlichen Gesellschaften, sondern können auch ein intergenerationelles Phänomen sein. Allerdings wurden Konflikte, die sich aus unterschiedlichen gesellschaftlichen Prägungen ergaben, in den Interviews mit Migrant*innen der zweiten Generation in der ersten Projektphase thematisiert, weshalb diese Frage in die standardisierte Erhebung aufgenommen wurde. Die Ergebnisse zeigen, dass die Unterschiede in der Sozialisation durchaus Konfliktpotential bergen. Zwar sagte knapp die Hälfte der Befragten (36/48,7%), dass es keine Konflikte gab, jedoch gab die gleiche Zahl 48,7% (36) an, dass es Konflikte gab, die aus unterschiedlichen Werten und Normen resultierten. Vierzehn Befragte (18,9%) sagten sogar, dass es häufig Konflikte mit den Eltern gab.

Für die Elterngeneration, 48 Befragte, ist es wichtig, dass ihre Kinder „indische" Werte kennenlernen (Abbildung 45). Von ihnen sagten 22 (46%), dass es ihnen sehr wichtig ist, dass ihre Kinder indische Werte kennenlernen, ein Drittel (16/33%) bezeichnen es als „wichtig" und nur ein Fünftel (14/21%) findet es „unwichtig". Diese Ergebnisse zeigen, wie die erste Generation zur Konstruktion hybrider Identitäten in der zweiten Generation beiträgt.

Als weiterer Indikator für die Identifikation mit der Herkunftsgesellschaft kann das regelmäßige Feiern von Festen aus dem eigenen Kulturkreis gelten (Abbildung 46). Insbesondere im Hinduismus sind Feste wichtige gemeinschaftsstiftende Ereignisse, die in Indien oft einen sehr hohen Stellenwert haben. Welche Feste gefeiert werden unterscheidet sich jedoch regional stark. Die Auswertung zu dieser Frage zeigt, dass ein Fünftel der Befragten (60/19,7%) regelmäßig indische Feste feiert und dies als wichtig bezeichnet. Es ist davon auszugehen, dass diese Gruppe einen sehr starken Bezug zur Kultur der jeweiligen Herkunftsregion hat.

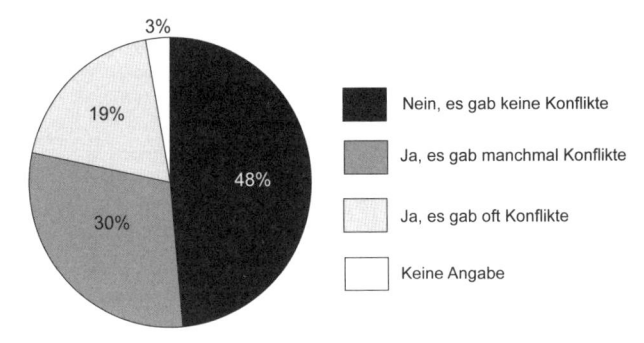

8. Identitäten 243

Gab es zwischen Ihnen und Ihren indischen Eltern Konflikte wegen unterschiedlicher Werte und Normen?

- 48% Nein, es gab keine Konflikte
- 30% Ja, es gab manchmal Konflikte
- 19% Ja, es gab oft Konflikte
- 3% Keine Angabe

Quelle: Eigene Erhebung 2016, n=305, 74 Fälle

Abbildung 44: Konflikte aufgrund unterschiedlicher Werte

Wie wichtig ist es Ihnen, dass Ihre Kinder indische Werte kennenlernen?

- 46% sehr wichtig
- 33% wichtig
- 21% unwichtig

Quelle: Eigene Erhebung 2016, n=305, 48 Fälle

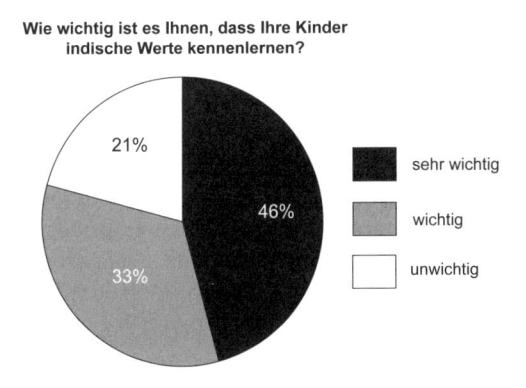

Abbildung 45: Vermittlung von Werten

Mehr als die Hälfte der Befragten (167/54,8%) gab an, gewisse Feste zu feiern und beinahe ein Viertel der Befragten (71/23,3%) sagte, dass sie keine indischen Feste feiern. Dieser letzten Gruppe ist das aktive Leben der Kultur der Herkunftsgesellschaft weniger wichtig, wofür es unterschiedliche Gründe geben kann. In der qualitativen Befragung wurden folgende genannt: mangelndes Interesse an den Festen, die Inszenierung indischer Feste durch Migrantenorganisationen, fehlende Gelegenheiten, aufgrund fehlender Kontakte zu anderen *Overseas Indians* mit dem gleichen kulturellen Hintergrund sowie die Ablehnung der Kultur der Herkunftsgesellschaft. Letzteres umfasst auch die Ablehnung von Festen mit religiösem Hintergrund aus Glaubensgründen.

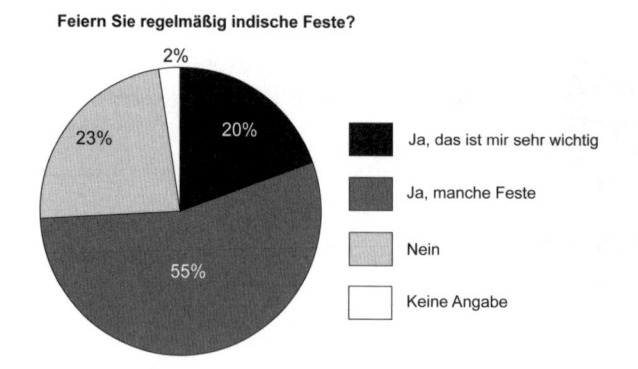

Feiern Sie regelmäßig indische Feste?

- 20% Ja, das ist mir sehr wichtig
- 55% Ja, manche Feste
- 23% Nein
- 2% Keine Angabe

Quelle: Eigene Erhebung 2016, n=305

Abbildung 46: Feiern indischer Feste

Zugehörigkeitsgefühl

In der qualitativen Erhebung wurde die Identität der Migrant*innen in Gesprächen mit allen Proband*innen thematisiert. Eine Gruppe von Proband*innen beschreibt das Leben in zwei Kulturen und das daraus entstehende Selbstverständnis sehr positiv. So sagte eine Gesprächspartnerin, dass sie, nach einigen Jahren in Deutschland, das für sie Beste aus beiden Welten angenommen habe. Dies empfinde sie als absolute Bereicherung. Eine andere Gesprächspartnerin fasst diese positive Kombination verschiedener Elemente folgendermaßen zusammen:

„Befragte: ...so it was like, you have the fatherland and you also have the motherland. So, it is like a nice combination.
Interviewer: So what is the fatherland and what is the motherland?
Befragte: The fatherland is Germany, which is the fatherland, which you call the ‚Vaterland' here and India is the motherland. So, it was not like I gave up one mother to come to the other mother. No, it was a mother is there and a father comes also. It is a nice completion."
Ehepaar Thakery, kam 2005 wegen der Arbeitsstelle des Ehemanns in einem transnationalen Unternehmen deutscher Herkunft nach Deutschland, vorher arbeitete er für dieses Unternehmen in Belgien; Mai 2015).

Die Befragte spielt hier kreativ mit den in Indien und Deutschland unterschiedlichen Bezeichnungen „Mutterland" und „Vaterland". Diese beiden Beispiele stellen den positivsten Fall der oben beschriebenen hybriden Identitäten dar. In Anlehnung an das Zitat von Frau Thakery könnten sie als komplementäre Identität bezeichnet werden.

Eine andere Gesprächspartnerin, Namrata, wählt die ungewöhnliche Selbstbeschreibung als „Inderin mit deutschen Wurzeln". Sie ist als Angehörige der zweiten

8. Identitäten 245

Generation in Deutschland aufgewachsen, besitzt aber die indische Staatsbürgerschaft. Für sie war ein einschneidendes Erlebnis, dass ihr nach längerer Abwesenheit – sie hat in Indien studiert – zunächst kein Visum erteilt wurde, so dass nicht klar war, wann sie zu ihrer Familie in Deutschland und ihrem deutschen Partner zurückkehren könne. Bis zu diesem Zeitpunkt hatte sie sich stark mit Deutschland identifiziert. Durch dieses Ereignis ging jedoch das Zugehörigkeitsgefühl verloren. Daher hat sie sich für oben genannte Selbstbeschreibung entschieden, mit der sie ihre Sozialisation als Kind indischer Migrant*innen in Deutschland, ihr temporäres Leben in Indien und ihren rechtlichen Status zusammenfasst. Diesem identitären Selbstverständnis liegt eine kritisch distanzierte Haltung gegenüber beiden Gesellschaften zugrunde.

Neben diesen Sichtweisen, die eine gleichwertige Kombination aus beiden Kulturen für das eigene Selbstverständnis bemühen, gibt es andere Gesprächspartner*innen, die sich stärker in einer Kultur beheimatet fühlen. Vor allem ältere Gesprächspartner mit deutschen Ehepartnerinnen beschreiben sich inzwischen vor allem als Deutsche, ohne den Bezug zur indischen Kultur verloren zu haben.

> „Interviewer: Aber das heißt, dass Sie auch, wenn Sie ihren Lebensmittelpunkt hier in Deutschland haben, schon auch eigentlich immer eine relativ enge Beziehung zu Indien hatten, wahrscheinlich auch über [Unternehmen]?
> Befragter: Genau richtig. Solange ich bei [Unternehmen] war, musste ich ja... ich war ja fast jeden Monat ein- oder zweimal in Indien wegen Konferenzen usw. Erstens das, zweitens mein Blut ist immer noch indisch. Das Blut können Sie nicht umtauschen. Das indische Blut ist da. [...]
> Interviewer: Würden Sie sagen, Sie fühlen sich eher als Inder oder fühlen Sie sich eher als Deutscher? Sie haben gesagt, Ihr Blut ist indisch...
> Befragter: Ehrlich gesagt, ich fühle mich jetzt viel mehr als Deutscher als als Inder. In manchen Sachen, meine Frau [eine Deutsche], sie ist eher Inderin als ich. (Lachen)"
> Ehepaar Mitra, Herr Mitra (sen.) kam 1957 nach Bonn als Mitarbeiter der indischen Botschaft, heiratete eine Deutsche und schied deswegen aus dem diplomatischen Dienst aus; April 2015.

Einige Gesprächspartner aus dieser Gruppe beschreiben eine aktive Anpassung – im Sinne einer bewussten Entscheidung – an kulturelle Normen, Werte und Verhaltensweisen in Deutschland beschreiben. So haben mehrere Befragte ehemals wichtige Speisevorschriften aufgegeben. Personen brahmanischer Herkunft leben in Indien oft vegetarisch. Das hat insbesondere diejenigen, die in den 1960er, 1970er und 1980er Jahren kamen, bei ihrer Ankunft in Deutschland (mit den damals noch eher traditionellen Essensvorstellungen) zunächst vor große Schwierigkeiten gestellt. Als Anpassung an die Ankunftsgesellschaft wurden diese Speisegewohnheiten jedoch aufgegeben. Noch weiter ging Herr Mitra, der zum Katholizismus konvertierte, um sich in die Familie und das Leben in der Gemeinde seiner Frau einzufügen.

Ein anderer fasst seinen persönlichen Assimilationsprozess mit den Worten zusammen „Man muss aufhören Ausländer zu sein." Für ihn ist wichtig, dass seine Familie – trotz der Tatsache, dass er tatsächlich als einer der wenigen Befragten regelmäßig transnational pendelt – keine „Migrantenfamilie" ist, sondern seine Kinder als Deutsche aufwachsen. Das Vermitteln „deutscher Werte" an die eigenen Kinder, um ihnen das Leben in Deutschland zu erleichtern, wurde auch von anderen

Gesprächspartner*innen als wichtiges Erziehungsziel genannt. Ein hinduistisches Ehepaar, das inzwischen gemeinsam seit sechs Jahren in Deutschland lebt, will seiner Tochter einen Zugang zu deutschen Werten zu vermitteln, indem es auch zu Hause deutsche Werte und Traditionen zu leben versucht. Daher war bei dem Interview in der Vorweihnachtszeit das Haus weihnachtlich geschmückt und auf dem Esstisch stand ein Adventkranz, wobei den Befragten nicht wussten, dass die vier Kerzen nach und nach angezündet werden.

Identität in der Erziehung

Ein Gesprächspartner, der mit einer Deutschen verheiratet ist, befand seine eigene kritische Auseinandersetzung mit der Kultur seiner Herkunftsgesellschaft als problematisch in der Erziehungsarbeit:

> „That was a big problem for me. Because I was critical of so many things, for example I was critical of Ramayana. So you come to Germany with a critique of Ramayana, but you don't have Ramayana here. What do you do with that critique? So, to operationalise or activate that critique you have to tell about Ramayana. So, I didn't tell them [den Kindern] about Ramayana. […] But at the same time, I am trying to invent something like Hinduism without caste system, because I have to tell them, but at the same time I have to tell that India has these problems. […] You are absolutely alone in the family, you are the only member of the family who knows about India, who teaches the whole world about India, but at home defeated absolutely. That's a tragedy, I mean I teach the whole world about India, but at home couldn't teach this."
> Amithab, kam 2000 nach Deutschland, um an seiner Doktorarbeit zu arbeiten; August 2015.

Amithab, der als Dozent Studierende über indische Gesellschaft, Geschichte und Kultur unterrichtet, gelingt es nach eigener Aussage nicht, seinen Kindern Wissen über seine kulturellen Wurzeln zu vermitteln. Grund hierfür ist, dass die Definition dessen, was indische Kultur ausmacht, umstritten ist (Kapitel 6.1). Ähnlich äußerte sich ein anderer Befragter, der sagte, dass er aufgrund seiner eigenen kritisch-distanzierten Einstellung zu Religion und Werten seiner Herkunftsgesellschaft seinen Kindern diese nicht aktiv vermitteln wolle. Er schloss jedoch nicht aus, dass durch sein unbewusstes Tun eine solche Vermittlung bestimmter Werte dennoch stattfinde.

Für andere ist die Vermittlung einer indischen Identität aber ein wichtiger Bestandteil der Erziehungsarbeit. Für einige Befragte war dies auch eine Motivation eigene Migrantenorganisationen zu gründen (Kapitel 6.1). Ein Befragter reiste mit seiner Tochter oft nach Indien, um bei ihr das Verständnis für Leben und Kultur in Indien zu wecken:

> „Once a year we go as a whole family to India. I see it is very critical also when my daughter was seven eight years, now she is eleven. First two years during that period we took her a little more frequent, because she is born and brought up here. Then she needs to know, how it is to live there, not just go once a year and go stay there for a week and say ‚I don't like this. This is not a good place to live. We have this problem, that problem.' So, they should know. So that is why I took her more frequent. So, she built up relations, friendships there and so that she knows, how she can live in both countries. Now my daughter is very, very dual basically. Even though

> she is born and brought up here, she can go to India and live the way we used to live there. Of course, eating is a little bit difficult, but she speaks the mother tongue."
> Gobind, kam 2000 mit einer „Green Card" nach Deutschland; Oktober 2015.

Das Zitat verdeutlicht, dass für Gobind die Schaffung einer hybriden Identität, die es seiner Tochter erlaubt, in Deutschland und in Indien zu leben, ein Erziehungsziel ist.

Sollten die Proband*innen ihre eigenen Identität beschreiben, empfanden sich einige selbst nach langem Aufenthalt in Deutschland stärker als Inder*innen als die bisher zitierten. Eine Befragte verglich ihr Leben in Deutschland mit der Ausübung eines Berufs, man ist zwar auch glücklich, aber die emotionale Bindung an das „zu Hause" ist enger:

> „Indien ist meine Heimat. Also ich bin Fan von Indien, egal wie. Also ich bin hier auch glücklich, aber für mich ist Deutschland so etwas wie, wenn man berufstätig ist. Man hat eben einen Beruf, aber dann hat man ein Zuhause. Also für mich ist das so."
> Udipti, 62 Jahre alt, lebt seit 35 Jahren in Deutschland; ursprünglicher Migrationsgrund war ein Forschungsaufenthalt ihres Mannes; Juli 2015.

Andere Proband*innen sagten, dass Differenzerfahrungen in Deutschland sie dazu gebracht hätten, sich stärker mit der indischen Kultur auseinanderzusetzen. Ein Interviewpartner führte aus, dass er und seine Familie bestimmte Fastenzeiten viel strenger einhielten als die Familien seiner Geschwister in Indien. Er erklärte dies mit dem Halt, den die aus der Kindheit bekannten Traditionen böten. Eine Gesprächspartnerin hatte in den ersten Jahren nach ihrer Migration nach Deutschland jedes indische Fest gefeiert und Rituale ihrer Kindheit wieder vollzogen, um die Beziehung zu ihrer Heimat nicht abreißen zu lassen. Später begann aber eine kritische Auseinandersetzung, die dazu geführt habe, dass sie inzwischen reflektierter mit den Traditionen ihrer Herkunftsgesellschaft umgehe.

Verunsicherung

Neben überwiegend positiven Bewertungen des Lebens in zwei Kulturen hat für andere der Aufenthalt in Deutschland negative Aspekte. So stellen zwei Gesprächspartnerinnen, die wegen des Berufs ihrer Ehemänner temporär in Deutschland leben, die Migration als verstörend dar. Eine von ihnen wählt eine Geschichte aus dem Mahabarata, um den Zustand, in dem sie sich ihrer Ansicht nach befindet, zu illustrieren: Zwischen zwei Welten gefangen, nicht wissend, wo sie hingehört (vgl. Kapitel 6.3, Zitat von Gayatri). Ein anderes Beispiel, das von Gobind (Kapitel 7.5) Er leitet ein mittelständisches Unternehmen, für das er bewusst die Form der GmbH und einen deutschen Namen gewählt hat, weil er es als „deutsches" Unternehmen betreiben wollte. Seine Geschäftspartner drängten ihn aber immer wieder, auch geschäftliche Verbindungen nach Indien zu etablieren, weshalb er schließlich eine Dependance in Indien eröffnete. Dies ermöglicht ihm transnationale Dienstleistungen anzubieten, aber seine Selbstwahrnehmung als „deutscher Mittelständler" stimmte nicht mehr mit dem von außen auferlegten Bild des „IT-Inders" überein, was der Gesprächspartner nur widerwillig und aus ökonomischem Kalkül heraus akzeptierte.

Ein anderer Gesprächspartner beschreibt eine ähnliche Erfahrung, jedoch in entgegengesetzter Richtung. Er hat den Eindruck, dass seine Karriere sich nur entwickle, wenn er „deutscher" wird:

> „India is my home, because it is India, which gave me this opportunity to develop my personality in such a way. And it is a kind of debt on me, you know? Means like here I do not mean to be very emotional or something, but that is my feeling. That is a debt on me, that India has prepared me such a way that I can do things which I am doing now. Okay, a very big contribution of that is from Germany as well. I can't ignore that. Definitely I have learned a lot, a lot, a lot in my last 8, 9 years. But my nursery is India. And I have been nursed in such a way, which allowed me to reached to this point. And you know – allow me to be a bit emotional (Lachen) – but here in my heart, from my heart I am Indian. I can't live without Indian food. I can't live without Indian music. I miss my family, my friends you know. So, I think that India is my home somehow. [...] So it is very... there is a word „bewildered"... I am at a point where I ask myself that ‚OK, whether I am an Indian or German or what?' For my professional growth, I need to be a German. That's clear to me. That's very clear to me, that I need to be a German if I need some growth in my career. But I can't leave my root."

Shah, kam 2005 als Journalist nach Deutschland; Juni 2015.

So führen Erwartungen, die auf unterschiedliche Weisen von außen an die Gesprächspartner herangetragen werden, ebenfalls zu einer identitären Verunsicherung. Dies kann, wie im ersten Beispiel eine Reduzierung der Persönlichkeit auf ein Klischee sein oder aber der Zwang bestimmte Verhaltensweisen ablegen zu müssen, um Widerstände in der Ankunftsgesellschaft zu vermeiden.

Ein Beispiel für die Differenzerfahrung zwischen Selbstwahrnehmung und Zuschreibung sind die Erfahrungen, die zwei junge Sikhs in einem Interview beschrieben. Für sie ist der Sikhismus vor allem durch das Gebot der Nächstenliebe und des Respekts vor anderen geprägt. Aufgrund der äußeren Erscheinung (männliche Sikhs tragen traditionell Turban und schneiden sich weder Bart noch Haare) werden sie häufig als (vermeintlich gewaltbereite, radikale) Muslime angesprochen (vgl. auch NIJHAWAN 2006). Aufgrund dieser Differenzerfahrung und zahlreicher Diskriminierungserfahrungen (Ausschluss von Sportarten wegen des Turbans etc.) haben mehre Sikhs der zweiten Generation, im Alter zwischen 20 und 30 Jahren, den Sikh-Verband Deutschland gegründet. Ihr Anliegen ist es, über Sikhismus aufzuklären und Vorurteile abzubauen.

Das Aufwachsen mit zwei Kulturen und das damit vielfach einhergehende Fremdheitsgefühl und Erfahrungen der eigenen Andersartigkeit ist für die zweite Generation prägend. Auffallend ist die intensive Auseinandersetzung der zweiten Generation mit der eigenen transnationalen Identität. Sie findet besonders intensiv während der Jugend bzw. Im jungen statt. Für die Kinder von Migrant*innen, die als Krankenschwestern bzw. deren Ehemänner nach Deutschland kamen, gab es dazu eine Reihe von Seminaren, in denen sie sich mit dem Aufwachsen zwischen zwei Kulturen beschäftigten. Eine Gesprächspartnerin erlebte in diesen Seminaren einerseits das Infragestellen der Wertvorstellungen der Eltern, andererseits den gemeinschaftlichen Versuch eine eigene deutsch-indische Identität zu definieren. Ein (verspätetes) Produkt dieser Seminare ist das Buch „InderKinder" (GOEL et al.

2012), in dem Vertreter*innen der zweiten Generation in unterschiedlichen Textformen ihre Identität beschreiben.

Transnationale Praktiken sind in der zweite Generation durchaus ausgeprägt, unterscheiden sich jedoch von denen der ersten Generation. Alle interviewten Vertreter*innen der zweiten Generation erwähnten regelmäßige Besuche in Indien, vor allem bei den Großeltern, die eine wichtige Rolle bei der Ausbildung der eigenen Identität einnehmen. Zusätzlich schildern mehrere Gesprächspartner*innen einen engen Indienbezug im Rahmen der Ausbildung (Studium in Indien oder eines Fachs mit Indienbezug) oder des ausgeübten Berufs. Dies deutet auf die hohe Relevanz des „Indischseins" und die Auseinandersetzung mit dem indischen Teil der eigenen Identität hin. Gleichzeitig wird das Verhältnis zur indischen Kultur auch als problematisch beschrieben und die Orientierung in Indien fällt nicht leicht. So berichtet eine Gesprächspartnerin, deren Eltern während ihrer Kindheit nach Indien zurückkehren wollten, von dem „Kulturschock", den sie bei ihrem Eintreffen in Indien erlebt habe (vgl. Zitat Namrata in Kapitel 5.3.3).

Andere Befragte beschreiben ein Fremdheitsgefühl sowohl in Indien als auch in Deutschland, was insbesondere im jungen Erwachsenenalter zu einer intensiven Auseinandersetzung mit der eigenen Identität führt, wie ein Gesprächspartner berichtet:

„Und in Indien ist es so... klar diese Identitätskrise, die wir auch eingangs besprochen haben, dass man sich in Phasen seines Lebens gefragt hat ‚Wohin gehöre ich?' Wenn ich in Indien bin, fühle ich mich fremd, wenn ich hier bin, bin ich eigentlich auch fremd... das kann man aber irgendwie... oder ich habe das für mich irgendwie geschafft, das zu überwinden, weil ich meine Funktion, meine Rolle anders verstehe heute. Aber als junger Mensch ist das halt etwas Anderes, weil man sich mit anderen Dingen identifiziert oder sich zwangsläufig mit anderen Dingen identifizieren muss. Nur jetzt, wo man sich gefestigter fühlt und seine Rolle für sich selber gefunden hat, sind diese Dinge nicht mehr so das Problem."
Sanjay, wuchs als Kind indischer Eltern in Deutschland auf und arbeitet als Rechtsanwalt; Juni 2015.

Ein Fremdheitsgefühl während Indienaufenthalten wird von anderen Befragten der zweiten Generation beschrieben. So sagt eine Gesprächspartnerin, dass sie auch zu ihrer Familie in Indien eine gewisse Distanz empfinde und sich in Indien insgesamt unsicher fühle, weil sie weder die Muttersprache ihrer Eltern spreche noch ihre indischen Verwandten ausreichend Englisch sprächen, um sich eingehend zu verständigen. Eine Befragte berichtet von einem Erlebnis, das sie bei einem Tempelbesuch im Rahmen einer Indienreise mit einer Freundin gehabt habe und das ihr Selbstverständnis verändert habe:

„... dann sind wir in einen Tempel reingegangen, dann wurde ich da direkt am Eingang – also meine Freundin ist erst gar nicht auf die erste Stufe gekommen, so ungefähr, aber das war ein Vishnu Tempel und das gibt es halt teilweise, dass da halt keine Nichthindus reindürfen – und dann wurde ich da wirklich rausgekegelt und ich meine, ich fand es halt richtig unverschämt. Aber das war dann für mich so der Wendepunkt, weil ich dachte: ‚Okay, dann leckt mich am Arsch, dann bin ich jetzt auch Touristin.' Insofern war das so einerseits so ‚Häh?' und anderseits aber auch befreiend ‚Ja gut. Okay, dann halt nicht.'"
Shreya, in Deutschland geborene Tochter eines indischen Vaters und einer deutschen Mutter; Juli 2016.

Trotzdem hat Shreya, wie an einer anderen Stelle des Gesprächs sagt, ein sehr emotionales Verhältnis zu Indien, ihren dortigen Verwandten und zu der dortigen Kultur. Weiterhin sagt sie – im Gegensatz zu dem obenstehenden Zitat – dass sie es eigentlich genieße in Indien in der Masse unterzutauchen, weil dort alle so aussähen wie sie. In ähnlicher Weise formulierte eine andere Gesprächspartnerin der zweiten Generation, dass es ihr angenehm sei, in Indien nicht die „Exotin" zu sein.

Die zweite Generation

Aufschlussreich ist die Beschreibung der transnationalen Identitäten der zweiten Generation durch die Eltern. Insbesondere diejenigen, die zum Studium nach Deutschland kamen und deutsche Frauen (die Interviewpartner waren allesamt männlich) geheiratet hatten, legten in der Erziehung sehr viel Wert darauf, dass ihre inzwischen erwachsenen Kinder im deutschen Schulsystem und in der deutschen Gesellschaft integriert waren. Diese Gesprächspartner brachten ihren Kindern oft nicht ihre eigene Muttersprache bei, was einige von ihnen im Nachhinein bedauern. Sie beschreiben, dass das Verhältnis ihrer Kinder zu Indien auch aus diesem Grunde distanziert sei. So sagt einer, dass Indien für seine Kinder Ausland sei, ein anderer, dass seine Kinder Indien nicht richtig kennen würden, sondern nur „aus Hotelzimmern heraus". Ein weiterer beschreibt das Verhältnis seiner Kinder zu Indien als „diffus", während ein Interviewpartner sogar von einer „heimatlosen Generation" spricht.

Eine Gesprächspartnerin, Frau Thakery, erwähnt ein Bild, das ihr Sohn im Kunstunterricht gemalt hat:

> „My older one, he did one very interesting art piece, I don't know if he still has it, but it was a beautiful art piece last year. He did it in visual arts. Where there is a river in between. And two sides of the banks is one is Germany and one is India. And he is there somewhere in the middle." Ehepaar Thakery, kam 2005 wegen der Arbeitsstelle des Ehemanns in einem transnationalen Unternehmen deutscher Herkunft nach Deutschland, vorher arbeitete er für dieses Unternehmen in Belgien; Mai 2015).

Sie betonte, dass sich ihre Kinder sehr stark mit ihrer indischen Herkunft identifizierten. Trotzdem könne sie sich nicht vorstellen, dass ihre Kinder eines Tages in Indien leben. Für eine Rückkehr nach Indien sei es ihrer Ansicht nach nun zu spät: „We have crossed a point of no return."

Andere Gesprächspartner*innen mit Kindern im schulpflichtigen Alter halten es für durchaus möglich, dass ihre Kinder nach Indien (zurück)gehen. Um diesen Weg offenzuhalten, wählen einige Eltern für ihre Kinder eine internationale Schule statt einer deutschen. Dies erlaube es, die Schullaufbahn an anderen Orten, unter anderem in Indien, ohne Übergangsschwierigkeiten fortzusetzen. Ein wichtiger Aspekt scheint dabei zu sein, ob die Kinder in Indien oder in Deutschland geboren wurden und wie viel Zeit sie in Indien verbracht haben. So sagt ein Gesprächspartner, dass er sich eine Rückkehr nach Indien für seine ältere Tochter vorstellen könne (sie plane auch in Indien zu studieren), während seine jüngere Tochter trotz sehr häufiger Besuche in Indien sich nicht mit der Herkunftsgesellschaft identifiziere. Zu Hause spreche sie im Gegensatz zu den anderen Familienmitgliedern nur Deutsch. Darin sieht der Interviewpartner eine bewusste Entscheidung für eine deutsche Identität.

Die Auseinandersetzung mit der eigenen Identität wird unter anderem durch Veränderungen im Lebenszyklus angestoßen. Vertreter*innen der ersten Generation mit sehr unterschiedlichen Migrationsbiographien berichten übereinstimmend, dass die eigene Elternschaft Anstoß gewesen sei, sich mit der eigenen kulturellen Identität auseinanderzusetzen. Sie sie möchten, dass ihre Kinder die Gelegenheit haben, indische Feste zu feiern, die sie selbst aus ihrer Kindheit kennen. Denn auch für diejenigen, die ihren Lebensmittelpunkt in Deutschland sehen, bleiben indische Feste wichtiger Teil des Lebens, der nicht ersetzt werden kann, auch wenn eine gewisse Anpassung an das Leben in Deutschland unumgänglich ist:

> „Ich fühle mich natürlich, wenn ich drüben [in Indien] bin, ganz anders als wie hier. Das ist jetzt schon fast 35 Jahre her, aber ich kann trotzdem zum Beispiel Weihnachtsfeier, kann ich jetzt nicht so feiern, wie ein Deutscher feiern würde oder Karneval. Also wir tun einen Baum – für die Kinder wahrscheinlich mehr. Sieht gut aus und dann haben wir Geschenke da und sonst was. Aber das man innerlich was macht, also das muss im Knochen drin sein. Von Geburt an. Dann kann man es mehr feiern oder machen halt, aber für mich ist immer noch Indien mein Heimatland."
> Ramesh, kam als Jugendlicher 1978 nach Deutschland, weil sein Vater im diplomatischen Dienst tätig war; März 2015.

Ramesh engagiert sich aus den oben genannten Gründen in einer Migrantenorganisation. Das Zitat verdeutlicht, die Wichtigkeit von Feiertagen und Bräuchen und wie Migrant*innen auch in diesem Lebensbereich einen Weg zwischen Herkunfts- und Ankunftsgesellschaft suchen.

Migrantenorganisationen (Kapitel 6.1) werden auch von anderen Migrant*innen und in anderen Bereichen als ein Ort angesehen, an dem es möglich ist, sich der eigenen Identität zu versichern. Die gemeinsame Herkunft erleichtert beispielsweise die Schaffung einer gemeinsamen Gesprächsgrundlage:

> „I can't put my finger in on it but I can say so much: I can have a friend, who is Indian and I can have a friend, who is German or non-Indian. When I speak to the Indian, I don't have the feeling that I keep needing to explain myself. I can say what I like and the other person understands it all. But when I speak to someone from another culture, I need to keep explaining myself. That sometimes is, you know, you want to put all that down and you just want to talk like how I would talk to you now. Like just normal. And I know, you would understand these types of... like the same jokes."
> Jyoti Thakery, kam 2005 wegen der Arbeitsstelle des Ehemanns in einem transnationalen Unternehmen deutscher Herkunft nach Deutschland, vorher arbeitete er für dieses Unternehmen in Belgien; Dezember 2016.

Aufgrund der von Jyoti beschriebenen selbstverständlicheren Empathie, die in dem gemeinsamen kulturellen Hintergrund wurzelt, können Migrantenorganisation (Kapitel 6.1) als Rückzugsort dem eine Rückversicherung der eigenen Identität möglich ist. Diesem Zweck dienen auch die Besuche in der Heimat (Kapitel 7.1).

Religiöse Orte

Weitere Orte, die für die Auseinandersetzung mit der eigenen Identität ermöglichen, sind religiöse Stätten. So ist für die keralesischen Christen im Rheinland die indische Gemeinde in Köln ein wichtiger Ort, an dem sie die Traditionen pflegen können, die sie aus Kindertagen kennen. Das jährlich stattfindende Pfarrfest, das für die Gläubigen eine wichtiges Ereignis im Jahresverlauf darstellt, wurde im Rahmen einer teilnehmenden Beobachtung im Juni 2015 besucht. Der Gottesdienst in einer katholischen Kirche war sehr gut besucht und die ca. 400 Teilnehmer*innen waren festlich gekleidet: die Männer in Anzügen, die Frauen in traditioneller indischer Kleidung (*Sarees* und *Salwar Kameez*). Der auf Malayalam abgehaltene Gottesdienst endete mit dem Auszug aus der Kirche und einer sich anschließenden kurzen Prozession. Bei dieser trugen Gläubige eine aufwendig geschmückte Marienstatue durch die anliegenden Straßen. Die Prozession endete auf dem Vorplatz der Kirche, wo die Gläubigen die Marienstatue berühren und Fürbitten äußern konnten. Daran schloss sich ein gemeinsames Essen und Trinken an, für das Gemeindemitglieder keralesisches Speisen zubereitet hatten, das an Ständen gegen ein geringes Entgelt verkauft wurde. Für viele bedeutete das Pfarrfest in Köln auch ein Wiedersehen mit alten Bekannten, da die meisten Teilnehmer*innen eine ähnliche Migrationsbiografie haben, die in Zusammenhang mit der Migration der jungen Frauen aus Kerala in den 1960er und 1970er Jahren steht. In Gesprächen mit Teilnehmer*innen dieses Festes sagten viele, dass es sie an die Pfarrfeste in ihrer Heimat erinnere, bei denen in besonderer Weise, oft auch mit Prozessionen, den Schutzpatronen der Gemeinden gedacht werde.

In ähnlicher Weise stellen die Gurdwaras der Sikhs Zentren des gemeinsamen kulturellen Lebens dar. Ein Gottesdienst in einem Sikh Gurdwara wurde im Mai 2015 besucht. Neben dem eigentlichen Gottesdienst nahm das gemeinsame Essen (*Langar*) im Anschluss an den Gottesdienst eine wichtige Rolle ein. Das *Langar* fand in einem separaten Raum statt während im Hauptraum noch weitere Gebet stattfanden, die über einen Lautsprecher übertragen wurden. Das *Langar*, wöchentlich im Anschluss an den Gottesdienst abgehalten, wird von wechselnden Gemeindemitgliedern gemeinsam vorbereitet. Durch das *Langar* wird der Aufenthalt im Gurdwara zu einem Ereignis, das mindestens einen halben Tag dauert. Anwesend sind dabei Gemeindemitglieder aus allen Generationen. Die Kinder genießen während der ganzen Zeit viele Freiheiten. Ihr Herumlaufen während des Gottesdienstes wird dabei nicht als störend empfunden.

In den Gesprächen, die im Rahmen der teilnehmenden Beobachtung stattfanden, aber auch aus den Interviews, die mit Proband*innen aus der Sikh-Gemeinschaft geführt wurden, lässt sich schließen, dass diese gemeinsamen Sonntage für die Sikh-Gemeinden eine große, identitätsstiftende Bedeutung haben. Hier wird neben der gemeinsamen Religion auch die gemeinsame Sprache Panjabi gepflegt und wie Besucher*innen des Gurdwaras erzählten, auch Ehen arrangiert.

Teile der Sikh-Gemeinschaft definieren sich dadurch, dass sie eine ablehnende Haltung gegenüber dem indischen Staat einnehmen (Kapitel 5.1 und 6.1.2). Dies ist in den Gemeinden nicht unumstritten (Kapitel 6.1.2), trägt aber auch dazu bei, dass der Zusammenhalt in Abgrenzung zu dem vermeintlichen gemeinsamen „Gegner" gestärkt wird. In dem Gurdwara hingen z.B. neben den Bildern der wichtigsten Gurus und der frühneuzeitlichen Märtyrer auch Bilder von Führern der Khalistan-Bewegung, die in den 1970er und 1980er Jahren für einen von Indien unabhängigen Sikh-Staat gekämpft hatte. Obwohl diese Bewegung heute in Indien nur noch von geringer Bedeutung ist, berufen sich manche Gemeindemitglieder, die für sich den Status als Geflüchtete reklamieren, weiterhin auf ihre Zugehörigkeit zur Khalistan-Bewegung, die sie als Fluchtursache angaben. Ihr Aufenthalt hier für sie daher mit einer dauerhaften Identifikation mit der Gruppe verbunden. Dieses gebrochene Verhältnis zu Indien als Staat haben, macht das Verhältnis zu anderen indischen Migrant*innen nicht einfach. Ein Befragter, selbst Sikh, sagt über diejenigen, die sich über ihren Status als Geflüchtete definieren, dass sie sich selbst ein „Ghetto" geschaffen hätten:

> „Interviewer: Würden sie sagen, die Inder die in Deutschland leben, sind die alle gut integriert? Sind die alle so angekommen [wie die Hochqualifizierten, von denen vorher die Rede war]? Oder sehen sie manchmal auch Probleme?
> Befragter: Ja, Probleme sehe ich auch [in Nachbarstadt]: Sikhs, die haben eine Gemeinde. Gehen jeden Tag, jedes Wochenende zum Gurdwara, also ihrem Tempel. Und aus dem Tempel kommen die nicht raus. Das heißt, was in Deutschland geschieht kennen die nicht. Die Kinder kennen das, weil die in die Schule gegangen sind oder in der Uni sind, oder machen die Handwerkerarbeit irgendwo anders. Die kennen sich besser aus. Die Eltern sind wieder in Ghettos und die bleiben in Ghettos."
> Herr Walia, Experte, Vorsitzender einer Migrantenorganisation; Februar 2015.

Herr Walia beschreibt die selbstgewählte Abschottung als ein Problem nur der ersten Generation, da die zweite Generation eine andere Sozialisation erfahren habe und ihre Identität nicht über die Netzwerke in den Gurdwaras und die sozialen Netzwerke innerhalb der Religionsgemeinschaft definieren müsse.

Heimatgefühle für Indien

Im Gegensatz zu dem teilweise problematischen Verhältnis einiger Sikhs zu ihrem Herkunftsland verbinden andere Proband*innen mit Indien vor allem Heimatgefühle. Dieses Motiv taucht in fast allen Gesprächen mit den Migrant*innen der ersten, zum Teil auch der zweiten Generation auf. Eine Gesprächspartnerin sagt, die indische (sic!) Kultur sei stark und begleite einen das ganze Leben hindurch, auch wenn man Indien verlasse. Wieder andere sprechen von dem Stolz, den sie empfinden, wenn sie an Indien und die Kultur ihrer Herkunftsregion denken. Ein Befragter sagte, dass er aus der Distanz eine größere Liebe zu seinem Heimatland entwickelt habe:

> „Interviewer: So, at the moment how would you describe your relation to India? What is that?
> Befragter: I would say, I love my country more than I used to before. That is what I would say, very strongly. But of course, you realize the value when the thing is not with you. It is a normal thing in human tendency."

Anil, kam 2015 für ein sechsmonatiges Praktikum bei einem transnationalen Unternehmen nach Deutschland; September 2015.

Weitere Gesprächspartner*innen fühlen eine enge Verbundenheit zu ihrer Herkunftsgesellschaft und empfinden Stolz auf ihre Herkunft. Gleichzeitig übersehen sie nicht die negativen Aspekte des Lebens in Indien. In den Gesprächen wurden als Beispiel die Korruption, die Rolle der Frau oder die als unsicher empfundene Stellung der Christ*innen in Indien angeführt. Diese Ambivalenz kommt in dem folgenden Zitat zum Ausdruck:

„Interviewer: Und wie würden Sie ihr Verhältnis zu Indien heute beschreiben, wenn Sie an Indien denken?
Befragter: Ja, meine alte Heimat. Meine alten Wurzeln habe ich da und mochte auch da mein Leben oder so... meine Stadt auch immer. Das hat mir meine Anfänge würde ich sagen. Auf der einen Seite Stolz und auf der anderen Seite Ärger, wenn ich an die Politik oder die Finanzen denke, kommt immer dieses Wutgefühl, warum können die das nicht ein bisschen ändern?"
Aravind, kam 2002 nach Deutschland, um Theologie zu studieren; 2004 trat aus dem Orden aus, der seine Migration und sein Studium finanziert hat; Juni 2015.

Während Aravind mit Stolz an seine „alte Heimat" denkt kommt in dem Zitat durchaus auch eine distanzierte Haltung zum Ausdruck. Er sieht sich selbst nicht mehr als Teil der indischen Gesellschaft, weil, wie er vorher in dem Interview erläuterte, seine Familie wegen seines Austritts aus dem Orden mit ihm gebrochen habet und er nun seinen Lebensmittelpunkt in Deutschland sehe. Eine ähnliche Ambivalenz kommt in dem folgenden Zitat zum Ausdruck:

„I'm deeply attached. I'm very deeply attached to the country. It's the country of my birth, it's where my parents are. I'm proud of its history. I'm ashamed of its negatives, but that shows how strongly I feel. I mean, being ashamed of the negatives, I see it as not that makes me dislike my country. I just feel I could do a bit more to solve our challenges which our country faces. And so, I'm deeply attached. So, all the negatives of the country that we have affect me profoundly and at the same time, all the good things that we have also make me euphoric. But I'm deeply attached. I think, I would say that word, yeah. I do care about what's happening to my country and its people."
Deepak, kam 1999 nach Deutschland, um die Dependance eines indischen Softwareunternehmens in Deutschland aufzubauen; Januar 2017.

Deepak beschreibt sich in diesem Zitat als weiterhin zu Indien zugehörig. Obwohl er inzwischen die deutsche Staatsbürgerschaft besitzt, spricht er hier immer noch von Indien als „seinem" Land, für das er sich weiterhin verantwortlich fühle. Er fragt sich, was er selbst tun könne, um Verhältnisse in Indien mit zu gestalten.

Staatsbürgerschaft

Das emotionale Verhältnis zur Herkunftsgesellschaft wurde in den Interviews häufig im Kontext der Staatsbürgerschaft thematisiert. Viele Gesprächspartner*innen sagten, dass sie aus emotionalen Gründen ihre indische Staatsbürgerschaft behalten oder es als sehr schwer empfunden hätten, sie gegen die deutsche zu tauschen. Die

Antwort auf die Frage nach der geeigneten Staatsbürgerschaft ist vor Allem von der Rückkehrabsicht abhängig ist.

Für Pater Joseph, der als Mitglied des Ordens der Carmelites of Mary Immaculate in Deutschland als Priester tätig ist, steht fest, dass er seinen Lebensabend in einem Kloster in Indien verbringen werde. Deshalb ist für ihn auch nach 17 Jahren in Deutschland die deutsche Staatsbürgerschaft keine Option. So lange der Orden ihn aber in Deutschland einsetzt, wird er hierbleiben:

> „Also ich habe nie dran gedacht die deutsche Staatsbürgerschaft zu übernehmen. Aber wir wollen möglichst ein unbefristetes Visum haben aus zwei Gründen, zum einen Geld sparen, jede zwei oder drei Jahre, das kostet mittlerweile ca. 100 Euro, das ist das Eine. Und das Zweite, wie gesagt, wir haben fast alle engere Bindungen mit der Heimat und man weiß nie. Meine Eltern, das ist jetzt mein persönlicher Grund warum ich ein unbefristetes Visum haben will, meine Eltern sind älter, also um die 80 beide, kann passieren, dass nächste Woche irgendwie was passiert, also umfällt oder krank wird, er stirbt. Dann brauche ich nicht solange um zu gucken, wie lange habe ich noch das Visum. Wenn ich nicht genug sechs Monate Gültigkeit habe, dann darf ich ausreisen, aber nicht wieder einreisen. Dann gibt es ein Problem. Es gibt schon manche Sachen und daher wollen wir dieses unbefristete Visum haben, damit die Reise unkompliziert läuft."
>
> Pater Joseph, kam 1998 im Auftrag seines Ordens nach Deutschland; Juli 2015.

Der Interviewausschnitt zeigt auch, dass das die Entscheidung für ein grenzüberschreitendes, ortsverteiltes Leben stark durch administrative Hürden beeinflusst werden kann. Das von Pater Joseph beschriebene Problem der Einschränkung der Reisefreiheit klang auch in anderen Gesprächen an. Dies weist auf die Grenzen und Schwierigkeiten des transnationalen Handelns hin, die ebenfalls – wenn auch in geringerem Maße – diejenigen betreffen, die die deutsche Staatsbürgerschaft angenommen haben. Für das Annehmen der deutschen Staatsbürgerschaft entscheiden sich Befragte oft, weil es ihren Alltag vereinfacht. Diese praktischen Gründe werden sorgfältig gegen das emotionale Zugehörigkeitsgefühl zu Indien abgewogen. Gefragt, ob sie darüber nachdenke, die deutsche Staatsbürgerschaft anzunehmen, antwortete eine Befragte:

> „I don't know. I really don't know. It is a very tricky question coming from a German but (Lachen) as much I love being in Germany, you know, I also love being in India. So, it is only two years ago until India was allowing dual citizenship. Until that India was not allowing a dual citizenship. So that option has opened for Indians two years ago. So of course, it is an option. It is an advantage to have German citizenship in terms of travel, in terms of economic activity in Europe, in terms of, you know… That, you don't have to wait for a visa to travel to any of the countries. That is a big advantage, but somehow it is also, you know… You might have a German passport but you are an Indian (Lachen) it is a really tricky thing. I mean for economic activities and opportunities of course yes. The rational answer is yes, but I mean this is about your identity right?"
>
> Reena, kam 2005 für ihr Studium nach Deutschland; Januar 2014.

Reena hat neben der Reisefreiheit, die eine deutsche Staatsbürgerschaft mit sich bringt, auch ökonomische Vorteile im Blick, z.B. die Freizügigkeit innerhalb der Europäischen Union. Jedoch benennt sie klar den emotionalen Zwiespalt, der sich aus der Wahl einer Staatsbürgerschaft hinsichtlich der eigenen Identität ergeben kann. Ein weiterer Grund, der meist von älteren Befragten bei der Entscheidung für die deutsche Staatsbürgerschaft eine Rolle spielt, bezieht sich auf die Regelung des Erbes:

„Interviewer: Sie leben jetzt schon deutlich länger in Deutschland als in Indien. Haben Sie mittlerweile die deutsche Staatsbürgerschaft?
Befragter: Seit 2 Jahren. Wollte ich gar nicht. (Lachen) Ich wollte Inder bleiben. Oder meine Wurzeln respektieren. Deswegen bin ich auch regelmäßig in Indien. [...] Hier hatte ich aufgrund meines langen Aufenthaltes hier, hatte ich einen Daueraufenthalt oder eine Aufenthaltsberechtigung. So habe ich meinen Job und da brauchte ich keine spezielle Erlaubnis haben oder auch in meiner Praxiszulassung oder Hauskauf, oder -verkauf, brauchte ich nicht, brauchte ich gar nicht eine deutsche Staatsangehörigkeit haben.
Interviewer: und warum haben sie sich dann dazu entschieden...?
Befragter: Und zwar, das ist so, dass in meinem Bekanntenkreis habe ich Freunde, die auch Anwälte sind und da haben sie mir gesagt, du musst aufpassen. Wir haben also hier Präzedenzfälle, selbst also ein österreichischer Mann, deutsche Frau, er ist gestorben, er hat ein Haus in Österreich und bis die Frau das Haus, oder die Ersparnisse geerbt hat, hat ein Jahr gedauert mit den Formalitäten. Also wenn mir was passiert z. B. könnte der Notar sagen ‚Halt! wir müssen zuerst, bis die Kinder und Frau was kriegen von mir das Haus, Bankkonten usw. müssen die an der Botschaft fragen oder die Unterlagen dahin schicken, die Todesnachricht zur Aufklärung.' Und die schicken nach Delhi zum Außenministerium, ob ich welche Verbindlichkeiten habe dort. Commitments. Und die schicken wieder nach [Herkunftsort], ob ich vielleicht schon mal verheiratet war, andere Kinder habe oder Schulden habe. Das muss geklärt werden. Zwei Jahre dauert das, bis sie den ersten Euro gesehen haben."
Herr Mishra, kam 1966 nach Deutschland um Medizin zu studieren; Juli 2015.

Diese Zitate verdeutlichen, dass vor allem rationale Gründe für die Annahme der deutschen Staatsbürgerschaft sprechen, während bei denjenigen, die dauerhaft in Deutschland zu bleiben beabsichtigen, eher emotionale Gründe den Ausschlag für das Beibehalten der indischen Staatsbürgerschaft geben. Eine Befragte ist sich unsicher, ob sie eines Tages guten Gewissens Deutsche werden könne, weil sie nicht glaube, für Deutschland jemals die gleichen Emotionen entwickeln zu können wie für Indien. Dabei sei es ihr gleichgültig, ob andere sie als Deutsche akzeptieren. Für sie sei es wichtig, für Deutschland die gleiche emotionale Zuneigung, z.B. beim Singen der Nationalhymne, zu spüren wie für Indien.

Ein Befragter, der mit einer Deutschen verheiratet ist, erzählte, dass seine Frau und er nach der Geburt des zweiten Kindes entschieden hätten, dass er Deutscher werden solle. Insgeheim hoffte er allerdings während des gesamten Verfahrens, dass die Behörden seinen Antrag ablehnen würden, weil er eigentlich lieber Inder bleiben wollte. Diese Beispiele verdeutlichen, wie eng Staatsbürgerschaft und eigene Identität verknüpft sein können.

Zum Teil handeln die Befragten widersprüchlich. Ein Proband, der in einem Hindutempel eine leitende Stellung innehat und als Experte befragt wurde, sagte, dass er die indische Staatbürgerschaft beibehalten werde, weil er als Inder geboren sei und auch als Inder sterben wolle. Allen anderen in seinem Umfeld, vor allem aber der zweiten Generation empfiehlt er, die deutsche Staatsbürgerschaft anzunehmen. Als Gründe hierfür nennt er die besseren Chancen auf dem Arbeitsmarkt und die Rechtssicherheit hinsichtlich des Aufenthaltsstatus.

Der Akt der Annahme der deutschen Staatsbürgerschaft wurde von den Proband*innen als hoch emotionaler beschrieben:

„At that moment when we gave [away] the [Indian] passport, my wife cried actually, but for me I usually don't show emotions very easily. I did also have a bit… but then I realized it is again a piece of paper for me, because I think still, you can call me and I am calling myself Indian and German. So, in that way nothing else changed and my link with India has not changed. And my cooperation with India has not changed, my emotions have not changed, so I don't see anything of that emotion. I just see a travel document, that's it, not more than that. […] That emotion would probably have been the case if we would not have the Overseas Citizenship of India program by the government of India."
Rama, kam 2000 als Doktorand nach Deutschland; November 2015.

Ramas Beispiel zeigt auch, dass die Diasporastrategie der indischen Regierung (vgl. Kapitel 2) für indische Migrant*innen Vorteile bringt. Die angesprochene *Overseas Citizenship of India* wurde 2006 aufgrund einer Empfehlung aus dem Bericht des *High Level Committte on the Indian Diaspora* eingeführt. Seit 2006 ist es für ehemalige Staatsbürger*innen und deren Nachkommen bis zur vierten Generation möglich, sich als *Overseas Citizen of India* (OCI) registrieren zu lassen. Sie erhalten dann eine *OCI-Card* die äußerlich stark einem indischen Reisepass ähnelt. Der OCI-Status beinhaltet lebenslange visafreie Einreise nach Indien, das Recht sich uneingeschränkt wirtschaftlich zu betätigen und Bildungseinrichtungen zu nutzen. Wesentliche Einschränkungen sind lediglich das Verbot des Erwerbs landwirtschaftlicher Nutzflächen sowie die fehlende Möglichkeit zur politischen Partizipation. Beide Einschränkungen werden von den Gesprächspartner*innen als unerheblich angesehen. Die Einführung des OCI-Status erleichterte den Befragten die Entscheidung für die Annahme der deutschen Staatsbürgerschaft erheblich. Damit einher ging auch, dass diejenigen Befragten, die bereits die deutsche Staatsangehörigkeit angenommen hatten, wieder eine stärkere emotionale Nähe zu Indien entwickelten. So gab eine Befragte, die in den 1960er Jahren einen Deutschen geheiratet und die deutsche Staatsbürgerschaft angenommen hatte, an, dass sie, die man früher eher herablassend behandelt hatte, wenn sie wegen Konsularangelegenheiten bei der indischen Botschaft vorsprach, heute auch aufgrund der veränderten Behandlung bei der Einreise nach Indien wieder eine stärkere Bindung an ihr Herkunftsland empfinde. Vor allem bei der Beantragung von Visa fühlte sie sich unwohl, als Inhaberin einer *OCI-Card* darf sie aber nun lebenslang ohne Visum nach Indien reisen und bei der Einreisekontrolle die gleichen Schalter benutzen wie indische Staatsbürger.

Insgesamt wurde in den Interviews deutlich, dass die Befragten mit langfristiger Bleibeabsicht in Deutschland zwischen der emotionalen Zugehörigkeit zu Indien und der pragmatischen Entscheidung, für die deutsche Staatsbürgerschaft, die das Leben in Deutschland erleichtert, abzuwägen hatten. Hierbei handelt es sich in den meisten Fällen um einen längerfristigen Prozess, da aufgrund von Veränderungen der persönlichen Lebenssituation im Laufe des Lebenszyklus die nach Frage der Staatsbürgerschaft jeweils neu gestellt wird. Diesem Veränderungsprozess ist auch die persönliche Identität unterworfen, der bei einschneidenden Ereignissen im Lebenslauf (Elternschaft, Tod der eigenen Eltern, Eintritt ins Rentenalter etc.) zudem sprunghaft abläuft.

Von den beschriebenen Verhaltensmustern sind drei Ausnahmen anzuführen. Diese Gesprächspartner*innen sehen alle ihren Lebensmittelpunkt langfristig in Deutschland, haben sich aber bewusst für die Beibehaltung der bzw. das Wiederannehmen der indischen Staatsbürgerschaft entschieden. Der erste Fall ist Namratas bereits angesprochene Entscheidung, aufgrund von Schwierigkeiten bei der Einreise nach Deutschland, die indische Staatsbürgerschaft beizubehalten (siehe Seite 244). Der zweite Fall ist der eines Probanden, der in Deutschland für die Vereinten Nationen tätig ist. Auch nach seiner Pensionierung möchte er dauerhaft in Deutschland leben, da er aber mit einem Diplomatenpass keine Einschränkungen erfährt, ist es für ihn keinen Vorteil Deutscher zu werden. Der dritte Fall ist außergewöhnlich, weil der Befragte sich entschied, wieder (!) die indische Staatsbürgerschaft anzunehmen. Er war als Student in die damalige DDR gekommen und verfolgte nach seinem Studium dort eine erfolgreiche Universitätskarriere. Er heiratete eine Deutsche, hat mit ihr zwei Kinder und sieht seinen familiären Lebensmittelpunkt langfristig in Deutschland. Allerdings engagierte er sich, auch aufgrund der Verbindungen seiner Familie, stark in der Telangana-Unabhängigkeitsbewegung. Diese Gruppe bemüht sich seit den späten 1960er Jahren um eine Abspaltung des telugusprachigen Teils des ehemaligen Fürstenstaates Hyderabad vom Rest des Bundesstaates Andhra Pradesh. Um sich aktiv in der Politik beteiligen und das passive Wahlrecht in Anspruch nehmen zu können, nahm er 2008 wieder die indische Staatsbürgerschaft an. Seit 2009 ist er Mitglied des Parlaments (*Vidhan Sabha*) von Adhra Pradesh bzw. seit 2014 Mitglied der *Vidhan Sabha* des neu entstandenen Bundesstaates Telangana. Er lebt ein nahezu idealtypisches transnationales Leben, weil er annähernd gleich viel Zeit in Deutschland und in Indien verbringt. In seinem Fall spiegeln die Wechsel der Staatsbürgerschaft unterschiedliche Facetten seiner Identität wider. Er wurde Deutscher, weil er sich mit seiner Frau für ein Leben in Deutschland entschieden hatte. Wichtiger Einflussfaktor waren dabei seine Kinder, von denen er nicht wollte, dass sie in Deutschland als Ausländer leben. Nachdem er zeitweise wenig Kontakt nach Indien hatte und seinen Herkunftsort selten besuchte, engagierte er sich ab Mitte der 1990er Jahre wieder zunehmend in Indien – zunächst beruflich, dann auch politisch. Dieses zunehmende Engagement verknüpfte er selbst mit den politischen und gesellschaftlichen Umbrüchen (v. A. die deutsche Wiedervereinigung, Indiens Öffnung und die zunehmende Globalisierung), die er im Laufe seines Lebens erlebte. Diese haben seinen Lebensweg geprägt und ermöglicht, dass er seine Identität zunehmend hybridisieren konnte.

Veränderung der Identität

Eine fortwährende Auseinandersetzung mit und die Veränderung der eigenen Identität wurde in ähnlicher Weise auch in Gesprächen mit anderen Proband*innen zum Thema. In diesen Gesprächen zeigte sich, dass die Entwicklung der eigenen Identität oftmals mit Veränderungen im Lebenszyklus verknüpft war. Insbesondere der Tod der eigenen Eltern und/oder enger Freunde führt dazu, dass die Identifikation mit der Herkunftsgesellschaft geringer werden kann. Ein Proband erzählte, dass er

8. Identitäten

sich aufgrund der fehlenden Bindung in Indien der dortigen Gesellschaft nicht mehr zugehörig fühlt:

„Interviewer: Also jetzt einmal nicht von ihrem Pass aus gesehen, würden Sie sagen Sie sind Deutscher oder Sie sind Inder?
Befragter: Ich würde sagen Deutscher: ja, Inder: kaum. Ich weiß nicht wo…meine Wurzeln sind da… aber ich weiß nicht wo ich da irgendwo ein Zweig in die Hand nehmen kann; sozusagen: ‚Ich gehöre zu diesem Baum' … so ist das."
Herr Bose, kam 1960 als PostDoc nach Deutschland, heiratete eine Deutsche und war später bis zu seiner Pensionierung für die Bundesregierung tätig; März 2015.

Ein weiterer Grund für eine Entfremdung von der Herkunftsgesellschaft können gesellschaftliche Aspekte und die Veränderung von Werten darstellen. Insbesondere in Gesprächen mit der ersten Generation, wurde dies beschrieben. Dieser Eindruck beruht einerseits auf der Veränderung der eigenen Identität und Wertvorstellungen durch das Leben in Deutschland, andererseits auf der Erfahrung, dass sich auch die indische Gesellschaft verändert. Insbesondere der Wertewandel in Indien wird dabei als Grund für ein zunehmendes Distanzempfinden genannt:

„Wir leben in einer Nostalgie, dass es vielleicht in Indien existiert, was damals existiert hat, in der Zeit, als wir damals Indien verlassen haben und wir wollen zurückkehren immer zu dieser Quelle. Aber es ist nicht mehr da. Die Urbanisierung findet statt, auch in Dörfern."
Herr Kunapalli, kam 1966 als Journalist nach Deutschland und heiratete eine indische Krankenschwester; März 2015.

Veränderungen werden, wie in obenstehendem Zitat angedeutet, mit der wirtschaftlichen Öffnung Indiens und den damit verbundenen Transformations- und Globalisierungsprozessen in Verbindung gebracht. Dieser gesellschaftliche Wandel wird von mehreren Gesprächspartner*innen als verstörend empfunden. So beschreibt eine Interviewpartnerin ihr Unbehagen in Anbetracht der jüngeren Entwicklung, bringt aber auch ihre Hoffnung zum Ausdruck:

„Indien hat sich in letzter Zeit sehr schnell entwickelt und die Entwicklung ist sehr schnell passiert und da kommen die Menschen manchmal gar nicht zurecht. Und deswegen merkt man manchmal, das ist zurzeit mehr Materialismus. Indien ist bekannt für Spiritualität und das ist so ein bisschen störend, dass da jetzt mehr Materialismus ist. Das ist alles Impact von außen. Diese ganzen multinational firms die [nach Indien] gegangen sind und die jungen Leute, die studiert haben und jetzt in solchen Firmen arbeiten, haben viel Geld. Und diese Gier und so. Das ist eine Phase jetzt und vielleicht in ein paar Jahren da wird es dort auch wieder gut werden, wie hier in Europa. Hier war das auch erstmal Entwicklung und dann kam irgendwo Wohlstand und dann gab es Zufriedenheit. Und das kommt dort auch bald."
Udipti, 62 Jahre alt, lebt seit 35 Jahren in Deutschland; ursprünglicher Migrationsgrund war ein Forschungsaufenthalt ihres Mannes; Juli 2015.

Auf der anderen Seite reflektieren Gesprächspartner*innen auch die Veränderungen, die sie selbst durch die Migration und das Leben in Deutschland erfahren haben. Ein Gesprächspartner sagt, dass er sich in seinem Verhalten jetzt stark an deutschen Normen, wie zum Beispiel Pünktlichkeit orientiert. In seinem regelmäßigen Kontakt mit indischen Geschäftspartner*innen erlebt er oft ein anderes Verständnis von Pünktlichkeit, das er inzwischen als unhöflich und zeitraubend wahrnimmt. Veränderungen ihres Konsumverhaltens beobachtet eine andere Gesprächspartnerin an sich selbst. Den Kauf von gebrauchten Gegenständen auf einem Flohmarkt findet sie eine wohltuende Befreiung von dem in Indien weit verbreiteten Konsum, was bei ihrer Familie auf kein Verständnis stößt:

> „When you go back to India, you see everybody is hoarding for something which is about to happen. I don't know what. And you are shocked by the scale and the proportion of everything. And it takes a while to get into that traffic so to speak you know, because if you are not a part of the traffic then suddenly you'll become stingy and it is very difficult to navigate the two worlds, because on the one hand you have stopped consuming like that. You just buy what you immediately require. You also live frugally in other senses. Like for example, I go to the ‚Flohmarkt' very often and I buy things which I find interesting or useful. When I tell my mother for example I buy second hand shoes, she tells me: ‚please take money from me and buy things for yourself.'"
> Gayatri, kam 2006 als abhängige Ehepartnerin nach Deutschland; April 2015.

Die selbst beobachteten Veränderungen führen dazu, dass zum Teil die Möglichkeit den Lebensmittelpunkt nach Indien zurückzuverlegen, infrage gestellt wird. Gayatri würde sehr gern dauerhaft nach Indien zurückkehren. Die Wintermonate hat sie in den letzten Jahren ohnehin dort verbracht und sie plant, sich dort eine selbstständige Existenz aufzubauen. Jedoch hat sie Angst, dass ihr Plan daran scheitert, dass sie sich inzwischen (trotz der regelmäßigen Aufenthalte) vom Leben in ihrer Herkunftsgesellschaft zu weit distanziert haben könnte. Sie befürchtet Schwierigkeiten bei der Reintegration. Auch andere Proband*innen beschreiben die Schwierigkeiten oder auch das Scheitern ihrer eigenen Versuche dauerhaft nach Indien zurückzukehren (Kapitel 5).

Insgesamt zeigen die hier dargestellten Ergebnisse zu den Identitäten der Befragten, dass die Migrationserfahrung zum Teil zu grundsätzlichen Änderungen der eigenen Identität führen. Dies trifft insbesondere auf diejenigen zu, die dauerhaft in Deutschland leben. Allerdings beschreiben auch Remigrant*innen Veränderungen ihrer Identität durch den Aufenthalt in Deutschland (vgl. Kapitel 5). Die Hybridisierung der eigenen Identität kann dabei als positiver Prozess empfunden werden, der zu einer Erweiterung der eigenen Weltsicht führt. Andere empfinden Verunsicherung durch den Verlust einer eindeutigen Zugehörigkeit. Diese Verunsicherung manifestiert sich vor allem an klaren Bruchlinien, wie z.B. dem Wechsel der Staatsbürgerschaft. Die Ergebnisse zeigen aber auch, wie wichtig die transnationale Perspektive auf migrantische Identitäten ist. Denn diese werden durch das Zugehörigkeitsgefühl zu und Veränderungen in beiden Gesellschaften beeinflusst. Der Vergleich zwischen erster und zweiter Generation zeigt, dass das Aufwachsen in einer Gesellschaft wesentlich für die Prägung der eigenen Identität und des Zugehörigkeitsgefühls ist. Zugleich beeinflussen Selbstverständnis und Zugehörigkeit auch Art und Umfang der transnationalen Praktiken, durch die Migrant*innen Verbindungen zwischen Orten und Gesellschaften schaffen.

9. REFLEXION UND FAZIT

In diesem abschließenden Kapitel findet zunächst eine Bewertung des methodischen Vorgehens statt. Anschließend werden die Ergebnisse vor dem Hintergrund der in Kapitel 4 formulierten abgeleiteten Forschungsfragen reflektiert und miteinander in Beziehung gesetzt. Es folgt die Einordnung der Ergebnisse in den Kontext der bisherigen Entwicklung der Transnationalismusforschung. Daran anschließend wird die zentrale Forschungsfrage nach der Einbettung der *Overseas Indians* in Deutschland in transnationale Netzwerke erörtert. Hierfür wird eine Typologie transnationaler Migrant*innen entwickelt. Abschließend werden Forschungsdesiderata zusammengefasst.

Reflexion des Vorgehens

Der gewählte Forschungsansatz unterscheidet sich von anderen Studien der Transnationalismusforschung insofern, als er die sehr heterogene Gruppe der indischen Migrant*innen in ihrer Gesamtheit in den Blick nimmt. Dieses Vorgehen beruht auf der Überlegung, dass (1) nur so ein „sampling on the dependent variable" (KING 2012: 144; vgl. Kap. 3) vermieden werden kann und dass (2) durch diesen breiten Ansatz eine Querschnittsanalyse (unterschiedliche Gruppen innerhalb der „indischen Diaspora") und eine Längsschnittanalyse (unterschiedliche Migrationszeitpunkte) möglich ist. Dies erlaubt eine differenzierte Betrachtung transnationaler Phänomene. Bei der Auswahl der Fälle, die auf dem Kriterium der (ehemaligen) indischen Staatsbürgerschaft bzw. der (ehemaligen) indischen Staatsbürgerschaft der Eltern beruht, besteht die Gefahr des „methodologischen Nationalismus" (WIMMER/GLICK SCHILLER 2002). Dieser Gefahr wird (1) mit einer differenzierenden Betrachtung der kulturellen Hintergründe verschiedener Migrantengruppen und (2) der Berücksichtigung des spezifischen Migrationskontexts in den verschiedenen historischen Phasen begegnet.

Der offene Forschungsprozess mit der sequentiellen Integration quantitativer und qualitativer Methoden in einem *Mixed Methods Research*-Ansatz hat dazu geführt, dass ein deutliches Bild der transnationalen Netzwerke, Praktiken und Identitäten entstanden ist. Das sequentielle Vorgehen erlaubt es, Aspekte, die sich in der ersten Projektphase als bedeutsam erwiesen (z.B. das Kommunikationsverhalten), vertieft zu behandeln. Anderes, was nach der Literaturauswertung von Bedeutung für den Untersuchungsgegenstand zu sein schien (z.B. das politische Engagement der Befragten), erwies sich als inhaltlich weniger ergiebig und wurde in den Projektphasen drei und vier nicht mehr thematisiert.

Die Kombination unterschiedlicher Methoden der quantitativen und der qualitativen Sozialforschung war im Forschungsprozess in zweifacher Hinsicht gewinnbringend: (1) Die Ausgestaltung der standardisierten Befragungen war stark durch die Zwischenergebnisse der qualitativen Erhebung in der ersten Projektphase beeinflusst. Sie ermöglichen es, Sachverhalte, wie die Verbreitung der in den qualitativen Interviews beschriebenen Praktiken, eingehender zu analysieren. (2) An einigen Stellen traten dabei Widersprüche auf, die zum Hinterfragen von Positionen führten, z.B. hinsichtlich der Rimessen in der zweiten Generation (vgl. Kap. 7.2). In den meisten Fällen ergab die Triangulation jedoch eine Bestätigung der Ergebnisse. Insgesamt trägt sie zur Absicherung der Forschungsergebnisse bei.

Für diese Vorteile des Vorgehens werden zwei Nachteile in Kauf genommen: (1) Der Anspruch, die Vielfalt der *Overseas Indians* in den Blick zu nehmen, bedeutet, dass die einzelnen Gruppen weniger intensiv untersucht werden konnten. Die Beschränkung auf eine Gruppe hätte eine intensivere Bearbeitung ermöglicht. Dabei hätte zum Beispiel das von MARCUS (1995) vorgeschlagene Konzept der *multi-sited field studies* angewendet werden können. Dieses gibt das Primat der Ortsgebundenheit auf und folgt dem Pfad des Forschungsobjekts. Denkbar gewesen wäre dann z.B. eine Analyse der Netzwerke der indischen Krankenschwestern oder der Hochqualifizierten am Herkunftsort oder ihre Begleitung bei „Besuchen in der Heimat". Dieses größere Maß an Tiefe wäre allerdings nur sinnvoll, wenn es für alle Gruppen der *Overseas Indians* in Deutschland hätte realisiert werden können. Das war im vorgegebenen zeitlichen Rahmen nicht möglich. (2) Bei der Onlinebefragung wurde keine repräsentative Zufallsstichprobe aus der Grundgesamtheit gezogen, so dass die Ergebnisse mit Vorsicht zu interpretieren sind. Aufgrund methodologischer Überlegungen ist davon auszugehen, dass Onlinebefragungen verschiedene Gruppen in unterschiedlichem Maß ansprechen (vermutet werden z.B. Barrieren bei älteren Menschen, vgl. WAGNER/HERING 2014). Ein zweiter Grund ist methodischer Natur: Die Stichprobenauswahl erfolgte über das Anschreiben von Kontaktpersonen und Repräsentanten von Migrantenorganisationen, mit der Bitte um Weiterleitung der URL der Befragung. Dadurch ist es möglich, dass diejenigen, die Mitglieder in Migrantenorganisationen sind, und die sich von der Grundgesamtheit, etwa durch ihr Interesse an indischer Kultur oder in ihren transnationalen Praktiken unterscheiden, in der Stichprobe überrepräsentiert sind. Dennoch zeigt der hohe Anteil von Befragten, die nicht Mitglied einer Migrantenorganisation sind, dass die Befragung auch eine Vielzahl anderer Migrant*innen erreicht hat.

Abschließend ist noch darauf hinzuweisen, dass eine Gruppe, die der kurzzeitig nach Deutschland entsandten Hochqualifizierten, nicht berücksichtigt wurde. Diese sind zwar in transnationale Prozesse eingebunden, aber im eigentlichen Sinne keine transnationalen Migrant*innen, da ihr Aufenthalt befristet ist, und sie an ihrem Aufenthaltsort kaum dauerhafte soziale Netzwerke schaffen.

Indisch-deutsche Migrationsbiographien

Die deutsch-indische Migrationsgeschichte wird gekennzeichnet durch Migrant*innen, die in unterschiedlichen Phasen, aus unterschiedlichen Motiven und mit unterschiedlichem Hintergrund nach Deutschland kamen (Kapitel 5). Deutschland war in aller Regel nicht ihr bevorzugtes Migrationsziel, weshalb ihr Aufenthalt zunächst nicht auf Dauer angelegt war. Die meisten kamen nach Deutschland, um temporär hier zu studieren und zu arbeiten, um Rimessen zu generieren oder die Karriere zu befördern. Sie waren mitreisende Familienangehörige oder Geflüchtete, darunter auch sog. „Wirtschaftsflüchtlinge", oft auf der Suche nach einem besseren Leben. Bei Letzteren war die Migration zum Teil dauerhaft geplant, aber auch bei ihnen war Deutschland nicht das primäre Migrationsziel.

Die Bleibeabsicht entwickelte sich bei den Befragten, die ihren Lebensmittelpunkt inzwischen dauerhaft in Deutschland sehen, erst im Laufe der Zeit. Einige planen (noch) eine Rückkehr nach Indien, und ein Teil der Befragten hält die Entscheidung über den zukünftigen Lebensmittelpunkt offen (vgl. Kapitel 5.3.3). Migration hat also den Charakter eines mittelfristigen Projekts und kann nicht als abgeschlossener Prozess betrachtet werden. Die Ergebnisse zeigen, dass die Entscheidung über den weiteren Aufenthalt, seine Verfestigung oder auch eine mögliche Remigration oft an den Bruchstellen der eigenen Biographie neu bewertet wird. Ein Aspekt, der in den Überlegungen eine wichtige Rolle einnimmt, ist die Situation der zweiten Generation. Um ihren Kindern möglichst gute Bildungschancen zu bieten, verzichten Migrant*innen nach deren Einschulung oft auf eine Remigration. Weitere Faktoren, die zu einer Verfestigung von Bleibeabsichten führen, sind der Kauf von Immobilien oder der Erwerb der deutschen Staatsbürgerschaft. Allerdings ist auch die Verfestigung der Bleibeabsicht nicht unumkehrbar. Beispielsweise kann eine Remigration mit dem Eintritt ins Rentenalter stattfinden, teilweise beginnt dann eine transnationale Pendelmigration (vgl. Kapitel 1).

Bei der Auswertung der Migrationsbiographien wurde die Wichtigkeit der Migrationspfade deutlich, die durch institutionelle Akteure geschaffen werden. Dazu gehören transnationale Unternehmen, die katholische Kirche, in geringerem Umfang auch Akteure wie der Deutsche Akademische Austauschdienst (DAAD) und wissenschaftliche Netzwerke. Sie schaffen die Möglichkeit zu migrieren bzw. fordern eine temporäre Migration. Die zunächst temporär angelegte Migration, ist oft nicht das Ergebnis einer langen Planung, sondern erfolgt als Reaktion auf sich bietende Möglichkeiten, entlang vorgespurter Pfade. So getroffene Migrationsentscheidungen, die oftmals Zufallscharakter besitzen, verändern die Lebenswege der Migrant*innen zum Teil nachhaltig. Dabei wird die Migration durch schon vorhandene Strukturen am Ankunftsort erleichtert. Migrant*innen lösen dann zum Teil Veränderungsprozesse aus, die weitere Migrationen nach sich ziehen. So führt die zunehmende transnationale Inanspruchnahme von Dienstleistungen zur Migration hochqualifizierter (indischer) IT-Spezialisten, was einerseits die Organisationsstruktur deutscher Unternehmen verändert und gleichzeitig den Bedarf an weiteren Arbeitskräften weckt. Belege für ähnliche, sich zeitweise selbst verstärkende Prozesse lassen sich auch in früheren Migrationsphasen finden.

Wichtig sind die Rahmenbedingungen, die sich seit Bestehen der Bundesrepublik Deutschland mehrfach geändert haben. So kollabiert das Migrationsnetzwerk, das die indischen Krankenschwestern in den 1960er und 1970er Jahren nach Deutschland brachte, als ihre Arbeitskraft nicht mehr benötigt wurde. Seit 2000 werden mit der „Green Card" und durch die Änderung des Ausländerrechts, der Internationalisierung der Hochschulen und der Auslobung von Stipendien zahlreiche Anreize geschaffen, um vor allem Hochqualifizierte und Studierende anzuziehen. Eine Veränderung der Rahmenbedingungen stellt auch die Diasporastrategie der indischen Regierung dar. Sie beeinflusst zwar nicht unmittelbar die Migration, wohl aber das Entstehen transnationaler Netzwerke, Praktiken und Identitäten.

Der stetige Anstieg der indisch-deutschen Migration ist das Ergebnis der zunehmenden transnationalen Verflechtung beider Länder. Es handelt sich um einen sich selbstverstärkenden Prozess, weil diejenigen, die dauerhaft in Deutschland bleiben, durch die Rekrutierung von indischem Personal, Berichte über das Leben und Studieren in Deutschland, Heirat etc. Folgemigrationen auslösen. Gleichwohl ist nicht davon auszugehen, dass sich der zuletzt beobachtete Anstieg einfach fortsetzen wird, denn dieses dem Volumen nach kleine System ist stark durch temporäre Migration geprägt, so dass eine Änderung der Rahmenbedingungen schnell dazu führen kann, dass die Zahl der indischen Migrant*innen wieder sinkt. So bleibt abzuwarten, wie sich die Einführung von Studiengebühren für Nicht-EU-Bürger*innen in Baden-Württemberg (ab WS 2017/18) und ggf. in NRW (im Koalitionsvertrag 2017 vereinbart) auf die Entwicklung der Zahl indischer Studierender auswirkt.

Netzwerke der Overseas Indians

Die indischen Migrant*innen in Deutschland unterhalten sehr unterschiedliche Netzwerke. Diese können grob unterschieden werden in Netzwerke, die zwischen indischen Migrant*innen in Deutschland, zu Personen in Indien und zu indischen Migrant*innen in anderen Ländern bestehen. Wie vielfältig diese drei Arten von Netzwerken kombiniert sein können, hängt, wie sich an den egozentrierten Netzwerken zeigen lässt (Kapitel 6.3), von verschiedenen Einflussfaktoren ab. Dazu gehören die Aufenthaltsdauer, die Bleibeabsicht, der zeitliche Kontext, in dem die Migration erfolgte, die Zugehörigkeit zur ersten oder zur zweiten Generation, die Migrationsbewegungen von Freunden und Familienmitgliedern und die Affinität zu neuen Kommunikationsmedien.

So sind beispielsweise die Kontakte zu Freund*innen in Indien bei denjenigen, die erst seit kurzer Zeit in Deutschland leben, oftmals stärker ausgeprägt, als bei denjenigen, die sich bereits länger hier aufhalten und schon fest in soziale Netzwerke eingebunden sind. Die Verbindungen nach Indien nehmen auch im Laufe der Zeit nicht zwangsläufig ab. Die Bedeutung der transnationalen Netzwerke kann durch den Eintritt in einen neuen Lebensabschnitt sogar wieder zunehmen, wie die Analyse der Interviews mit den Proband*innen, die bereits seit langer Zeit in Deutschland leben, zeigt.

Die Bleibeabsicht ist ein wichtiger Bestimmungsfaktor dafür, wie viel Beziehungsarbeit in Netzwerke an unterschiedlichen Orten investiert wird. Planen Migrant*innen mittel- oder langfristig in Deutschland zu bleiben, engagieren sie sich in Migrantenorganisationen, in Vereinen oder deutschen Parteien, sie bleiben aber trotz der räumlichen und zeitlichen Trennung aktiv in die Entscheidungen ihrer

Familien in Indien eingebunden und fühlen sich weiter als Teil des erweiterten Haushalts.

Demgegenüber versuchen diejenigen mit kurzer Bleibeperspektive vor allem ihre Freundeskreise am Herkunftsort als Bezugspunkte beizubehalten. Die empirischen Ergebnisse zeigen, dass sich durch die veränderten technischen Möglichkeiten signifikante Änderungen ergeben haben. Die kostenlose Echtzeitkommunikation mittels internetbasierter Kommunikationsdienste macht es möglich, engen Kontakt mit Freund*innen und Familienangehörigen zu halten. Aber nicht alle Sachverhalte können transnational erörtert werden, weil den Kontaktpersonen in Indien zum Teil das notwendige Kontextwissen fehlt oder die Befragten ihre Freund*innen und Familienangehörigen nicht mit Problemen behelligen möchten, zu deren Lösung diese nichts beitragen können. Dieser Umstand deutet die Grenzen dessen an, was transnationale soziale Netzwerke zu leisten imstande sind.

Weil es diese Möglichkeit eines engen Austauschs mit Kontaktpersonen in Indien für Migrant*innen, die in früheren Migrationsphasen nach Deutschland kamen, zunächst nicht gab, war es für sie wichtig soziale Netzwerke in Deutschland aufzubauen. Dabei gingen die Befragten sehr unterschiedliche Wege. Während sich einige vor allem mit anderen indischen Migrant*innen vernetzten, suchten andere bevorzugt Kontakt mit Deutschen. Insbesondere die Befragten mit deutschen Ehepartner*innen haben überwiegend deutsche Freundeskreise. Besonders ausgeprägte Netzwerke zu anderen Migrant*innen unterhalten diejenigen, die zeitgleich und in größeren Gruppen in Deutschland ankamen. Die keralesischen Krankenschwestern etwa lebten zu Beginn oftmals gemeinsam in Schwesternwohnheimen. Später entwickelten sich Kirchengemeinden oder Kerala-Vereine zu Institutionen, die zur Vernetzung genutzt werden konnten. Für die Sikhs, die in den 1970er und 1980er Jahren in größerer Zahl nach Deutschland kamen, bildeten Gurdwaras diese zentralen Orte.

Die Migrantenorganisationen in Deutschland erfüllen sehr unterschiedliche Funktionen: Neuankömmlingen bieten sie Informationen und erste Kontakte, Etablierten die Möglichkeit, ihre kulturelle Identität zu leben. Durch die steigende Zahl indischer Migrant*innen kommt es zu einer Ausdifferenzierung der Migrantenorganisationen.

Die ehemals zentrale Deutsch-Indische Gesellschaft, der ein panindisches Kulturverständnis zugrunde liegt, wird zunehmend durch mehr regional ausgerichtete Neugründungen abgelöst. Die meisten neueren Migrantenorganisationen richten sich vor allem an indische Migrant*innen der ersten und zweiten Generation und nicht, wie die Deutsch-Indische Gesellschaft, gleichermaßen an Inder*innen und Deutsche. Im Gegensatz zu den Migrantenorganisationen, die in der Transnationalismusliteratur beschrieben wurden, ist das Wirken der indischen Migrantenorganisationen in Deutschland vor allem auf die Vernetzung in der Ankunftsgesellschaft ausgerichtet. Sie treten nicht, wie die andernorts beschriebenen *Hometown Associations*, überwiegend als transnationale Akteure auf (Kapitel 7.2).

Wesentliche Unterschiede zeigen sich im Vergleich der Netzwerke der ersten und der zweiten Generation. Für Befragte der zweiten Generation sind in aller Regel die Familiennetzwerke die einzige Verbindung nach Indien und damit wichtige

Foren für die Auseinandersetzung mit der eigenen Identität. Eine zentrale Stellung nehmen die Großeltern ein, durch deren Tod die Verbindung in die Herkunftsgesellschaft der Eltern abreißen kann. Die Familiennetzwerke werden von den Befragten zum Teil nochmals aktiviert, wenn sie selbst Eltern werden, und sich die Stellung im Lebenszyklus verändert. Insgesamt sind die Netzwerke der zweiten Generation stark auf Deutschland ausgerichtet, dauerhafte Freundschaftsnetzwerke in Indien unterhalten wenige.

Inwieweit Befragte Netzwerke an anderen Orten der „indischen Diaspora" unterhalten, hängt wesentlich von den Migrationsbewegungen enger Freunde und Verwandter ab. Die Ergebnisse legen nahe, dass diese Netzwerke schwächer ausgeprägt sind, als dies zu Beginn der Forschungsarbeit, auf Grundlage der Literaturrecherche, vermutet wurde. Enge Beziehungen unterhalten die meisten Migrant*innen vor allem zu Freunden und Verwandten am Herkunftsort. Auch die Kontakte zu Freunden und Verwandten, die in anderen europäischen Ländern oder Nordamerika leben, werden im Rahmen von Besuchen in Indien erneuert und aufrechterhalten, wenn diese zeitgleich dorthin reisen. Die transnationalen Netzwerke sind also weniger triadisch ausgerichtet, sondern vielmehr sternförmig. Ausnahmen hiervon bilden hochvernetzte, hochqualifizierte Migrant*innen, deren zentrale Bezugspersonen nicht mehr in Indien leben, sowie die Sikh-Gemeinschaft. Diese Gruppe ist vielfach auch innerhalb der „Diaspora" gut vernetzt, was sich z.B. im gegenseitigen Austausch von Priestern zwischen den Gurdwaras und der Organisation europaweiter Veranstaltungen manifestiert.

Vor allem durch die veränderten Kommunikationsmöglichkeiten haben die Kontakte zu den *weak ties* (GRANOVETTER 1973), d.h. Kontaktpersonen, die im sozialen Netzwerk weniger eng vernetzt sind, die aber punktuell wichtige Funktionen, z.B. bei der Übermittlung von Informationen, übernehmen können, in den transnationalen Netzwerken zugenommen. Dienste wie Facebook und WhatsApp bieten die Möglichkeit, losen Kontakt zu halten, und ihre Verfügbarkeit auf Smartphones macht es leicht, eine große Zahl von Personen mit Informationen zu versorgen. Zu den *strong ties* (GRANOVETTER 1973), d.h. Personen, zu denen enge familiäre und soziale Beziehungen bestehen, wurde von Migrant*innen schon in der Vergangenheit Kontakt gehalten, allerdings hat sich die Kommunikationsfrequenz aus den genannten Gründen noch einmal erhöht. Inwieweit sich dies dauerhaft auf die Qualität der transnationalen Sozialbeziehungen und damit auch indirekt auf die Sozialbeziehungen in der Ankunftsgesellschaft auswirken wird, bleibt abzuwarten.

Transnationale Praktiken

Die transnationalen Praktiken der Migrant*innen stehen in enger Wechselwirkung mit den sozialen Netzwerken. Durch sie werden soziale Zusammenhänge (im Sinne SCHATZKIS 1996) geschaffen, mit Leben gefüllt und verstärkt, wie am Beispiel der oben diskutierten Kommunikationspraktiken deutlich wird. Die Ergebnisse zeigen dabei erstens in vielen Fällen eine wechselseitige Verstärkung unterschiedlicher

Praktiken und zweitens eine wechselseitige Beeinflussung von Strukturen und Handlungen (GIDDENS 1979, 1984).

Die wechselseitige Beeinflussung unterschiedlicher transnationaler Praktiken wird in den empirischen Befunden an mehreren Stellen deutlich. Verstärkenden Charakter haben insbesondere die Besuche in der Herkunftsgesellschaft und die Kommunikationspraktiken. Durch sie werden die sozialen Bindungen gestärkt, die dann weitere Praktiken, z.B. die Realisierung von Rimessen, nach sich ziehen.

Die Wechselbeziehungen zwischen Strukturen und Handlungen lassen sich auf unterschiedlichen Skalen beobachten. Auf einer Makroskala beeinflussen Migrationsprozesse die Rahmenbedingungen, unter denen sie ablaufen. Ein Beispiel hierfür ist die Entwicklung der Diasporastrategie der indischen Regierung.

Auf der Mesoskala tragen beispielsweise Migrant*innen aus der IT-Branche zur Veränderung der Organisationsstrukturen in der deutschen Wirtschaft bei. Die heutige transnationale Organisation von Arbeitsprozessen wäre nicht möglich gewesen, wenn nicht Pioniere Verbindungen geschaffen hätten. Im Verlauf der Institutionalisierungsprozesse bringen diese Verknüpfungen ihrerseits neue Strukturen hervor oder verändern bestehende. Ein Beispiel aus dem Wirtschaftsbereich ist die Deutsch-Indische Handelskammer, die in den letzten Jahren ihre Strukturen angepasst hat, um den indischen Mitgliedern, die in Deutschland tätig werden möchten, mehr Unterstützungsleistungen anbieten zu können.

Auf der Mikroskala bestehen solche Wechselwirkungen zum Beispiel zwischen den transnationalen Netzwerken und den Praktiken der Migrant*innen.

Die vorliegenden Ergebnisse belegen in der Längsschnittanalyse aber auch die Veränderlichkeit von transnationalen Praktiken und der Akteure, die sie auslösen. In den 1960er und 1970er Jahren war die katholische Kirche die wichtigste, transnationale Praktiken auslösende Institution, heute sind es die transnationalen Unternehmen. Mit dem Wechsel der Akteure änderten sich auch das Migrationsregime, die Motivation der Migrant*innen und damit auch die transnationalen Praktiken. So stagnieren beispielsweise die Rimessen trotz der stark gestiegenen Zahl der Migrant*innen, was bedeutet, dass diese Praktik weniger wichtig wird. Waren bzw. sind die Rimessen für diejenigen, die in kirchlichen Netzwerken migrier(t)en, der wichtigste Migrationsgrund, ist dieser für die Hochqualifizierten oftmals von nur untergeordneter Bedeutung.

Veränderungen der Praktiken ergeben sich auch aus veränderten technischen Rahmenbedingungen. Insbesondere die rasanten Entwicklungen in der Kommunikationstechnologie bringen neue Praktiken hervor. Bereits in der relativ kurzen Zeitspanne der Projektlaufzeit nahm beispielsweise die Verbreitung des Messengerdienstes WhatsApp signifikant zu und veränderte so die Kommunikationsgewohnheiten der Proband*innen (vgl. Kapitel 7.3). Besuche in der Heimat sind, dank der verkürzten Reisezeiten und der gesunkenen Kosten, leichter und häufiger möglich, wodurch die transnationalen sozialen Netzwerke gestärkt und weitere Praktiken hervorgebracht werden.

Neben den technischen haben sich auch die organisatorischen Rahmenbedingungen für transnationale Praktiken verändert. Die Einführung der *Overseas Citizenship of India* stellt beispielsweise eine erhebliche Erleichterung für das Reisen dar und eröffnet neue Investitions- und Bildungsmöglichkeiten in Indien. Vor allem wurden die staatlich gewünschte Migration Hochqualifizierter und die Mobilität von Kapital verbessert. Trotzdem ist festzuhalten, dass das ortsverteilte Leben immer noch durch viele administrative Hürden (wie Visavergabe, Erbrecht, Anerkennung von Qualifikationen etc.) beeinträchtigt wird.

Die Feststellung, dass transnationale Praktiken zugenommen haben, wirft die Frage auf, ob und wie sich diese Veränderungen mittelfristig auf Integrationsprozesse auswirken. Diese Frage kann mit Hilfe der vorliegenden Ergebnisse nicht eindeutig beantwortet werden. Es ist jedoch zu vermuten, dass bei einigen Migrant*innen der ersten Generation eine geringere Integration in die Ankunftsgesellschaft stattfindet, weil ihre wichtigsten Bezugspunkte (Familie, Freunde) nach wie vor in ihren Herkunftsgesellschaften liegen. Hinweise darauf finden sich bei einigen Befragten, die sagten, dass ihre wichtigsten sozialen Kontakte weiterhin in Indien seien.

Die transnationale Positionierung von Migrant*innen beruht zum Teil auf Erwartungen, die von außen an sie herangetragen werden. Transnationale Praktiken sind also nicht immer Ergebnis freiwilligen Handelns der Migrant*innen. Vor allem das Arbeiten in transnationalen Kontexten wird als kräftezehrend beschrieben und es stellt sich die Frage, ob dies auf Dauer möglich ist oder nur einen notwendigen Zwischenschritt zum Erreichen eines Karriereziels darstellt. Für einen Teil der Befragten ist ihre transnationale Positionierung unbefriedigend und sie möchten diese mittelfristig verlassen. Diese Proband*innen entscheiden sich oft nicht selbst für das Arbeiten im transnationalen Kontext, sondern aufgrund äußerer Erwartungen. Aber auch die Proband*innen, die sich bewusst dazu entschieden haben, ihr kulturelles Kapital in transnationalen Arbeitskontexten einzusetzen, spüren die Grenzen transnationalen Handelns, die durch kulturelle, organisatorische und administrative Hürden gezogen werden. Die abwertende Sicht auf Indien als Schwellenland und ethnische oder rassistische Diskriminierung verstärken die Vorbehalte gegenüber einer weiteren transnationalen Verflechtung, z.B. bei der Inanspruchnahme von Dienstleistungen oder der Übernahme von Firmen.

Grenzen transnationalen Handelns ergeben sich auch im Bereich der transnationalen Sozialbeziehungen. Dazu gehören Einschränkungen, die sich aus der fehlenden physischen Präsenz ergeben. Denn auch wenn die tägliche Kommunikation kostenlos und in Echtzeit möglich ist, bleibt diese virtuell und kann die persönliche Anwesenheit, etwa wenn es um die Pflege von Angehörigen, den Beistand bei wichtigen Ereignissen oder das gemeinsame Feiern von Festen geht, nicht ersetzen. Auch für geschäftliche Prozesse sind Präsenz und persönliche Kommunikation zumindest in sensiblen Phasen (z.B. Vertragsabschluss) unerlässlich.

Grenzen transnationalen Handelns werden auch im Diskurs über Migrant*innen als „bessere Entwicklungshelfer*innen" offenbar (vgl. FAIST 2008, GEIGER/STEINBRINK 2012). Das transnationale wohltätige Handeln ist in hohem Maß, und im Gegensatz zu den in der Transnationalismusliteratur beschriebenen *Hometown Associations,* vom persönlichen Engagement einzelner abhängig. Daher gibt es zwar zahlreiche humanitäre Projekte, die auf dem oft beeindruckenden Engagement einzelner Migrant*innen beruhen, wie Aufbau, Betrieb und Finanzierung von

Krankenhäusern oder Betreuungseinrichtungen für Waisen, die Unterstützung von religiösen Einrichtungen und von Stiftungen. Die im Zuge dieser Initiativen entstandenen Unterstützungsstrukturen sind aber nicht immer nachhaltig und enden oft mit dem Tod der ersten Generation. Vor diesem Hintergrund ist es zweifelhaft, ob sich die Erwartungen an den Beitrag zur Entwicklung durch die Migrant*innen dauerhaft erfüllen werden.

Identitäten

Die Ergebnisse zeigen, dass die Selbstbeschreibungen migrantischer Identitäten sehr vielfältig ausfallen. Eine zentrale Frage ist die nach der gefühlten Zugehörigkeit. Sie wird wesentlich durch die Intensität transnationaler Praktiken beeinflusst. Nur wenige Befragte sind transnationale Migrant*innen im engeren Sinne (ITZIGSOHN et al. 1999), aber alle sind in transnationale soziale Netzwerke eingebunden. Diese doppelte Einbindung führt zu einer Hybridisierung der Identität (HALL 1999), wobei die erste Generation stärker durch die Herkunfts- und die zweite Generation stärker durch die Ankunftsgesellschaft geprägt ist.

Die „hybriden Identitäten" werden von den Migrant*innen teils positiv und teils negativ empfunden. Einige beschreiben die Veränderung ihrer Identität als einen Prozess der Erweiterung und Ergänzung – hierfür wird der neue Begriff der „komplementären Identitäten" vorgeschlagen. Andere beschreiben eine „Entwurzelung" oder ein „Gefangensein" zwischen zwei Welten – für diese Gruppe wird in Anlehnung an ein Interviewzitat die ebenfalls neue Bezeichnung „Trishanku-Identität"[7] vorgeschlagen. Zwischen diesen beiden gegensätzlichen Positionen finden sich zahlreiche Zwischenformen migrantischer Identitäten. Eine besondere Stellung nimmt dabei der „unfreiwillige" Transnationalismus ein. Hierbei stimmen die selbst wahrgenommene und die von außen zugeschriebene Identität nicht überein. Dies ist etwa der Fall, wenn von Migrant*innen transnationale Praktiken erwartet werden, zum Beispiel im geschäftlichen Umfeld, die nicht ihre bevorzugte Handlungsoption darstellen (Kapitel 7.5).

Die in Deutschland sozialisierte zweite Generation beschreibt die eigene Identität als vorrangig durch das Leben in Deutschland geprägt. Einflüsse der Elterngeneration und die Einbindung in transnationale familiäre Netzwerke führen aber auch bei der zweiten Generation zu einer Hybridisierung der Identität. Vor allem im jungen Erwachsenenalter kommt es zu einer identitären Verunsicherung, bei der die Frage der Zugehörigkeit eine wichtige Rolle spielt. Die Herkunft der Eltern ist für die zweite Generation insofern von großer Bedeutung, weil viele im Rahmen ihrer Ausbildung oder ihres Berufs einen Bezug zur Herkunftsgesellschaft suchen

---

7   In dem Epos Ramayana ist Trishanku ein mythischer König, der nach seinem Tod zwischen Himmel und Erde gefangen ist. Das entsprechende Zitat von Gayatri ist in Kapitel 6.3 zu finden (S. 116).

oder sie als ihr kulturelles Kapital einsetzen. Für diese Generation, die vielfach weder die Muttersprache ihrer Eltern spricht, noch ihre Verhaltensmuster, Normen und Werte verinnerlicht hat, ist das Verhältnis zur Herkunftsgesellschaft der Eltern oftmals ambivalent. Sie empfinden einerseits ein starkes Zugehörigkeitsgefühl, das sich in Reisen nach Indien und dem identitätsstiftenden Kontakt zur Familie ausdrückt, andererseits konstatieren viele eine schwer fassbare Fremdheit, die dem eigenen Selbstbild zuwiderläuft.

Thematisiert wurde die Frage nach Identität auch im Kontext indischer Migrantenorganisationen in Deutschland. Welche Traditionen wie gelebt werden, ist dabei zum Teil sehr umstritten und die oftmals „konservativen" Vorstellungen davon, wie bestimmte Bräuche zu begehen sind, hält viele davon ab, sich in Migrantenorganisationen zu engagieren.

Gruppen, denen ein panindisches Identitätsverständnis zugrunde liegt, möchten allen Personen indischer Herkunft mit unterschiedlichem kulturellen, sprachlichen oder religiösen Hintergrund eine „Heimat" bieten. Diese Migrantenorganisationen scheinen aber zunehmend an Bedeutung zu verlieren. Grund hierfür ist, dass durch die zuletzt stark gestiegene Zahl indischer Migrant*innen genügend Personen in Deutschland leben, um spezielle Organisationen zu gründen, die sich beispielsweise der Pflege von Sprache und Festen einer bestimmten Region widmen. Diese existierten zum Teil bereits in der Vergangenheit für Gruppen, denen viele Migrant*innen angehörten. Dazu gehören Kerala-Vereine und die Gurdwaras, die neben religiösen auch weitere Funktionen ausfüllen, die sonst in den Aufgabenbereich von Migrantenorganisationen angesiedelt sind. Hauptzweck der indischen Migrantenorganisationen in Deutschland sind die Pflege „indischer Kultur" in Deutschland und die Vernetzung der Migrant*innen untereinander.

In vielen Fällen nimmt die Identifizierung mit der indischen Gesellschaft bei längerer Aufenthaltsdauer in Deutschland kontinuierlich ab, so dass sich viele Migrant*innen eine Rückkehr nach Indien schließlich nicht mehr vorstellen können. Die Distanzierung, die oft nur Teilbereiche, wie etwa das Arbeitsleben, betrifft, erfolgt unter anderem aufgrund der Veränderungen in der Herkunftsgesellschaft, wodurch sich der Eindruck verfestigt, dass die „bekannte Heimat" nicht mehr existiert.

Einige Migrant*innen fühlen sich als Teil beider Gesellschaften. Dies findet unter anderem seinen Niederschlag in den nach Indien überwiesenen Rimessen und der Einrichtung und Unterstützung wohltätiger Projekte. Wie emotional die Beziehung vieler Migrant*innen zu ihrer Heimat ist, wird besonders in Fragen zur Staatsbürgerschaft deutlich. Das Aufgeben der indischen Staatsbürgerschaft wird als Trennungsakt beschrieben, den viele (noch) nicht bereit sind zu vollziehen – trotz der formalen Möglichkeit und der sich ergebenden Vorteile. Dies zeigt, dass der Bereich der gesellschaftlichen Zugehörigkeit tief in der Persönlichkeit verankert ist, und dass ein gleichwertiges Zugehörigkeitsgefühl zu zwei Gesellschaften auf Dauer nur von Wenigen entwickelt werden kann.

Chancen und Limitierungen der transnationalen Perspektive

Die Untersuchung zeigt, wie die transnationale Perspektive dazu beiträgt, das Migrationsverhalten von Migrant*innen zu verstehen. Gleichzeitig zeigen die, auch aufgrund des gewählten Forschungsansatzes, erzielten Ergebnisse, dass transnationale Phänomene (1) in spezifischen Kontexten sehr unterschiedlich ausgeprägt und (2) in hohem Maße variabel sind, (3) dass sie Veränderungen im Lebenszyklus unterliegen und (4) in Einzelfällen das Ergebnis nicht freiwilligen Handelns darstellen.

Ad (1): Zu der spezifischen Ausprägung transnationaler Phänomene in dem untersuchten Fallbeispiel ist festzuhalten, dass viele Phänomene, die in der (frühen) Transnationalismusliteratur beschrieben wurden und die den wissenschaftlichen Diskurs prägten, im Fall der indischen Migrant*innen kaum beobachtet wurden. Hierzu gehören die eher unwichtige Rolle der *Hometown Associations* sowie die geringe Relevanz des transnationalen politischen Engagements und der religiösen Netzwerke. Zusätzlich verdeutlicht das Fallbeispiel, wie wichtig Institutionen und institutionelle Akteure für das Verständnis von Transnationalismus sind. Dabei kommt es nicht nur auf Migrantenorganisationen, insbesondere *Hometown Associations,* und die vielfach kritisierten staatlichen Institutionen an, besonderes Gewicht ist auch der Schaffung von Strukturen durch Kirchen sowie durch internationale Organisationen und Unternehmen beizumessen.

Die vorliegende Studie verdeutlicht auch die Grenzen des „methodologischen Nationalismus" (WIMMER/GLICK SCHILLER 2002). Die Pluralität der Sprachen und Kulturen in Indien führt dazu, dass der heterogenen Gruppe der indischen Migrant*innen zum Teil die konstituierende Gemeinsamkeit fehlt, um sich als „Diaspora" begreifen zu können.

Ad (2): Nimmt man die Variabilität transnationaler Phänomene in den Blick hat sich die Transnationalismusliteratur bisher vor allem auf die Darstellung der Zunahme dieser Phänomene konzentriert. Das vorliegende Fallbeispiel zeigt, dass die Änderung der rechtlich-organisatorischen Rahmenbedingungen, der technische Fortschritt und der Wechsel der Akteure zu neuen transnationalen Netzwerken und Praktiken führen (z.B. Intensivierung der Wirtschaftsbeziehungen, Zunahme der Kommunikation, stärkere Einbeziehung der *weak ties* etc.). Gleichzeitig verlieren andere Praktiken an Bedeutung, was bisher in der Literatur nur selten Gegenstand von Untersuchungen war (z.B. der relative Rückgang der Rimessen, Veränderung der Heiratspraktiken etc.). Die Veränderungen transnationaler Phänomene werden in Teilen durch Prozesse in der Herkunftsgesellschaft ausgelöst (z.B. die Auflösung der *joint families* und ihre Folgewirkungen, vgl. Kapitel 6).

Die Untersuchung nimmt zudem Unterschiede zwischen dem Transnationalismus der ersten und der zweiten Generation in den Blick. Wie aus den identitären Selbstbeschreibungen der Migrant*innen abzulesen ist, unterscheiden sich die transnationalen Netzwerke, Praktiken und Identitäten der ersten und zweiten Generation grundsätzlich voneinander. Die transnationalen Verbindungen bestehen zwar auch für die zweite Generation weiter, sind aber im Umfang deutlich reduziert und oft nur auf die Familie beschränkt. Zum Teil verstehen oder billigen Migrant*innen der zweiten Generation Praktiken der ersten Generation nicht (z.B. Rimessen oder

Heiratspraktiken). In der zweiten Generation führen transnationale Verbindungen auf der individuellen Ebene zu einer Auseinandersetzung mit der eigenen Identität, so wie auch eine Nutzung des spezifischen kulturellen Kapitals in der Ausbildung oder im Beruf zu beobachten ist.

Ad (3): Veränderungen im Lebenszyklus wurden in der Transnationalismusliteratur bisher wenig beachtet. Erste grundlegende Überlegungen in diese Richtung formulierten LAUER und WONG (2010), empirisch wurde die Thematik bisher nur vereinzelt bearbeitet (WATERS 2011). Die Analyse der Interviews in dieser Untersuchung zeigt, dass die Veränderung der Lebenssituation (Elternschaft, Einschulung der Kinder, Tod der Eltern, Eintritt ins Rentenalter etc.) sowohl die Eröffnung neuer Möglichkeiten für transnationales Handeln als auch eine Einengung derselben (z.B. in Bezug auf die Besuchshäufigkeit „in der Heimat") nach sich ziehen kann. Eine veränderte Lebenssituation kann zur Auseinandersetzung mit der eigenen Identität anregen oder die (Re-)Aktivierung bzw. Vernachlässigung transnationaler sozialer Netzwerke zur Folge haben. Auch die transnationalen Praktiken werden dabei umgestaltet (z.B. Rimessen, vgl. Kapitel 7.2).

Ad (4): Die Untersuchung führt als neuen Aspekt den „unfreiwilligen Transnationalismus" in die Diskussion ein. In der Literatur werden vereinzelt Beispiele angeführt, in denen transnationales Handeln unter Zwang entsteht. LEE (2011: 295) beschreibt den erzwungenen Transnationalismus von Migrant*innen der zweiten Generation, die von ihren Eltern gegen ihren Willen zum zeitweisen Leben in der Herkunftsgesellschaft genötigt werden (sie verwendet die Begriffe „forced transnationalism" oder „involuntary involvement"). GOLASH-BOZA (2014: 63) befasst sich mit den transnationalen Praktiken von Migrant*innen, die aus den USA wegen Vergehen gegen die Einreisebestimmungen ausgewiesen wurden („forced transnationalism"). Der unfreiwillige Transnationalismus beschreibt dagegen Phänomene, die nicht unter Zwang entstehen, aber mit dem Selbstverständnis der Migrant*innen nicht in Einklang sind, da sie nicht ihre bevorzugte Handlungsoption darstellen (z.B. die transnationale Positionierung in Geschäftsbeziehungen, vgl. Kapitel 7.5, bzw. die transnationale Positionierung abhängiger Migrant*innen).

Vor dem Hintergrund dieser Beobachtungen, der angesprochenen Fragilität von Migrationsregimen und der sich rasch wandelnden Rahmenbedingungen von Migration, scheint eine dynamisierte Perspektive auf Transnationalismus angebracht. Zudem stellt sich die Frage, ob und wie transnationales Leben dauerhaft möglich, erwünscht und erstrebenswert ist. Jede Beschäftigung mit der transnationalen Lebensweise muss daher nicht nur die Chancen, die sie bietet, in Betracht ziehen, so wie es oft in der bisherigen Transmigrationsliteratur der Fall ist, sondern auch die aus ihr entstehenden Probleme zum Gegenstand der Erörterung machen. Transnational zu leben und zu handeln ist nicht in jedem Fall Ausdruck eines antihegemonialen emanzipatorischen Prozesses (GUARNIZO/SMITH 1998). Im besten Fall ist dies Ausdruck eines selbstbestimmten Lebens in der Weltgesellschaft, im schlechtesten Fall kündet es von Rastlosigkeit und Fremdbestimmung in der globalisierten Welt. Aufgrund dieser Überlegungen sollte Transnationalismus als Forschungsrichtung aus einer nüchtern-analytischen Perspektive, die Chancen und Probleme gleichermaßen in den Blick nimmt, weiterentwickelt werden.

9. Reflexion und Fazit

Fazit: Typen transnationaler Migrant*innen

Die Analyse des empirischen Materials zeigt, dass die Antwort auf die Forschungsfrage „Warum und in welchem Maße sind in Deutschland lebende *Overseas Indians* in transnationale Netzwerke eingebunden?" einer differenzierten Antwort bedarf. Die von ITZIGSOHN et al. (1999) vorgeschlagene Unterscheidung in Transnationalismus im engeren und im weiteren Sinne stellt zwar eine wesentliche Weiterentwicklung des Transnationalismuskonzepts dar, wurde aber nicht ausreichend operationalisiert. Für die Befragten der vorliegenden Untersuchung wird eine Typologie entwickelt, die eine differenzierte Darstellung der Einbindung in transnationale Netzwerke erlaubt. Dabei ist eine grundlegende Beobachtung, dass alle Befragten auf die ein oder andere Weise in transnationale Netzwerke eingebunden sind. In der Typologie kommt deshalb kein Typus ohne transnationale Verbindungen vor.

Die Einbindung in transnationale Netzwerke hängt von unterschiedlichen Einflussfaktoren in sehr unterschiedlichen Bereichen ab. Folgende Einflussfaktoren wurden in der Analyse als besonders wichtig identifiziert:

1. Der Migrationspfad: Diejenigen, deren Migration durch eine Institution angestoßen wurde, sind kurz nach der Migration oft eng in transnationale Netzwerke eingebunden, etwa die von indischen Unternehmen entsendeten Fachkräfte. Bei längeren Aufenthalten ist diese transnationale Einbindung teils dauerhaft, z.B. bei Ordensleuten, teils nimmt sie mit zunehmender Aufenthaltsdauer ab. Die abhängigen Migrant*innen (vor allem Ehepartner*innen), die vielfach keine Beschäftigung in Deutschland finden und oft nur über wenige Sozialkontakte verfügen, unterhalten dauerhaft enge Netzwerke in die Herkunftsgesellschaft. Bei den individuellen Migrant*innen ist aufgrund der großen Vielfalt der Gründe und Verhaltensweisen kein eindeutiges Muster erkennbar.
2. Bleibeabsicht: Die kurz- und mittelfristige Bleibeabsicht beeinflusst die Entscheidung, welche Art von Netzwerken die Migrant*innen besonders pflegen.
3. Stellung im Lebenszyklus: Unterschiedliche Ereignisse im Lebenszyklus beeinflussen das Verhältnis zur Herkunftsgesellschaft (bzw. der Herkunftsgesellschaft der Eltern) und können zu einer Intensivierung transnationaler Kontakte führen (z.B. die eigene Elternschaft) oder sich auf die Bleibeabsicht auswirken (z. B. der Eintritt der Kinder in das deutsche Schulsystem), woraus sich indirekt eine Abnahme transnationaler Verbindungen ergibt.
4. Kontaktpunkte in der Herkunftsgesellschaft: Die Einbindung in transnationale Netzwerke hängt auch davon ab, wie sich das soziale Netzwerk in Indien verändert. Beispielsweise kann der Tod oder die Migration wichtiger Personen innerhalb des transnationalen Netzwerks dazu führen, dass die Einbindung geringer wird oder die transnationalen Verbindungen an andere Orte wichtiger werden.
5. Zugehörigkeit zur ersten oder zur zweiten Generation: Zwischen erster und zweiter Generation bestehen grundlegende Unterschiede bezüglich der Einbindung in transnationale Netzwerke und der Motivation zur Aufrechterhaltung transnationaler Beziehungen. Diese hängen wesentlich mit der Identität der Migrant*innen zusammen.

Auf Grundlage dieser Einflussfaktoren, die unterschiedlich stark wirken können, lässt sich die Gruppe der Befragten (qualitative Interviews) in sechs Typen transnationaler Migrant*innen unterteilen. Die induktiv entwickelte Typologie synthetisiert die Ergebnisse der empirischen Erhebung. Die hier dargestellten Typen stellen insofern eine Vereinfachung dar, da zwischen den beschriebenen Untertypen auch eine Kombination denkbar ist, jedoch nur innerhalb eines Typus. Eine wichtige Unterscheidung bezieht sich auf die Unterteilung von erster und zweiter Generation. Die ersten vier der vorgeschlagenen Typen bezeichnen Migrant*innen der ersten Generation, die letzten beiden Migrant*innen der zweiten Generation. Jedem Typus lassen sich mehrere Proband*innen zuordnen.

Typus 1: Transnationalisten (unterteilt nach dem Grund für transnationales Pendeln)

    a) Multipel-plurilokal Eingebettete: Diese Migrant*innen unterhalten enge Netzwerke an unterschiedlichen Orten und leben regelmäßig ortsverteilt. Sie können als idealtypische transnationale Migrant*innen gelten.

    b) Berufstransnationalisten: Diese Migrant*innen leben dauerhaft in Deutschland, sind aber in ihrem beruflichen Alltag Mittler*innen in weltweit ablaufenden Geschäftsprozessen. Ihr Arbeitstag erstreckt sich über die Geschäftszeiten in Deutschland und Indien. Regelmäßige Geschäftsreisen nach Indien gehören ebenfalls zum Alltag.

    c) Ruhestandstransnationalisten: Diese Migrant*innen nehmen nicht mehr aktiv am Erwerbsleben teil und verbringen einen Teil des Jahres (meistens den Winter) in der Herkunftsgesellschaft. Sie sind parallel in Familien- und Freundschaftsnetzwerke in beiden Gesellschaften eingebettet. Oft leben Kinder und Enkel dauerhaft in Deutschland.

Typus 2: Indienorientierte (unterteilt nach Aufenthaltsgrund in Deutschland)

    a) Studierende: Der Aufenthalt in Deutschland dient der Ausbildung, die Rückkehr nach Indien ist geplant. Die Vernetzung in Deutschland erfolgt oft mit anderen indischen Migrant*innen und internationalen Studierenden. Den Familien- und Freundschaftsnetzwerken in Indien wird große Bedeutung beigemessen.

    b) Arbeitnehmer*innen: Der Aufenthalt in Deutschland ist temporär und soll vor allem der Entwicklung der eigenen Karriere dienen. Die Vernetzung in Deutschland ist eher gering, den Familien- und Freundschaftsnetzwerken in Indien wird größere Bedeutung beigemessen. In Deutschland sind Kolleg*innen und andere indische Migrant*innen die wichtigsten Kontakte.

    c) Abhängige: Der Aufenthalt dieser Migrant*innen ist nicht mit direkten persönlichen Motiven erklärbar, sondern ist der Ausbildung oder dem Beruf eines/einer Familienangehörigen geschuldet. Ist der Aufenthalt temporär geplant, bleibt die Vernetzung in Deutschland gering. Diese Migrant*innen verbringen mehr Zeit in Indien, als die in Deutschland tätigen Partner*innen. Die Familien- und Freundschaftsnetzwerke nach Indien haben Priorität. In Deutschland sind andere indische Migrant*innen die wichtigsten Kontakte.

Typus 3: Deutschlandorientierte (unterteilt nach Art der Netzwerke, die in die Herkunftsgesellschaft bestehen)
  a) Familientransnationalisten: Eindeutiger Lebensmittelpunkt ist Deutschland, dennoch sind diese Migrant*innen eng in transnationale Familiennetzwerke eingebunden. Sie nehmen zum Teil aktiv Einfluss auf Entscheidungen, die Familienangehörige betreffen (Heiratsentscheidungen, medizinische Behandlungen, Pflege, Ausbildung, Migration etc.). Üblicherweise reisen sie einmal jährlich in die Herkunftsgesellschaft.
  b) Wohltätigkeitstransnationalisten: Eindeutiger Lebensmittelpunkt ist Deutschland. Sie verwenden viel Zeit und Energie darauf, wohltätige Projekte in der Herkunftsgesellschaft aufzubauen und zu verwalten. Üblicherweise reisen sie mehrmals jährlich in ihre Herkunftsgesellschaft.
  c) Religionstransnationalisten: Eindeutiger Lebensmittelpunkt ist Deutschland. Sie reisen seltener in die Herkunftsgesellschaft, bleiben dafür aber länger. Für das religiöse Leben (Pilgerreisen, spirituelle Erbauung) besuchen sie Orte, die in der Herkunftsgesellschaft eine herausgehobene Bedeutung haben.
  d) Freundschaftstransnationalisten: Eindeutiger Lebensmittelpunkt dieser Migrant*innen ist Deutschland. Die wichtigsten Freund*innen leben aber noch in der Herkunftsgesellschaft. Sie haben neue soziale Netzwerke in Deutschland aufgebaut, pflegen die alten Kontakte aber intensiv, vor allem über die neuen Kommunikationsmedien. Diese Migrant*innen reisen alle ein oder zwei Jahre in die Herkunftsgesellschaft.
  e) Geschäftstransnationalisten: Diese Migrant*innen haben sich eine geschäftliche Existenz in Deutschland aufgebaut und setzen für diese ihr kulturelles und soziales Kapital ein. Daher bestehen enge Verflechtungen nach Indien, die aber vor allem dem Geschäftserfolg in Deutschland dienen.
Typus 4: Entwurzelte (unterteilt nach Grund des fehlenden Zugehörigkeitsgefühls)
  a) Verlust: Diese Migrant*innen fühlen sich weiterhin durch die Herkunftsgesellschaft geprägt und dieser emotional verbunden. Verursacht durch Tod, Abbruch von Beziehungen oder Migration bestehen kaum noch aktive Netzwerke zu Freunden und Verwandten in der Herkunftsgesellschaft. Reisen sind teilweise aus Altersgründen nicht mehr möglich.
  b) Trishanku-Zustand: Diese Migrant*innen fühlen sich keiner Gesellschaft zugehörig. Das Ankommen in Deutschland war/ist für sie schwierig. Meist handelt es sich um abhängige Migrant*innen. Die Rückkehr nach Indien ist wegen gesellschaftlicher Veränderungen schwierig bis unmöglich. Eine Reintegration in den Arbeitsmarkt ist nicht realisierbar.
Typus 5: Indienaffine der zweiten Generation (unterteilt nach Grund und Intensität der transnationalen Einbindung)
  a) Identitätssuchende: Diese Migrant*innen der zweiten Generation setzen sich in der Jugend, zum Teil auch nochmals in späteren Lebensphasen intensiv mit ihrer indischen Herkunft auseinander. Sie unterhalten enge Beziehungen zu Verwandten in Indien. Teilweise erfolgt ein Studium mit Indienbezug oder ein Studienaufenthalt in Indien.

b) Religiös Motivierte: Vor allem in der Sikh-Gemeinschaft definieren sich Vertreter*innen der zweiten Generation stark über ihren Glauben. Sie pflegen die transnationalen Netzwerke innerhalb der Sikh-Diaspora und besuchen Indien im Rahmen von Pilgerreisen.
c) Hybride: Diese Migrant*innen der zweiten Generation setzen sich intensiv mit ihrer Herkunft auseinander. Sie nutzen ihr kulturelles Kapital und ihre Kontakte regelmäßig in ihrem Berufsalltag.

Typus 6: Deutschlandfokussierte der zweiten Generation

Diese Typologie stellt eine weitergehende, differenzierte Perspektive auf die transnationalen Praktiken, Netzwerke und Identitäten von Migrant*innen dar, die auch in anderen Studien gewinnbringend eingesetzt werden kann. Ihr synthetisierender Charakter akzentuiert die vielfältigen Formen transnationalen Lebens. Da die Typologie aus den empirischen Befunden abgeleitet wurde, also einen direkten Bezug zu indisch-deutschen Migration hat, wird für eine Übertragung auf andere Fallbeispiele eine Anpassung notwendig sein.

Schlussfolgerungen

Wie auch andere Fallbeispiele der Transnationalismusforschung zeigt diese Untersuchung Veränderungen auf, die Migrant*innen in ihrem direkten Umfeld auslösen. Diese entstehen vor allem durch transnationale Praktiken. Migrant*innen tragen zum Beispiel durch ihre Rimessen zum sozialen Aufstieg ihrer Familien in der Herkunftsgesellschaft bei, indem sie in die Bildung ihrer Verwandten investieren oder die Mitgift für ihre weiblichen Familienangehörigen (mit)finanzieren. Durch ihr wohltätiges Engagement tragen sie unter anderem zur Verbesserung der Gesundheits- und Bildungssituation an ihren Herkunftsorten bei. Schwerer greifbar sind die sozialen Rimessen, mit denen Migrant*innen zu einem Wertewandel beitragen, doch auch hierfür gibt es Beispiele (z.B. veränderte Einstellung in Bezug auf Heiratsmuster oder innerfamiliäre Hierarchien, vgl. Kapitel 7.6). Aufgrund dieser Befunde können Migrant*innen als Akteure im globalen Wandel gesehen werden, die durch ihre transnationalen Praktiken Veränderungen auslösen, die im Einzelnen unbedeutend erscheinen mögen, in der Summe aber gesamtgesellschaftliche Auswirkungen nach sich ziehen. In dem untersuchten Fallbeispiel tragen die Aktivitäten indischer Hochqualifizierter zur Modernisierung und Internationalisierung der deutschen Wirtschaft bei, die indischen Studierenden zur Internationalisierung der deutschen Hochschulen. AJIT LOKHANDE (2008: 224), der als indischer Migrant in Deutschland lebt, fasst diesen, für sich genommen kleinen Beitrag von transnationalen Migrant*innen zu Veränderungsprozessen in einem anschaulichen Bild zusammen: „Ich bin zwar eine kleine Brücke, aber ich glaube fest, dass ich auch nicht weniger als eine Brücke bin."

Die Betrachtung der indisch-deutschen Migration erfolgte auch vor dem Hintergrund der zunehmenden Pluralisierung der Migration nach Deutschland. Der aktuelle Migrationsbericht 2015 (BAMF 2016) liefert deutliche Belege für die zunehmende Vielfalt der Migrationsgründe und Herkunftsländer von Migrant*innen, die nach Deutschland kommen. Insgesamt wurden 2015 2,14 Mio. Zuzüge nach Deutschland und 1 Mio. Fortzüge aus Deutschland registriert (BAMF 2016: 29). Die besondere Aufmerksamkeit gilt den 476.649 Asylsuchenden, die nach Deutschland kamen (BAMF 2016: 9). Neben der Zahl der Asylsuchenden stiegen aber auch die Zahlen der Fachkräfte und der Studierenden an. Bei den Herkunftsländern nehmen europäische Staaten mit 57,2%, gleichbedeutend mit 1,2 Mio. Zuzügen (BAMF 2016: 31), eine herausgehobene Stellung ein. Aus Asien stammen 32,1% der Migrant*innen, die nach Deutschland kamen (687.848 Zuzüge). Damit ist das indisch-deutsche Migrationssystem relativ klein, es steht aber exemplarisch für den Wandel des Migrationsgeschehens.

Die vorliegende Analyse wirft in diesem Zusammenhang weitergehende Fragen für das Verständnis der Migration nach Deutschland auf. Es zeigt, dass die transnationale Einbettung von Migrant*innen in der aktuellen Migrationsphase deutlich stärker ist als in früheren Jahren. In diesem Zusammenhang stellt sich die Frage, welche Auswirkungen dies mittel- und langfristig auf die Integration und das Zugehörigkeitsgefühl der Migrant*innen hat.

Die beschriebenen „hybriden Identitäten" können dabei als eine zeitgemäße Art der Assimilation in einer globalisierten Welt interpretiert werden (BRUBAKER 2001). Für BRUBAKER ist Assimilation nicht mehr der Wechsel von einer homogenen Einheit in eine andere, sondern vielmehr von einem Modus der Heterogenität zu einem anderen Modus der Heterogenität. Das bedeutet die Veränderung von Merkmalskombinationen, so dass sie der Verteilung von Merkmalen in einer bestimmten Referenzbevölkerung (der Ankunftsgesellschaft) ähnlicher wird. Die hochqualifizierten Migrant*innen und Studierenden treffen inzwischen auch in Deutschland auf global orientierte Hochqualifizierte und Studierende, die einen ähnlichen Lebensstil verfolgen, ähnliche Werte teilen und für die die Kommunikation in englischer Sprache alltäglich ist. Aufgrund der Gemeinsamkeiten zwischen diesen Gruppen fällt die Assimilation leichter, da bestimmte Merkmalskombinationen schon vor der Migration ähnlich ausgeprägt sind.

Allerdings identifizieren sich die Befragten der ersten Generation weiterhin stark mit der Herkunftsgesellschaft, woraus sich ableiten lässt, dass selbst bei gut in den Arbeitsmarkt integrierten Gruppen, die in Deutschland einen sozioökonomischen Aufstieg erlebten (hierzu zählen auch die Krankenschwestern und ihre Partner), die Assimilation mindestens noch bis in die zweite Generation andauern wird. Das ist auch für die Gruppe derer zu konstatieren, die in den 1970er und 1980er Jahren als Geflüchtete nach Deutschland kamen und deren Integration in den Arbeitsmarkt zunächst schleppend verlief. Eine mögliche Erklärung für die erfolgreiche Assimilation in der zweiten Generation ist der ausgesprochen hohe Stellenwert von Bildung, der von den Proband*innen aus dieser Gruppe in Interviews geäußert wurde.

Zugleich zeigen die Migrationsstatistiken für die indischen Migrant*innen, dass viele nicht dauerhaft in Deutschland bleiben. Dieser Eindruck spiegelt sich in der empirischen Erhebung wider: Viele kommen nach Deutschland mit der Absicht nur eine begrenzte Zeit zu bleiben, eine Bleibeabsicht entwickelt sich nur bei einigen und dies auch nur schrittweise. Diese temporäre Migration erfordert keine Assimilation, sondern ein neues Nachdenken über temporäre Integration.

In den Diskursen über Migration wird in aller Regel implizit ein dauerhaftes Einwandern, verbunden mit einer notwendigen Assimilation, angenommen (SCHNEIDER/PARUSEL 2011). Dementsprechend ist auch das deutsche Zuwanderungsrecht ausgestaltet. Befragte Expert*innen und Migrant*innen weisen darauf hin, dass temporäre oder zirkuläre Migration oftmals durch administrative Hürden (z.B. Visabestimmungen) erschwert werde. Selbst Maßnahmen, wie die Blaue Karte der EU, die als Pendant zum H1B-Visum der USA (Erlaubnis einer zeitlich begrenzten Migration für die Mitarbeit in einem bestimmten Unternehmen) gedacht ist, werden in ihrer Ausgestaltung als zu kompliziert beschrieben. Vor diesem Hintergrund bedarf es neuer Ansätze für eine zeitgemäße Migrationspolitik. Sie muss die Erfordernisse veränderter Migrationsmuster berücksichtigen, die sich auch aus der zunehmend tieferen transnationalen Einbettung von Migrant*innen ergeben.

Forschungsdesiderata

Aufbauend auf den Ergebnissen lassen sich unterschiedliche Anknüpfungspunkte für zukünftige Forschungsarbeiten formulieren, die eine vertiefte Untersuchung dieses Fallbeispiels oder die Übertragungsmöglichkeit der hier vorgeschlagenen Perspektiven auf andere Fallbeispiele betreffen. Ein Forschungsdesiderat ist die Weiterverfolgung einer dynamisierten Perspektive auf das transnationale Handeln von Migrant*innen. Dies bezieht sich auf Veränderungen im Handeln von Einzelpersonen und auf strukturelle Veränderungen. Langzeitstudien können in diesem Zusammenhang wertvoll sein, da sie helfen, zu verstehen, wie sich die Einbindung in transnationale Netzwerke und die transnationalen Praktiken im Laufe des Lebens verändern und welche Auswirkungen dies auf migrantische Identitäten hat. Sie würden es auch ermöglichen, Remigrant*innen zu begleiten und besser zu verstehen, wie sich ihre transnationalen Einbindungen im Laufe der Zeit verändern. Die Auswirkungen der sich verändernden Rahmenbedingungen könnte, im Zuge einer Langzeitbegleitung der Proband*innen dieser Studie, einen Beitrag dazu leisten, die Abhängigkeit der Bleibeabsicht von diesen Veränderungen und die Dynamik von Migrationsprozessen, besonders der hochqualifizierten, vermeintlich global mobilen „Eliten", nachzuvollziehen.

Einen Anknüpfungspunkt für die weitere Transnationalismusforschung bietet die vorgeschlagene Typologie. Die Überprüfung ihrer Übertragbarkeit auf andere Fallbeispiele und ihre damit einhergehende weitere Differenzierung können dazu beitragen, die Vielfalt transnationaler Phänomene systematisch zu erfassen.

Mit Blick auf die veränderten Rahmenbedingungen für transnationales Handeln ist eine stärker wissenschaftlich fundierte Bewertung politischer Maßnahmen wünschenswert. Die Auswertung der Literatur zu diesem Fallbeispiel zeigt, dass darüber, warum sich transnationale Praktiken verändern und inwieweit dies durch politische Rahmenbedingungen beeinflussbar ist, bisher nur oberflächliche Analysen existieren. Unklar ist auch, welchen Anteil die Diasporastrategie der indischen

Regierung an dem (erwünschten) Anstieg der Rimessen hatte. Hierfür müssten die für die Migrant*innen relevanten rimessenbezogenen Handlungsparameter besser verstanden werden. Auch die zumindest als Teilerfolg bewertete „Green Card"-Initiative der Bundesregierung (KOLB 2005) wurde weder in ihren Auswirkungen noch hinsichtlich ihrer Mängel systematisch aufgearbeitet. Grund hierfür ist, dass das Interesse an der Anwerbung Hochqualifizierter aufgrund der Arbeitsmarktsituation rasch erlosch (BAUDER 2008). Der durch die rot-grüne Bundesregierung angestoßene Diskurs über ein neues Zuwanderungsgesetz, das schließlich 2005 in Kraft trat, beruhte wesentlich auf den Empfehlungen der Süßmuth-Kommission, die ihren Bericht bereits 2001 vorlegte (BAUDER 2008). Die „Green Card" war dabei Mitauslöser einer Debatte über das Zuwanderungsgesetz. Für das Sammeln von Erfahrungen, die zur Ausgestaltung des Gesetzes hätten beitragen können, fehlte aber der notwendige Vorlauf. Diese beiden Beispiele illustrieren, dass Migrationspolitik vielfach nicht auf fundierten Analysen beruht und dass es notwendig erscheint, die Migrationspolitik stärker an gesicherten wissenschaftlichen Erkenntnissen auszurichten.

Ein Themengebiet, das vertiefter Bearbeitung bedarf, sind die sozialen, wirtschaftlichen und gesellschaftlichen Veränderungen, die von Migrant*innen ausgelöst werden. Dargestellt wurde, wie ökonomische (Kap. 7.2) und soziale Rimessen (Kap. 7.6) Veränderungen in einer zunehmend global verflochtenen Welt auslösen. Hierfür eröffnet eine praxistheoretisch fundierte Transnationalismusforschung neue Perspektiven, da sie das Handeln von Migrant*innen in das Zentrum des Erkenntnisinteresses stellt.

Ein letztes Desiderat bezieht sich auf die Weiterentwicklung der Transnationalismusforschung. Über die bisherigen Einzelfallstudien hinausgehend sollten, in koordinierten Forschungsprogrammen, mehrere Fallbeispiele einem gemeinsamen systematischen Vergleich unterzogen werden, um durch die vergleichende Bearbeitung fallbeispielübergreifende Muster zu identifizieren und damit zu einem besseren Verständnis des Einflusses struktureller Rahmenbedingungen und der Handlungsmotive der Migrant*innen beizutragen.

Schluss

„Migration is here to stay" schreibt der *Special Representative of the Secretary General on Migration* der Vereinten Nationen, Peter SUTHERLAND, um zu verdeutlichen, dass Migration auch zukünftig Gesellschaften tiefgreifend verändern wird (vgl. Zitat auf Seite 31). Analog dazu kann gelten: „Transnationalism is here to stay": Transnationalismus hat sich als Perspektive der Migrationsforschung etabliert, die erklärt, wie nicht nur Migrationsprozesse, sondern auch die Praktiken von Migrant*innen Gesellschaften verändern.

Eine prozessorientierte Sichtweise erlaubt es, die transnationalen Praktiken der Migrant*innen in ihrer Veränderlichkeit zu verstehen. Sie werden stark von dynamischen Rahmenbedingungen auf unterschiedlichen Ebenen beeinflusst: technischer Fortschritt führt dazu, dass transnationale Kommunikation immer einfacher wird, sinkende Reisekosten erleichtern das ortsverteilte Leben, rechtliche Regulationen können stimulierend (Diasporastrategien) aber auch hemmend wirken (Reiserestriktionen). Veränderungen transnationaler Praktiken gehen auch auf das Vergehen und Entstehen transnationaler wirtschaftlicher Austauschbeziehungen zurück. Zudem verändern sich im Laufe der Zeit die institutionellen Akteure, die Migrationssysteme beeinflussen, was neue Fragen zur kumulativen Verursachung von Migration aufwirft. Aber auch im Lebenslauf einzelner Migrant*innen verändern sich transnationale Praktiken, wenn Ereignisse die Stellung im Lebenszyklus verändern. Zu der prozessorientierten Sichtweise gehört es auch, das Ende transnationaler Verbindungen in den Blick zu nehmen und ihre Endlichkeit zu untersuchen.

Deutlich wird die Notwendigkeit einer differenzierenden Sichtweise auf transnationale Migrant*innen und ihre jeweiligen Praktiken. Diese Studie bestätigt zudem sehr deutlich, dass der bereits früher kritisierte methodische Nationalismus die Sicht auf die Vielfältigkeit transnationaler Praktiken verstellt. Weiterhin ist festzustellen, dass transnationales Engagement selbst innerhalb vermeintlich homogener Migrantengruppen unterschiedlich ausgeprägt ist, was auf verschiedene Faktoren, wie die familiäre Situation am Herkunftsort, den individuellen Migrationspfad, die Einbindung in die Ankunftsgesellschaft oder Persönlichkeitsmerkmale zurückzuführen ist. Dieser Vielfalt des Transnationalen sollte höhere Aufmerksamkeit gewidmet werden. *Mixed Methods Research*-Ansätze bieten hierfür den adäquaten methodologischen Zugang, da sie der rein qualitativ ausgerichteten, offenen aber einzelfallzentrierten Forschung und dem geschlossenen, hypothesengeleiteten Forschungsdesign quantitativer Erhebungen eine perspektivische Vielfalt entgegenhalten, die es erlaubt, Neues aufzudecken und in seiner Relevanz zu bewerten.

Schließlich bedarf es einer kritischen Sichtweise auf transnationale Praktiken. Eine voreingenommen positive Betrachtung von Transnationalismus verstellte in der Vergangenheit zu oft den Blick auf die Schwierigkeiten, die durch transnationale Netzwerke, Praktiken und Identitäten hervorgebracht werden: Auf individueller Ebene kann transnationales Leben belastend sein; auf gesellschaftlicher Ebene entstehen neue Herausforderungen für die Integration; auf internationaler Ebene werden transnationale Migrant*innen zunehmend instrumentalisiert (Diasporastrategien, Diskurs um Migrant*innen als „bessere" Entwicklungshelfer*innen).

Schließen möchte ich die Arbeit mit zwei Interviewzitaten von indischen Migrantinnen, welche die Vielfalt und die Widersprüchlichkeit transnationalen Lebens illustrieren.

„I am half and half. You know, like I have a part of me, which is totally Indian and then there is a part of me, which is totally German. […] I kind of fit in, depending on where I am, what I am, and try to be the best out of both."

„Like a turtle, you are always moving with the house on your back. You don't know where you're going to settle. Finally, you're looking for the sea. Somewhere where you just go inside… "

LITERATURVERZEICHNIS

Afram, G. G. (2012): The Remittance Market in India. Washington.
Amrute, S. (2010): Living and Praying in the Code: The Flexibility and Discipline of Indian Information Technology Workers (ITers) in a Global Economy. In: Anthropological Quarterly, 83 (3): 519–550.
Anthias, F. (1998): Evaluating 'Diaspora': Beyond Ethnicity? In: Sociology 32 (3): 557–580.
Anthias, F. (2008): Thinking through the lens of translocational positionality: an intersectionality frame for understanding identity and belonging. In: Translocations: Migration and social change, 4(1): 5–20.
Appadurai, A. (1996): Modernity al large: cultural dimensions of globalization. Mineapolis, London.
Axinn, W. G. und L. D. Pearce (2006): Mixed method data collection strategies. Cambridge.
Bada, X. (2016): Collective Remittances and Development in Rural Mexico: a View from Chicago's Mexican Hometown Associations. In: Population, Space and Place 22: 343–355.
Bade, K. und J. Oltmer (2004): Normalfall Migration. (=Bundeszentrale für politische Bildung (Hrsg.): ZeitBilder, Bd. 15), Bonn.
Bade, K. und J. Oltmer (2005): Migration, Ausländerbeschäftigung und Asylpolitik in der DDR 1949–1989/90. (Online: http://www.bpb.de/gesellschaft/migration/dossier-migration/56368/migrationspolitik-in-der-ddr?p=all) (Zugriff am 23.6.2017)
Bagwell, S. (2015): Transnational Entrepreneurship amongst Vietnamese Businesses in London. In: Journal of Ethnic and Migration Studies 41 (2): 329–349.
Bakewell, O. (2010): Some Reflections on Structure and Agency in Migration Theory. In: Journal of Ethnic and Migration Studies 36 (10): 1689–1708.
Baldwin-Edwards, M. (2011): Labour immigration and labour markets in the GCC countries: national patterns and trends. (online: http://eprints.lse.ac.uk/55239/1/Baldwin-Edwards_2011.pdf) (Zugriff am 14.7.2014)
BAMF – Bundesamt für Migration und Flüchtlinge (2005): Migrationsbericht 2005. Berlin/Nürnberg.
BAMF – Bundesamt für Migration und Flüchtlinge (2015): Migrationsbericht 2013. Zentrale Ergebnisse. Nürnberg.
BAMF – Bundesamt für Migration und Flüchtlinge (2016): Migrationsbericht 2015. Nürnberg.
Baser, B. (2017): Intricacies of Engaging Diasporas in Conflict Resolution and Transitional Justice: The Kurdish Diaspora and the Peace Process in Turkey. In: Civil Wars (online journal): DOI: 10.1080/13698249.2017.1396528
Bailey, A. (2001): Turning Transnational: Notes on the Theorisation of International Migration. In: International Journal of Population Geography 7: 413–428
Banerjee, R. (2012): Die Bedeutung Bollywoods für die Identitätsfindung der indischen Diaspora in Deutschland. In: Journal of Religious Culture 163: 1–66.
Batnitzky, A., McDowell, L., und S. Dyer (2012): Remittances and the Maintenance of Dual Social Worlds: The Transnational Working Lives of Migrants in Greater London. In: International Migration 50 (4): 140–156.
Bauder, H. (2008): Neoliberalism and the economic utility of immigration: media perspectives of Germany's immigration law. In: Antipode 40 (1): 55–78.
Beaverstock, J. V. (2005): Transnational elites in the city: British highly-skilled inter-company transferees in New York city's financial district. In: Journal of Ethnic and Migration Studies, 31(2): 245–268.

Becker, J. (2002): Hybride und andere Identitäten. Anmerkungen zur Transnationalismusdebatte. In: Becker, J., Felgentreff, C. und W. Aschauer (Hrsg.): Reden über Räume. Region, Transformation, Migration. Festsymposium zum 60. Geburtstag von Wilfried Heller (= Potsdamer Geographische Forschungen Band: 23).

Bogner, A. und W. Menz (2001): „Deutungswissen "und Interaktion Zu Methodologie und Methodik des theoriegenerierenden Experteninterviews. In: Soziale Welt, 52(4): 477–500.

Bork-Hüffer. T. (2017): The Mobility Intentions of Privileged and Middling Migrant Professionals in Singapore: A Cross-Cultural Comparison, and the Effects of the "Singaporeans First" Strategy. In: ASIEN 143: 64–92.

Bourdieu, P. (1977): Outline of a theory of practice. Cambridge.

Bourdieu, P. (1977): The logic of practice. Stanford.

Bourdieu, P. (1983): Ökonomisches Kapital, kulturelles Kapital, soziales Kapital. In: Kreckel, R. (Hrsg.): Soziale Ungleichheiten. Sonderband 2, Soziale Welt. Göttingen: 183–198.

Bourdieu, P. (1990): Practical reason. On the theory of action. Stanford.

Brickell, K. und A. Datta (2011): Introduction: Translocal Geographies. In: Brickell, K. und A. Datta (Hrsg.): Translocal geographies. Farnham, Burlington: 3–22.

Bröring, S. (2011): Arbeitsmarktintegration von Migrant_innen aus Brasilien, Indien und den Philippinen in Deutschland. Ausgangssituation und Handlungsstrategien. In: Berichte zur deutschen Landeskunde 85 (1): 61–77.

Brubaker, R. (2001): The Return of Assimilation? Changing Perspectives on Immigration and Its Sequels in France, Germany, and the United States. In: Ethnic and Racial Studies 24 (4): 531–548.

Brubaker, R. (2005): The 'diaspora' diaspora. In: Ethnic and Racial Studies 28 (1): 1–19.

Budarick, J. (2014): Media and the limits of transnational solidarity: Unanswered questions in the relationship between diaspora, communication and community. In: Global Media and Communication 10 (2): 139–153.

Bürkner, H.-J. (2000): Transnationalisierung von Migrationsprozessen – Eine konzeptionelle Herausforderung für die geographische Migrationsforschung? In: Blotevogel, H. Ossenbrügge, J. und G. Wood (Hrsg.): Lokal verankert – weltweit vernetzt. Tagungsbericht und wissenschaftliche Abhandlungen. 52. Deutscher Geographentag Hamburg 1999. Stuttgart: 301–303.

Bürkner, H.-J. (2005): Transnationale Migration. Cultural Turn und die Nomaden des Weltmarkts. In Zeitschrift für Wirtschaftsgeographie 49 (2): 113–122.

Butsch, C. (2011): Zugang zu Gesundheitsdienstleistungen. Barrieren und Anreize in Pune, Indien. Stuttgart.

Butsch, C. (2015): Overseas Indians – indische Migranten in transnationalen Netzwerken. In: Geographische Rundschau. 67 (1): 40–46.

Butsch, C. (2016a): Leben in zwei Kulturen – transnationale Identitäten indischer Migranten in Deutschland. In: Mitteilungen der Österreichischen Geographischen Gesellschaft 158: 13–36.

Butsch, C. (2016b): Transnational networks and practices of Overseas Indians in Germany. In: Internationales Asienforum 47 (3-4): 203–226.

Butsch, C. (2017): The 'Indian diaspora' in Germany – emerging networks and new homes. In: Diaspora Studies, DOI: 10.1080/09739572.2017.1398373

Caglar, A. (2006): Hometown associations, the rescaling of state spatiality and migrant grassroots transnationalism. In: Global Networks 6 (1): 1–22.

Carling, J. (2012): Collecting, analysing and presenting migration histories. In: Vargas-Silva, C. (Hrsg.): Handbook of research methods in migration. Cheltenham und Northampton: 137–162.

Carling, J., Menjvar, C. und L. Schmalzbauer (2012): Central Themes in the Study of Transnational Parenthood. In: Journal of Ethnic and Migration Studies 38 (2): 191–217.

Carter, S. (2005): The geopolitics of diaspora. In: Area 37(1): 54–63

Castles, S., de Haas, H., und M. J. Miller (2014): The Age of Migration-International Movements in the Modern World. New York.

Census of India (o.D.): Distribution of Population by Religions. (online: http://censusindia.gov.in/Ad_Campaign/drop_in_articles/04-Distribution_by_Religion.pdf) (Zugriff am 1.9.2017).

Chacko, E. (2007): From brain drain to brain gain: reverse migration to Bangalore and Hyderabad, India's globalizing high tech cities. In: GeoJournal 68 (2–3): 131–140.

Cohen. R. (1996): Theories of migration. Brookfield.

Cohen, R. (2008): Global Diasporas: An Introduction. New York.

Collins, F. L. (2012): Transnational mobilities and urban spatialities Notes from the Asia-Pacific. In: Progress in Human Geography 36 (3): 316–335.

Dahinden, J. (2010): The dynamics of migrants' transnational formations: Between mobility and locality. In: Bauböck, R. und T. Faist (Hrsg.): Diaspora and Transnationalism. Amsterdam.

Datta, A. (2016): Ethnoscape-Financescape Interface: Work Space Experiences for Indian Guest-Workers in Germany. In: Transcience 7(1): 51–68.

De Haas, H. (2007): International migration, remittances and development: myths and facts. In: Third World Quarterly 26 (8): 1269–1284.

Deffner, V. (2014): Gelebte Translokalität von indischen Studierenden in Aachen. In Geographische Rundschau 66 (11): 18–23.

Délano, A. (2014): The diffusion of diaspora engagement policies: A Latin American agenda. In: Political Geography 41: 90–100.

Denzin, N. K. (1978): The research act: A theoretical introduction to sociological methods. New York.

DeStatis (2015): Bevölkerung und Erwerbstätigkeit. Bevölkerung und Erwerbstätigkeit Ausländische Bevölkerung. Ergebnisse des Ausländerzentralregisters 2014. Wiesbaden.

DeStatis (2017): Bevölkerung und Erwerbstätigkeit. Bevölkerung mit Migrationshintergrund. Ergebnisse des Mikrozensus 2016. Wiesbaden.

DeStatis – Statistisches Bundesamt (2017b): Bildung und Kultur. Studierende an Hochschulen. Wintersemester 2015/2016. Wiesbaden.

DeStatis (2018): Bevölkerung und Erwerbstätigkeit. Bevölkerung und Erwerbstätigkeit Ausländische Bevölkerung. Ergebnisse des Ausländerzentralregisters 2017. Wiesbaden.

Dickinson, J. und A. J. Bailey (2007): (Re) membering diaspora: Uneven geographies of Indian dual citizenship. In: Political Geography 26 (7): 757–774.

DIG – Deutsch-Indische Gesellschaft (ohne Datum): Die Projektarbeit der Zweigstellen (online: http://www.dig-ev.de/wp-content/uploads/Die-Projektarbeit-der-Zweiggesellschaften-2014.pdf) (Zugriff am 30.11.2017)

Dickinson, J. und A. J. Bailey (2007): (Re)membering diaspora: Uneven geographies of Indian dual citizenship. In: Political Geography 26 (7): 757-774.

Donner H. und G. Santos (2016): Love, Marriage, and Intimate Citizenship in Contemporary China and India: An introduction. In: Modern Asian Studies 50 (4): 1123–1146.

Drori, I., Honig, B., und M. Wright (2009): Transnational entrepreneurship: An emergent field of study. In: Entrepreneurship Theory and Practice 33(5): 1001–1022.

Durand, J. (2004): From traitors to heroes: 100 Years of Mexican migration policies. (online: http://www.migrationinformation.org/feature/display.cfm?ID1/4203) (Zugriff am 6.12.2017)

Ehrkamp, P. (2005): Placing Identities: Transnational Practices and Local Attachments of Turkish Immigrants in Germany. In: Journal of Ethnic and Migration Studies 31 (2): 345–364.

Elwert, Georg (1982): Probleme der Ausländerintegration. Gesellschaftliche Integration durch Binnenintegration. In: Kölner Zeitschrift für Soziologie und Sozialpsychologie 34 (1982): 717–731.

Erel, U. (2010): Migrating cultural capital: Bourdieu in migration studies. In: Sociology, 44(4): 642–660.

Esser, H. (1986): Ethnische Kolonien: ‚Binnenintegration' oder gesellschaftliche Isolation? In: Hoffmeyer-Zlotnik, J. H. (Hrsg.): Segregation und Integration. Die Situation von Arbeitsmigranten im Aufnahmeland. Forschung, Raum und Gesellschaft Mannheim: 106–117.

Esser, H. (2003): Ist das Konzept der Assimilation überholt. In: Geographische Revue, 5 (2): 5–22.

Faist, T. (2008): Migrants as Transnational Development Agents: An Inquiry into the Newest Round of the Migration-Development Nexus. In: Population, Space and Place 14 (1): 21–42.

Fassmann, H. (2002): Transnationale Mobilität: Empirische Befunde und theoretische Überlegungen. In: Leviathan 30 (3): 345–359.

Fauser, M. (2010): Migrantenorganisationen. Akteure zwischen Integration und Transnationalisierung. Erkenntnisse von Fallstudien-Ergebnissen aus Spanien. In: Pries, L. und Z. Sezgin (Hrsg.): Jenseits von „Identität oder Integration". Grenzen überspannende Migrantenorganisationen. Wiesbaden: 265–594.

Fawcett, J. T. (1989): Networks, linkages, and migration systems. In: International Migration Review 23 (3): 671–680.

Fenicia, T., Gamper, M. und M. Schönhut (2010): Integration, Sozialkapital und soziale Netzwerke. Egozentrierte Netzwerke von (Spät-)Aussiedlern. In: Gamper, M. und L. Reschke (Hrsg.): Knoten und Kanten. Soziale Netzwerkanalyse in Wirtschafts- und Migrationsforschung. Bielefeld.

Föbker, S., Imani, D., Nipper, J., Otto, M. und C. Pfaffenbach (2016): Translocal life and integration of highly-skilled migrants in Germany. In: Erdkunde 70 (2): 109–124.

Foner, N. (1997): What's New About Transnationalism? New York Immigrants Today and at the Turn of the Century. In: Diaspora 6 (3):355–375.

Fuchs-Heinritz, W. und A. König (2005): Pierre Bourdieu. Eine Einführung. Konstanz.

Fuhse, J. (2010): Transnationalismus, ethnische Identität und interethnische Kontakte von italienischen Migranten in Deutschland. In: Pries, L. und Z. Sezgin (Hrsg.): Jenseits von „Identität oder Integration". Grenzen überspannende Migrantenorganisationen. Mannheim: 143–168.

Friesen, W. (2008). The Evolution of ‚Indian' Identity and Transnationalism in New Zealand. In: Australian Geographer, 39 (1): 45–61.

Friesen W. und F. L. Collins (2017): Brain chains: managing and mediating knowledge migration. In: Migration and Development 6 (3): 323–342.

Flick, U. (2017): Qualitative Sozialforschung. Eine Einführung. Hamburg.

Foner, N. (1997): What's New About Transnationalism? New York Immigrants Today and at the Turn of the Century. In: Diaspora 6 (3): 355–375.

Fürstenau, S. (2004): Transnationale (Aus-) Bildungs-und Zukunftsorientierungen. In: Zeitschrift für Erziehungswissenschaft 7(1): 33–57.

Gabriel, K., Leibold, S. & R. Achtermann (2011): Die Situation ausländischer Priester in Deutschland – Ergebnisse einer empirischen Studie. Bonn. (=Wissenschaftliche Arbeitsgruppe für weltkirchliche Aufgaben der Deutschen Bischofskonferenz (Hrsg.) Forschungsergebnisse – Nr. 2)

Gaitanides, S. (2003): Partizipation von Migranten/innen und ihren Selbstorganisationen. Manuskript: E&C-Zielgruppenkonferenz „Interkulturelle Stadt(teil)politik". Dokumentation der Veranstaltung vom 8. und 9. Dezember 2003 Berlin (online: www.eundc.de/pdf/63004.pdf) (Zugriff am 12.12.2017)

Gallo, E. (2012). Creating Gurdwaras, Narrating Histories: Perspectives on the Sikh Diaspora in Italy. In: South Asia Multidisciplinary Academic Journal online, (6): (online: http://samaj.revues.org/3431) (Zugriff am 31.9.2017)

Gamper, M. (2015): Bourdieus Konzept des Sozialkapitals und seine Bedeutung für die Migrationsforschung. In: Reuter, J. und P. Mecheril (Hrsg.): Schlüsselwerke der Migrationsforschung: Pionierstudien und Referenztheorien. Wiesbaden: 343–360.

Gans, P. (2011): Bevölkerung. Entwicklung und Demographie unserer Gesellschaft. Darmstadt.

Garcia Zamora, R. (2013): Mexican experience on migration and development 1990-2013. In: Revista Interdisciplinar da Mobilidade Humana 21 (41): 205–224.

GCIM – Global Commission on International Migration (2005): Migration in an interconnected world: New directions for action. Report of the Global Commission on International Migration. (Online: http://www.iom.int/jahia/webdav/site/myjahiasite/shared/shared/mainsite/policy_and_research/gcim/GCIM_Report_Complete.pdf) (Zugriff am 23.10.2017)

Geiger, M. und M. Steinbrink (2012): Migration und Entwicklung: Merging fields in Geography. In: Geiger, M. und M. Steinbrink (Hrsg.): Migration und Entwicklung: Geographische Perspektiven (= IMIS Beiträge 42/2012), Osnabrück: 7–36.

Georgiou, M. (2012): Seeking Ontological Security beyond the Nation: The Role of Transnational Television. In: Television & New Media 14 (4): 304–321.

Giddens, A. (1979) Central Problems in Social Theory: Action, Structure and Contradiction in Social Analysis. Berkley.

Giddens, A. (1984). The Constitution of Society. Berkley.

Glick Schiller, N., Basch, L. und C. Blanc-Szanton (1992b): Transnationalism: A New Analytic Framework for Understanding Migration. In: Annals of the New York Academy of Sciences. 645: 1–24.

Glick Schiller, N. (2009): A Global Perspective on Migration and Development. In: Social Analysis 53 (3): 14–37.

Glick Schiller, N. (2014): Das transnationale Migrationsparadigma: Globale Perspektiven auf die Migrationsforschung. In: Nieswand, B. und H. Drotbohm (Hrsg.): Kultur, Gesellschaft, Migration. Die reflexive Wende in der Migrationsforschung. Wiesbaden: 153–178.

Glorius, B. (2006): Transnationale Arbeitsmigration am Beispiel polnischer Arbeitsmigranten in Deutschland. In: Kulke, E. Monheim, H. und P. Wittmann (Hrsg.): GrenzWerte. Tagungsbericht und wissenschaftliche Abhandlungen. 55. Deutscher Geographentag Trier 2005, 1. bis 8. Oktober 2005. Berlin: 141–150.

Glorius, B. (2016): Transnationale Bildungs- und Mobilitätsbiographien von Absolventinnen und Absolventen Deutscher Auslandsschule. In: Tölle, A. und R. Wehrhahn (Hrsg.): Translokalität und lokale Raumproduktionen in transnationaler Perspektive. Berlin: 97–118.

Goeke, P. (2007): Transnationale Migrationen. Post-jugoslawische Biografien in der Weltgesellschaft. Bielefeld.

Goeke, P. (2010): Migrantenorganisationen – eine systemtheoretische Skizze. In: In: Pries, L. und Z. Sezgin (Hrsg.): Jenseits von, Identität oder Integration'. Grenzen überspannende Migrantenorganisationen. Wiesbaden: 115–142.

Goel, U., (2002): Von Freiheitskämpfern zu Computer-Indern – Südasiaten in Deutschland. In: Südasien 1/2002: 70–73.

Goel, U. (2003): Die indische Legion - Ein Stück deutsche Geschichte. In: Südasien 4/2003: 27-30.

Goel, U. (2006a): Germany. In: Lal, B. (Hrsg.), Encyclopedia of the Indian Diaspora: 358-360. Singapur.

Goel, U. (2006b): Ausgrenzung und Zugehörigkeit. Zur Rolle von Staatsbürgerschaft und Einbürgerung. In: Brosius, C. & Goel, U. (Hrsg.): masala.de – Menschen aus Südasien in Deutschland. Heidelberg: 123–160.

Goel, U. (2007): Indians in Germany. The imagination of a community. In: UNEAC Asia Papers 20 (2007): 1–8.

Goel, U. (2008a): The Indernet – A German network in a transnational space. In: Anghel, R. G., Gerharz, E., Rescher, G. und M. Sazlbrunn (Hrsg.): The Making of World Society – Perspectives from Transnational Research, Bielefeld: 291–309.

Goel, U. (2008b): Imagining India Online: Second-Generation Indians in Germany. In: Esleben, J., Kraenzle, C. & Kulkarni, S. (Hrsg.): Mapping Channels between Ganges and Rhein: German-Indian Cross-Cultural Relations. Newcastle: 210–232.

Goel, U. (2013): „Von unseren Familien finanziell unabhängig und weit weg von der Heimat" Eine ethnographische Annäherung an Migration, Geschlecht und Familie. In: Geisen, T., Studer, T. und E. Yildiz (Hrsg.): Migration, Familie und soziale Lage. Beiträge zu Bildung, Gender und Care. Wiesbaden.

Goel U., Punnamparambil J. und N. Punnamparambil-Wolf (2012): InderKinder. Über das Aufwachsen und Leben in Deutschland. Heidelberg.

Göler, D. und Z. Krisjane (2013): Anmerkungen zur Variabilität von Migrationssystemen (mit Erfahrungen aus Lettland und Albanien). Transnationalismus oder Transregionalismus? In: Mitteilungen der Österreichischen Geographischen Gesellschaft 155: 125–147.

GoI (Government of India Ministry of Overseas Indians Affairs) (2016): Population of Overseas Idians. As on December 2016. (Online: http://mea.gov.in/images/attach/NRIs-and-PIOs_1.pdf) (Zugriff am 26.6.2017).

GoI MEA – Government of India, Ministry of External Affairs (2017): Population of Overseas Indians. (Online: http://mea.gov.in/images/attach/NRIs-and-PIOs_1.pdf) (Zugriff am 14.12.2017)

GoI PIB (Government of India Press Information Bureau) (2015): External Affairs and Overseas Indian Affairs Minister's Address at the Inaugural Session of Pravasi Bharatiya Divas 2015. (online: http://pib.nic.in/newsite/PrintRelease.aspx?relid=114433) (Zugriff am 17.12.2017).

Gonzalez, C. und V. Katz (2016): Transnational Family Communication as a Driver of Technology Adoption. In: International Journal of Communication 10: 2683–2703.

Goss, J., und B. Lindquist (1995): Conceptualizing international labor migration: a structuration perspective. In: International migration review 29 (2): 317–351.

Goswami, M. (1998). From Swadeshi to Swaraj: Nation, Economy, Territory in Colonial South Asia, 1870 to 1907. In: Comparative studies in society and history 40(4): 609–636.

Gottschlich, P. (2012): Carim-India Research Report 2012/03, German Case Study. San Domenico de Fiseole. (online: http://cadmus.eui.eu/handle/1814/20822) (Zugriff am 19.12.2012).

Gottschlich, P. (2013a): Die indische Diaspora in den USA und ihre Rolle im Religionskonflikt in Indien. In: Brenner, V. und J. Kursawe (Hrsg.): Konfliktfaktor Religion? Die Rolle von Religionen in den Konflikten Südasiens. Baden-Baden: 53–74.

Gottschlich P. (2013b): From Germany to India: The Role of NRIs and PIOs in Economic and Social Development Assistance. In: Yong T.T. und M. M. Rahman (Hrsg.): Diaspora Engagement and Development in South Asia. International Political Economy Series. London.

Gowricharn, R. (2009), Changing forms of transnationalism. In: Ethnic and Racial Studies, 32(9): 1619–1638.

Granovetter, M. S. (1973): The strength of weak ties. In: American journal of sociology, 1360–1380.

Granovetter, M. S. (1985): Economic action and social structure: The problem of embeddedness. In: American Journal of Sociology 91 (3): 481–510.

Gregory, D. (1994): Geographical Imaginations. Cambridge.

Greiner, C., und P. Sakdapolrak (2013): Translocality: concepts, applications and emerging research perspectives. In: Geography Compass, 7(5): 373–384.

Guarnizo, L. E. (2003): The Economics of Transnational Living. In: International Migration Review 37(3): 666–699.

Guarnizo, L. E., und M. P. Smith (1998): The locations of transnationalism. In: Smith, M. P. und L. E. Guarnizo (Hrsg.): Transnationalism from below. New Brunswick, London: 3-34.

Gupta, S. Patillo, C. A. und S. Wagh (2009): Effect of Remittances on Poverty and Financial Development in Sub-Saharan Africa. In: World Development 37 (1): 104–115.

Hall, S. (1999): Kulturelle Identität und Globalisierung. In: Hörning, K. H. und R. Winter (Hrsg.): Widerspenstige Kulturen. Frankfurt a. M.: 393–441.

Hannerz, U. (1980): Exploring the City: Toward an Urban Anthropology. New York.

Heckmann, F. (1992): Ethnische Minderheiten, Volk und Nation. Soziologie interethnischer Beziehungen. Stuttgart.

Heckmann, F. (1998): Ethnische Kolonien: Schonraum für Integration oder Verstärker der Ausgrenzung. In: Friedrich-Ebert-Stiftung (Hrsg.): Ghettos oder ethnische Kolonien? Entwicklungschancen von Stadtteilen mit hohem Zuwanderungsanteil. Bonn.

Henn, S. (2010): Transnational communities and regional cluster dynamics. The case of the Palanpuris in the Antwerp diamond district. In: Die Erde 141 (1-2): 127–147.

Hess, M. und B. Korf (2014): Tamil diaspora and the political spaces of second-generation activism in Switzerland. In: Global Networks 14 (4): 419–437.

Hillmann, F. (2007): Migration als räumliche Definitionsmacht? Beiträge zu einer neuen Geographie der Migration in Europa. Stuttgart (= Erdkundliches Wissen Band: 141).

Hillmann, F. (2016) Migration. Eine Einführung aus sozialgeographischer Perspektive. Stuttgart.

Ho, E. L-E. (2011): ‚Claiming' the diaspora: Elite mobility, sending state strategies and the spatialities of citizenship. In: Progress in Human Geography 35 (6): 757–772.

Hookooomsing (2011): India in Diaspora: A Mauritian Perspective. In: Jayaram, N. (Hrsg.): Diversities in the Indian Diaspora. Nature, Implications, Responses. New Delhi: 101–113.

Hollstein, B. und J. Pfeffer (2010): Netzwerkkarten als Instrument zur Erhebung egozentrierter Netzwerke. (Online: https://www.researchgate.net/profile/Juergen_Pfeffer/publication/2651 95974_Netzwerkkarten_als_Instrument_zur_Erhebung_egozentrierter_Netzwerke/links/5751 e21a08ae10d93370e4e4.pdf) (Zugriff am 4.10.2017)

Hunger, U. (2000): Vom „Brain-Drain" zum „Brain-Gain". Migration, Netzwerkbildung und sozioökonomische Entwicklung: das Beispiel der indischen „Software-Migranten". In: IMIS-Beiträge 16/2000: 7–22.

Indian Association Bonn (o.D.): New in Bonn. (online: http://www.iab-online.org/index.php /de/contact-us/new-in-bonn) (abgerufen am 30.8.2017)

Itzigsohn, J., Cabral, C. D., Hernandez Medina, E. und O. Vazquez (1999): Mapping Dominican transnationalism: narrow and broad transnational practices. In: Ethnic and Racial Studies 22 (2): 316–339.

Itzigsohn, J. (2000): Immigration and the boundaries of citizenship: the institutions of immigrants' political transnationalism. In: International Migration Review 2000: 1126–1154.

Jain, P. (1982): Indians Abroad: A Current Population Estimate. In Economic and Political Weekly 17 (8): 299–304.

Jain, P. (2011): British Colonialism and International Migration from India: Four Destinations. In: Irudaya, R. und M. Percot (Hrsg.): Dynamics of Indian Migration. London, New York, New Delhi: 23–48.

Jayaram, N. (2004): Introduction: The Study of Indian Diaspora. In Jayaram, N. (2004): The Indian Diaspora. Dynamics of Migration. New Delhi, Thousand Oaks, London: 15-43.

Jayaram, N. (2011): Introduction: Understanding Diversities in the Indian Diaspora. In: Jayaram, N. (Hrsg.): Diversities in the Indian Diaspora. Nature, Implications, Responses. New Delhi: 1–24.

Jick, T. D. (1979): Mixing qualitative and quantitative methods: Triangulation in action. In: Administrative science quarterly, 24 (4): 602–611.

Johnson, R. B. und A. J. Onwuegbuzie (2004): Mixed Methods Research: A Research Paradigm Whose Time Has Come. In: Educational Researcher 33 (7): 14–26.

Johnson, R. B., Onwuegbuzie, A. J. und L. A. Turner (2007): Toward a Definitions of Mixed Methods Research. In: Journal of Mixed Methods Research 1 (2): 112–133.

Joas, H. (1992): Die Kreativität des Handelns. Frankfurt a. M.

Katz, C. (2001): Vagabond capitalism and the necessity of social reproduction. In: Antipode 33 (4): 709–728.

Kahn, R. L. und T. C. Antonucci (1980): Convoys over the life course: Attachment, roles and social support. In: Baltes, P. B. und O. Brim (Hrsg.): Life-span development and behaviour (3). New York: 253–286.

Khadria, B. (1999): The migration of knowledge workers. Second generation effects of India's brain drain. New Delhi, Thousand Oaks, London.

Khadria, B. (2014): The Dichotomy of the Skilled and Unskilled among Non- Resident Indians and Persons of Indian Origin. Bane or Boon for Development in India? In: Tejada, G., Bhattacharya, U., Khadria, B. und C. Kuptsch (Hrsg.): Indian Skilled Migration and Development: To Europe and back. New Delhi: 29–46.

King, R. (2012): Geography and migration studies: retrospect and prospect. In: Population, Space and Place, 18 (2): 134–153.

King, R. und A. Christou (2011): Of Counter-Diaspora and Reverse Transnationalism: Return Mobilities to and from the Ancestral Homeland. In: Mobilities 6 (4): 451–466.

Kivisto, P. (2001): Theorizing transnational immigration: a critical review of current efforts. In: Ethnic and racial studies 24 (4): 549–577.

Kloosterman, R., Van Der Leun, J., und J. Rath (1999): Mixed embeddedness: (in)formal economic activities and immigrant businesses in the Netherlands. In: International journal of urban and regional research 23 (2): 252–266.

Kolb, H. (2003): „Green Card" eine qualitative und quantitative Analyse der Ergebnisse der Maßnahme. (Online: http://www.bamf.de/SharedDocs/Anlagen/DE/Downloads/Infothek/Zuwanderungsrat/exp-kolb-zuwanderungsrat.pdf?__blob=publicationFile) (Zugriff am 30.5.2017)

Kolb, H. (2005): focus Migration. Kurzdossier 3: Die deutsche „Green Card". (online: http://www.bpb.de/gesellschaft/migration/kurzdossiers/57439/die-deutsche-green-card) (Zugriff am 31.5.2017)

Krishnaswamy, B., Sein, U. T., Munodawafa, D., Varghese, C., Venkataraman, K., und L. Anand (2008): Ageing in India. In: Ageing International, 32 (4): 258–268.

Lacroix, T. (2013): Collective Remittances and Integration: North African and North Indian Comparative Perspectives. In: Journal of Ethnic and Migration Studies 39 (6): 1019–1035.

Lacroix, T., Levitt, P. und I. Vari-Lavoisier (2016): Social remittances and the changing transational political landscape. In: Comparative Migration Studies 4 (1), (online: https://doi.org/10.1186/s40878-016-0032-0) (abgerufen am 6.12.2017)

Lal, V. (1990): The Fiji Indians: marooned at home. In: Clarke, C., Peach, C. und S. Vertovec (Hrsg.): South Asians Overseas. Migration and Ethnicity. Cambridge.

Lauer, S. R. und Wong, Q. (2010): Transnationalism over the Life Course. In: Sociology Compass 4 (12): 1054–1062.

Leclerc, E. und J. B. Meyer (2007): Knowledge diasporas and development: a shrinking space for skepticism. In: Asian Population Studies 3(2): 153–168.

Leitner, H. und P. Ehrkamp (2006): Transnationalism and migrants' imaginings of citizenship. In: Environment and Planning A,38 (9): 1615–1632.

Lessinger, J. (1992): Investing or Going Home? A Transnational Strategy among Indian Immigrants in the United Statesa. In: Annals of the New York Academy of Sciences, 645(1): 53–80.

Leung, M. (2011): Of corridors and chains: translocal developmental impacts of academic mobility between China and Germany. In: International Development Planning Review 33 (4): 475–489.

Levitt, P. (1998): Social Remittances: Migration Driven Local-Level Forms of Cultural Diffusion. In: The International Migration Review 32 (4): 926–948.

Levitt, P. (2001): Transnational Migration. Taking Stock and Future Directions. In: Global Networks 1 (3), S. 195–216.

Levitt, P. (2008): Religion as a path to civic engagement. In: Ethnic and Racial Studies 31 (4): 766–791.

Levitt, P. und R. de la Dehesa (2003): Transnational migration and the redefinition of the state: Variations and explanations. In: Ethnic and Racial Studies 26 (4): 587–611.

Levitt, P. und Glick Schiller, N. (2004): Transnational Perspectives on Migration: Conceptualizing Simultaneity. In: International Migration Review 38 (3): 1002–1039.

Levitt, P. und B. N. Jaworsky (2007): Transnational migration studies: Past developments and future trends. In: Annual Reviewof Sociology 33 (2007): 129–156.

Levitt, P. und D. Lamba-Nieves (2011): Social Remittances Revisited. In: Journal of Ethnic and Migration Studies 37 (1): 1–22.

Levitt, P. und Nyberg-Sørensen, N. (2004): „The transnationtal turn in migration studies." Global Migration Perspectives No. 6. Global Commission on International Migration. Geneva.

Lewis, W. A. (1954): Economic development with unlimited supplies of labour. In: The manchester school, 22 (2): 139–191.

Licuanan, V., Mahmoud, T. O. und A. Steinmayr (2015): The Drivers of Diaspora Donations for Development: Evidence from the Philippines. In: World Development 65: 94–109.

Light, I. und S. Gold (2000): Ethnic Economies. San Diego.

Lokhande, A. (2008): Mein Leben in Deutschland: Eine kleine Brücke zwischen zwei Kulturen. In: Meine Welt (Hrsg.): Heimat in der Fremde. Migrationsgeschichten von Menschen aus Indien in Deutschland. Heidelberg: 209–224.

Lynnebakke, B. (2007): Contested Equality: Social Relations between Indian and Surinamese Hindus in Amsterdam. In: Oonk, G. (Hrsg.): Global Indian diasporas: Exploring trajectories of migration and theory. Amsterdam: 211–234.

Maddison, A. (2006): The world economy. Volume 1: A millenial perspective. Volume 2: Historical statistics. Paris

Mani, B. und L. Varadarajan (2005): 'The Largest Gathering of the Global Indian Family': Neoliberalism, Nationalism, and Diaspora at Pravasi Bharatiya Divas. In: Diaspora 14 (1): 45–73.

Marcus, G. E. (1995): Ethnography in/of the world system: the emergence of multi-sited ethnography. In: Annual Review of Anthropology (24): 95–117.

Marla-Küsters, S. (2015): Diaspora-Religiosität im Generationenverlauf: die zweite Generation srilankisch-tamilischer Hindus in NRW. Würzburg.

Marston, S. A., Jones, J. P. und K. Woodward (2005): Human geography without scale. In: Transactions of the Institute of British Geographers, 30 (4): 416–432.

Massey, D. S., Arango, J., Hugo, G., Kouaouci, A., Pellegrino, A., und J. E. Taylor (1993): Theories of international migration: a review and appraisal. In: Population and development review 1993: 431–466.

Mata-Codesal, D. (2013): Linking social and financial remittances in the realms of financial know-how and education in rural Ecuador. In: Migration Letters, 10 (1): 23–32.

Meine Welt (2008): Heimat in der Fremde. Migrationsgeschichten von Menschen aus Indien in Deutschland. Heidelberg.

Miera, F. (2008): Transnational Strategies of Polish Migrant Entrepreneurs in Trade and Small Business in Berlin. In: Journal of Ethnic and Migration Studies 34 (5): 753–770.

Mitchell, K. (1997): Transnational Discourse: Bringing Geography Back In. In: Antipode 29 (2): 101–114.

Müller-Mahn, D. (2005): Transnational spaces and migrant networks: A case study of Egyptians in Paris. In: Nord-Süd aktuell 19 (2): 29–33.

Mutersbaugh, T. (2002): Migration, common property, and communal labor: cultural politics and agency in a Mexican village. In: Political Geography, 21(4): 473–494.

Nijhawan, M. (2006): 'Bin Laden in der U-Bahn und andere Verkennungen. Beobachtungen in der Sikh-Diaspora. In: Brosius, C. und U. Goel (Hrsg.): masala.de – Menschen aus Südasien in Deutschland. Heidelberg: 98–122.

O'Flaherty, M., Skrbis, Z. und B. Tranter (2007): Home Visits: Transnationalism among Australian Migrants. In: Ethnic and Racial Studies 30 (5): 817–844.

Østergaard-Nielsen, E. K. (2001). Transnational political practices and the receiving state: Turks and Kurds in Germany and the Netherlands. In: Global Networks 1(3): 261–282.

Oiarzabal, P. J. und U.-D. Reips (2012): Migration and Diaspora in the Age of Information and Communication Technologies. In: Journal of Ethnic and Migration Studies, 38 (9), 1333–1338.

Oonk, G. (2007): Global Indian Diasporas: Exploring Trajectories of Migration and Theory. In: Oonk, G. (Hrsg.): Global Indian diasporas: Exploring trajectories of migration and theory. Amsterdam: 9-30.

Patel, T. (2005): Introduction. The Study of the Family in Sociology and Social Anthropology. In: Patel, T. (Hrsg.): Family in India. Structure and Practice. New Delhi, Thousand Oaks, London.

Poros, M. V. (2001): The role of migrant networks in linking local labour markets: the case of Asian Indian migration to New York and London. In: Global Networks 1(3): 243–260.

Portes, A. (1996): Global Villagers: The Rise of Transnational Communities. In: The American Prospect. March-April 1996: 74–77.

Portes, A., Escobar, C., und A. W. Radford (2007): Immigrant transnational organizations and development: A comparative study. In: International Migration Review, 41(1): 242–281.

Portes, A., Guarnizo, L. E., und W. J. Haller (2002): Transnational entrepreneurs: An alternative form of immigrant economic adaptation. In: American sociological review 67 (2): 278–298.

Portes, P., Guarnizo, L. E. und P. Landolt (1999): The study of transnationalism: pitfalls and promise of an emergent research field. In: Ethnic and Racial Studies 22 (2): 217–237.

Portes, A. und J. Yiu (2013): Entrepreneurship, transnationalism, and development. In: Migration Studies 1(1): 75–95.

Pries, L. (2001): Internationale Migration. Bielefeld.

Pries, L. (2008): Internationale Migration. Einführung in klassische Theorien und neue Erklärungsansätze. In: Geographische Rundschau 60 (6): 11–13.

Pries, L. (2010a): Transnationalisierung. Theorie und Empirie grenzüberschreitender Vergesellschaftung. Wiesbaden.

Pries, L. (2010b): (Grenzüberschreitende) Migrantenorganisationen als Gegenstand der sozialwissenschaftlichen Forschung: Klassische Problemstellungen und neuere Forschungsbefunde. In: Pries, L. und Z. Sezgin (Hrsg.): Jenseits von ‚Identität oder Integration'. Grenzen überspannende Migrantenorganisationen. Wiesbaden: 15–60.

Punnamparambil, J. (2008): Indische Migration nach Deutschland. In: Meine Welt (Hrsg.): Heimat in der Fremde. Migrationsgeschichten von Menschen aus Indien in Deutschland. Heidelberg: 15–24.

Ragazzi, F. (2014): A comparative analysis of diaspora policies. In: Political Geography 41: 74–89.

Ratha, D. (2013): The impact of remittances on economic growth and poverty reduction. In: Migration Policy Institiute. Policy Brief No. 8. Washington DC.

Reckwitz, A. (2003): Grundelemente einer Theorie sozialer Praktiken Eine sozialtheoretische Perspektive. In: Zeitschrift für Soziologie 32 (4): 282–301.

Reese, N. (2009): "Wir leben in einer anderen Zeitzone!". Transnationale Arbeitsplätze und die glokalisierte Zwischenklasse am Beispiel der Philippinen. In: Geographische Rundschau 61 (10): 20–25.

Reinert, J. (2007): Der vergessene Freiheitsheld Subhas Chandra Boses umstrittenes Engagement für die Unabhängigkeit. (Online: http://www.bpb.de/themen/TVO056.html) (Zugriff: 30.5.2017)

Reisenauer, E. (2017): Transnationale persönliche Beziehungen in der Migration. Soziale Nähe bei physischer Distanz. Wiesbaden.

Reuber, P. und C. Pfaffenbach (2005): Methoden der empirischen Humangeographie. Braunschweig.

Rinnawi, K. (2012): 'Instant Nationalism' and the 'Cyber Mufti': The Arab Diaspora in Europe and the Transnational Media. In: Journal of Ethnic and Migration Studies 38 (9): 1451–1467.

Roberts, B. R., Frank, R. und F. Lozano-Ascencio (1999): Transnational migrant communities and Mexican migration to the US. In: Ethnic and Racial Studies 22 (2): 238-266.

Rossbach de Olmos, L. (2010): Santeria in Deutschland. Zur Gleichzeitigkeit von Heterogenisierung und Retraditionalisierung einer Religion in der Diaspora. In: Paideuma: Mitteilungen zur Kulturkunde 56: 63–86.

Rother, S. (2012): Immer wieder sonntags. Die Schaffung sozialer, politischer und transnationaler Räume durch migrantische Angestellte in Hongkong. In: Kraas, F. und T. Bork (Hrsg.): Urbanisierung und internationale Migration. Migrantenökonomien und Migrationspolitik in Städten (=EINE Welt Band 25): 167–180.

Rothermund, D. (2008): Indien. Aufstieg einer asiatischen Weltmacht. Bonn (=Lizenzausgabe der Bundeszentrale für Politische Bildung).

Rouse, R. (1991): Mexican migration and the social space of postmodernism. In: Diaspora 1(1): 8–23.

Sahoo, S. (2002): Indian Diaspora at the Cross Roads: The Fiji and Malaysian Case. In: Studies in Humanities and Social Sciences, 9(1): 89–99.

Sandner LeGall, V. (2016): Die Problematisierung transnationaler Migration innerhalb der EU. Aushandlungen um Zugehörigkeiten südosteuropäischer Roma. In: Tölle, A. und R. Wehrhahn

(Hrsg.): Translokalität und lokale Raumproduktionen in transnationaler Perspektive. Berlin: 79–96.

Schatzki, T. R. (1996): Social Practices. A Wittgensteinian Approach to Human Activity and the Social. Cambridge.

Schulze Palstring, V. (2015): Das Potenzial der Migration aus Indien. Entwicklungen im Herkunftsland, internationale Migrationsbewegungen und Migration nach Deutschland. Nürnberg. (=Forschungsbericht 26)

Schmiz, A. (2011): Transnationalität als Ressource? Netzwerke vietnamesischer Migrantinnen und Migranten zwischen Berlin und Vietnam. Bielefeld.

Schneider, J. und B. Parusel (2011): Zirkuläre und temporäre Migration in Deutschland: empirische Erkenntnisse, politische Praxis und zukünftige Optionen in Deutschland. Studie der deutschen nationalen Kontaktstelle für das Europäische Migrationsnetzwerk (EMN). (Online: https://www.ssoar.info/ssoar/handle/document/26002) (Zugriff am 18.1.2018)

Singh, S. K. und K. S. Hari (2011): International Migration, Remittances and its Macroeconomic Impact on Indian Economy. Ahmedabad. (= Working Paper 2011-01-06 Indian Institute of Management Ahmedabad, Research and Publication Department.)

Singhvi, L. M. (2001): Report of the High Level Committee on the Indian Diaspora. Government of India, Ministry of External Affairs, Non-Resident Indian and Persons of Indian Origin Division. New Delhi.

Sonderegger, P. und F. Täube (2010): Cluster life cycle and diaspora effects: Evidence from the Indian IT cluster in Bangalore. In: Journal of International Management, 16 (4), 383–397.

Sturge, G., Bilgili, Ö. und Siegel, M. (2016): Migrants' capacity as actors of development: do skills matter for economic and social remittances? In: Global Networks, 16 (4): 470–489.

Sutherland, P. (2017): Report of the Special Representative of the Secretary-General on Migration. (online: http://www.un.org/en/development/desa/population/migration/events/coordination/15/documents/Report%20of%20SRSG%20on%20Migration%20-%20A.71.728_ADVANCE.pdf) (Zugriff am 6.12.2017)

Szimansky, T. M. und R. Wehrhahn (2016): Translokalität von Polen in Berlin: Orte, Netzwerke, soziale Praxis. In: Tölle, A. und R. Wehrhahn (Hrsg.): Translokalität und lokale Raumproduktionen in transnationaler Perspektive. Berlin: 19–32.

TeleGeography (2016): Telegeography Report. Executive Summary. (Online: http://www2.telegeography.com/hubfs/2017/product-tear-sheets/Tear-Sheet-Content-Samples/TeleGeography-Report-and-Database/TeleGeography-Report-Executive-Summary-Jan-2017.pdf?utm_campaign=TeleGeography+Report+2016&utm_medium=email&_hsenc=p2ANqtz-8TF1ug6BJeQ8vicZ50jCG0XO0P3NhVk9tP354K-ymRzLvNQumPwvcAYv2oBAP2Ql16_zPUqo9Y9C5MU7IuDkZ-8y4URw&_hsmi=26107135&utm_content=26107135&utm_source=hs_automation&hsCtaTracking=1e26e4a2-e17b-4ee6-9b3a-b158ff658777%7Cd0912166-6bf8-4188-80fe-9fdee0883edb) (Zugriff am 9.11.2017)

Terjesen, S., und A. Elam (2009): Transnational entrepreneurs' venture internationalization strategies: A practice theory approach. In: Entrepreneurship Theory and Practice, 33 (5): 1093–1120.

Thieme, S. Kollmair, M. Müller-Böker, U. (2006): Transnationale soziale Netzwerke und Migration. Nepalis aus Far West Nepal in Delhi. In: Geographische Rundschau 58 (10): 24–31.

Thierbach, C. und G. Petschick (2014): Beobachtung. In: Baur, N. und J. Blasius (Hrsg.): Handbuch Methoden der empirischen Sozialforschung. Wiesbaden: 855–866.

Thränhardt, D. (2013): Migrantenorganisationen. Engagement, Transnationalität und Integration. In: Schultze, G. und D. Tränhardt (Hrsg.): Migrantenorganisationen. Engagement, Transnationalität und Integration. Bonn.

Tinker, H. (1974): A New System of Slavery. The Export of Indian Labour Overseas. 1830–1920. London, New York, Bombay.

Tinker, H. (1977): The Banyan Tree. Overseas Emigrants from India, Pakistan, and Bangladesh. New York, Delhi, Karachi.

Treibel, A. (2011) Migration in modernen Gesellschaften. Weinheim, München.

Verne, J. (2012): Living Translocality: Space, Culture and Economy in Contemporary Swahili Trade. Stuttgart.
UNESCO (2017): Global Flow of Tertiary Level Students. (Online: http://uis.unesco.org/en/uis-student-flow) (Zugriff am 26.6.2017).
Uphadya C. und M. Rutten (2012): Migration, Transnational Flows, and Development in India. A Regional Perspective. In: Economic & Political Weekly 47 (19): 54–62.
Venier, P. (2011): Development of Entrepreneurial Initiatives in the UAE among Kerala Emigrants. In: Irudaya, R. und M. Percot (Hrsg.): Dynamics of Indian Migration. London, New York, New Delhi: 164–194.
Vertovec, S. (1999): Conceiving and researching transnationalism, Ethnic and Racial Studies 22 (2): 447–462.
Vertovec, S. (2000): The Hindu Diaspora. Comparative Patterns. London and New York.
Vertovec, S. (2001): Transnationalism and identity. In: Journal of Ethnic and Migration Studies 27 (4): 573–582.
Vertovec, S. (2004): Migrant Transnationalism and Modes of Transformation. In: International Migration Review 38 (3): 970–1001.
Vertovec, S. (2009): Transnationalism. London/New York.
Voigt, H. H. (1971): Hitler und Indien. In: Vierteljahrshefte für Zeitgeschichte 19 (1): 33–63.
Voigt-Graf, C. (2005): The construction of transnational spaces by Indian migrants in Australia, Journal of Ethnic and Migration Studies 31 (2): 365–384
Wagner, P. und L. Hering G. (2014): Online-Befragung. In: Baur, N. und J. Blasius (Hrsg.): Handbuch Methoden der empirischen Sozialforschung. Wiesbaden: 661–674.
Walton-Roberts, M. (2004): Transnational migration theory in population geography: gendered practices in networks linking Canada and India. In: Population, space and place, 10(5): 361–373.
Waters, J. L. (2011): Time and Transnationalism: A Longitudinal Study of Immigration, Endurance and Settlement in Canada. In: Journal of Ethnic and Migration Studies 37 (7): 1119–1135.
Weil, S. (2009): Jews in India. In: Ehrlich, A. (Hrsg.): Encyclopedia oft he Jewish Diaspora Origins, Experience and Culture. Santa Barbara, Denver, Colorado: 1204–1212.
Werth, A. (1971): Der Tiger Indiens. München und Esslingen.
Wimmer, A. und N. Glick Schiller (2002): Methodological nationalism and beyond: nation-state building, migration and the social sciences. In: Global Networks 2 (4): 301–334.
World Bank (2016): Migration and Remittances Factbook 2016. Third Edition. Washington.
World Bank (2017): Migration and Remittances Data. (online: http://www.knomad.org/sites/default/files/2017-10/Remittancedatainflows%28Oct.2017%29_0.xls) (Zugriff am 6.12.2017)
Zhou, M. (2004): Revisiting ethnic entrepreneurship: convergencies, controversies, and conceptual advancements. In: International migration review, 38 (3): 1040–1074.
Zoomers, A., und G. V. Westen (2011): Introduction: translocal development, development corridors and development chains. In: International Development Planning Review, 33 (4):377–388.

ERDKUNDLICHES WISSEN
Schriftenreihe für Forschung und Praxis

Begründet von Emil Meynen.
Herausgegeben von Martin Coy, Anton Escher, Thomas Krings und Eberhard Rothfuß.

Franz Steiner Verlag   ISSN 0425–1741

135. Peter Meusburger / Thomas Schwan (Hg.)
Humanökologie
Ansätze zur Überwindung
der Natur-Kultur-Dichotomie
2003. IV, 342 S. mit 30 Abb., kt.
ISBN 978-3-515-08377-5

136. Alexandra Budke / Detlef Kanwischer /
Andreas Pott (Hg.)
Internetgeographien
Beobachtungen zum Verhältnis
von Internet, Raum und Gesellschaft
2004. 200 S. mit 28 Abb., kt.
ISBN 978-3-515-08506-9

137. Britta Klagge
Armut in westdeutschen Städten
Strukturen und Trends aus stadtteilorientierter Perspektive – eine vergleichende Langzeitstudie der Städte Düsseldorf, Essen, Frankfurt, Hannover und Stuttgart
2005. 310 S. mit 32 s/w- und 16 fbg. Abb., 53 Tab., kt.
ISBN 978-3-515-08556-4

138. Caroline Kramer
Zeit für Mobilität
Räumliche Disparitäten der individuellen Zeitverwendung für Mobilität
in Deutschland
2005. XVII, 445 S. mit 120 Abb., kt.
ISBN 978-3-515-08630-1

139. Frank Meyer
Die Städte der vier Kulturen
Eine Geographie der Zugehörigkeit und Ausgrenzung am Beispiel von Ceuta und Melilla (Spanien / Nordafrika)
2005. XII, 318 S. mit 6 Abb., 12 Tab.,
3 Farbktn., kt.
ISBN 978-3-515-08602-8

140. Michael Flitner
Lärm an der Grenze
Fluglärm und Umweltgerechtigkeit
am Beispiel des binationalen Flughafens Basel-Mulhouse
2007. 238 S. mit 8 s/w-Abb. und 4 Farbtaf., kt.
ISBN 978-3-515-08485-7

141. Felicitas Hillmann
Migration als räumliche Definitionsmacht
2007. 321 S. mit 12 Abb., 18 Tab., 3 s/w-
und 5 Farbktn., kt.
ISBN 978-3-515-08931-9

142. Hellmut Fröhlich
Das neue Bild der Stadt
Filmische Stadtbilder und alltägliche Raumvorstellungen im Dialog
2007. 389 S. mit 85 Abb., kt.
ISBN 978-3-515-09036-0

143. Jürgen Hartwig
Die Vermarktung der Taiga
Die Politische Ökologie der Nutzung von Nicht-Holz-Waldprodukten und Bodenschätzen in der Mongolei
2007. XII, 435 S. mit 54 Abb., 31 Tab., 22 Ktn., 92 z.T. fbg. Fotos, geb.
ISBN 978-3-515-09037-7

144. Karl Martin Born
Die Dynamik der Eigentumsverhältnisse in Ostdeutschland seit 1945
Ein Beitrag zum rechtsgeographischen Ansatz
2007. XI, 369 S. mit 78 Abb., 39 Tab., kt.
ISBN 978-3-515-09087-2

145. Heike Egner
Gesellschaft, Mensch, Umwelt – beobachtet
Ein Beitrag zur Theorie der Geographie
2008. 208 S. mit 8 Abb., 1 Tab., kt.
ISBN 978-3-515-09275-3

146. in Vorbereitung

147. Heike Egner, Andreas Pott
Geographische Risikoforschung
Zur Konstruktion verräumlichter Risiken und Sicherheiten
2010. XI, 242 S. mit 16 Abb., 3 Tab., kt.
ISBN 978-3-515-09427-6

148. Torsten Wißmann
Raum zur Identitätskonstruktion des Eigenen
2011. 204 S., kt.
ISBN 978-3-515-09789-5

149. Thomas M. Schmitt
Cultural Governance
Zur Kulturgeographie des UNESCO-Welterberegimes
2011. 452 S. mit 60 z.T. farb. Abb., 17 Tab., kt.
ISBN 978-3-515-09861-8

150. Julia Verne
Living Translocality
Space, Culture and Economy in Contemporary Swahili Trade
2012. XII, 262 S. mit 45 Abb., kt.
ISBN 978-3-515-10094-6

151. Kirsten von Elverfeldt
Systemtheorie in der Geomorphologie
Problemfelder, erkenntnistheoretische Konsequenzen und praktische Implikationen
2012. 168 S. mit 13 Abb., kt.
ISBN 978-3-515-10131-8

152. Carolin Schurr
Performing Politics, Making Space
A Visual Ethnography of Political Change in Ecuador
2013. 213 S. mit 36 Abb., 2 Ktn. und 10 Tab., kt.
ISBN 978-3-515-10466-1

153. Matthias Schmidt
Mensch und Umwelt in Kirgistan
Politische Ökologie im postkolonialen und postsozialistischen Kontext
2013. 400 S. mit 26 Abb., 12 Tab. und 16 Farbtafeln mit 8 Fotos und 12 Karten, kt.
ISBN 978-3-515-10478-4

154. Andrei Dörre
Naturressourcennutzung im Kontext struktureller Unsicherheiten
Eine Politische Ökologie der Weideländer Kirgisistans in Zeiten gesellschaftlicher Umbrüche
2014. 416 S. mit 29 Abb., 14 Tab. und 35 Farbabb. auf 24 Taf., kt.
ISBN 978-3-515-10761-7

155. Christian Steiner
Pragmatismus – Umwelt – Raum
Potenziale des Pragmatismus für eine transdisziplinäre Geographie der Mitwelt
2014. 290 S. mit 9 Abb., 7 Tab., kt.
ISBN 978-3-515-10878-2

156. Juliane Dame
Ernährungssicherung im Hochgebirge
Akteure und ihr Handeln im Kontext des sozioökonomischen Wandels in Ladakh, Indien
2015. 368 S. mit 49 s/w- und 28 Farbabb., 4 Farb- und 2 s/w-Karten sowie 2 farbigen Faltkarten, kt.
ISBN 978-3-515-11032-7

157. Jürg Endres
Rentierhalter. Jäger. Wilderer?
Praxis, Wandel und Verwundbarkeit bei den Dukha und den Tozhu im mongolisch-russischen Grenzraum
2015. 452 S. mit 12 s/w-Abb., 4 Tab., 53 s/w-Fotos sowie 12 Farb- und 10 s/w-Karten, kt.
ISBN 978-3-515-11140-9

158. Angelo Gilles
Sozialkapital, Translokalität und Wissen
Händlernetzwerke zwischen Afrika und China
2015. 265 S. mit 6 Abb. und 2 Tab., kt.
ISBN 978-3-515-11169-0

159. Girum G. Alemu
Managing Risk and Securing Livelihood
The Karrayu Pastoralists, their Environment and the Ethiopian State
2016. 187 S. mit 23 Abb. und 11 Tab., kt.
ISBN 978-3-515-11404-2

160. Marion Plien
Filmisch imaginierte Geographien Jugendlicher
Der Einfluss von Spielfilmen auf die Wahrnehmung der Welt
2017. 271 S. mit 21 s/w- und 47 Farbabb., kt.
ISBN 978-3-515-11320-5

161. Christina Kerz
Atmosphäre und Authentizität
Gestaltung und Wahrnehmung in Colonial Williamsburg, Virginia (USA)
2017. 242 S. mit 14 s/w- und 8 Farbabb., 7 Tab und 29 farb. Fotos, kt.
ISBN 978-3-515-11556-8

162. Tobias Schmitt
Dürre als gesellschaftliches Naturverhältnis
Die politische Ökologie des Wassers im Nordosten Brasiliens
2017. 437 S. mit 46 Abb., 12 Tab., kt.
ISBN 978-3-515-11721-0

163. Sören Weißermel
Die Aushandlung von Enteignung
Der Kampf um Anerkennung und Öffentlichkeit im Rahmen des Staudammbaus Belo Monte, Brasilien
2019. 292 S. mit 27 Abb., 2 Tab., kt.
ISBN 978-3-515-12223-8